Burkard Porzelt

Jugendliche Intensiverfahrungen

Qualitativ-empirischer Zugang

und religionspädagogische Relevanz

Manumedia
Verlag Schnider
Graz

Die Deutsche Bibliothek - CIP-Einheitsaufnahme

Porzelt, Burkard:
Jugendliche Intensiverfahrungen : qualitativ-empirischer Zugang und religionspädagogische
Relevanz / Burkard Porzelt. - Graz : Manumedia-Verl. Schnider, 1999
Zugl.: Mainz, Univ., Diss., 1999
ISBN 3-902020-05-9

© Manumedia Verlag Schnider, Graz 1999
Printed in Austria
Alle Rechte vorbehalten
Umschlagbild: Philip Rehm
Repros und Druck: Reproteam Druck ges.m.b.H. Graz

ISBN 3-902020-05-9

Meinem Vater, dem ich unsagbar viel verdanke,
meiner Mutter, der ich dies leider nicht mehr sagen kann,
und meinem religionspädagogischen Lehrer,
Paul Neuenzeit.

Inhaltsverzeichnis

Transkripte und **Grobanalysen** der im Juni 1996 durchgeführten Erzählrunden-Erhebung, die der vorliegenden Monographie zugrunde liegt, können zum **Selbstkostenpreis** von 35,- DM / 18,- Euro gegen **Verrechnungsscheck** erstanden werden.
Bestelladresse: Dr. Burkard Porzelt
                    Seminar für Religionspädagogik, Katechetik und Fachdidaktik Religion
                    Fachbereich Katholische Theologie
                    Johannes-Gutenberg Universität Mainz
                    D-55099 Mainz

Vorwort

„Wenn das Übersetzen leichtfällt, ist die Gefahr der Vereinnahmung groß; je schwerer es wird, desto größer wird die Chance, die andere Seite in ihrer Fremdheit zu belassen."[1]

Die vorliegende Dissertation widmet sich der Übersetzung von Selbstzeugnissen, in denen Jugendliche existentiell bedeutsame Erlebnisse und Erfahrungen zur Sprache bringen. Die qualitativ-empirische Erkundung solcher Intensiverfahrungen erfolgt im Kontext einer korrelativen Theologie und Religionsdidaktik, die den Erfahrungsschatz der jüdisch-christlichen Überlieferung in einen wahrhaftigen Dialog mit heutigen Erfahrungen zu bringen sucht.

Das erste Kapitel expliziert den religionspädagogischen Entdeckungszusammenhang der Arbeit. Indem ich den Stellenwert einer dezidiert empirisch orientierten Theologie markiere (Kap. 1.1) und das Erfahrungsverständnis umreiße, das meinen Überlegungen zugrunde liegt (Kap. 1.2), lege ich die theologischen und hermeneutischen Prämissen dar, auf denen die vorliegende Gesamtstudie aufbaut. Die geschichtliche Genese des Korrelationsmodells wird daraufhin sowohl aus fundamentaltheologischem (Kap. 1.3 mit Bezug auf *Edward Schillebeeckx*) als auch aus religionspädagogischem (Kap. 1.4.1) Blickwinkel beleuchtet. Dabei richtet sich mein Augenmerk besonders auf die Relevanz existentiell bedeutsamer Erfahrungen im Korrelationsgeschehen. Nach einer Reflexion der aktuellen Anfragen an die religionsdidaktische Tauglichkeit des Korrelationsbegriffs (Kap. 1.4.2) skizziere ich schließlich ein Grundmodell korrelativer Vermittlung zwischen tradierten Glaubens- und heutigen Lebenserfahrungen, das beiden Erfahrungspolen in ihrer Eigenart gerecht zu werden versucht (Kap. 1.5), ohne auf den heuristisch wenig nützlichen Religionsbegriff (insb. Kap. 1.5 und 1.6.4) zurückgreifen zu müssen. Indem ich zu Abschluß des einleitenden Kapitels die Dringlichkeit, Zielrichtung und Grundgestalt eines empirisch religionspädagogischen Suchprojekts aufweise, das sich jugendlichen Intensiverfahrungen zuwendet, um deren legitime und realistische Korrelierbarkeit mit Glaubenserfahrungen ermessen zu können (Kap. 1.6), verorte ich den empirischen Hauptteil meiner Forschungsstudie in einem transempirischen Bezugsrahmen.

Das zweite Kapitel ist streng sozialwissenschaftlich ausgerichtet. Da einerseits empirisch theologisches Forschen den einschlägigen Standards humanwissenschaftlicher Bezugsdisziplinen zu genügen hat und andererseits die 'Objektivität' qualitativ-empirischen Forschens entscheidend davon abhängt, daß das Untersuchungsprozedere sorgfältig dokumentiert wird, um intersubjektiv nachvollziehbar und kritisierbar zu sein, erscheint es unabdingbar, die einzelnen Phasen des vorliegenden Erkundungsprojekts sorgfältig zu legitimieren und zu explizieren. Das dargelegte Forschungsvorgehen verzichtet darauf, gängige Forschungsmethoden und -techniken zu reproduzieren. Es erwuchs aus der genuin empirisch religi-

---

[1] *Josef Simon* (1995) 177

onspädagogischen Problemstellung und entstand in Tuchfühlung mit den fokussierten Erfahrungssubjekten. Mit der Erhebungsmethode der 'Erzählrunde' (Kap. 2.2 und 2.4) und dem Auswertungsmodus der 'syntaktisch-semantischen Analyse' (Kap. 2.6 und 2.7) umschließt es eigenständige Forschungsinstrumente, die auch als sozialwissenschaftliche Innovationen zu verstehen sind.

Das dritte und vierte Kapitel bilden den Kern der vorliegenden Gesamtstudie. In sieben empirischen Fallbeispielen setzen jeweils Jugendliche in ihrer eigenen Sprache persönliche Erlebnisse ins Wort, die sie als emotional nahegehend, lebensgeschichtlich singulär und existentiell gewichtig erfahren haben. Ihre Artikulationen werden sorgsam dekonstruiert, um die zum Ausdruck gebrachten Intensiverfahrungen rekonstruieren und reflektieren zu können. Daß diese Einzelfallstudien dem Leser abverlangen, sich in eine ebenso eigenartige wie komplexe Inhaltlichkeit, Struktur und Sprache fremden Erlebens und Erfahrens zu vertiefen, das sich dagegen sperrt, auf einen knappen theologischen Nenner gebracht zu werden, sei ausdrücklich vermerkt.

Im fünften und abschließenden Kapitel versuche ich, wesentliche fallübergreifende Beobachtungen zur Gestalt und zum Gehalt jugendlicher Intensiverfahrungen zu bündeln und religionsdidaktisch zu bedenken. Form und Inhalt der zuvor ausgewerteten Selbstmitteilungen induzieren meines Erachtens wertvolle Impulse für ein realistisches und reflektiertes Korrelationsverständnis, das sowohl überlieferte Glaubenserfahrungen als auch zeitgenössische Lebenserfahrungen in ihrer Eigenart und ihrem Eigenwert zu respektieren sucht, um sie authentisch miteinander ins Gespräch bringen zu können.

Gelingende Korrelation setzt ein Verstehen des anderen in seinem Anderssein voraus. Den anderen verstehen kann wiederum nur, wer dessen Äußerungen wahrzunehmen und zu übersetzen vermag. Eine Theologie und Religionsdidaktik, die ihr ureigenes Ziel darin sieht, die jüdisch-christliche Überlieferung mit gegenwärtigen Daseinsdeutungen ins Gespräch zu bringen, um neue Glaubenserfahrungen zu ermöglichen, ohne sie erzwingen zu können, kommt nicht umhin, aktuelle Erfahrungen vernehmen und verstehen zu lernen. Indem die vorliegende Arbeit existentiell bedeutsame Erlebnisse und Erfahrungen heutiger Jugendlicher zu entschlüsseln sucht, stellt sie sich dieser ebenso mühevollen wie lohnenden Aufgabe. Daß ich diese Aufgabe in der nachfolgend dokumentierten Weise zu bewältigen vermochte, verdanke ich ganz wesentlich der aufmerksamen Begleitung und fachkundigen Inspiration durch Herrn Professor Dr. Werner Simon. Ihm sei herzlich gedankt!

Birgit Menzel danke ich für zahlreiche hilfreiche Rückmeldungen zu den Manuskriptentwürfen und für ihre beruhigende Mithilfe bei der Erstellung der Druckfassung. Mein Dank gilt schließlich auch Andreas Miller für seine computertechnische Unterstützung der Buchproduktion.

1 Religionspädagogischer Entdeckungszusammenhang
(Empirisch-theologische Kontextierung)

1.1 Prolog: Reflektierte Wahrnehmung gegenwärtiger Erfahrungen als konstitutives Moment christlicher Theologie

„Geht man davon aus, daß Theologie verantwortete Rechenschaft über den christlichen Glauben ist, dann ist in dieser Gegenstandsangabe der Gesichtspunkt der Erfahrung in doppelter Hinsicht impliziert: in Gestalt überlieferter Erfahrung und in Gestalt der dadurch herausgeforderten Erfahrung. Um überlieferte Erfahrung handelt es sich insofern, als vom christlichen Glauben nicht die Rede sein kann, ohne daß dabei das ursprüngliche Glaubenszeugnis als Erfahrungsaussage den Primat hat. Um herausgeforderte Erfahrung handelt es sich insofern, als überlieferte Erfahrung nur dann wirklich als Erfahrung vernehmbar wird, wenn dabei die eigene Erfahrung ins Spiel kommt und aufs Spiel gesetzt wird."[1]

Gerhard Ebelings prägnante Umschreibung des paradigmatischen Erfahrungsbezugs wissenschaftlicher Theologie öffnet den Raum, um in knapper Form den **theologischen Ort der vorliegenden Studie** anzudeuten.

Einem Gott, der sich ausschließlich im Medium menschlicher Erfahrung mitteilt[2], vermag sich Theologie grundsätzlich nur zu nähern, indem sie Manifestationen religiös relevanter Erfahrungen in den Blick nimmt.[3]

Um die ihr anvertrauten Erfahrungszeugnisse aus Schrift und Tradition in ihrer geschichtlichen und kulturellen Fremdheit sachgerecht auf heutige Existenz hin entschlüsseln zu können[4], gestaltet sich christliche Theologie als **hermeneutisches Gesamtprojekt**[5] einer

---

[1] Ebeling (1975) 25

[2] „Gott begegnet in der Sprache des Lebens, die Erfahrung ist, und nur dort." (Hasenhüttl (1974) 634; vgl. insb. Rahner (1970) 175). Die dezidierte Herausarbeitung des existentiellen Charakters jedweder Offenbarung durch *Edward Schillebeeckx* wird in Kap. 1.3.1 referiert.

[3] Die Selbstmitteilung Gottes „kann **nicht unmittelbar** durch die Theologie zum Forschungsobjekt gemacht werden, wohl aber die Rezeption dieser Selbstmitteilung Gottes" (van der Ven (1994) 120 mit Bezug auf *Ingolf U. Dalferth* [Hervorhebung: B.P.]). Während *Johannes A. van der Ven* den Begriff der 'Rezeption' nur schemenhaft referiert, unterscheiden wir klar zwischen **Erfahrungen** der Selbstmitteilung Gottes auf der einen und **Manifestationen dieser Erfahrungen** auf der anderen Seite. **Erfahrungen** als solche entziehen sich einem direkten wissenschaftlichen Zugriff, **zugänglich** sind sie **nur mittelbar** über (verbale oder nonverbale) Manifestationen (vgl. insb. Haug (1992) 77f. und Schulze (1997) 325).

[4] Im Zuge seiner fundamentaltheologischen Bestimmung des Ortes und der Prinzipien christlicher Theologie arbeitet *Elmar Klinger* unzweideutig heraus, „daß **Theologie** eine Tatsache der **Existenz** des Menschen ist und daß eben diese **Existenz** zu allen Aussagen der **Theologie** wesentlich gehört." (ders. (1990) 67f.) „Der Ort der **Theologie** heute [...] ist die **Existenz** des Menschen." (ebd. 68). Auf den konstitutiven **Existenz**bezug (theologischer) **Hermeneutik** verweist in treffender Knappheit *Johannes A. van der Ven:* „Es geht um die Erläuterung der eigenen **Existenz** im Spiegel der Schrift. Die **Hermeneutik** vollzieht die Beziehung zwischen Text und **Existenz:** liber speculum est" (ders. (1994) 54 mit Bezug auf *Paul Ricoeur*). [Hervorhebungen: B.P.]

„Begegnung von überlieferter und gegenwärtiger Erfahrung"[6]. Da die Gegenwart „keine 'theologie-freie' Situation" darstellt, „die nur mit dem Text aus der Vergangenheit besprüht werden müßte"[7], kann dieses Projekt nur gelingen, wenn **beide** Erfahrungspole - das 'Damals' des Überlieferten und das 'Heute' seiner Relecture - gleichermaßen auf das gründlichste analysiert werden[8], damit sie sinnvoll und bedeutsam aufeinander bezogen werden können.

Eine Theologie, die sich auf erfahrungsferne Spekulationen fixiert[9], die historische Perspektive verabsolutiert[10] oder die Gegenwart im intuitiven Nebenher zu erfassen meint[11], verfehlt ihren genuinen Gegenstand und Auftrag.[12] **Die reflektierte Wahrnehmung gegenwärtiger Erfahrungen gehört unabdingbar und konstitutiv zum hermeneutischen Gesamtprojekt wissenschaftlicher Theologie.**[13]

Soll solche Wahrnehmung in „systematischer und methodischer"[14] Weise erfolgen und analogen Qualitätsmaßstäben genügen, wie sie in etablierten theologischen Subdisziplinen gang und gäbe sind, kann sie von deren Vertretern nicht en passant miterledigt werden.

Angesichts der Bedeutsamkeit und Komplexität dieser Wahrnehmungsaufgabe bedarf es vielmehr einer **empirischen Theologie**, der im Rahmen innertheologischer Arbeitsteilung[15] ein doppeltes Mandat zufällt: Als *empirische* Theologie zielt sie darauf, im Rückgriff auf die Methodologie und gemäß den Standards empirischer Humanwissenschaften **religiös**

---

[5] vgl. insb. Ebeling (1975) 26 sowie van der Ven (1994) 21-23 und 177

[6] Ebeling (1975) 26

[7] van der Ven (1994) 55

[8] Eine sachgerechte Hermeneutik **zwischen** Vergangenheit und Gegenwart bedarf zweifelsohne einer sorgsamen Exegese der Vergangenheit (vgl. van der Ven (1994) 54) **und** Gegenwart. Die angebrachte Differenzierung zwischen 'Exegese' und 'Hermeneutik' verdanke ich *Karlheinz Müller* (vgl. ders. (1984) 333f.).

[9] „Manches dogmatische System, in dem Theorie und Praxis nicht vermittelt sind, nimmt auf Erfahrung keine Rücksicht, sondern ist aprioristische Konstruktion. Dogmatische Aussagen stehen oft im 'luftleeren Raum'". (Hasenhüttl (1974) 624)

[10] „Notwendig ist es, einer Verselbständigung des Historischen zu wehren, derzufolge jene Begegnung und damit die Sache der Theologie überhaupt entfällt." (Ebeling (1975) 26)

[11] „Ohne empirische Methoden und Techniken läuft die Praktische Theologie [wie die Theologie überhaupt! (B.P.)] Gefahr, grobe Vermutungen, naive Assoziationen, subjektive Projektionen oder unrealistische Spekulationen anzustellen. Sie ist in der Gefahr, einem Wunschdenken zu folgen." (van der Ven (1994) 23)

[12] Nicht umsonst qualifiziert *Gerhard Ebeling* die angesprochene „Begegnung von überlieferter und gegenwärtiger Erfahrung" als „die Sache der Theologie überhaupt" (ders. (1975) 26).

[13] „Notwendig ist es, mit rücksichtsloser Offenheit gegenwärtige Welt- und Selbsterfahrung gewissermaßen als Störpotential aufzubieten, das sich dann auch als außerordentlich hilfreich erweisen kann." (Ebeling (1975) 26)

[14] van der Ven (1994) 126

[15] „Wie die Exegese und die Kirchengeschichte auf die Erforschung des einen Pols, die Tradition von damals, ausgerichtet ist, so ist die empirische Theologie auf die Erforschung des anderen Pols, die Situation von heute, der Gegenwart gerichtet." (van der Ven (1994) 124)

relevante Gegenwartserfahrungen zu erheben und zu analysieren.[16] Als empirische *Theologie* obliegt ihr zugleich die Aufgabe, das eigene empirische Prozedere samt der resultierenden Forschungsergebnisse **im Horizont des hermeneutischen Gesamtrahmens** wissenschaftlicher Theologie **kritisch zu reflektieren.**[17]

Die vorliegende Untersuchung jugendlicher Intensiverfahrungen versteht sich als Beitrag einer solchen empirischen Theologie.

1.2 Widerfahrnis - Erlebnis - Deutung(shorizont) - Erfahrung

'Erfahrung' ist einerseits zweifellos „eine Art 'Grundwort' [...] für den komplexen Modus der Genese menschlicher Einsichten und darüber hinaus für eine derzeit weithin zu beobachtende geistige Bewegung, die diesen Modus in geschichtlich spezifischer Weise versteht."[18] Zugleich ist 'Erfahrung' aber auch ein zutiefst 'unaufgeklärter Begriff'[19], der nicht eindeutig bestimmt ist und häufig vage gebraucht wird.[20]

Insofern die vorliegende Studie entscheidend darauf zielt, unter der Perspektive eines bestimmten (transempirischen) Erfahrungsverständnisses konkrete (empirische) Erfahrungen in den Blick zu nehmen, erscheint es angesichts der angedeuteten **prinzipiellen Unschärfe** des Erfahrungsbegriffs unverzichtbar, **offenzulegen**, welches **Erfahrungskonstrukt**[21] meiner Argumentation zugrundeliegt und welchen **Denkrichtungen** sich dieses verdankt.[22]

Um das vieldeutige Phänomen 'Erfahrung' in theoretisch begründeter und zugleich für empirisches Forschen zugänglicher Weise zu fassen, verstehe ich diese im folgenden grund-

---

[16] Während 'Erfahrungstheologie' im allgemeinen Sinne erfahrbare Phänomene überhaupt thematisiert und reflektiert, ist *'empirische* **Theologie'** im strikten Sinne gekennzeichnet durch „die direkte Verwendung empirischer Methoden und Hilfsmittel" (van der Ven (1994) 30 mit Bezug auf *James Alfred Martin*).

[17] Im Gegensatz zu bloßer 'empirischer Forschung in der Theologie' impliziert **'empirische *Theologie'*** „die spezifische Aufgabe [...], die Beziehung zwischen den Ergebnissen der empirischen Arbeit [...] und dem hermeneutischen Bezugsrahmen, in dem diese anzusiedeln sind, herzustellen." (van der Ven (1994) 23 [ein grammatikalischer Fehler im Originalzitat wurde berichtigt; B.P.]) Nur so kann sie der Gefahr eines Empirismus entgehen, vor der *Gerhard Ebeling*, der „die Ergänzung der historisch-kritischen Methode durch die empirisch-kritische" (ders. (1975) 26) prinzipiell befürwortet, entschieden warnt: „Es kommt darauf an, daß die Konfrontation mit der Empirie theologisch reflektiert [...] wird." (ebd.; vgl. a. van der Ven (1994) 176)

[18] Mieth (1992) 1 [Hervorhebung: B.P.]

[19] „Der Begriff der Erfahrung scheint mir - so paradox es klingt - zu den unaufgeklärtesten Begriffen zu gehören, die wir besitzen." (*Hans-Georg Gadamer* nach Ebeling (1975) 5)

[20] Für die **Religionspädagogik**, in der 'Erfahrung' „seit Mitte der 70er Jahre zu einem *Schlüsselbegriff*" (Biehl (1991) 15) avancierte, spricht *Werner H. Ritter* (1989) bezeichnenderweise von einer „'quantitativ' maximalen Zustimmung" (37) zum Erfahrungsbegriff, mit der jedoch „eine oft bestürzende bedeutungsmäßig minimale Klarheit" (ebd.) einhergeht.

[21] 'Theoretische' Konstrukte „entziehen sich [...] der direkten Beobachtung" (Mietzel (1986) 5f.), sie dienen dazu, „verschiedene Beobachtungen sinnvoll aufeinander zu beziehen." (Hartfiel (1976) 362)

[22] vgl. insb. Ritter (1989) 172: „Sich auf Erfahrung berufen, heißt darstellen und sagen können, was man damit meine."

sätzlich als **dialektisches Begegnungsgeschehen** zwischen Subjekt und Objekt[23], innerhalb dessen sich mit dem **Widerfahrnis**, dem **Erlebnis**, der durch **Deutung** konstituierten **Erfahrung als solcher** sowie dem **Horizont der Deutung** vier elementare Ebenen unterscheiden lassen, die miteinander verschränkt sind.

Wenn wir von terminologischen Schwankungen und inhaltlichen Akzentverschiebungen absehen, läßt sich im Blick auf die **Grundzüge dieses Erfahrungsmodells**, das phänomenologische, hermeneutische und wissenssoziologische[24] Prägungen in sich vereint, ein **breiter interdiziplinärer Konsens** ausmachen, der sich auch in der religionspädagogischen Literatur widerspiegelt.[25]

Ohne den Anspruch, eine umfassende Theorie der Erfahrung zu entfalten[26], gilt es, die einzelnen Ebenen, die dieses Modell konstituieren, in ihrer spezifischen Bedeutung für das Gesamt des Erfahrungsgeschehens knapp zu charakterisieren.

Als dialektisches Begegnungsgeschehen zwischen Subjekt und Objekt umfaßt Erfahrung „gleichermaßen Aktivität wie Passivität, 'Widerfahrnis' wie 'Leistung'"[27]. Der Begriff des '**Widerfahrnisses**' bezeichnet die **objektive bzw. 'passive' Keimzelle von Erfahrung**.[28]

Im Widerfahrnis „meldet sich [...] etwas vom Subjekt nicht Bedachtes und Produziertes"[29], eine „nichthergestellte Gegebenheit"[30], das Subjekt ist konfrontiert mit einem „Ausschnitt"[31] der (äußeren oder inneren[32]) **Wirklichkeit**: Das Ich begegnet „*dem Anderen als Anderem.*"[33]

---

[23] vgl. insb. Biehl (1991) 17: „*Erfahrung ist ein **unabschließbar dialektischer Prozeß**, in dem Subjekt und Objekt in wechselseitiger Beziehung stehen und sich verändern.*" [Hervorhebungen: B.P.]

[24] vgl. insb. Schütz / Luckmann (1979) 38 sowie Schütz (1993) 100-115

[25] Angesichts dieser interdiziplinären Konvergenz werde ich im folgenden nicht nur Religionspädagogen (*Erich Feifel, Günter Biemer, Peter Biehl* und *Werner H. Ritter*), sondern auch je einen Vertreter der Systematischen Theologie (*Edward Schillebeeckx*), der Pädagogik (*Theodor Schulze*) und der Literaturwissenschaft (*Walter Haug*) als 'Kronzeugen' dieses Erfahrungsverständnisses zu Wort kommen lassen.

[26] Sollte es sich im Verlauf der späteren Gedankengangs als sinnvoll und notwendig erweisen, auf grundlegende Aspekte des Erfahrungsphänomens zu sprechen zu kommen, die im hiesigen „Strukturmuster" (Haug (1992) 77) keine ausdrückliche Berücksichtigung fanden, wird dies selbstverständlich geschehen.

[27] Ritter (1989) 187; vgl. a. Feifel (1973 A) 89

[28] *Günter Biemer* (1977) hat das Moment des Widerfahrnisses als **entscheidendes Kriterium** markiert, das Erfahrung von anderen Formen der Erkenntnisgewinnung abhebt: *„Im Unterschied zu projektivem, kreativem oder diskursivem Denken, das vom Subjekt ausgeht, hat Erfahrung ihren Grund im unmittelbaren Widerfahrnis von objektiv Gegebenem."* (46; vgl. a. ders. (1985) 50)

[29] Schillebeeckx (1989) 87

[30] O. Fuchs (1996) 18f.

[31] Feifel (1973 A) 89 und 91

[32] Ich gehe davon aus, daß sich die Konfrontation mit unverfügbarer (vgl. insb. *Reiner Preul* nach Nipkow (1982) 242) und 'widerständiger' (Biehl (1991) 16) Wirklichkeit nicht auf äußere Gegebenheiten beschränken läßt, sondern auch **intrapersonale** Tatbestände umfassen kann. Wie spätestens die *Psychoanalyse* gelehrt hat, ist das Bewußtsein nicht unbedingt 'Herr im Hause' des eigenen Ich. „Der Mensch ist grundsätzlich mehr, als er von sich wissen kann." (Jaspers (1983) 50)

[33] Biemer (1977) 47

Im Gegensatz zum Begriff des 'Widerfahrnisses', der das 'passive' Moment des Erfahrungs-vorgangs heraushebt, impliziert der Terminus des '**Erlebnisses**'[34], der die **spontane Reaktion auf das Widerfahrnis** bezeichnet, eine **Aktivität** des Subjekts.

Im **Erlebnis** konzentriert sich die Aufmerksamkeit des Subjekts auf die **Augenblicklichkeit** des Widerfahrnisses[35], als „Jetzterlebnis"[36] umfaßt es all das, was der Erlebnisträger in seiner **unmittelbaren Auseinandersetzung** mit dem Widerfahrnis „fühlt, wünscht und denkt."[37]

Zwar bildet sich im Erlebnis „der Kern eines Erfahrungsschemas heraus"[38], nichtsdestoweni-ger ist es von der **Erfahrung als solcher** zu unterscheiden.

Der Begriff der '**Erfahrung**' bezeichnet im strengen Sinne die **retrospektive Vergegen-wärtigung und reflexive Deutung eines Erlebnisses**.

Erst in der „nachträglichen Besinnung"[39] und „reflexiven Zuwendung"[40] auf das Erlebnis konstituiert sich Erfahrung als gleichermaßen sinnvolle[41] wie mitteilbare[42] Gegebenheit.

Die doppelte Bestimmung von 'Erfahrung' stößt insofern an Grenzen, als es **faktisch** sehr wohl Erlebnisse gibt, die **zwar erinnert** (und verbalisiert) werden, **jedoch allenfalls an-fanghaft reflektiert** sind.[43] Ich erachte die angeführte Erfahrungsdefinition nichtsdestotrotz für interdisziplinär konsensfähig, konzeptionell schlüssig sowie empirisch handhabbar und halte deshalb an ihr fest.

Retrospektive und reflexive Deutung des Erlebten ereignet sich nicht im 'luftleeren Raum'[44], sondern durch Einordnung in den „**Zusammenhang der bisherigen Erfahrungen**"[45] des deutenden Subjekts. Dieser „**Gesamtzusammenhang der Erfahrung**"[46] ist nicht als bloße

---

[34] Merkwürdigerweise bestimmen die meisten mir vorliegenden Beiträge, die dem Erfahrungsphänomen nach-gehen, 'Erlebnis' lediglich negativ, indem sie die Differenz zu 'Erfahrung' markieren.

[35] vgl. insb. *Fritz Oser* nach Ritter (1989) 184

[36] Schütz (1993) 100

[37] Schulze (1997) 329

[38] Schulze (1997) 329

[39] Schulze (1997) 325

[40] Schütz (1993) 100

[41] vgl. insb. Schütz / Luckmann (1979) 38: „Solange ich in meinen Erlebnissen befangen [...] bin, haben die Erlebnisse keinen Sinn für mich [...]. Die Erlebnisse werden erst dann sinnvoll, wenn sie post hoc ausgelegt und mir als wohlumschriebene Erfahrungen faßlich werden."

[42] „Im Unterschied zum 'Erlebnis' (das bei sich selbst bleibt, bzw. in dem wir bei uns selbst bleiben) [...] ist für Erfahrung Mitteilung und Kommunikation konstitutiv." (Ritter (1989) 174f.)

[43] In ähnlichem Sinne äußert sich auch *Alfred Schütz* (1993), indem er darauf verweist, daß der deutende Rekurs auf vergangene Erlebnisse „in mannigfachen Vollzugsweisen vor sich gehen kann", die „von der begrifflich-logischen Formulierung in Urteilsgegenständlichkeiten bis zum schlichten Zugriff im Jetzt und So des Augenblicks" und von „vager habitueller Erfassung" bis zu „einem Maximum expliter Klarheit" reichen könne. (111 [ein orthographischer Fehler im Originalzitat wurde berichtigt; B.P.])

[44] „Experience never happens in a complete ideational vacuum." (King (1987) 283; vgl. a. Schillebeeckx (1990) 40)

[45] Biehl (1991) 18 [Hervorhebung: B.P.]

[46] Schütz (1993) 104, 111 et passim

Summe einzelner Vorerfahrungen zu verstehen, sondern als deren übersummative 'Sedimentierung'[47]. Sie bildet den **unverzichtbaren Rahmen oder Horizont**, um Erlebnisse durch Deutung zu Erfahrungen zu transformieren. Vice versa vermögen je neue Einzelerfahrungen, den Deutungshorizont umzuformen.[48]

Erfahrungen sind prinzipiell kein 'isolierter Privatbesitz' von Individuen, sondern **kollektiv geprägt**.[49] Der subjektive **Interpretationsrahmen**, der nötig ist, um Erfahrungen zu generieren, resultiert wesentlich aus der psychosozialen und sprachlichen[50] Teilhabe an der Erfahrung anderer, seien dies Mitakteure, Zeitgenossen oder Vorfahren.[51] Der individuelle Deutungsrahmen ist eingebettet in kollektive Erfahrungshorizonte.

1.3 Das fundamentaltheologische Korrelationsmodell *Edward Schillebeeckx'*

Als ein herausragender systematischer Theologe unseres Jahrhunderts, der einen **empirisch einholbaren Begriff von Erfahrung** zum **Angelpunkt seiner Theologie** gemacht hat[52] und sich zudem noch **wirkungsreich am religionspädagogischen Diskurs beteiligt hat**[53], ist

---

[47] Nach Berger / Luckmann (1984) 72 geht der Terminus 'Sedimentierung' auf *Edmund Husserl* zurück und wurde von *Alfred Schütz* in soziologischem Kontext aufgegriffen. *Walter Haug* (1992) charakterisiert den übersummativen Erfahrungszusammenhang als „integrierte Summe dessen, was man erfahren hat" (75) bzw. als 'integrierte Erfahrungen' (76).

[48] „Das Ganze schon gemachter Erfahrungen wird zu einem Interpretationsrahmen oder 'Erfahrungshorizont', in dem wir neue Erfahrungen interpretieren, während, zugleich, dieser vorgegebene Interpretationsrahmen durch diese neuen Erfahrungen der Kritik ausgesetzt: ergänzt, korrigiert oder manchmal sogar radikal bestritten wird." (Schillebeeckx (1990) 39; vgl. insb. Biehl (1991) 18)

[49] vgl. insb. Feifel (1973 A) 91f. und Schulze (1997) 336-338

[50] *Peter L. Berger* und *Thomas Luckmann* (1984) charakterisieren das Phänomen 'Sprache' treffend als „Speicher angehäufter Erfahrungen und Bedeutungen" (39) bzw. als „Depot einer gigantischen Häufung gen einsamer Sedimente" (73f.; vgl. insb. 43).

[51] Die Unterscheidung zwischen Mitakteuren, Zeitgenossen und Vorfahren wird entfaltet in Berger / Luckmann (1984) 31-36; sie korrespondiert offensichtlich mit der von *Alfred Schütz* (1993) ausgearbeiteten Differenzierung von Umwelt, Mitwelt und Vorwelt.

[52] „Meine theologische Methode gründet sich auf die menschliche und christliche, auf die gemeinschaftliche und persönliche Erfahrung. Ich wende diese Methode auf die Tradition an, die eine ausgeweitete Erfahrung ist. Die Erfahrung des einzelnen wird von der gemeinschaftlichen Erfahrung umfaßt. In meinem theologischen Denken wende ich die Methode der Erfahrung an." (Schillebeeckx (1994 A) 90; vgl. insb. Kennedy (1994) 71) Die **empirische Einholbarkeit** seines Erfahrungsbegriffs unterscheidet *Edward Schillebeeckx* von *Karl Rahner*, der zwar die 'Gotteserfahrung' ins Zentrum seiner Theologie rückte (vgl. insb. Vorgrimler (1994) 102), zugleich aber an einem 'apriorisch-transzendentalen' (Rahner / Vorgrimler (1985) 26) Erfahrungsbegriff festhielt, während *Schillebeeckx* mit dem „Austausch einer **aprioristischen** Erkenntnislehre gegen eine **A-posteriori**-Erkenntnistheorie" (Kennedy (1994) 203 [Hervorhebungen: B.P.]) eine entscheidende „philosophische Wende" (ebd.) vollzog: „Es ist eine Wende von der Ansicht, der gegenseitige Bezug von Universalität und Partikularität könne in Begriffen einer kognitiven, theoretischen Wahrnehmung der Universalität durch die Partikularität erfolgen, zu der neuen Ansicht, daß alles Universale nur praktisch und bruchstückhaft [...] antizipiert werden kann." (ebd. 73)

[53] *Schillebeeckx'* einflußreicher 'Brixener Vortrag' auf der religionspädagogischen Jahrestagung des Deutschen Katecheten-Vereins 1979 (ders. (1989)) und die religionsdidaktische Autorisierung des entscheidend von ihm beeinflußten Korrelationsmodells im *Grundlagenplan* von 1984 (Zentralstelle Bildung (1985)) sind entscheidende Marksteine der **beträchtlichen religionspädagogischen Wirkungsgeschichte** seiner Offenbarungs-, Erfahrungs- und Korrelationstheologie.

Edward Schillebeeckx prädestinierter Ansprechpartner, um sich in **empirisch-religionspäd-agogischem** Interesse der fundamentaltheologischen Bedeutsamkeit von Intensiverfahrungen zu vergewissern.

Gemäß der inneren Logik seiner Argumentation soll im Zuge dieser Vergewisserung zunächst sein grundlegendes Verständnis von „**Offenbarung als Erfahrung**"[54] nachvollzogen werden, um darauf aufbauend das offenbarungstheologische Gewicht zu ergründen, das er **humanen Relevanzerfahrungen** zuschreibt. Nach einer Klärung, wie *Edward Schillebeeckx* selbst ebenjene Kategorie der 'Korrelation' faßt, die unter seinem Einfluß zum Leitkonzept einer erfahrungsbewußten Religionspädagogik wurde, soll abschließend die spezifische Bedeutung bedacht werden, die **Relevanzerfahrungen** im Korrelationsgeschehen zukommt.

1.3.1 Existentielles Offenbarungsverständnis[55]

Schillebeeckx' Theologie fußt auf der grundlegenden Prämisse, daß sich Gott dem Menschen einzig und allein im „Medium" (33) menschlicher Erfahrungen mitteilt. **Offenbarung** ist **per se vermittelt durch erlebte und interpretierte Fakten, die sich zu einer 'Geschichte' verdichten**[56]: „Allein der menschliche Sinn eines geschichtlichen Prozesses kann zum Material eines 'übernatürlichen' oder religiösen Sinns, der Offenbarung, werden." (31) Bezeichnet das Wort 'Gott' kein indifferentes Prinzip des Weltgeschehens, sondern eine als „menschenliebende, befreiende Heilsmacht" (26) geglaubte und erhoffte Wirklichkeit[57], dann ist Gott keinesfalls „in jeder beliebigen menschlichen Geschichte" (29) gleichermaßen

---

[54] Rolinck (1986) 659

[55] Die im fortlaufenden Text der Abschnitte 1.3.1 und 1.3.2 angeführten Seitenzahlen beziehen sich auf Schillebeeckx (1990). In den ersten beiden Kapiteln dieses abschließenden Bandes seiner epochalen (vgl. Cibellini (1994) 17) christologischen Trilogie expliziert *Edward Schillebeeckx* sein Offenbarungsverständnis und thematisiert Bedingungen, Möglichkeit und Bedeutung gegenwärtigen Glaubens und Sprechens von Gott (vgl. Kennedy (1994) 181). Während sich die dabei entfaltete Konzeption von **Erfahrung** und **Offenbarung** bis in den Wortlaut hinein mit seinem Beitrag in CGG (Schillebeeckx (1980)) deckt, der dem bereits angesprochenen 'Brixener Vortrag' von 1979 (ders. (1989)) zugrundeliegt, hat sich sein **Korrelation**sverständnis gegenüber den religionspädagogisch höchst wirkungsvollen Beiträgen, die ein Jahrzehnt zuvor publiziert worden waren, merklich gewandelt.

[56] „Fakten werden erst Geschichte innerhalb eines Sinnrahmens, in einer Tradition interpretierter Fakten." (Schillebeeckx (1990) 29)

[57] Für *Schillebeeckx* (1990) ist die „eschatologische Utopie'" (26) der „**Menschenliebe Gottes**: eines auf Menschlichkeit bedachten Gottes, der 'Menschen Gottes' will, die selbst auf Menschlichkeit bedacht sind" (ebd.) der „**tiefste Impuls** dessen, was man die **jüdische und christliche Erfahrungstradition** nennt, trotz ihrer empirischen Erscheinungsformen, die diesem, ihrem eigenen Impuls oft widersprechen." (ebd.) Ohne genauer zu differenzieren, schreibt er das angeführte Grundverständnis von „Gott als Heil für Menschen" (117) neben der jüdisch-christlichen Tradition auch anderen Weltreligionen zu: „Religionen: Synagogen und Pagoden, Moscheen und Kirchen, verhindern dank ihres religiösen Wortes, ihres Sakraments oder Rituals und ihrer Lebenspraxis, daß diese universale Heilspräsenz in Vergessenheit gerät." (36f.; vgl. 93) [Hervorhebungen: B.P.]

8

für den Menschen vernehmbar. Während sich das 'Ja' der Heilspräsenz Gottes ausschließlich in menschen-befreienden Geschehnissen erfahren läßt (insb. 29), die sich zu einer **Heilsgeschichte** zusammenfügen, geben Ereignisse des Leides und Unrechts nur insofern Zeugnis von Gott, als dieser im existentiellen Widerspruch gegen diese Unheilsgeschichte als **Veto, Gericht und Kontrast** zur Unterdrückung von Menschen erfahrbar wird (insb. 28f.).

Befreiung und Empörung wider das Unrecht sind **allgemein menschliche** Erfahrungen. **Religiöse** Deutung von Wirklichkeit setzt diese Erfahrungen zwingend voraus, ist aber keineswegs mit ihnen identisch. Zu **religiösen Offenbarungserfahrungen** werden anthropologische Erfahrungen erst im spezifischen Deutungsrahmen von Traditionen, die das Interpretament 'Gott' einführen und diese allgemein menschlichen Erfahrungen ausdrücklich auf Gott beziehen.[58] Religion ist somit „stets ein zweiter Diskurs" (114), der das „erste Realisieren von Wohl und Heil, Erlösung und Befreiung" (35) „umschließt" (114) und auf Gott hin zuspitzt.

Religiöse Offenbarungsgeschichte setzt ein Geschehen voraus, „das schon menschlich relevant ist, menschen-befreiend, ohne direkten Bezug auf Gott - 'etsi Deus non daretur'." (29) Diese „allgemeine Heilsgeschichte" (35) deutet Religion auf einer zweiten Ebene als Geschehen, in dem sich Gott offenbart.

Die **Sinnhaftigkeit** religiösen Redens „'in der zweiten Ordnung'" (117), das „Gott selbst zum ausdrücklichen Objekt hat" (126f.), hängt davon ab, daß **verständlich** ist, „wovon man redet, wenn man von 'Gott' spricht." (116)[59]

1.3.2 Religiöse Offenbarungserfahrung als Erfahrung mit menschlicher Relevanzerfahrung

Wenn religiöse Offenbarungserfahrungen auch prinzipiell auf allgemein menschlichen Erfahrungen beruhen, sind letztere doch **in unterschiedlicher Weise prädisponiert, religiöse Deutungen auf sich zu ziehen.**

---

[58] vgl. insb. Schillebeeckx (1990) 29: „Das ist die erste Sinnebene: Es wird menschliche Befreiung vollzogen und auch erfahren. In einer religiösen Erfahrungstradition des Glaubens an Gott wird dieses menschliche Befreiungsmoment auf einer zweiten Sinnebene interpretiert: in Beziehung zu Gott."
[59] *Edward Schillebeeckx* betont nachdrücklich, „daß die Existenz Gottes mit rationalen Argumenten als solchen **nicht bewiesen** werden kann. Man kann **nur** sagen, daß es in unserem menschlichen Leben [...] Punkte oder Orte gibt, an denen es **verständlich** wird, von Gott zu reden." (ders. (1994 A) 111, vgl. insb. ders. (1990) 118f.) [Hervorhebungen: B.P.]

Für *Edward Schillebeeckx* vollzieht sich „vor-religiöses und somit allen Menschen zugängliches" (27) Erfahren in **unterschiedlicher Intensität**[60]. Allgemein menschliche Erfahrungen unterscheiden sich hinsichtlich ihrer *„Offenbarungsdichte"* (47)[61] und lassen sich dementsprechend in eine „Hierarchie" (48) einordnen, die von alltäglichen **Routine-erfahrungen** bis zu existentiellen **Relevanzerfahrungen** reicht.

Routineerfahrungen „finden [...] innerhalb der sogenannten oberflächlichen Selbstver-ständlichkeiten des Lebens statt, sie gehen lautlos an uns vorüber, wie Eintagsfliegen." (45) **Relevanzerfahrungen** hingegen sprengen den Rahmen des alltäglich Selbstverständlichen und erweisen sich für das betroffene Subjekt als persönliche 'Offenbarungen'[62], in denen „sich etwas Überraschendes ereignete, etwas, was die alltäglichen Routineerfahrungen durchbrach und sich bei näherem Zusehen [...] als etwas 'Neues' erwies, etwas Neues, in dem wir doch unser tiefstes Selbst wiedererkennen." (46) Um dergestalt „das Tiefste seiner selbst [...] auf ganz neue Weise entdecken" (46) zu können, durchlebt das Subjekt im Zuge solcher Relevanzerfahrungen einen charakteristischen, dreiphasigen Prozeß, der „aus einer anfänglich alltäglichen, *nichtkritischen Integration* mittels *Desintegration* zu einer neuen, andersorientierten *Neuintegration*" (46) hinüberführt.[63]

Die Fraglosigkeit alltäglicher Wirklichkeitsbegegnung kann durch **zwei elementare Typen von Relevanzerfahrungen** aufgebrochen werden, durch solche „von Leiden und Übel, von Unterdrückung und Unglück" (27) auf der einen und durch „fragmentarische, aber wirkliche Erfahrungen von Sinn und Glück" (28) auf der anderen Seite. **Beide** Typen, positive „Erfahrungen von Sinn wie negative Kontrasterfahrungen" (135) ereignen sich im Raum menschlicher Begrenztheit, *Schillebeeckx* zufolge spiegeln sie letztlich die **Kontingenz** als unverfügbare Endlichkeit des Humanums.[64]

---

[60] *Schillebeeckx* selbst spricht in diesem Zusammenhang **nicht** von der 'Intensität', sondern von der „Offenba-rungsdichte" (ders. (1990) 47 und 48), „Offenbarungskraft" (ebd. 48), „Offenbarungsstärke" (ders. (1980) 77) oder dem „'relevatorischen' Wert" (ders. (1990) 48) profaner Erfahrungen.

[61] Im Gegensatz zu *Edward Schillebeeckx*, der auch allgemein menschliche Erfahrungen als 'Offenbarungen' tituliert, reserviere ich die Bezeichnung '**Offenbarung**' um der terminologischen Eindeutigkeit willen aus-schließlich für Erfahrungen, deren Deutung den Interpretationsrahmen einer **religiösen** Auslegungstradition erkennen läßt. *Schillebeeckx'* profane „Offenbarungserfahrungen" (ders. (1990) 46) bezeichne ich der Klar-heit halber als '**Relevanzerfahrungen**'.

[62] Im „Strom von mehr anonymen und etwas ausdrücklicheren Durchschnittserfahrungen treten manchmal Ereignisse stärker hervor, Erfahrungen, von denen wir sagen: 'Das war für mich eine Offenbarung.'" (Schillebeeckx (1990) 45f.)

[63] vgl. a. Schillebeeckx (1990) 104, wo dasselbe Ablaufmuster zur Schematisierung 'mystischer Erfahrungen' herangezogen wird.

[64] Die Kontingenzerfahrung ist nach *Schillebeeckx* (1990) 111 „der unausgesprochene Kern des menschlichen Lebens". Als „radikale Grenzerfahrung" ist sie nicht unmittelbar erfahrbar, vielmehr wird sie „durch man-cherlei Erfahrungen relativer Grenzen in unserem Leben vermittelt." (vgl. insb. Kennedy (1994) 129f.) Eine eingehendere Erörterung des Kontingenzbegriffs findet sich in Kap. 4.2.4.2.

Relevanzerfahrungen, die als „die menschliche Existenz zutiefst berührende [...] erlebt" (118) werden und dem betroffenen Subjekt eine neue und vertiefte Sicht der Wirklichkeit 'erschließen' (vgl. 31 und 46) sind für *Edward Schillebeeckx* die **Bedingung der Möglichkeit religiöser Offenbarungserfahrungen**: „Religiöse Erfahrungen [...] sind deutlich mit menschlichen Offenbarungserfahrungen verwandt und setzen diese voraus." (48)

Umgekehrt versteht er **religiöse Offenbarungserfahrungen** als Erfahrungen, die **mit Relevanzerfahrungen** gemacht werden[65]: „Religiöse Erfahrungen macht man an, in und mit persönlichen menschlichen Erfahrungen" (48), und zwar „im Licht und mit Hilfe einer bestimmten religiösen Tradition" (48), die sich als religiöse ausdrücklich auf 'Gott' bezieht (126f.).

Damit eine solche religiöse Interpretation Sinn und Bedeutung erlangen kann, muß die **Gottesrede** erkennen lassen, **daß** sie **überhaupt** auf Erfahrungen rekurriert[66], **welche** „Erfahrungen von besonderer Bedeutsamkeit"[67] sie in den Blick nimmt und **inwiefern** sie diesen Relevanzerfahrungen „eine **spezifisch eigene Verständlichkeit**" (119[68]) abzuringen vermag, die „allein in Glaubenssprache zur Sprache kommen kann." (114)[69]

1.3.3 'Wechselseitige kritische Korrelation' zwischen überlieferten und gegenwärtigen Erfahrungen[70]

Religion im allgemeinen und christlicher Glaube im besonderen haben prinzipiell in doppelter Hinsicht mit Erfahrung zu tun: Einerseits berufen sie sich auf **überlieferte Erfahrungen aus der Vergangenheit**, andererseits bewegen sie sich unausweichlich im Kontext **gegenwärtiger Erfahrungen**.

Der Begriff der '**Korrelation**' bringt zum Ausdruck, daß sich Religion und Glaube konstitutiv auf Erfahrung beziehen, indem sie ebenso auf tradierte wie auf aktuelle Erfahrungen verwiesen sind. Er impliziert ein **existentielles** und **hermeneutisches** Religionsverständnis.

---

[65] Das Verständnis religiöser Erfahrung als 'Erfahrung **mit** profaner Erfahrung' geht ursprünglich zurück auf *Eberhard Jüngel* und *Gerhard Ebeling* (vgl. insb. Ebeling (1975) 22 und Schillebeeckx (1980) 81).

[66] „Sinnvoll von Gott zu reden ist nur möglich aufgrund menschlicher Erfahrungen." (Schillebeeckx (1990) 122)

[67] Schillebeeckx (1980) 76

[68] [Hervorhebung: B.P.]

[69] Die angeführten Kriterien plausibler Gottesrede werden prägnant entfaltet in Schillebeeckx (1990) 117-119.

[70] Die im fortlaufenden Text des hiesigen Abschnitts genannten Seitenangaben verweisen auf Schillebeeckx (1980). In prägnanter Form referiert dieser Beitrag die religionspädagogisch einflußreich gewordene Version seines Korrelationskonzepts (vgl. Fußnote 55 in Kap. 1.3.1 sowie Fußnote 149 in Kap. 1.4.1.3).

Gleichzeitig problematisiert der Korrelationsbegriff, in welcher Weise Überlieferung und Gegenwart als Erfahrungs-„'Quellen'"[71], aus denen Religion und Glaube schöpfen, sinnvoll und bedeutsam **aufeinander bezogen** werden können und sollten.

Da sich *Edward Schillebeeckx'* Position zu dieser Frage seit seinen religionspädagogisch höchst einflußreichen Beiträgen um 1980 verändert hat, soll im folgenden zunächst seine frühere und religionspädagogisch breit rezipierte Fassung des Korrelationsmodells nachgezeichnet werden, bevor gesondert erkundet werden kann, mit welcher Begründung und in welcher Hinsicht er dieses Konzept zwischenzeitlich modifiziert hat.

Bei seiner Suche nach einer theologisch tragfähigen Zuordnung von überlieferter und gegenwärtiger Erfahrung geht *Edward Schillebeeckx* grundsätzlich davon aus, daß eine **Absolutsetzung** eines Erfahrungspols zu Lasten des je anderen **weder möglich noch angemessen** sei: „Die Autorität christlicher Glaubenserfahrungen [...] kann nicht einseitig in den konkreten Glaubenszeugnissen der apostolischen Glaubenserfahrungen [...] liegen, ebensowenig einseitig in dem, was man moderne Erfahrungen nennt." (93)[72]

Die **Unmöglichkeit**, einen Erfahrungspol zu verabsolutieren, ohne zugleich Glaube und Religion als existentiell-hermeneutisches Geschehen ad absurdum zu führen, begründet sich aus der „Struktur unserer geschichtlichen Erfahrung" (94). Diese ist dadurch geprägt, daß sich aktuelle und vorgängige Erfahrungen gegenseitig ermöglichen, voraussetzen und nicht aufeinander zurückgeführt werden können.[73] Betrachten wir religiöse Erfahrungstraditionen mit *Schillebeeckx* als einen möglichen Auslegungshorizont für allgemein menschliche Erfahrungen[74], dann bedeutet eine **Ausblendung der Überlieferung** die Preisgabe des für religiöse Erfahrung unverzichtbaren Deutungsrahmens: Es gibt keine *religiöse* Erfahrung (vgl. 85 und 93). Bei einer **Ausblendung gegenwärtiger Erfahrungen** hingegen besteht der religiöse Deutungsrahmen zwar fort, nur zielt er ins Leere: Es gibt keine religiöse *Erfahrung* - allenfalls äußerliche Indoktrination (vgl. ebd.).

Die **Unangemessenheit**, aktuelle und vergangene Erfahrungen gegeneinander auszuspielen, rechtfertigt sich aus der Prämisse, daß beiden Erfahrungspolen je für sich eine **besondere**

---

[71] Schillebeeckx (1989) 90; während *Edward Schillebeeckx* (1990) 63 das Bild der 'zwei Quellen' erneut aufgreift, verwirft er das vergleichbare Motiv 'zweier Brunnen' in einem späteren Beitrag (ders. (1994) 758) als inadäquat.

[72] vgl. insb. Schillebeeckx (1980) 83 und 85 sowie ders. (1989) 90 und 93

[73] vgl. insb. Schillebeeckx (1980) 80; die wechselseitige Bedingtheit zwischen neuen Einzelerfahrungen und 'abgelagerten' Vorerfahrungen wird eingehender dargelegt in Kap. 1.2.

[74] vgl. insb. Schillebeeckx (1980) 82: „Aus menschlichen Erfahrungen heraus von Gott sprechen ist [...] wesentlich damit verbunden, daß man über weltliche Erfahrungen religiös sprechen kann, [...] wenn auch immer im Licht einer bestimmten religiösen, etwa der christlichen Erfahrungstradition."

„Autorität" (94[75]) zukommt, die sie instand setzt, **sich gegenseitig zu erhellen**: „Zeitgenössische Erfahrungen haben eine hermeneutische, kritische und produktive Kraft gegenüber
den Erfahrungs- und Erkenntnisinhalten der christlichen Erfahrungstradition. Aber
umgekehrt haben auch christliche Erfahrungen, falls eine Besinnung auf sie erfolgt, eine
besondere ursprüngliche, kritische und produktive Erschließungskraft in bezug auf unsere
allgemein-menschlichen Erfahrungen in der Welt." (94)

Die je neue Konstituierung christlich-religiöser Erfahrungen und mit ihr die „historische
Identität des Christentums" (94) als solchen ist zwingend darauf angewiesen, daß es immer
wieder gelingt, überlieferte und aktuelle Erfahrungen in einer Art und Weise aufeinander zu
beziehen, die **beide Erfahrungskomplexe in ihr Recht setzt**. *Edward Schillebeeckx*
charakterisiert einen solchen Modus der Begegnung von Tradition und Gegenwart als
„wechselseitige kritische Korrelation" (101)[76].

Aus der Unverzichtbarkeit und je besonderen Autorität von überlieferter und aktueller
Erfahrung zieht dieses Begegnungsmodell zwei Konsequenzen: Zum einen wird beiden
Erfahrungskomplexen gleichermaßen die **Kompetenz** zugemessen, das Gegenüber in
sinnvoller Weise prüfend und korrigierend in Frage stellen zu können. Zum anderen wird
der **tatsächliche Vollzug** gegenseitiger Prüfung und Korrektur als **notwendige Bedingung**
erachtet, daß religiöse Überlieferung und Erfahrung eine „produktive oder befreiende Kraft"
(90) gewinnen können. Nur wenn sich nämlich allgemein menschliche Erfahrungen und religiöse Erfahrungstraditionen wechselseitig kritisieren (lassen), vermögen sie **sich im Lichte
des je anderen Erfahrungspols zu läutern**.

Wechselseitige kritische Korrelation setzt voraus, daß religiöse Erfahrungstradition und
allgemein menschliche Erfahrung **sich etwas zu sagen haben und sagen sollten**.

Insofern die **religiöse Überlieferung** 'kritisch daran erinnert'[77], was Menschen „in meist
unglücklich verlaufenen geschichtlichen Ereignissen an Weisheit und schmerzlichen
Einsichten in die Bedingungen wahrer Menschlichkeit gewonnen" (95) haben, und insofern
sie entgegen der „bleibenden Widerspenstigkeit alles sinnlosen Leidens" (103) an einer in

---

[75] [Hervorhebung: B.P.]
[76] [Hervorhebung: B.P.]; vgl. insb. ebd. 83, 94, 102 und 109
[77] Mit der Wendung 'kritische Erinnerung' umschreibt *Edward Schillebeeckx* (1980) leitmotivisch, daß (gerade
auch religiöse) Erfahrungstraditionen „Signale aus der schmerzlichen Geschichte der Menschheit" (97) spei-
chern und ins Gedächtnis rufen können, die einen ebenso sperrigen wie bedenkenswerten Prüfstein für heutige Wirklichkeitdeutungen darstellen (vgl. insb. 94-100).

Gott begründeten Hoffnung auf umfassende Befreiung festhält[78], vermag sie aktuelle Erfahrungen aufzusprengen und auf mehr Menschlichkeit hin auszurichten.

Insofern umgekehrt **Gegenwartserfahrungen** der entscheidende Ort sind, in dem sich tradierte Erinnerungen und Hoffnungen zu bewähren haben[79], muß sich die religiöse Überlieferung gegenüber aktuellen Erfahrungen als nachvollziehbar und tragfähig ausweisen. Dies schließt die Möglichkeit ein, daß die Gegenwart „blinde Flecken" (94) und Defizite aufdeckt, vor denen religiöse Überlieferung als menschlich vermittelte Offenbarung[80] keinesfalls gefeit ist (101).

Edward Schillebeeckx betont entschieden, daß die dargelegte wechselseitige kritische Korrelation **keinesfalls ausschließlich** als **theoretisches** Geschehen verstanden werden darf.

Im Deutungsrahmen religiöser Erfahrungstraditionen stellt sich letztendlich die **Frage nach einem endgültigen Sinn** allgemein menschlicher Erfahrungen. Angesichts der Unbestreitbarkeit menschlichen Leidens ist diese Frage jedoch für die theoretische Vernunft nicht lösbar.[81] Ob es eine letzte Hoffnung gibt, auf die es sich zu setzen lohnt, läßt sich für *Schillebeeckx* nicht theoretisch beantworten, sondern **einzig handelnd** vorwegnehmen. „Über Sinn wird [...] durch die praktische Vernunft entschieden." (103)

Die befreiende Praxis, auf die das korrelative Wechselspiel zwischen überlieferter und aktueller Erfahrung zielt, ist „kein nachträglicher Überbau" (108) einer theoretisch erkannten Hoffnung, sondern **befreiendes Handeln selbst vermittelt und verkörpert letzte Hoffnung**.

Soll sich solche Hoffnung, der sich die christlich-religiöse Erfahrungstradition verpflichtet weiß, „in und an heutigen menschlichen Erfahrungen" (81) als glaubhaft erweisen, muß sie sowohl in **Handlungsvollzügen** identifiziert als auch gegenüber der **Vernunft** verantwortet werden können. Damit dies gelingen kann, muß das korrelative Begegnungsgeschehen nach *Schillebeeckx* ebenso praktische wie theoretische Züge tragen:

---

[78] vgl. insb. Schillebeeckx (1980) 98-100, wo die zentrale Hoffnungsvision des Christentums an den „neutestamentlichen Kernideen" (98) der 'Herrschaft Gottes' und der 'Auferstehung' aufgezeigt wird.

[79] „Christlicher Glaube gründet [...] in erster Linie auf der historischen Vermittlung von Glaubenserfahrungen anderer, die Jesus nachgefolgt sind. Aber diese Vermittlung kann nur dann als geglückt gelten, das heißt, die Aneignung dieser alten Erfahrungen ist nur dann möglich, wenn sie hier und jetzt in immer wieder neuen christlichen Erfahrungen geschieht . So entsteht auch lebendige Überlieferung." (Schillebeeckx (1980) 84; vgl. insb. ebd. 81)

[80] vgl. insb. Schillebeeckx (1994 A) 89f.

[81] „Theoretisch vom endgültigen totalen Sinn der Geschichte zu sprechen impliziert in Wirklichkeit Unempfindsamkeit für die weltgeschichtlichen und persönlichen Dramen und Katastrophen in unserer Geschichte." (Schillebeeckx (1980) 104)

„Christlich gesehen, haben 'Erfahrungen' [...] Autorität erst im lebendigen Kontext einer *wechselseitigen theoretisch-kritischen* und *praktisch-kritischen Korrelation* der apostolischen Glaubenserfahrungen damals und unserer Erfahrungen heute, wobei die dazwischenliegende Periode eine besondere vermittelnde Rolle spielt." (93f.)

1.3.4 „Von der Korrelation zur kritischen Interrelation"[82]

Im dargelegten Korrelationskonzept, das die religionspädagogische Diskussion der 80er Jahre deutlich beeinflußte, erscheint die Chance, die christlich-religiöse Erfahrungstradition als plausiblen Deutungsrahmen für heutige Erfahrungen anzubieten, in **optimistischem Licht.**

'Korrelation' ist dabei letztlich ein Begegnungsmodell der „**Identifizierung**"[83], das unmißverständlich darauf zielt und setzt, daß auch unter veränderten historischen, sozialen und kulturellen Bedingungen je neue „Vermittlung"[84] und „Aneignung"[85] der jüdisch-christlichen Erfahrungstradition möglich ist[86], wobei sich diese Tradition freilich im Zuge je neuer Vermittlungen und Aneignungen verändern, zugleich aber ihren Wurzeln treu bleiben muß.

Der Blick des besagten Korrelationsverständnisses ist vorrangig darauf gerichtet, daß sich im Zusammentreffen zwischen christlicher Erfahrungstradition und gegenwärtigen Erfahrungen **Konsens** oder **Identität** erzielen läßt.[87] Die Differenz zwischen überlieferter und heutiger Erfahrung wird zwar zur Kenntnis genommen, sie erscheint aber prinzipiell überwindbar.

Ohne vom grundsätzlichen Vertrauen abzurücken, daß „die christliche Glaubenstradition ihren Weg in *allen* sozialkulturellen Kontexten finden muß und kann"[88], bedenkt *Edward Schillebeeckx* in jüngerer Zeit doch mehr und mehr die **reale Möglichkeit scheiternder**

---

[82] Diese Formulierung entstammt der Titelzeile von Schillebeeckx (1994). In diesem Interview, das religionspädagogisch zwar registriert wurde (vgl. insb. Scharer (1995) 138), aber bislang noch keine konzeptionellen Folgen zeitigte, stellt *Edward Schillebeeckx* klar, in welcher Hinsicht sich seine Rede von 'Korrelation' seit den religionspädagogisch einflußreichen Beiträgen um 1980 weiterentwickelt hat.

[83] Schillebeeckx (1980) 84, 94 und 102 [Hervorhebung: B.P.]; gemäß der auf S.13f. referierten Grundannahme, daß umfassender Sinn nie theoretisch ableitbar, sondern nur **handelnd** antizipierbar sei, sprechen diese Belegstellen ausdrücklich von **praktischer** Identifikation „mit dem Leben Jesu" (84), „der Praxis Jesu" (94) bzw. „mit Gott und seiner Solidarität mit den Menschen" (102).

[84] Schillebeeckx (1980) 84 und 100

[85] Schillebeeckx (1980) 84

[86] vgl. insb. Schillebeeckx (1980) 102, wo als Ziel „einer *wechselseitigen theoretisch- und praktisch-kritischen* Korrelation zwischen den apostolischen und früheren christlichen Erfahrungen und unseren heutigen Erfahrungen" bestimmt wird, die „Autorität christlicher Erfahrungen" dahingehend „geltend [zu] machen", daß „sich Christen, in zeitgenössischen, **veränderten** gesellschaftspolitischen und kulturellen Situationen, heute mit der Botschaft und Praxis Jesu **identifizieren**." [Hervorhebungen: B.P.]

[87] In Schillebeeckx (1980) findet sich lediglich eine einzige Andeutung, daß die Begegnung mit christlich-religiöser Überlieferung statt Identifizierung auch Distanzierung zur Folge haben kann (ebd. 81).

[88] Schillebeeckx (1994) 760

Identifikation: Das Faktum, daß sich die religiöse Erfahrungstradition gegenüber heutigen Erfahrungen **sehr häufig gerade nicht** als einleuchtender Deutungsrahmen auszuweisen vermag[89], wird ihm zum Anlaß, sein bisheriges Korrelationsmodell zu **erweitern** und zu **pointieren**.

Dessen **Erweiterung** mündet darin, daß er nun ausdrücklich einräumt, 'Korrelation' im Sinne gelingender Identifikation sei **nur eine von mehreren Varianten** der Begegnung zwischen Tradition und Gegenwartserfahrung. Das **Gesamtspektrum** solcher Begegnungsmöglichkeiten faßt er im Begriff der 'Interrelation' zusammen.

In solcher 'Interrelation' ist „nie die Rede von einer selbstverständlichen Korrelation"[90], vielmehr umfaßt 'Interrelation' eine „breite Skala"[91] möglicher Relationen von überlieferter und heutiger Erfahrung, „die zwischen einerseits eindeutiger Identität (es funkt) und andererseits unverkennbarer Nicht-Identität (es kracht)" angesiedelt sind und „von Korrelation bis zu Konflikt und Konfrontation, von gänzlicher Identifizierung bis zu partiellem Erkennen und schließlichem Nicht-Erkennen"[92] reichen.

Unabhängig davon, ob es sinnvoller erscheint, sich die angeführte terminologische Differenzierung zwischen 'Interrelation' und 'Korrelation' zu eigen zu machen oder stattdessen den Bedeutungsgehalt des Korrelationsbegriffs als solchen auszudehnen, wofür ich selbst optiere, ergibt sich aus *Schillebeeckx'* nüchterner Einsicht, daß sich aktuelle Erfahrungen und religiöser Deutungsrahmen faktisch in unterschiedlichem Maße in Einklang bringen lassen, für die Theologie und Religionspädagogik eine doppelte Forderung: Eine sachgerechte Reflexion heutiger Möglichkeiten und Grenzen des Christentums muß sich daran messen lassen, ob neben der normativ angezielten Identifikation auch anderweitige Relationen zwischen tradierter und aktueller Erfahrung in den Blick genommen werden und ob ernsthaft geprüft wird, inwiefern das Christentum auch und gerade im Modus dieser anderweitigen Beziehungsmuster heutigen Menschen hilfreich zur Seite stehen kann!

Schillebeeckx' eigene Umgestaltung des Korrelationmodells beschränkt sich nicht darauf, die Möglichkeit **scheiternder** Identifikation mit dem Christentum einzukalkulieren. Im Zuge seines theologischen Ringens um eine zeitgerechte Ermöglichung christlich-religiöser Erfah-

---

[89] „Es funkt [...] zwischen der christlichen Erfahrungstradition und den eigenen heutigen Lebenserfahrungen, oder ... bei manchen funkt es nicht, und dann lassen sie die christliche Glaubenstradition links liegen." (Schillebeeckx (1990) 49; vgl. a. ders. (1994) 760)
[90] Schillebeeckx (1990) 63
[91] Schillebeeckx (1990) 61
[92] Schillebeeckx (1990) 61

rungen[93] unterstreicht er zugleich die unverzichtbare Bedeutung der **Differenz** zwischen Überlieferung und Gegenwart für **gelingende** Identifikationen mit dem Christentum. Ist schon die christliche Tradition selbst eine Geschichte des Umgangs mit je neuen Differenzen[94], so bedarf auch heutige christliche Erfahrung der **spannungsvollen Diskrepanz** zwischen vorgängiger Tradition und aktueller Erfahrungswelt. Sollen sich überlieferte Erfahrungen als tragfähiger Deutungsrahmen für heutige Erfahrungen erweisen, darf deren Unterschiedlichkeit für *Schillebeeckx* nicht als Störfaktor geleugnet werden, vielmehr müssen mittels einer „Konfrontation durch Vergleiche"[95] ebenso die Differenzen wie die Konvergenzen zwischen beiden Erfahrungspolen offengelegt sein: „Den menschlichen Erfahrungen [...] kommt Autonomie zu. Und die Eigenständigkeit der Tradition, etwa der christlichen, fällt damit nicht einfach zusammen, sondern kann quer dazu stehen. Wir müssen beide kritisch konfrontieren, so daß daraus eine *neue* Erfahrung entsteht, die doch auch wieder eine menschliche Erfahrung ist. Identität ist dann über diesen Bruch hinweg zu sichern."[96]

1.3.5 Zur Bedeutsamkeit von Relevanzerfahrungen im Korrelationsgeschehen

Wie bereits aufgezeigt wurde[97], entzünden sich **religiöse Deutungen**, die ausdrücklich mit dem Wort 'Gott' operieren und der menschlichen Existenz einen endgültigen Sinn zuschreiben[98], aus *Edward Schillebeeckx'* Sicht bevorzugt an **Relevanzerfahrungen**, in denen die Normalität des Alltags aufbricht[99] und sich dem Subjekt auf existentiell bewegende Weise[100] subjektiv Bedeutsames[101] 'offenbart'.

Als **empirischer Ausgangspunkt religiöser Weltdeutung** sind solche Relevanzerfahrungen nicht nur die Bedingung der Möglichkeit für **heutige** religiöse Erfahrungen, sondern gleichermaßen der existentielle Bodensatz, aus dem heraus sich religiöse Erfahrungs**tradi-**

---

[93] vgl. insb. Schillebeeckx (1994) 759: „Das genau ist unser Problem. Wie können wir mit unseren allgemeinen menschlichen Erfahrungen, die in unserer postmodernen Zeit beinahe strukturell atheistisch angelegt sind, religiöse Erfahrungen machen?"

[94] „Tatsache ist doch, daß die Tradition, die eine Tradition von Erfahrungen ist, ihre Identität nicht nur dadurch bewahrt, daß sie Korrelationen erlaubt, sondern daß sie auch Brüche beinhaltet." (Schillebeeckx (1994) 757)

[95] Schillebeeckx (1994) 757

[96] Schillebeeckx (1994) 759; vgl. insb. ders. (1990) 70: „Fazit ist: Es gibt christliche Identität *in* kulturellen Brüchen und Verschiebungen und nicht eine Identität aufgrund dessen, was früher, zudem rein intellektualistisch, 'homogene Identität' genannt wurde".

[97] vgl. Kap. 1.3.2

[98] „In der Religion geht es um die Totalität des Sinns unserer menschlichen Existenz. In jeder einzelnen Erfahrung liegt etwas, das zu einer (antizipierenden) Erfahrung der Totalität gehört." (*Edward Schillebeeckx* nach Kennedy (1994) 220)

[99] vgl. insb. Schillebeeckx (1980) 76 sowie ders. (1990) 45f.

[100] vgl. insb. Schillebeeckx (1990) 118

[101] vgl. insb. Schillebeeckx (1980) 76

tionen entwickelt haben[102]: Sie sind **konstitutiv für beide Pole des Korrelationsgeschehens**.

Als in einer bestimmten Situation gedeutete Erlebnisse spiegeln sowohl überlieferte als auch gegenwärtige Relevanzerfahrungen unausweichlich den besonderen psychosozialen, soziokulturellen und historischen Kontext ihrer jeweiligen Entstehung, in diesem unterschiedlichen Entstehungszusammenhang gründet die **unweigerliche Differenz** beider Erfahrungspole.

Soll es aber möglich sein - und diese Möglichkeit hat sich (kirchen)historisch vielfach bewahrheitet -, daß sich „über diesen Bruch hinweg"[103] eine „reziprok-kritische Begegnung"[104] ereignet, dann müssen über die angesprochenen Unterschiede hinaus auch **Übereinstimmungen** oder zumindest **Analogien** zwischen vergangenen und heutigen Erfahrungen aufspürbar sein, auf die sich beide Erfahrungspole sinnvoll zu beziehen vermögen und bezüglich derer sie sich bestätigen, korrigieren, widersprechen oder gegenseitig bereichern können.

Für *Edward Schillebeeckx* besteht die Gemeinsamkeit, angesichts derer ein sinnvolles Kommunikationsgeschehen zwischen „der Geschichte der evangelischen Glaubenstradition und der persönlichen und gemeinsamen Geschichte von unserem Leben"[105] erst möglich wird, darin, daß sich **in Relevanzerfahrungen** unterschiedlicher Epochen ungeachtet ihrer kontextuellen Differenz etwas 'allgemein Menschliches' dokumentiert, nämlich „'ewigmenschliche', in allen Kulturen nachweisbare, fundamental gleiche menschliche **Grunderfahrungen**"[106].

Wollen wir die skizzierte Beziehung von Grund-, Relevanz- und religiösen Erfahrungen auf einen knappen Nenner bringen, können wir feststellen: **Religiös gedeutete** Erfahrungen beruhen auf **allgemein menschlichen** Grunderfahrungen, die vorrangig in **konkreten** Relevanzerfahrungen zum Vorschein kommen.

Aus dieser Zuordnung ergeben sich zwei gewichtige Bedingungen, damit sich Korrelation zwischen religiösen Erfahrungstraditionen und heutigen Erfahrungswelten vollziehen kann: Zunächst sind aus der Überlieferung ebenso wie aus der Gegenwart **Relevanzerfahrungen**

---

[102] *Edward Schillebeeckx* (1990) 30f. verdeutlicht diesen existentiellen Erfahrungsgrund religiöser Wirklichkeitsdeutung am Beispiel des ersttestamentlichen Exodus-Bekenntnisses.
[103] Schillebeeckx (1994) 759
[104] Schillebeeckx (1990) 62
[105] Schillebeeckx (1990) 60
[106] Schillebeeckx (1980) 102, vgl. insb. ders. (1990) 27, und 113f. sowie ders. (1994) 759

'**herauszubuchstabieren**', die als solche den 'Sitz im Leben'[107] repräsentieren und veranschaulichen, aus dem religiöse Wirklichkeitsdeutungen entstanden sind und erwachsen
können.

Alsdann gilt es, diese identifizierten Relevanzerfahrungen aus Tradition und Gegenwart
unter sorgfältiger Berücksichtigung kontextueller Differenzen[108] auf anthropologisch universale Momente, Dimensionen oder Aspekte[109] hin zu befragen.

Insofern sich solche **Grunderfahrungen** auf beiden Seiten des Korrelationsprojekts auf-
decken lassen, wird eine **verbindende Gesprächsbasis** greifbar, auf die sich religiöse
Erfahrungtraditionen und zeitgenössische Erfahrungen bei aller Unterschiedlichkeit
gemeinsam beziehen können: (Christliche) Religion wird auf diese Weise **kommunikabel**
gegenüber der Gegenwart, wechselseitige kritische und produktive Korrelation wird realisierbar.

Ob sich die christliche Erfahrungstradition im Zuge solcher Korrelation dann tatsächlich als
plausibler Auslegungsrahmen für heutige Erfahrungen erweisen kann, gilt es dann allerdings
erst herauszufinden.

1.4 **Religionspädagogische(s) Korrelationsmodell(e)**

Die religionspädagogische Reflexion des Zusammenhangs von Glaube und Erfahrung bildet
nicht lediglich einen Nachklang systematisch theologischer Überlegungen. Auch wenn sich
die Religionspädagogik (nicht nur) in dieser Frage bis heute stets durch Konzepte der
Systematischen Theologie inspirieren läßt, ergründete sie die Bedeutsamkeit menschlicher
Erfahrungen im religiösen Offenbarungsgeschehen doch maßgeblich 'in eigener Regie'. Die
Eigenständigkeit dieses Diskurses liegt wesentlich darin begründet, daß die Religionspädagogik nicht umhinkommt, die **besonderen Fragestellungen und Problemperspektiven
der zeitgenössischen Handlungsfelder und Bezugswissenschaften** aufzunehmen, denen
sie sich als *praktisch* theologische Disziplin verpflichtet und verbunden weiß.

Zweifellos ist es im Kontext des hiesigen Entdeckungszusammenhang weder sinnvoll noch
leistbar, die religionspädagogische Geschichte des Korrelationskonzepts im einzelnen dar-

---

[107] Die Wendung 'Sitz im Leben' wurde ursprünglich im bibelwissenschaftlichen Zusammenhang durch
Hermann Gunkel geprägt.
[108] Diesbezüglich äußert *Edward Schillebeeckx* deutliche Kritik an *Abraham H. Maslow*, dem Hauptinitiator der
Humanistischen Psychologie, dem er vorwirft, bei seiner Rekonstruktion universaler Grunderfahrungen die
gesellschaftliche und historische Bedingtheit menschlicher Erfahrungen vernachlässigt zu haben (vgl.
Schillebeeckx (1980) 88 sowie ders. (1990) 42).
[109] vgl. Schillebeeckx (1990), wo der Kontingenzerfahrung (singularisch) ein „Erfahrungs**moment**" (113 und
114), „Erfahrungs**aspekt**" bzw. eine „Erfahrungs**dimension**" (114) zugeschrieben wird, die als „allgemein-
menschlich" (113) bzw. „menschlich-**universal**" (114) qualifiziert wird. [Hervorhebung: B.P.]

stellen zu wollen. Um die **Suche nach einer tragfähigen und zeitgerechten Korrelations-didaktik** als **religionspädagogischen Fragezusammenhang** auszuweisen, in dem unsere Aufmerksamkeit für jugendlichen Intensiverfahrungen gründet, sollen jedoch zumindest einige zentrale Marksteine der religionspädagogischen Korrelationsdebatte beleuchtet werden. Dabei interessiert in erster Linie, **ob und inwiefern** im Zuge dieser Debatte menschlichen **Relevanzerfahrungen korrelationsdidaktisches Gewicht zugemessen wird.**

1.4.1 **Korrelation** als **religionspädagogisches Schlüsselkonzept**

Die „Wiederentdeckung der Erfahrung"[110], die sich seit Beginn der 70er Jahre in der Religionspädagogik beider Konfessionen vollzog und schließlich darin mündete, daß 'Erfahrung' zu einem „*Schlüsselbegriff*"[111] oder einer „leitenden Kategorie"[112] dieser Disziplin wurde[113], brach der Erkenntnis Bahn, **daß** religiöse Lernprozesse in grundlegender Weise **ebenso** auf überlieferte **wie auch** auf gegenwärtige Erfahrungen verwiesen sind. Daraus resultierte zugleich die Frage, **in welcher Weise** beide Erfahrungskomplexe aufeinander bezogen werden können und sollten, damit religiöses Lernen möglich wird, dem begründetermaßen Sinn und Bedeutung zugeschrieben werden kann. Dieses Problem einer theologisch legitimen und pädagogisch sinnvollen Verknüpfung tradierter und aktueller Erfahrungen, das erst allmählich unter dem Stichwort der '**Korrelation**'[114] verhandelt wurde, entwickelte sich zu einem beherrschenden Thema des religionspädagogischen Diskurses der 70er und 80er Jahre.

Nach einer „'**Vor**geschichte' der Korrelationsdidaktik"[115], während derer die dargelegte Problematik schrittweise erkannt und erste Lösungsmodelle formuliert wurden[116], fand diese

---

[110] Bitter (1987) 930; in äußerster Prägnanz resümiert *Werner H. Ritter* (1989) 86 die wechselvolle Vorgeschichte, angesichts derer der angeführte Begriff einer religionspädagogischen '**Wieder**entdeckung' stichhaltig erscheint: „Herrschte in den Anfängen der wissenschaftlichen Religionspädagogik um die Jahrhundertwende bis in die 20er und 30er Jahre" bereits schon einmal „lebhaftes Interesse an Erfahrung bzw. genauer: einem bestimmten Erfahrungsverständnis, so verblaßte diese(s) mit dem Aufkommen einer am 'Wort Gottes' und 'Offenbarung' orientierten Theologie immer mehr und erreichte in den 50er und 60er Jahren ihren absoluten Tiefpunkt. Erst ab Mitte der 70er und beginnenden 80er Jahre läßt sich diesbezüglich eine Änderung nachweisen. Erfahrung kehrt in die Religionspädagogik und Theologie zurück".

[111] Biehl (1991) 15

[112] Ritter (1989) 34

[113] Den „Höhepunkt der religionspädagogischen Erfahrungs-Diskussion" datiert *Werner H. Ritter* (1989) 35 auf die Zeit „um und nach 1980".

[114] Die Bezeichnung 'Korrelation' verwendet *Wolfgang G. Esser* zwar bereits 1970 - und damit wohl erstmalig in religionsdidaktischem Zusammenhang (vgl. Baudler (1984) 13) -, als religionspädagogischer Leitbegriff entpuppt sich 'Korrelation' jedoch letztlich erst im *Zielfelderplan für die Grundschule* von 1977 (vgl. Fußnote 130 in Kap. 1.4.1.2).

[115] Baudler (1984) 15 [Hervorhebung: B.P.]

[116] vgl. insb. die bahnbrechenden Überlegungen von *Peter Jansen*, der beispielsweise bereits 1971 allgemeine und religiöse Erfahrungen als '**gleichberechtigt**' wertet (Ritter (1989) 225) und schon 1974 ein „**dialogisches Verhältnis**" (*P. Jansen* nach ebd. 228) zwischen beiden Erfahrungsbereichen einfordert, wenn auch *Werner H. Ritter* im nachhinein beanstandet, daß *Jansens* Konzeption alles in allem eher auf ein Frage-Ant-

Auseinandersetzung katholischerseits im *Synodenbeschluß zum Religionsunterricht* von 1974, der „Magna Charta des katholischen Religionsunterrichts"[117], ihren ersten bedeutsamen Kristallisationspunkt.

1.4.1.1 *Synodenbeschluß zum Religionsunterricht* (1974)[118]

Analysieren wir, in welcher Weise dieses *Synodendokument* 'Glaube' und 'Erfahrung' je für sich faßt und zueinander in Beziehung setzt, so kommen wir zu einem **zwiespältigen Ergebnis**, das im folgenden näher erläutert werden soll.

Heutigen Welterfahrungen mißt der *Beschlußtext* **unverzichtbare Bedeutsamkeit** für religiöses Lehren und Lernen zu, sie gelten als „unabdingbares Kriterium der Auswahl von Zielen und Inhalten" (140) und 'integrierender Bestandteil' (137) eines Religionsunterrichts, von dem „die Synode wünscht, daß er [...] sich auf die Situation der Schüler bezieht, sich ihren Fragen stellt, ihren Problemen nachgeht und Erfahrung zu vermitteln sucht." (151)

Aus den Gegenwartserfahrungen, für deren Berücksichtigung im Religionsunterricht sie ohnehin eindeutig votiert, hebt die *Synode* noch einmal solche Erfahrungen als **entscheidend** heraus, die sich nicht etwa routinemäßig „durchaus zureichend meistern" (133) lassen, sondern in denen sich das menschliche Leben 'verdichtet' (133). Gerade **in solchen** „**bedeutsamen** [...] **Erfahrungen**" (134[119]), also vorwiegend in den „Grund- und Grenzsituationen des menschlichen Lebens" (134), **stößt der Mensch** dem *Synodenbeschluß* zufolge **von selbst auf ebenjene Fragen, die den Kern** der christlichen Religion und somit auch **des Religionsunterrichts berühren**. Es sind dies „die Fragen nach dem Woher und Wohin des Ganzen der Wirklichkeit, nach dem Daseinssinn des einzelnen, die Fragen nach der Verbindlichkeit der Wahrheit und nach der Verantwortlichkeit des Menschen und damit letztlich auch die Frage nach Gott" (127f.)[120].

Während die Kategorie der '**Erfahrung**' ausdrücklich herangezogen wird, um die **heutige** Lebenswirklichkeit von Schülern und Lehrenden zu identifizieren, **unterläßt** es der *Syno-*

---

wort-Schema hinauslaufe, als daß tatsächliche Wechselseitigkeit angezielt sei (ebd. 229; vgl. a. die anders akzentuierte Einschätzung in Baudler (1984) 14). [Hervorhebungen: B.P.]

[117] Feifel (1997) 31

[118] Die im fortlaufenden Text des hiesigen Abschnitts angeführten Seitenzahlen verweisen auf Gemeinsame Synode (1976).

[119] [Hervorhebung: B.P.]

[120] Vergleichbare Aufzählungen finden sich auch in Gemeinsame Synode (1976) 133 und 137f.

denbeschluß, den **überlieferten Glauben** als zweites Grundmoment religiöser Bildung gleichfalls als Gegenstand und Konstrukt menschlicher Erfahrungen in den Blick zu nehmen. Daß sich religiöse Offenbarung selbst im Modus menschlicher Erfahrung ereignet und als verdichtete und versprachlichte Erfahrung überliefert wird, findet im *Synodendokument* keine ausdrückliche Erwähnung.

Um heutige Erfahrungen und Aussagen der religiösen Tradition einander zuzuordnen, bedient sich der *Synodenbeschluß* eines **differenzierten Frage-Antwort-Schemas.**[121]

Dieses Schema beruht darauf, daß 'Religion' grundsätzlich als "'Weltdeutung' oder 'Sinngebung' durch Transzendenzbezug" (132) verstanden wird, die sich **antwortend** auf eine als grundmenschlich betrachtete „religiöse Frage nach dem Ganzen und Letzten" (134) bezieht. Der christliche Glauben spiegelt und transportiert diesem Religionsmodell gemäß einen Fundus von **Antworten** auf wesentliche Fragen des Menschseins. Diese „Antworten des Glaubens" (133 und 139) gegenüber zeitgenössischen Erfahrungen als **Infragestellung** und **Deutungshilfe** ins Spiel zu bringen, markiert der *Beschlußtext* als wesentliche Aufgabe des Religionsunterrichts.

Christlich gedeutete und kirchlich überlieferte Antworten lassen sich dem *Synodendokument* zufolge **keinesfalls unvermittelt** auf heutige Fragen **applizieren**, die Gegenwart birgt Fragen, „auf die man eine Antwort nicht unmittelbar an den Glaubensdokumenten ablesen kann und die doch aus dem Glauben beantwortet sein wollen." (128) Indessen können und sollen überlieferte Glaubensaussagen bei heutigen Menschen **neues, eigenes Fragen** in Gang setzen[122] und **neue, „selbst zu gebende"** (134[123]) **Antworten** provozieren[124]. In summa wird christlicher Glaube somit als Antwort auf elementare und übergeschichtliche Daseinsfragen

---

[121] Die Verhältnisbestimmung der „**Konvergenz**" (Gemeinsame Synode (1976) 131 [Hervorhebung: B.P.]) bezieht sich im *Synodenbeschluß* selbst **ausschließlich** auf das **synchrone** Verhältnis zwischen pädagogischer und theologischer Legitimation des Religionsunterricht (insb. 131; vgl. a.124, 137, 138 und 148), **nicht aber** auf die **diachrone** Verknüpfung zwischen Tradition und Gegenwart! Abgesehen von der konzeptionellen Bedeutung des **Frage-Antwort-Schemas** nimmt das Frage-Antwort-Antonym (in variierenden inhaltlichen Akzentuierungen) auch sprachstatistisch eine dominierende Stellung im *Synodenbeschluß* ein (vgl. ebd. 125, 127f., 133f., 136f., 139f., 142 und 151).

[122] „In manchen religiösen Antwortversuchen stecken beunruhigende Fragen, die dazu beitragen können, die Fragwürdigkeit des **eigenen** Lebens, der Gesellschaft und der Welt in den Blick zu bekommen. Durch die Beschäftigung mit ihnen können Scheinsicherheiten aufgebrochen und tragfähige Positionen gewonnen werden." „Beides kann eine Befreiung sein: zu fragen und sich in Frage stellen zu lassen. Und beides ist in der Schule erwünscht." (Gemeinsame Synode (1976) 133 [Hervorhebung: B.P.])

[123] [Hervorhebung: B.P.]

[124] „Der Mensch, der sich auf diese Botschaft einläßt, [...] entdeckt bei der Suche nach seiner Identität **neue** Antworten". (Gemeinsame Synode (1976) 136 [Hervorhebung: B.P.])

verstanden, die dazu verhelfen kann und soll, 'entsprechende' (vgl. 133) Daseinsfragen hier und heute eigenständig zu beantworten.[125]

Ungeachtet zweier Formulierungen, die zumindest wirkungsgeschichtlich als Keimzellen eines reziproken Korrelationsverständnisses gedeutet werden können[126], begegnet im *Beschlußtext* **weder der Begriff** der 'Korrelation' **noch die Sache** einer wechselseitigen kritischen Begegnung zwischen überlieferter und aktueller Erfahrung.

Wird auch das Korrelationsmodell als solches nicht faßbar, so verweist der *Synodenbeschluß* doch in expliziter und impliziter Hinsicht auf einen Religionsunterricht, „der die Ausbildung einer Korrelationsdidaktik konstitutiv verlangt."[127]

In **expliziter** Form benennt der *Synodenbeschluß* klar und verbindlich **wesentliche Prämissen** korrelativer Didaktik, indem er heutigen Erfahrungen fundamentales religionsdidaktisches Gewicht zuspricht und im Gegensatz zur statischen Konzeption einer 'Weitergabe' des Glaubens herausstellt, daß sich überlieferte Glaubensantworten im Modus heutiger Aneignung verändern und weiterentwickeln.

Insofern sich die „Antworten des Glaubens" (133 und 139) dem *Synodendokument* zufolge auf existentielle Menschheitsfragen beziehen, liegt es in der **impliziten Logik** des Textes, daß solche **religiösen Antworten** aus konkreten Relevanzerlebnissen früherer Generationen erwachsen sind und somit **menschliche Erfahrungsdeutungen** darstellen, die als solche **kritisch hinterfragt** werden können. Der *Synodenbeschluß* selbst zieht diese Schlußfolgerungen jedoch nicht.

Wie bereits aufgezeigt wurde, identifiziert und qualifiziert das *Synodendokument* menschliche **Relevanzerfahrungen** als bevorzugte Anlässe, angesichts derer sich Menschen auch heutzutage mit der besonderen Thematik der (christlichen) Religion konfrontiert sehen können. Diese Einschätzung verdankt sich dem betrachteten **Frage-Antwort-Schema**, wonach in „bedeutsamen menschlichen Erfahrungen" (134) ebenjene existentiell-religiösen

---

[125] Aus Sicht der *Synode* kann sich der christliche Glaube gegenüber heutigen Menschen sowohl in kritisierender als auch in bestätigender Weise als Antworthilfe bewähren (vgl. Gemeinsame Synode (1976) 136).

[126] Dies ist zum einen die Aussage, daß die „Auslegung des Daseins" und die „Auslegung der Überlieferung" zwei legitime „Akzentsetzungen" des Religionsunterrichts darstellen, wobei es „unsachgemäß" wäre, „diese Akzente gegeneinander auszuspielen" (Gemeinsame Synode (1976) 140). Den anderen korrelationsdidaktischen Anhaltspunkt bildet die Forderung „Der Glaube soll im Kontext des Lebens vollziehbar und das Leben soll im Lichte des Glaubens verstehbar werden." (ebd. 136), deren wirkungsgeschichtliches Gewicht *Wolfgang Nastainczyk* (1993) 22 dezidiert hervorhebt, indem er sie als „Kurzformel" oder „Maxime" wertet, die „mit ihren Begründungen und Konkretionen Theorie und Praxis des Religionsunterrichts in Deutschland signifikant verändert" habe, indem sie diesen Unterricht „buchstäblich mit Leben bereichert" hat.
Insofern in beiden angeführten Synodenaussagen weder der Erfahrungscharakter noch die Kritisierbarkeit überlieferter Glaubensaussagen deutlich wird, stehen sie in Spannung zum korrelativen Begegnungsmodell.

[127] Baudler (1984) 15

Fragen des Menschseins „angestoßen werden" (133), denen die **Antworten** (christlich-)religiöser "'Weltdeutung' oder 'Sinngebung'" (132) „entsprechen" (133). Der Gewinn dieser Argumentation liegt zweifellos darin, die **Affinität** zwischen **konkreten Relevanzerfahrungen** und **spezifisch religiösen Themen** überhaupt in den Blick gerückt zu haben. Das angesprochene Frage-Antwort-Muster birgt aber zugleich auch die **Gefahr einer verkürzten Sicht** konkreter Relevanzerfahrungen: Werden „Grund- und Grenzsituationen" (134) lediglich unter dem Aspekt ihrer **Fraglichkeit** beachtet und dabei ausgeblendet, wie die betroffenen Subjekte **selbst** mit dieser Fraglichkeit wahrnehmend, auslegend und einordnend umgehen, so werden existentiell bedeutsame Erfahrungen zu beliebigen Anknüpfungspunkten für religiöse Botschaften entwertet.

1.4.1.2 *Zielfelderplan für die Grundschule* (1977)[128]

Legte der *Synodenbeschluß* implizite Weichen für ein korrelatives Verständnis religiösen Lernens, so daß ihn *Georg Baudler* als Wendepunkt von der „'Vorgeschichte'" zur 'eigentlichen Geschichte' korrelativer Didaktik wertet[129], so **etabliert** der *Zielfelderplan für die Grundschule* die **ausdrückliche** Rede von 'Korrelation' im religionspädagogischen Diskurs.[130]

Betrachten wir den '**theologischen Standort**' (13) des *Grundschulplans*, so läßt sich eine differenzierte und in sich schlüssige Zuordnung von Tradition und Gegenwart ausmachen, die über die Position des *Synodenbeschlusses* weit hinausgeht.

Ohne das Antonym von 'Frage' und 'Antwort', vermittels dessen der *Synodenbeschluß* das Verhältnis von überliefertem Glauben und heutigem Menschsein bestimmte, gänzlich zu vermeiden, rückt der *Zielfelderplan*[131] die Kategorie der '**Erfahrung**' in den Mittelpunkt. War der Erfahrungsbegriff im *Synodendokument* noch einseitig der aktuellen Lebenswirklichkeit zugeordnet, erscheint er nun als Kategorie, kraft derer religiöse Überlieferungen und gegenwärtige Weltdeutungen **gleichermaßen** in den Blick genommen und auf Differenzen und Analogien hin durchschaut werden können.

---

[128] Im Haupttext dieses Abschnitts angezeigte Seitenzahlen verweisen auf Zentralstelle Bildung (1977).

[129] Baudler (1984) 15

[130] Wie bereits auf S. 19f. skizziert wurde, begegnet das Wort 'Korrelation' bereits seit Beginn der 70er Jahre in religionspädagogischen Publikationen. Indem der *Zielfelderplan für die Grundschule* als offizieller Rahmenlehrplan für die gesamte Bundesrepublik diesen Terminus aufnimmt und als konzeptionellen Schlüsselbegriff verwendet, verhilft er der Bezeichnung 'Korrelation' nichtsdestoweniger zum Durchbruch.

[131] Als 'Zielfelderplan' bezeichne ich nachfolgend ausschließlich den gleichnamigen Lehrplan für die *Grundschule* von 1977, den *Zielfelderplan für die Sekundarstufe I* von 1973, der nach *Georg Baudler* (1984) 14 „noch zu keiner wirklichen Verzahnung theologischer Gehalte mit gegenwärtigen Lebenserfahrungen" gelangte, lasse ich in meinen Überlegungen außer Acht.

In unmißverständlicher Weise verortet der *Zielfelderplan* **religiöse Offenbarungen** in **konkreten menschlicher Erfahrungen**. „Das überlieferte Glaubensverständnis ist nicht irgendwann einmal fix und fertig vom Himmel gefallen" (17; vgl. 24), vielmehr wurzelt es in „auslösenden Erfahrungen" (17), „in denen den Glaubenden von 'damals' Wahrheit offenbar wurde" (17). „In einer langen Geschichte von Auseinandersetzungen erarbeitet, erbetet und erlitten" (17), begegnet uns dieser Glaube hier und heute in Gestalt bezeugter, vermittelter Erfahrungen (vgl. 14).

Ausgehend von der Einsicht, daß religiöse Offenbarungen in konkreten Erfahrungen der Vergangenheit gründen, skizziert der *Grundschulplan* eine Hermeneutik religiösen Lernens, derzufolge überlieferte Glaubensaussagen nur dann „im Kontext heutiger menschlicher Erfahrungen und Verhältnisse" (14) zu neuer „Glaubwürdigkeit" (17) gelangen können, wenn es gelingt, die „**zugrundeliegenden Erfahrungen**" (17[132]) zu **dechiffrieren**, denen sich diese Glaubensaussagen geschichtlich verdanken.[133]

Diesen bestechenden Gedanken, daß heutiges Glaubensverstehen nur über den Rekurs auf vergangene Glaubens**erfahrungen** möglich ist, lotet der *Zielfelderplan* nur insoweit aus, als er die **geschichtlich-situative Differenz** zum Hier und Jetzt betont, die dieser Rückblick offenlegt. Inwieweit die Entschlüsselung von Ursprungserfahrungen des Glaubens auch **anthropologische Konstanten** zu Tage fördern kann und solche Konstanten umgekehrt erforderlich sind, um vorgängige Fremderfahrungen (zumindest bruchstückhaft) „nach-erfahren" (21) zu können, wird nicht reflektiert.

Um überlieferte Glaubenserfahrungen und gegenwärtige Lebenserfahrungen konzeptionell zu verklammern, bedient sich der *Zielfelderplan* der Kategorie der '**Korrelation**' oder '**Wechselbeziehung**'. Als **dialogisches Verhältnis** (insb. 16) zwischen der religiösen Tradition und dem heutigen Leben bildet solche 'Korrelation' dem *Grundschulplan* zufolge einen zeitgerechten „Weg für die Vermittlung der christlichen Botschaft" (16).[134]

---

[132] [Hervorhebung: B.P.]

[133] „Das überlieferte Glaubensverständnis [...] ist Zeugnis von gemeinsam gemachten Glaubenserfahrungen und Ausdruck von geschichtlich geprägten Antworten auf geschichtlich geprägte Fragen. Es kommt also darauf an, eine bestimmte Bekenntnisaussage als Bekenntnis zu einer in einer bestimmten Zeit aktuellen und in bestimmter Weise erfahrenen und ausgesprochenen Heilsfrage und Heilszusage zu lesen." (Zentralstelle Bildung (1977) 17)

[134] Der Aussagetypus, in dem von 'Korrelation' die Rede ist, schwankt zwischen **offenbarungstheologischer Feststellung** und **verkündigungstheologischem Postulat**. Der Aussagelogik des *Grundschulplans* zufolge steht 'Korrelation' zunächst für die „Einsicht" oder „Voraussetzung" (16), christliche Offenbarung vollziehe sich per se darin, „daß menschliche Existenz und christliche Botschaft in ständiger Wechselbeziehung [...] stehen." (16) Aus dieser Prämisse „folgt" (16) die 'Notwendigkeit' (vgl. 17), auch auf Zukunft hin dafür zu sorgen, daß abermalige Wechselbeziehungen gleicher Art möglich werden.

Korrelative Glaubensvermittlung wird dabei scharf abgegrenzt gegenüber einem 'unge-schichtlichen' (15) 'Weitergabe-Modell' auf der einen und einem 'unkritischen' (15) 'Anpassungs-Modell' auf der anderen Seite: „Degradiert" (18) das Weitergabe-Modell zeitgenössische Erfahrungen, indem es diese als „bloßen Aufhänger" (18) betrachtet, um eine vermeintlich „ein für allemal begriffene, fertige Wahrheit" (15) des Christentums zu verbreiten, so wird die christliche Überlieferung umgekehrt im 'Anpassungs-Modell' um einer 'falsch verstandenen Zeitgemäßheit' (15) willen „eingeebnet" (18) und „'funktionali-siert'" (18). Das korrelative Modell beruht hingegen auf der Grundannahme, daß überlieferte und heutige Wirklichkeitsdeutungen **gleichermaßen unverzichtbar** zum Vermittlungs-geschehen beitragen.

Ausgehend von der unmißverständlichen Gegenwartsdiagnose einer zunehmenden „Kluft" oder „Entzweiung von Glaube und Erfahrung" (14)[135] beweist der *Zielfelderplan* ein ausgeprägtes Bewußtsein für die „Besonderheit und Unterschiedenheit" (19) dieser beiden Bezugsgrößen. Deren unaufhebbare **Differenz**, die maßgeblich mit der Verschiedenheit ihrer historischen Kontexte begründet wird[136], sieht der *Grundschulplan* nicht etwa als notwen-diges Übel, sondern vielmehr als wesentliche **Bedingung** gelingender Korrelation. Erst insofern nämlich „beide 'Partner' in ihrer jeweiligen Besonderheit und Eigenart zu Wort kommen und gewürdigt bleiben" (16), kann sich eine '**wechselseitig-kreative**' Begegnung entwickeln, im Zuge derer sich überlieferte Glaubenserfahrungen und gegenwärtige Welter-fahrungen „gegenseitig gerade nicht nur bestätigen oder ausschließen, sondern schöpferisch in Bewegung bringen." (18)

Die wiederholte Umschreibung der Korrelation als einer '**schöpferischen**' Begegnung läßt anklingen, daß sich der überkommene Glaube nur dann je neu als glaubwürdig erweisen kann, wenn er sich - ebenso wie die Gegenwartserfahrung - im Prozeß des wechselseitigen Dialogs auf etwas Neues und Ungeahntes hin zu **wandeln** vermag.

Die Textstellen, in denen der *Zielfelderplan* eingehender darlegt, wie sich die beiden Pole im Korrelationsgeschehen gegenseitig beeinflussen, lassen zwar erkennen, daß heutige Erfahrungen durch religiös überlieferte Erfahrungen „**in Frage gestellt** und **widerlegt**, aber auch **bestätigt** und **vertieft** werden" (18[137]) können und müssen. In umgekehrter Hinsicht

---

[135] Werden religiöse Tradition und menschliche Gegenwart parallel benannt - z.B. wenn die Korrelation beider Pole angesprochen wird - scheut sich der *Zielfelderplan* eigentümlicher- oder auch bezeichnenderweise, der religiösen Tradition ausdrücklich Erfahrungscharakter zuzumessen!

[136] vgl. S. 24

[137] [Hervorhebung: B.P.]; vgl. Zentralstelle Bildung (1977) 16f.

spricht der *Grundschulplan* jedoch weit verhaltener davon, „daß die christliche Überliefe-rung [...] in die jeweilige konkrete menschliche Situation **übersetzt** und aus der jeweiligen Zeit und Situation **gedeutet** werden muß, damit sie **verständlich** und **wirksam** werden kann." (16[138]).

Der *Zielfelderplan* scheint davor zurückschrecken, die selbst postulierte 'Wechselbeziehung' zwischen Glaube und Erfahrung konsequent zu Ende zu denken - die Frage, „ob und wie eine Kritik an der Überlieferung von der Lebenserfahrung her möglich sei, ohne dadurch diese zu 'funktionalisieren'"[139], bleibt offen.

In seinem **theologisch** ausgerichteten Eingangskapitel (13-20), das bislang referiert wurde, **verknüpft** der *Grundschulplan* den überlieferten Glauben und die aktuelle Lebenswirklich-keit, indem er beide als Gegebenheiten menschlicher **Erfahrung** identifiziert, die sich im Prozeß dialogischer **Korrelation** als verständlich erweisen und „schöpferisch in Bewegung bringen" (18). Dieser Zuordnung zweier Erfahrungsgrößen im einen Modell der Korrelation schließen sich die **didaktischen** „Folgerungen"[140] des *Zielfelderplans* (53-61) ausdrücklich an, indem sie sich zu einem „Erfahrungsbezug" (55) bekennt, der „beide" (!) Korrelations-partner „unter der Perspektive der Erfahrung beleuchtet und reflektiert: als Lebenserfahrung und als Glaubenserfahrung." (55)

Untersuchen wir, wie diese **Erfahrungsorientierung** didaktisch ausbuchstabiert wird, so stoßen wir darauf, daß die eben zitierte Polarität von 'Lebens- und Glaubenserfahrungen' kurzerhand in eine andere Begrifflichkeit transformiert wird, nach der sich allgemein **menschliche** „**Grundgegebenheiten** (Grund**erfahrungen** / Grund**bedürfnisse**)" (55[141]) und **christliche** „**Grundhaltungen**" (55[142]) gegenüberstehen, wobei letztere „den gnadenhaft geschenkten theologischen Tugenden Glaube, Liebe, Hoffnung entsprechen." (55)

Mit dieser veränderten Terminologie, die das 'didaktische Strukturgitter' des *Grundschul-plans* bestimmt (56), wird die **theologisch intendierte Wechselbeziehung** zweier Erfah-rungsgrößen abrupt in ein **didaktisches Frage-Antwort-Schema** umgewandelt.

Hatte nämlich der 'theologische Standort' (13) des *Zielfelderplans* tradiertes Glaubens- und aktuelles Weltverständnis nicht nur gleicherweise als Gegebenheiten menschlicher Erfah-

---

[138] [Hervorhebung: B.P.]; vgl. Zentralstelle Bildung (1977) 17 und 20
[139] Baudler (1984) 19
[140] Der Ausdruck „didaktische Folgerungen" (Zentralstelle Bildung (1977) 53 [Hervorhebung: B.P.]) belegt für *George Reilly* (1993) 20 exemplarisch, daß der *Zielfelderplan für die Grundschule* eine **theologisch dedu-zierte** Didaktik vertritt, die der ebenbürtigen Konvergenz pädagogischer und theologischer Motive zuwider-läuft, die im *Synodenbeschluß* angestrebt wird (vgl. Fußnote 121 in Kap. 1.4.1.1).
[141] [Hervorhebung: B.P.]
[142] [Hervorhebung: B.P.]

rung, sondern auch „je für sich als Frage und Antwortgeschehen verstanden"[143], so verbuchen die 'didaktischen Folgerungen' (53) desselben Dokuments den Part der **Erfahrung** ('Grunderfahrungen') und **Frage** ('Grundbedürfnisse') einseitig auf Seiten der aktuellen Lebenswirklichkeit, wohingegen dem überlieferten Glauben die Rolle der **Antwort** ('Grundhaltungen') zugemessen wird, die in kirchlich-theologischer Diktion als vorbildhaft typisiert wird ('gnadenhaft geschenkte Tugenden').[144]

Spiegelt diese nachträgliche und gravierende Umdeutung, derzufolge die christliche Botschaft bereits als „alles überbietende Antwort" (60) feststeht, bevor eine korrelative Begegnung in Gang kommt, auch die grundsätzliche Problematik der für den *Zielfelderplan* kennzeichnenden Arbeitsteilung zwischen einer normsetzenden Theologie und einer nachgeordneten didaktischen Reflexion[145], so schmälert sie doch keineswegs die Stringenz seines Korrelationsmodells als solchen.[146]

1.4.1.3 *Grundlagenplan für die Sekundarstufe I* (1984)[147]

Nachdem der Korrelationsbegriff im *Zielfelderplan* zum religionspädagogischen Durchbruch gelangt war und die unentschieden gebliebene Frage, ob sich Glaubenstradition und Gegenwartserfahrung „gegenseitig mit **gleicher** Autorität beeinflussen"[148], auf der '*Brixener Tagung*' von 1979 in Auseinandersetzung mit *Edward Schillebeeckx* intensiv und kontrovers diskutiert wurde[149], faßte der *Grundlagenplan für die Sekundarstufe I* von 1984 den seinerzeit erreichten Theoriestand äußerst prägnant zusammen. Rückblickend läßt sich

---

[143] Baudler (1984) 16; der *Zielfelderplan* entfaltet den Grundgedanken, daß auf beiden Seiten des Korrelationsgeschehens gleichermaßen Fragen wie Antworten vorfindbar sind, im Rahmen seiner theologischen Grundlegung (Zentralstelle Bildung (1977) 16f.), um ihn zu Ende der 'didaktischen Folgerungen' noch einmal in abgeschwächter Form aufzugreifen (ebd. 60).

[144] Die angeführte Kontrastierung des theologischen und didaktischen Basiskapitels im *Zielfelderplan* soll nicht darüber hinwegtäuschen, daß beide Kapitel inhaltliche Spannungen in sich bergen - so charakterisieren die 'didaktischen Folgerungen' die „Sinnantwort aus dem Glauben" (Zentralstelle Bildung (1977) 58) zwar einmal ausdrücklich als „eine Dimension der Erfahrung" (ebd.), fügen aber sogleich an, daß diese Erfahrung in überlegener Manier „alle anderen Erfahrungen umgreift" und „alle übrige Erfahrung neu qualifiziert" (ebd.).

[145] vgl. insb. Reilly (1993) 19f. sowie die Fußnoten 134 und 140 in Kap. 1.4.1.2

[146] Ungeachtet durchaus kritischer Anfragen und Anmerkungen gelangt beispielsweise *Georg Baudler* (1984) 16 zum versöhnlichen Fazit, der *Zielfelderplan* habe „Elemente des religionspädagogisch verstandenen Korrelationsbegriffs herausgearbeitet, die heute zentral und so gut wie unbestritten zu ihm gehören".

[147] Im fortlaufenden Text dieses Abschnitts angegebene Seitenzahlen verweisen auf Zentralstelle Bildung (1985).

[148] Lange (1980) 152 [Hervorhebung: B.P.]

[149] Mit einer Kurzfassung jenes CGG-Beitrags 'Erfahrung und Glaube' (Schillebeeckx (1980)), der bereits in Kap. 1.3.3 referiert wurde, beteiligte sich *Edward Schillebeeckx* an dieser DKV-Tagung . In einer Version, die von der *Redaktion der Katechetischen Blätter* verantwortet wurde (ders. (1989)), erreichte sein Vortrag eine breite religionspädagogische Öffentlichkeit. Der Gesamtverlauf der 'Brixener Tagung' spiegelt sich insbesondere in Lange (1980) und Baudler (1984) 19-21.

dieser *Sekundarstufenplan*, der nach wie vor in Kraft ist, als **'klassisches'** - und häufig zitiertes[150] - **Dokument** zur Korrelation identifizieren, dessen Aussagen sich innerhalb der Religionspädagogik über Jahre hinweg als konsensfähig erwiesen haben.

Zwar lassen sich theologische, hermeneutische und didaktische Aussagen des *Grundlagenplans*[151] nicht immer eindeutig voneinander abgrenzen, doch läßt die religionspädagogische Grundlegung dieses Dokuments (241-243), auf die wir uns im folgenden konzentrieren werden, eine **klare Gewichtung** dieser drei Perspektiven erkennen. Wie bereits der *Zielfelderplan* legitimiert auch der *Grundlagenplan* 'Korrelation' **ursprünglich** als „*theologisches Prinzip*" (241), das grundsätzlich als „*Weg*" menschlicher „*Sinnsuche*" entschlüsselt wird (242), bevor sie **schlußfolgernd** als „*didaktisches Prinzip*" (242) des Religionsunterrichts postuliert wird.

Die theologische Legitimation des Korrelationskonzepts, die im *Grundlagenplan* entfaltet wird, liest sich wie ein **inhaltliches Destillat** des *Zielfelderplans*. Wie dieser charakterisiert auch der *Grundlagenplan* die göttliche Offenbarung als ein geschichtlich und existentiell **vermitteltes** Geschehen (vgl. 241) und den christlichen Glauben als einen Prozeß, der **gleichermaßen Fragen wie Antworten** umschließt (242) und sich als „erfahrungsgesättigter Glaube, der stets aufs neue persönliche und gesellschaftliche Lebensumstände deutet" (241) im **Modus menschlicher Erfahrungen** vollzieht. Auch der These, daß eine authentische Erschließung der christlichen Tradition zwingend darauf angewiesen ist, jene Erfahrungen zu entziffern, die den überlieferten Glaubensüberzeugungen **'zugrundeliegen'** (242), bevor diese mit gegenwärtigen Erfahrungen 'verbunden' (242) werden können, schließt sich der *Grundlagenplan* an.

Während er die genannten Prämissen in pointierter und unzweideutiger Weise übernimmt und das Wort 'Korrelation', mit dem der *Zielfelderplan* religionspädagogisches Neuland betrat, als Leitbegriff aufgreift, geht der *Grundlagenplan* mit seiner **Umschreibung des Korrelationsgeschehens als solchen** deutlich über die Vorgaben des *Zielfelderplans* hinaus. Um die Korrelation zwischen religiöser Überlieferung und aktueller Lebenswirklichkeit näher zu bestimmen, die notwendig ist, damit sich der alte Glaube in, an und gegenüber neuen Erfahrungen bewähren und erneuern kann, kennzeichnet sie der *Grundlagenplan*

---

[150] vgl. insb. Niehl (1986) 750

[151] Die Bezeichnung '*Grundlagenplan*' bezieht sich im folgenden auf den erwähnten *Grundlagenplan für die Sekundarstufe I* von 1984. Sollte von anderen Rahmenlehrplänen die Rede sein, die unter demselben Haupttitel firmieren (z.B. Zentralstelle Bildung (1998)), werden diese jeweils näher spezifiziert.

mittels zweier Attribute, die *Edward Schillebeeckx'* Einfluß erahnen lassen[152], als **„kritische, produktive Wechselbeziehung"** (242[153]). Sie „wird **kritisch** genannt, weil in der Gegenüberstellung von Glaubensüberlieferung und Gegenwartserfahrung diese Gegenwartserfahrungen **geprüft und verändert** werden, und weil zugleich die Glaubensüberlieferung **in einem neuen Licht** erscheint. **Produktiv** ist diese Wechselbeziehung, weil einerseits die Glaubensüberlieferung **neue** Lebenserfahrungen anstößt und andererseits die gegenwärtigen Erfahrungen die Glaubensüberlieferung **neu** befragen." (243[154])

Berücksichtigen wir, daß der *Grundlagenplan* ein kirchlich verantwortetes[155] Konsensdokument darstellt, so umschreibt die angeführte Textstelle in bemerkenswerter Klarheit, daß sich die christliche Botschaft und das je aktuelle Wirklichkeitsverständnis **gegenseitig** interpretieren und **gleichermaßen** in Frage stellen lassen müssen, damit religiöse Aneignung und Tradierung gelingen kann.[156] Insofern sich religiöse Erfahrungstradition und aktuelle Lebensdeutungen „gegenseitig etwas zu sagen haben, sich befragen, sich anregen" (243) und somit wechselseitig als **Lesehilfe** und **Prüfstein** bewähren, sichern neue Erfahrungen die Identität[157] des überlieferten Glaubens, dieser wiederum ermöglicht neue, vertiefte und geläuterte Erfahrungen.

Während im *Synodenbeschluß* und im *Zielfelderplan* nur schemenhaft deutlich wird, was mit 'Erfahrung' gemeint ist, versteht der *Grundlagenplan* Erfahrungen weitaus differenzierter als „geprüfte und gedeutete Erlebnisse" (242), die sich dem „Umgang" (241) mit einer widerfahrenden Wirklichkeit verdanken und den Deutungshorizont des erfahrenden Subjekts

---

[152] vgl. insb. Schillebeeckx (1980) 94

[153] [Hervorhebung: B.P.]; vgl. a. den aktuellen *Grundlagenplan für die Grundschule*, der zwar die Vokabel 'Korrelation' meidet und stattdessen von einem '(vielstimmigen) Gespräch' zwischen aktueller Lebenswirklichkeit und christlicher Tradition spricht (vgl. insb. Zentralstelle Bildung (1998) 61-65), dem Religionsunterricht aber ebenfalls „eine **produktive** und **kritische** Funktion" (ebd. 63 [Hervorhebung: B.P.]) zumißt, die sich darin manifestiert, daß er zu „neuen Deutungen der Glaubensüberlieferung" anregt und einlädt, „Erfahrungen der Gegenwart aufzuarbeiten und kritisch zu beurteilen." (ebd.)

[154] [Hervorhebungen: B.P.]; vgl. a. Zentralstelle Bildung (1998) 62

[155] vgl. Hilger (1986) 485

[156] Wie sich im Disput zwischen *Georg Baudler* (1987 und 1987 A) und *Günter Biemer* (1987) eindrucksvoll zeigte, führte die Umschreibung der Korrelation als einer wechselseitigen kritischen und produktiven durch den *Grundlagenplan* keineswegs zu einer einhelligen Antwort auf die religionspädagogische „Frage der Fragen" (Lange (1980) 152), ob nämlich „mit der Inbezugsetzung von Glaubensüberlieferung und neu gemachten Erfahrungen wirklich zwei **gleichberechtigte** 'Quellen' der Theologie zusammenfließen" (ebd. 151f.), die sich „mit **gleicher** Autorität beeinflussen" (ebd. 152). Während *Georg Baudler* von einer 'symmetrischen' Korrelation spricht, in welcher der heutige Mensch der überlieferten Offenbarung als 'gleichgewichtiger' (ders. (1987) 414), weil „übernatürlich begnadeter Dialogpartner" (ebd. 417 mit Bezug auf *Karl Rahner*) begegnet, wertet *Günter Biemer* dieses 'symmetrische' Korrelationsverständnis als 'bedenkliche' „Subjektivierung des christlichen Glaubens" (ders. (1987) 421). [Hervorhebungen: B.P.]

[157] vgl. insb. *Edward Schillebeeckx* (1980) 94, für den im korrelativen Begegnungsgeschehen die „kritische Frage" auf dem Spiel steht, „inwieweit [...] die historische Identität des Christentums in neuen Erfahrungen und in einer neuen Praxis mit aktualisiert oder inwieweit [...] sie darin sich selbst eher entfremdet" wird.

„formen" (242), welcher als „Einstellung zum Leben", „Weltansicht" oder „Selbstverständnis" (242) benannt wird.

Wird das Erfahrungsphänomen selbst im *Grundlagenplan* stimmig aufgeschlüsselt, so erscheint die Differenzierung unterschiedlicher Erfahrungs**stufen**, die dieses Dokument vornimmt, vergleichsweise unpräzise. In Rahmen eines Dreiebenenmodells, das bereits im *Synodenbeschluß* durchklang[158] und im *Zielfelderplan* zwar ausdrücklich formuliert, nicht aber konzeptionell integriert wurde[159], unterscheidet der *Grundlagenplan* grundsätzlich zwischen 'Erfahrung' im allgemeinen, '**religiöser Erfahrung**' im besonderen und '**Glaubenserfahrung**' im speziellen.[160] Untersuchen wir, wie der *Sekundarstufenplan* diese „Verständnisebenen" (242) im einzelnen faßt, dann lassen sich die drei Erfahrungsstufen in unserer Begrifflichkeit als **unterschiedliche Ausprägungen** menschlicher **Relevanzerfahrungen** identifizieren.

Bestimmt das betrachtete Curriculum nämlich bereits 'Erfahrungen' selbst als '**prägende Erlebnisse**' (242), „die einen **tiefen Eindruck** in einem Menschen hinterlassen haben" (241[161]), so gilt diese Zuschreibung existentieller Bedeutsamkeit erst recht für 'religiöse Erfahrungen', die dem *Grundlagenplan* zufolge überdies '**Betroffenheit** einschließen' (242) und das Subjekt '**unbedingt angehen**' (242)[162]. Als 'christliche Ausprägungen' (242) solcher religiöser Erfahrungen werden schließlich auch 'Glaubenserfahrungen' im *Sekundarstufenplan* als Relevanzerfahrungen ausgewiesen, die aber im Horizont einer besonderen, nämlich der christlichen Sprach- und Erfahrungstradition interpretiert sind.

---

[158] vgl. Gemeinsame Synode (1976) 133f.

[159] Formell betont der *Zielfelderplan* zwar wiederholt, die Annahme, daß Religion und Glaube genuine und nicht substituierbare Dimensionen menschlicher Wirklichkeitserfahrung darstellen, stehe gleichrangig neben der Korrelationsthese (vgl. insb. den Erläuterungstext zum Übersichtsblatt von Zentralstelle Bildung (1977)). Analysieren wir jedoch den tatsächlichen Gedankengang des *Grundschulplans*, so können wir feststellen, daß von vornherein das Korrelationskonzept im Mittelpunkt steht (vgl. insb. ebd. 13-20 und 53-57), während das Modell mehrdimensionaler Wirklichkeitserfahrung nachgeordnet entfaltet (ebd. 57-60) und schließlich äußerst knapp und vage mit dem Korrelationsgedanken 'zusammengeflickt' wird (ebd. 60f.).

[160] Die modellhafte Zuordnung und Unterscheidung einer empirischen, religiösen und christlichen Wirklichkeitsdimension erfuhr ihre entscheidende religionspädagogische Profilierung durch *Günter Lange* (1974). Dessen 'x-y-z-Schema' (insb. ebd. 738-745 und 748-750) verrät nicht nur Bezüge zur zeitgleichen Debatte um den *Synodenbeschluß* (vgl. ebd. 734, 736 und 739), es wurde auch beeinflußt durch erste Vorbereitungsgespräche zum *Zielfelderplan* (vgl. ebd. 733).

[161] [Hervorhebung: B.P.]

[162] Die *Tillichsche* **Religion**sformel des 'unbedingt Angehenden' findet sich in analogem Zusammenhang bereits im *Synodenbeschluß* (Gemeinsame Synode (1976) 134; vgl. a. Fox (1979) 301). Inwieweit die extrem häufige religionspädagogische Berufung auf diese Formel von einer gründlichen Rezeption der *Tillichschen* Theologie zeugt oder ob die religionspädagogische Popularität dieser Wendung nicht eher darin begründet ist, daß sie das Anliegen eines existentiell-ontologischen Religionsverständnisses in unübertroffener sprachlicher Brillanz umschreibt, kann hier ebensowenig erörtert werden wie die Frage, inwieweit seitens der Religionspädagogik über die maßgeblich durch *Paul Tillich* geprägte **Korrelation**svokabel (vgl. Feifel (1995) 99 und Werbick (1997) 387) hinaus auch dessen theologisches Korrelationsverständnis rezipiert wurde.

Im Gegensatz zur Kategorie der 'Glaubenserfahrungen', die recht klar als christlich gedeutete Erlebnisse von existentiellem Belang profiliert werden, bestimmt der *Grundlagenplan* die beiden anderen Erfahrungsebenen weder trennscharf noch schlüssig. Indem er ihnen nämlich pauschal Relevanzcharakter zuspricht, blendet er einerseits aus, daß Erfahrungen nicht per se prägend sein müssen und sich durchaus auch im Modus alltäglicher Routine vollziehen können. Andererseits sieht er im Gefolge eines undifferenziert weiten Religionsbegriffs[163] über die Tatsache hinweg, daß Relevanzerfahrung keineswegs per se als religiöse identifizierbar sein müssen, insofern sie durchaus auch ohne religiös geprägte Deutungsmuster auskommen können.

Der *Grundlagenplan* stellt existentiell bedeutsame Erfahrungen als den Erfahrungstyp heraus, auf den christliche Deutungen vorrangig abheben und der in der korrelativen Begegnung zwischen Überlieferung und Gegenwart bevorzugt thematisiert und kommuniziert wird. **Relevanzerfahrungen** wird somit ein **essentieller religionspädagogischer Stellenwert** zugemessen. Abgesehen von der isolierten Feststellung, daß uns der christliche Glaube „in einer langen Folge von grundlegenden Erfahrungen und Deutungen" (241) zugänglich wird, findet dagegen die Kategorie der **Grunderfahrungen** im Korrelationskonzept des *Grundlagenplans* **keine konstitutive Berücksichtigung**.

1.4.2 **Kritische Anfragen an das korrelative 'Standardmodell' der Religionspädagogik**

Nachdem der im *Grundlagenplan* festgehaltene Grundkonsens, daß schulischer Religionsunterricht auf eine wechselseitige kritische und produktive Korrelation zwischen überlieferten und gegenwärtigen Erfahrungen zu zielen habe, beinahe ein Jahrzehnt lang religionspädagogisch kaum ernstlich angefochten wurde[164], steht die Korrelationsdidaktik seit 1993 wieder im Kreuzfeuer der religionspädagogischen Auseinandersetzung.

Ohne diese Debatte, die sich besonders an einem provokativen Aufsatztitel von *Rudolf Englert* entzündete („Die Korrelationsdidaktik am Ausgang ihrer Epoche. Plädoyer für einen ehrenhaften Abgang"[165]) im hiesigen Entdeckungszusammenhang en detail nachvollziehen zu können, will ich doch **zwei wesentliche Anfragen** an das im vorigen Kapitel referierte

---

[163] vgl. insb. Fußnote 271 in Kap. 1.6.4

[164] Die Korrelationskritik von *Hubertus Halbfas* richtete sich offenkundig nicht gegen die didaktische Leitidee einer '**existentiell eingeholten**' (ders. (1991) 753) Korrelation, die sich bemüht, die Erfahrungshaftigkeit des überlieferten Glaubens zu entschlüsseln, um eine „Verschränkung" (ders. (1982) 49) mit der aktuellen Erfahrung zu ermöglichen, die beide Erfahrungspole in ihr „Recht" (ders. (1991) 753) setzt, sondern gegen eine **methodisch verkürzte** und damit letztlich uneingelöste Korrelation, welche die althergebrachten deduzierten Traktate der Theologie „allenfalls neu etikettiert" (ders. (1982) 48), nicht aber 'didaktisch erschließt' (ebd.).

[165] Englert (1993); hinter diesem provokativen Titel verbirgt sich indes eine differenzierte Abwägung der historischen und gegenwärtigen Grenzen **und** Möglichkeiten korrelativer Didaktik.

Korrelationsverständnis herausstellen. Von deren Beantwortung hängt es entscheidend ab, ob sich korrelative Didaktik, die das Verständnis von Glaubensvermittlung nach wie vor 'weitgehend bestimmt'[166], auf absehbare Zukunft hin als religionspädagogisch legitimierbares und praktikables Leitkonzept bewähren kann.

1.4.2.1 **Problematische Ineinssetzung von Theologie und Didaktik**

Wie am *Zielfelder-* und *Grundlagenplan* mustergültig abzulesen war[167] und von *George Reilly* treffend herausgearbeitet wurde[168], ist die Korrelationsdidaktik der 70er und 80er Jahre ihrer inneren Struktur nach eine **theologisch deduzierte Didaktik**.

Das Begegnungsmodell der Korrelation resultiert in beiden Dokumenten aus rein binnentheologischer Reflexion, die wechselseitige Verschränkung von Tradition und Gegenwart wird „aus der christlichen Botschaft selbst"[169] hergeleitet und „im Selbstverständnis des christlichen Glaubens selbst"[170] legitimiert. Aus der **theologischen Normativität**[171] des Korrelationsmodells, die somit aufgewiesen und festgestellt ist, schließen beide Lehrpläne **umstandslos** auf eine entsprechende **didaktische Notwendigkeit**[172] korrelativer Lehr- und Lernprozesse. **Theologie setzt eine didaktische Norm.** Ob diese pädagogisch verantwortet und empirisch realisiert werden kann, bleibt in der Konzeptbildung selbst unberücksichtigt. „Die komplexen nicht-theologischen Zusammenhänge [...], die für jeden Unterrichtsprozeß bestimmend sind"[173] fallen ebensowenig ins Gewicht wie „die konkreten Bedingungen von Glaube und Religion heute"[174].

Die vorhersehbare Schwierigkeit, eine solche theologisch fremdbestimmte Norm „didaktisch zu konkretisieren"[175], die der *Grundlagenplan* sogar ausdrücklich einräumt[176], wird einseitig auf die Lehrenden und Lernenden vor Ort abgewälzt.[177]

---

[166] Feifel (1995) 99
[167] vgl. insb. Fußnote 134 in Kap. 1.4.1.2 (zum *Zielfelderplan*) sowie S. 28 (zum *Grundlagenplan*)
[168] Reilly (1993)
[169] Zentralstelle Bildung (1977) 16
[170] Zentralstelle Bildung (1985) 241
[171] vgl. insb. Zentralstelle Bildung (1985) 241: „Korrelation als theologisches Prinzip"
[172] vgl. insb. Zentralstelle Bildung (1977) 53 und dies. (1985) 242: „Korrelation als didaktisches Prinzip"
[173] Reilly (1993) 20; *George Reilly* nennt in diesem Zusammenhang beispielhaft „Zeitplanung, Methodenentscheidung, Wahl der Medien, Lehrer-Schüler-Beziehung, Persönlichkeit des Religionslehrers" (ebd.).
[174] Reilly (1993) 23
[175] Zentralstelle Bildung (1977) 55
[176] „So klar die Zusammenhänge hier formuliert werden können, so ungewohnt und schwierig ist ihre Umsetzung in unterrichtliche Vorgaben." (Zentralstelle Bildung (1985) 243)
[177] Auch für *Rudi Ott* (1995) 299 zeigt sich in beiden hier betrachteten Lehrplänen „Korrelation nur als theologisch-hermeneutische Grundstruktur. Den didaktischen Prozeß der Korrelation überlassen sie der Unterrichtspraxis - und **überfordern** damit den Religionslehrer." [Hervorhebung: B.P.]

Um tragfähige religionsdidaktische Konzepte zu entwickeln, die als solche einen begründeten und nützlichen Orientierungsrahmen für 'sach- und schülergerechtes'[178] Handeln darstellen, müssen der **Gegenstandsbereich**, der **Prozeß** und die **Subjekte** religiösen Lernens **gleichermaßen** in den Blick genommen werden. Dies erfordert eine **mehrperspektivische Reflexion**, zu der insbesondere Theologie, Pädagogik und empirische Forschung beitragen und innerhalb derer diese Disziplinen „wechselseitig aufeinander bezogen sind."[179]

Der **ideengeschichtliche** Sachverhalt, daß das Korrelationsmodell ursprünglich durch die Philosophie[180] und die Systematische Theologie geprägt wurde, präjudiziert keineswegs, daß sich dieses Konzept im Dialog mit Pädagogik und empirischer Forschung zwangsläufig als **didaktisch** untauglich erweisen muß. Umgekehrt kann sich die theologische Kategorie der Korrelation aber auch nur dann didaktisch bewähren, wenn sie sich im Dialog mit Pädagogik und empirischer Forschung auf die Probe stellen läßt und diese Probe auch besteht. Dabei ist von vornherein damit zu rechnen, daß das **theologische** Korrelationskonzept durch humanwissenschaftliche Erkenntnisse modifiziert, korrigiert und transformiert wird, bevor es **didaktische** Autorität beanspruchen kann.

Da von der „christlichen Überlieferung [...] keine unmittelbaren Auskünfte für die Konzipierung religiöser Lernprozesse zu erlangen sind"[181] müssen weitere Erkenntnisquellen herangezogen werden, um zu tragfähigen religionsdidaktischen Theorien zu gelangen.

Die vorliegende Studie zielt darauf, mittels qualitativ empirischer Forschungsmethoden existentiell bedeutsame Erfahrungen heutiger Jugendlicher zu ermitteln und zu rekonstruieren. Sie konzentriert sich somit auf die Erkenntnisquelle einer „soliden Analyse der empirischen Realität"[182]. Der nüchterne Blick auf konkrete Gegenwartserfahrungen soll klären helfen, ob, inwieweit und in welcher Weise sich der **theologische** Anspruch einer wechselseitigen Korrelation zwischen Tradition und Gegenwart **didaktisch** verantworten und einlösen läßt.

---

[178] „Sachgerecht wird der Religionsunterricht, wenn er heutige Lebensformen des Glaubens ihrem Selbstverständnis entsprechend, vergangene Lebensformen den wissenschaftlichen Erkenntnissen gemäß und beide so zu repräsentieren vermag, daß sie wissenschaftlicher Erkenntnis und kirchlichem Bekenntnis gleicherweise gerecht werden. Schülergerecht wiederum ist er, wenn und soweit er mit Erfahrungen der Schüler verknüpfbar und als Lebensmöglichkeit verstehbar wird, freilich auch und besonders so, daß dabei zu neuen Erfahrungen ermutigt wird, die gerade der Glaube intendiert." (Feifel (1995) 97)

[179] Feifel (1995) 87

[180] vgl. Werbick (1997) 387 mit Bezug auf *Edmund Husserl*

[181] Englert (1995) 158

[182] Englert (1995) 158

1.4.2.2 Unzeitigkeit im nachvolkskirchlichen Kontext?

Was schon der *Synodenbeschluß* für einen „wachsenden Teil der Gesellschaft"[183] feststellte, daß nämlich die Aussagen des Christentums „**nicht mehr** als **selbstverständlich, ja auch nur** als **verständlich**"[184] vorausgesetzt werden können, ist inzwischen - ein Vierteljahrhundert später - gesamtgesellschaftliche Normalität.[185]

Dieser Sachverhalt, den der *Zielfelderplan* als „Entzweiung von Glaube und Erfahrung"[186] und der *Grundlagenplan* als 'unheilvollen Graben zwischen Welt und Glauben'[187] bezeichnet, wird zwar in religionsoziologischer Sprechweise nüchterner als '**Enttraditionalisierung**' und '**Entkirchlichung**' verhandelt. Am Befund, daß sich gerade Jugendliche bis weit in den Kreis der Kirchenmitglieder hinein von den Vokabeln, Vorstellungen und Praktiken der christlichen Überlieferung „**abgekoppelt**"[188] haben, ändert dies nichts.

Nur mehr eine deutliche Minderheit der Schüler, die sich heute im Religionsunterricht zusammenfinden, kommt über familiäre oder gemeindliche Bezüge regelmäßig mit christlich geprägten Lebensdeutungen in Berührung.[189] „Für immer mehr Kinder" ist der

---

[183] Gemeinsame Synode (1976) 128

[184] Gemeinsame Synode (1976) 128 [Hervorhebungen: B.P.]

[185] vgl. insb. Gabriel (1996) 49: „Nichts prägt den religiösen Wandel der letzten beiden Jahrzehnte mehr als das Abrücken vom institutionell verfaßten, etablierten Modell der Religion. In den entwickelten Gesellschaften des Westens zeigen alle Indikatoren institutionell verfaßter Religion in diese Richtung: Die Zustimmung zu ihren Dogmen sinkt, ihre Moralvorschriften finden weniger Beachtung und die abgeforderte rituelle Praxis läßt nach. Wie sich an Umfragedaten zeigen läßt, haben in der Bundesrepublik die Nachkriegsgenerationen sprunghaft Abschied genommen vom skizzierten Modell der etablierten Religion. Heute erscheint das institutionell verfaßte Modell des Religiösen nur noch gegenüber einer kleinen Minderheit tradierbar."

[186] Zentralstelle Bildung (1977) 14

[187] Zentralstelle Bildung (1985) 243

[188] Nipkow (1994) 117 [Hervorhebung: B.P.]; Auf der Datenbasis von Schüleraufsätzen zur Gottesfrage (vgl. ders. (1987) 234 und 256), die nach der Methodologie von *Barney G. Glaser* und *Anselm L. Strauss* ausgewertet wurden, kommt *Karl Ernst Nipkow* zum eindeutigen Ergebnis, „daß den Schülern bei der Suche nach Antworten auf die Facetten der Gottesfrage die spezifischen christlich-kirchlichen Glaubensinhalte so gut wie gar nicht *von selbst* in den Blick kamen." (ebd. 252) Die Abkoppelung von überlieferten Glaubensvorstellungen wird besonders daran deutlich, daß in den theologischen (!) Abhandlungen der Befragten sogar fundamentale Themen des Christentums wie die Gottessohnschaft Jesu Christi, die Auferstehung und die Bedeutung das Kreuzes weitestgehend ausgespart blieben (vgl. ebd. 240 und 252 sowie ders. (1994) 126 und ders. (1986) 604). *Nipkows* entschiedene und häufig wiederholte (vgl. EKD (1995) 17) These, daß die Gottesfrage als solche die Abkoppelung von religiös tradierten Vorstellungen überdauert (insb. ders. (1987) 252 und ders. (1994) 116f.) läßt sich meines Erachtens am zugrunde gelegten Datenmaterial keineswegs plausibel belegen: Aufgrund der thematischen Vorgabe der ausgeweteten Aufsätze blieb den befragten Berufsschülern kaum eine andere Wahl, als sich zur Gottesfrage zu äußern. Die Tatsache, daß sie dieser unterrichtlichen Vorgabe nachgekommen sind, berechtigt für sich gesehen kaum zur Schlußfolgerung, daß sie der Gottesfrage auch außerhalb der 'Aufsatzsituation' persönliche Bedeutsamkeit zumessen.

[189] Mit Bezug auf *Viola Holoch* beziffert *Günter Lange* schon 1988 die Relation zwischen Grundschülern ohne und solchen mit Bindung an eine Kirchengemeinde als „9:1-Verhältnis" (ders. (1988) 490). Die *Shell-Studie* von 1992 weist auf, daß die Zahl der westdeutschen Jugendlichen, die eigenen Angaben zufolge in den letzten vier Wochen zumindest einmal zum **Gottesdienst** gegangen sind, 1953/54 (mit 59%) noch annähernd dreimal so hoch war wie 1991 (21 %). Dagegen ist die Zahl der Jugendlichen, die sich einer kirchlichen

Religionsunterricht „die erste Begegnung mit Christentum und Religion überhaupt"[190], „für die meisten" Schüler bildet er „die einzige längerdauernde Gelegenheit in ihrem Leben, um die christliche Glaubensüberlieferung kennenzulernen."[191]

Christliche Überlieferung wiederum ereignet sich nicht ortlos. Sie wurzelt darin, daß Menschen an der **Kirche** als einer **Identifikations- und 'Kommunikationsgemeinschaft'**[192] teilhaben, in der sie miteinander handeln und ihre Handlungen im Horizont der christlichen Erfahrungstradition gemeinsam deuten. Kirche manifestiert sich in konkreten Gruppen und Gemeinden[193], in denen sich soziale Begegnung (Koinonia), solidarischer Beistand (Diakonia), Gebet und Gottesdienst (Liturgia) sowie bildende und verkündigende Kommunikation der christlichen Überlieferung (Martyria) ereignet.[194]

Im heutigen, nachvolkskirchlichen Kontext ist den meisten Schülern, die den Religionsunterricht besuchen, diese Identifikations- und Kommunikationsgemeinschaft **fremd**[195], in der die christliche Überlieferung 'zu Hause ist'. Eine **Vertrautheit** mit der kirchlich geprägten Praxis, auf die sich die christlich-religiöse Rede ursprünglich bezieht, wird von den Schülern **weder 'mitgebracht', noch** kann sie im Kontext der säkularen Schule **nachgeholt** werden!

Für *Rudolf Englert* stellt sich angesichts dieser irreversiblen Gegebenheit **prinzipiell** die **Frage, ob die christliche Überlieferung jenseits ihres angestammten 'Verwendungszusammenhangs' überhaupt kommunikabel ist**.[196] Diese Schlüsselfrage stellt sich auch

---

Jugendgruppe zurechnen, erstaunlich stabil geblieben und zwischen 1953/54 mit 10% und 1991 mit 7% nur um ein Drittel gesunken (Zinnecker/Fischer (1992) 237).

[190] EKD (1995) 27

[191] EKD (1995) 27; vgl. Halbfas (1991) 745 und 747

[192] Die Kategorie der 'Kommunikationsgemeinschaft' wird differenziert erörtert in Ritter (1989) 146-148.

[193] vgl. insb. LG 23, 26 und 28

[194] Ich verdanke die angeführte Unterscheidung von 'Koinonia', 'Diakonia', 'Liturgia' und 'Martyria' als den 'vier Grundgesten kirchlichen Selbstvollzugs' einer pastoraltheologischen Vorlesung von *Rolf Zerfaß*, die dieser im Wintersemester 1989/90 in Würzburg hielt. Die angesprochenen Dimensionen kirchlichen Handelns finden sich auch (anders gewichtet) in Emeis / Schmitt (1986) 47, 55 und 80f. sowie (leicht modifiziert) in van der Ven (1994) 48f.

[195] *Rudolf Englert* (1993) spricht in diesem Zusammenhang von einer weitgehenden und zunehmenden '**Entfremdung**' (103, 107, 109) vom „gelebten Glauben" (107; vgl. a.103 und 109).

[196] „Es kann offensichtlich nicht gelingen, den Sinn einer Praxis (nämlich der Praxis christlichen Lebens) nur in reflektierter Form zu vermitteln" (Englert (1993) 106), die „nicht mehr durch das **Erleben begründungsentlastender** (z.B. gottesdienstlicher, geselliger, Brauchtum pflegender ...) **Glaubensgemeinschaft** ergänzt wird." (ebd. 104) „'Korrelation ist im Grunde ja ein Versuch, die Grundbewegung christlichen Glaubenslebens nachzuzeichnen." (ebd. 103; vgl. insb. G. Fuchs (1985) 87) „Die Frage ist: Läßt sich dieses Vermittlungsbemühen in einer unterrichtlichen und damit künstlich arrangierten Situation nachvollziehen, noch dazu von Akteuren, die realer christlicher Praxis weitgehend **entfremdet** sind? Setzt Korrelation nicht **gewachsene Beziehungen** zwischen Mensch und Gott, zwischen Leser und Buch (Bibel), zwischen einzelnem und Gruppe (Klasse), setzt sie nicht **Vertrautheit, unaufwendiges Verstehen** voraus?" (Englert (1993) 103) [Hervorhebungen: B.P.]

und besonders für das religionsdidaktische Leitkonzept der Korrelation, an dem es *Rudolf Englert* zufolge „in der Sache bis heute nichts Gravierendes auszusetzen gibt"[197].

Sollten sich die Symbole, Sätze und Erzählungen der christlichen Erfahrungstradition für 'entkirchlichte' Zeitgenossen tatsächlich **prinzipiell** als **nicht verstehbar** und **nicht nachvollziehbar** erweisen, wäre damit nämlich **jeglicher** „Religionsdidaktik der Boden entzogen, die in dem Sinne dezidiert christlich ist, daß sie ihren Kern in der Hermeneutik christlicher Glaubens**inhalte** hat"[198]. Auch die Korrelationsdidaktik als nach wie vor best-begründeter und vielleicht sogar letztmöglicher[199] Weg einer inhaltlichen Vermittlung des christlichen Glaubens wäre somit hinfällig. Kurz gesagt, sie wäre „das 'beste Konzept zur falschen Zeit' (bzw. am falschen Ort)"[200].

Der sozioreligiöse Befund, daß heutzutage kaum noch mit Schülern zu rechnen ist, die mit christlich-kirchlichen Praktiken und Vorstellungen vertraut sind, bedeutet eine ebenso unleugbare wie fundamentale Weichenstellung für jeden Religionsunterricht der Zukunft.

Der Versuch, diese Abkoppelung von der christlichen Tradition durch einen missionarischen oder katechetischen Religionsunterricht **kompensieren** zu wollen, erscheint nicht nur als 'irreal'[201] und aussichtslos angesichts der Radikalität dieser Entchristianisierung, sondern auch als unvereinbar mit dem Grundsatz, daß der Religionsunterricht im Kontext der säku-laren Schule weder befugt noch berechtigt ist, ein aktives religiöses oder weltanschauliches Bekenntnis ihrer Schüler vorauszusetzen oder einzufordern.[202] Ein Religionsunterricht, der „- trotz der Würzburger Synode - noch immer die religiöse (oder gar christliche) Prägung der Schüler/innen anzielt"[203], ist nicht zukunftsfähig.

Unzweifelbar ist die christliche Erfahrungstradition für das Gros der heutigen Schüler **nicht mehr** in dem Sinne **'von innen her' nachvollziehbar**, daß sie deren **spezifische** Vokabeln, Riten und Symbole qua eigener Sozialisierung mit selbstverständlicher Vertrautheit und einem innerlichen „Vertrauensvorschuß"[204] begegnen könnten. Soweit sich die Sprach- und Vorstellungswelt der jüdisch-christlichen Überlieferung nur über praktische Initiation aneig-nen läßt, wurde sie für die meisten Schüler zu einer **fremden Welt**.

---

[197] Englert (1993) 102; vgl. a. ebd. 105
[198] Englert (1993) 105 [Hervorhebung: B.P.]
[199] vgl. insb. Englert (1993) 105
[200] Englert (1993) 102; vgl. a. ebd. 97
[201] Bucher (1996) 87
[202] vgl. insb. Gemeinsame Synode (1976 [Beschluß Religionsunterricht]) 130 und 138, Langer (1985) 65 sowie Emeis (1986) 176f.
[203] Bitter (1996) 4
[204] Zirker (1980) 18

Aus der verlorengegangenen Vertrautheit mit der besonderen Sprach- und Symbolwelt des Christentums jedoch zu schließen, daß die Inhalte dieser Erfahrungstradition für entkirchlichte Zeitgenossen **schlechthin** nicht mehr verständlich und verstehbar sei, vermag epistemologisch und hermeneutisch nicht einzuleuchten.

„Die Kenntnis von Inhalten des Glaubens und der Vollzug des Glaubens" sind „einander zwar zugeordnet, aber keineswegs notwendigerweise miteinander verbunden"[205]. Beispielsweise können Europäer, die weder in der fernöstlichen Kultur noch in der buddhistischen Tradition großgeworden sind, einen Zugang zu buddhistischen Texten gewinnen, der sie in die Lage versetzt, deren Inhalt im Horizont ihrer westlich geprägten Lebenserfahrung zu erfassen, zu versprachlichen und als Infragestellung oder Bereicherung ihrer eigenen Lebenserfahrung wahrzunehmen. Entsprechend ist es keineswegs ausgeschlossen, daß Schüler, denen keine Vertrautheit mit der christlichen Glaubenstradition zugewachsen ist, christliche Inhalte im Horizont ihrer anderweitig geprägten Vorerfahrungen vernehmen, verstehen und verbalisieren lernen, um das dergestalt angeeignete Fremde als Korrektiv oder Bestätigung des vorfindlichen Eigenen zu entdecken.[206] Unter welchen Bedingungen und Einschränkungen ist es aber möglich, zu einem subjektiv relevanten Verständnis religiöser Inhalte zu gelangen, ohne der Identifikations- und Überlieferungsgemeinschaft anzugehören[207], in der diese Inhalte ursprünglich angesiedelt sind?

Aufgrund der unterschiedlichen Vorverständnisse derer, die sich 'innerhalb' und 'außerhalb' einer konkreten Glaubensgemeinschaft befinden, **differiert** zwangsläufig deren Verständnis religiöser Vollzüge und Inhalte: In das Selbstverständnis einer bestimmten religiösen Tradition kann sich somit in der Regel derjenige weitaus eher hineinversetzen, der diese Religion auch 'von innen' her kennt. Wer hingegen diese Religion 'von außen' betrachtet, kann zwar ebenfalls zu einem eigenständigen, begründeten und sogar biographisch relevanten Ver-

---

[205] Hemel (1986) 60; neben der inhaltlichen Nachvollziehbarkeit ist *Ulrich Hemel* zufolge auch die soziale Kommunizierbarkeit religiöser Themen nicht unbedingt angewiesen auf eine Identifizierung mit dem Glauben (ebd.).

[206] In beiden angeführten Beispielen impliziert das inhaltliche Erfassen der fremden Religion keineswegs, daß das erfassende Subjekt diese Religion für sich selbst übernimmt. Ohne die Bedeutung der Inhaltsdimension des Glaubens für eine existentielle Zuwendung zum Glauben zu überschätzen (vgl. insb. Hemel (1986) 60), steht doch zu vermuten, daß eine solche existentielle Hinwendung in der Regel ein gewisses Maß verstehender Aneignung voraussetzt. Daß letztere auf Hilfen und Helfer angewiesen ist, die einerseits eine vorschnelle und unsachgemäße Subsumtion des Fremden unter das Eigene verhindern und andererseits subjektiv relevante Zugänge zum Fremden hin eröffnen, sei ausdrücklich vermerkt.

[207] Ich verstehe 'Angehörigkeit' in diesem Zusammenhang selbstredend nicht als formale Mitgliedschaft, sondern als lebenspraktische Verbundenheit!

ständnis religiöser Vorstellungen und Praktiken gelangen, deren religiöse 'Binnenlogik' vermag er aber nur schwerlich nachzuvollziehen.[208]

Das Ausbleiben nennenswerter christlich-kirchlicher Sozialisationseinflüsse, das heutzutage für eine Mehrheit der Schüler - auch des Religionsunterrichts - diagnostiziert werden kann, bildet **kein unüberwindbares Hindernis, wohl aber eine prägende Beeinflussung** für eine inhaltliche Aneignung der christlichen Erfahrungstradition. Insoweit sich der heutige Religionsunterricht als 'religiöse Außenkommunikation'[209] vollzieht, die nicht mehr „innerhalb einer geprägten Glaubensgemeinschaft"[210], sondern „zwischen Mitgliedern einer Glaubensgemeinschaft und 'Außenstehenden'"[211] stattfindet, kann die **biographische Vertrautheit** mit kirchlich-christlichen Symbolen, Vokabeln und Vollzügen **definitiv nicht mehr** als 'Brücke' dienen, um eine Verbindung zwischen dem eigenen Leben und dem überlieferten Glauben herzustellen. Da eine solche kirchlich-christliche Vertrautheit im **korrelativen** Vermittlungsmodell gerade nicht vorausgesetzt wird, sondern vielmehr die **anthropologische Ebene menschlicher Erfahrungen als kommunikative Basis** bestimmt wird, die eine Begegnung zwischen dem tradierten Glauben und der heutigen Existenz möglich und sinnvoll macht, weist das Korrelationsprinzip über seine theologische Legitimität hinaus auch und besonders in nachvolkskirchlicher Zeit einen **denkbaren Weg**, dem alten Glauben zu neuer Plausibilität zu verhelfen.

1.5 In Relevanzerfahrungen aufzuspürende Grunderfahrungen als Tertium Comparationis gelingender Korrelation

Soll die wechselseitige kritische und produktive Korrelation zwischen dem tradierten Glauben und dem heutigen Leben kein wohlklingendes theologisches und didaktisches Postulat bleiben, sondern sich **tatsächlich** in **konkreten** Situationen religiösen Lehrens und Lernens ereignen können, müssen sicherlich **beide** Pole des potentiellen Korrelationsgeschehens als Gegebenheiten menschlicher **Erfahrung** identifiziert und ausbuchstabiert werden.[212]

---

[208] vgl. insb. Nipkow (1994) 132: Auch wenn es dem Religionsunterricht gelingt, gängige religiöse Klischees auszuräumen , ist ein „unterrichtlich erworbenes Verständnis von Religion noch nicht das *Verständnis der Religion 'von innen'*. Friedrich Schleiermacher schreibt [...]: 'Ich fürchte, daß auch Religion nur durch sich selbst verstanden werden kann und daß Euch Ihre besondere Bauart und ihr charakteristischer Unterschied nicht eher klar werden wird, bis Ihr selbst irgend einer angehört.' Dieser Zirkel, daß Religion nur versteht, wer Religion selbst hat, das heißt, wer von ihr und Ihre Wahrheit ergriffen ist und in ihrem Lebenszusammenhang atmet, kann durch keine Unterrichtsmethode aufgehoben werden."

[209] Hemel (1986) 60

[210] Hemel (1986) 60

[211] Hemel (1986) 60

[212] Die Klage, daß gerade die Systematische Theologie diese Aufgabe, das überlieferte Glaubensgut unter der Leitperspektive der Erfahrung zu rekonstruieren und zu reformulieren, sträflich vernachlässige, begegnet in

Damit jedoch beide zu rekonstruierenden Erfahrungskomplexe nicht beziehungslos **nebeneinander** stehen bleiben, sondern sich wechselseitig **aufeinander** beziehen können, muß ebenso zwingend geklärt werden, 'worin' sie sich begegnen können. Damit Glaube und Leben miteinander ins Gespräch kommen können und nicht aneinander vorbeireden, bedarf es eines **gemeinsamen Bezugspunktes, der das Trennende nicht verschleiert**: „Soll die Vermittlung von gegenwärtiger Situation und überlieferter Glaubensgeschichte [...] wirklich beide in ihrem Eigenwert und ihrer Eigenständigkeit belassen [...], bedarf sie eines *'Dritten'*, eines *'tertium comparationis'*, eines *'Mediums'*, innerhalb dessen sich gegenwärtiges Erleben und vergangene Erfahrung als eigenständige Größen begegnen und miteinander in Korrelation treten können."[213] Um eine wechselseitige und gleichrangige Korrelation zwischen Tradition und Gegenwart zu ermöglichen, muß dieses „vermittelnde Medium"[214] somit **ausreichend weit** gefaßt sein, daß beide Korrelate in ihrer jeweiligen Eigenart zur Geltung kommen können. Gleichzeitig muß dieses Medium aber auch **ausreichend eng** gefaßt sein, damit sich beide Erfahrungspole in sinnvoller Weise zu widersprechen, ergänzen, korrigieren oder bestätigen vermögen.

Wie sich am Dreiebenenmodell der Erfahrung zeigt, das im *Synodenbeschluß*, *Zielfelder-* und *Grundlagenplan* mehr oder minder deutlich aufscheint und von *Günter Lange* reflexiv ausformuliert wurde[215], herrschte im religionspädagogischen Diskurs der 70er und 80er Jahre weitgehende Einigkeit darüber, dieses 'Dritte', in dem sich Glaube und Leben vermitteln lassen, im existentiell-ontologischen Sinne als **'religiöse Erfahrung'** zu verstehen.[216]

Wird die Kategorie der 'religiösen Erfahrung' religionspädagogisch in diesem weiten Sinne ausgelegt, so wird sie mit einem **Bündel semantischer Merkmale** belegt, die zumeist auf philosophische und theologische Vorannahmen schließen lassen. 'Religiöse Erfahrung' impliziert demnach - um nur die gebräuchlichsten Attribute zu nennen - gleichermaßen das

---

der religionspädagogischen Literatur seit über zwei Jahrzehnten (vgl. insb. Baudler (1976) 327, Halbfas (1989) 66 sowie Niehl (1992) 14).

[213] Baudler (1976) 331 mit Hinweis auf *Klaus Wegenast* (ebd. 346)

[214] Baudler (1976) 332

[215] Kurz gefaßt unterscheidet dieses Modell, das auf S. 30f. näher besprochen wurde, zwischen '**Erfahrung**' im allgemeinen, 'unbedingt angehener' (*Paul Tillich*) '**religiöser Erfahrung**' und explizit christlich gedeuteter '**Glaubenserfahrung**' (Zentralstelle Bildung (1985) 242). „Um alle mit den geprägten Worten gegebenen Assoziationen vorerst auszuschalten und um zu vereinfachen" (Lange (1974) 738) benennt *Günter Lange* die entsprechenden Dimensionen seines 'Wirklichkeitsmodells' (ebd. 748) mit den Buchstaben x, y und z.

[216] vgl. insb. Baudler (1976) 331-333 und 336 [Hervorhebung: B.P.]; die Anfang der 70er Jahre erfolgte religionspädagogische **Ontologisierung** des Begriffs der 'Religion' (vgl. insb. Feifel (1973) 39f. und 44 sowie Lange (1974) 733f.) und der 'religiösen Erfahrung' bildet einerseits einen **theoretischen Reflex** auf religionsphilosophische und fundamentaltheologische Vorarbeiten (insb. durch *Paul Tillich*, *Karl Rahner* und *Robert Schlette*); sie läßt sich andererseits auch als **pragmatische Reaktion** auf den rasanten Einbruch der Kirchenbindung verstehen, der 1968 plötzlich einsetzte und 1973 abebbte (vgl. Köcher (1988) 35).

subjektive Empfinden **existentieller Bedeutsamkeit** und Betroffenheit[217], die Suche nach einem letzten und umfassenden 'Sinn' des Daseins und die Begegnung mit einem 'Sinngrund'[218], das Vordringen zu einer 'Tiefe' der menschlichen Existenz[219] sowie die Konfrontation mit einer **transzendenten** Dimension der Wirklichkeit[220]. 'Religiöse Erfahrung' gilt als **Relevanz-**, **Sinn-**, **Tiefen-** und **Transzendenz**erfahrung in einem - oder zumindest als Kombination einiger dieser Merkmale.

Um die **religionsdidaktische Tauglichkeit** dieses theoretisch ungemein beladenen Begriffs als 'Medium' der Begegnung zwischen Glauben und Leben einschätzen zu können, muß bedacht werden, was ein solches 'Drittes' im Korrelationsgeschehen überhaupt leisten kann und soll. Das *Duden-Universalwörterbuch* paraphrasiert 'Tertium Comparationis' als *„das Gemeinsame, in dem zwei verschiedene Gegenstände od. Sachverhalte übereinstimmen"*[221]. Das 'Dritte' verkörpert **Identität unter Wahrung von Differenz.**

Buchstabieren wir diese Definition kommunikationstheoretisch aus, dann erscheint diese 'Gemeinsamkeit zwischen Verschiedenen' in doppelter Hinsicht als **Möglichkeitsbedingung eines gleichrangigen Dialogs.** Insofern dieses 'Dritte' die **Identität** der Dialogpartner zum Ausdruck bringt, vermag es eine „gemeinsame Basis"[222] darzustellen, auf die hin sich beide miteinander verständigen und von der aus sie zu tieferem Verstehen des Gegenübers fortschreiten können. Insofern dieses 'Dritte' die **Differenz** der beiden Partner unangetastet läßt, leistet es andererseits Gewähr, daß beide in ihrer „Eigenart und Beson-

---

[217] vgl. insb. Kap. 1.4.1.1 bzw. Kap. 1.4.1.3, wo aufgezeigt wurde, daß sich religiöse Bildung den *Synodenbeschluß* (insb. Gemeinsame Synode (1976) 133f.) und dem *Grundlagenplan* (insb. Zentralstelle Bildung (1985) 242) zufolge entscheidend mit solchen Relevanzerfahrungen befaßt.

[218] „Die Erfahrung, die wir religiöse nennen, hebt sich [...] dadurch von anderen Erfahrungen ab, daß sie deren impliziten **Sinn** bewußt macht. *Religiös erfahren heißt Sinn und damit Wahrheit aus Erfahrung ableiten"* (Feifel (1973 A) 95 [Hervorhebungen: B.P.]; vgl. insb. Lange (1974) 739-741). Sowohl der *Synodenbeschluß* als auch der *Zielfelderplan* bestimmen 'Religion' und 'religiöse Erfahrung' **primär** im Rekurs auf den Phänomenbereich von Sinnsuche und Sinnfindung, Sinnfrage und Sinngebung (vgl. insb. Gemeinsame Synode (1976) 132-135 und Zentralstelle Bildung (1977) 58-60).

[219] vgl. etwa Lange (1974) 740 und 743 sowie (andeutungsweise) Gemeinsame Synode (1976 [Beschluß Religionsunterricht]) 133

[220] vgl. insb. Feifel (1973 A) 96: „Als originär religiös sind [...] alle Erfahrungen anzusprechen, die über die empirische Erkenntnis hinaus eine **transzendierende**, d.h. die wahrnehmbare Wirklichkeit übersteigende **Tiefen**dimension aufweisen." Auch der *Synodenbeschluß* definiert 'Religion' „zunächst [...] als 'Weltdeutung' oder 'Sinngebung' durch **Transzendenz**bezug" (Gemeinsame Synode (1976) 132) [Hervorhebungen: B.P.]

[221] Duden Universalwörterbuch (1996) 1527

[222] Luther (1992) 266 mit Bezug auf *Mario Erdheim* (vgl. Fußnote 224 in Kap. 1.5)

derheit"[223] authentisch zu Wort kommen, ohne das Gegenüber zu 'entfremden', zu 'verwerten' oder zu 'idealisieren'.[224]

Wenn wir diese prinzipielle Funktionsbeschreibung eines Tertium Comparationis auf unsere ursprüngliche Fragestellung übertragen, so darf die '**gemeinsame** Basis' korrelativer Didaktik **keinesfalls einseitig** aus der religiösen Überlieferung oder der heutigen Lebenswelt **abgeleitet** und dem Gegenüber 'übergestülpt' werden, gleichermaßen sollte sie auch **der inneren Vielstimmigkeit Rechnung tragen**, die beide Korrelate je für sich auszeichnet. Ist dies der Fall, dann vermag das gesuchte 'Dritte', einen **sinnvollen Dialog** zwischen überlieferten Glaubens- und heutigen Lebenserfahrungen **in Gang zu bringen, ohne das Ergebnis** dieses Dialogs bereits **vorwegzunehmen**. Im Verlauf der korrelativen Begegnung mögen sich dann vielleicht weitere Analogien zwischen Tradition und Gegenwart zeigen, die deren ursprünglich als gesichert geltendes Maß an Gemeinsamkeit erweitern. Diese Analogien sind jedoch in Konfrontation mit der Differenz zu **entdecken**, nicht aber in Unterstellung vermeintlicher Identität vorauszusetzen.

Untersuchen wir, ob die semantischen Merkmale des existentiell-ontologischen Begriffs religiöser Erfahrung imstande sind, als 'Eingangstor' eines sinnvollen, ergebnisoffenen und respektierenden Dialogs zwischen Überlieferung und Gegenwart zu dienen, so gelangen wir mit Blick auf die **Tiefen-, Sinn-** und **Transzendenz**zuschreibung zu einem **negativen Votum**.

Während die „'vertikale'"[225] Kategorie der '**Tiefe**' zweifellos eine ausdrucksstarke Metapher für die Unergründlichkeit des menschlichen Daseins darstellt, die beispielsweise auch von *Karl Rahner* aufgegriffen wird[226], erscheint sie doch **inhaltlich** bei weitem als **zu vage und unpräzise**, um einen tragfähigen Dialog zwischen Tradition und Gegenwart begründen zu können.

---

[223] Zentralstelle Bildung (1977) 16

[224] Die auf *Mario Erdheim* zurückgehenden „vier Weisen des wissenschaftlichen Umgangs mit dem Fremden" (Luther (1992) 266) charakterisieren meines Erachtens zugleich vier elementare Kommunikationsstrategien: „die **entfremdende** Tendenz, die dem anderen mit dem Willen zur Macht und Beherrschung begegnet; die **verwertende** Tendenz, die Teile des Fremden für das Eigene nutzbar machen will; die **idealisierende** Tendenz, die den Fremden [...] heroisiert, sowie die **verstehende**" und damit im normativen Sinne dialogische „Tendenz, die zwischen sich und dem Fremden eine gemeinsame Basis" - ein tertium comparationis! - „herzustellen sucht." (ebd. [Hervorhebungen: B.P.])

[225] Um sprachlich auszudrücken, daß sich menschliche Wirklichkeit nicht auf vordergründige Tatsachen beschränkt, sondern auch hintergründige Aspekte wie Religion und Symbol, Transzendenz und Glaube einschließt, muß man *Günter Lange* (1974) zufolge „in **Metaphern** sprechen" - „und wohl nicht zufällig stellt sich dabei ein '**vertikale Terminologie**' ein." (738 [Hervorhebungen: B.P.]; vgl. insb. ebd. 740)

[226] „Die Gotteserfahrung darf nicht so gedacht werden, als ob sie *eine* partikuläre Erfahrung *neben* anderen sei", vielmehr ist sie „die *letzte* Tiefe und Radikalität *jeder* geistig-personalen Erfahrung". (Rahner (1970) 166 [Hervorhebung: B.P.]; vgl. ders. (1978) 226f. und 239)

Beim **Transzendenz**- und **Sinn**begriff fällt die Einschätzung schwerer. Beide Kategorien existieren sowohl als profanwissenschaftliche wie auch als theologische Fachbegriffe, wobei sie insgesamt eine **immense Bedeutungsreichweite** umspannen. Diese erstreckt sich im Falle der 'Transzendenz' von der alltäglichen Vorwegnahme zukünftiger Situationen bis hin zur absoluten Souveränität Gottes.[227] Im Falle des 'Sinns' reicht sie von gewöhnlichen Erlebnisdeutungen[228] bis hin zu metaphysischen Letztbegründungen. Angesichts dieses Befundes, der dem widersprüchlichen Facettenreichtum beider Begriffe zum Trotz äußerst schematisch bleiben muß, sind zwei Begründungsmuster denkbar, um 'Transzendenz' oder 'Sinn' die Rolle eines korrelativen 'Dritten' zuzuweisen.

Ein **anthropologisch akzentuiertes** Begründungsmuster könnte argumentieren, daß sich die Urphänomene des 'Überschreitens' und des 'sinnhaften Orientierens' sowohl im Glauben wie im Leben vorfinden lassen - was sicherlich der Fall ist - und einen Raum abstecken, in dem Tradition und Gegenwart in ihrer Besonderheit angemessen zu Wort kommen können. Da aber eine solche Festlegung auf 'Transzendenz' und 'Sinn' ohne ersichtlichen Grund den **Blick auf möglicherweise ebenbürtige Urphänomene** des Menschseins **verschließt**, vermag diese Argumentation nicht zu überzeugen.

Ein zweites, **theologisch akzentuiertes** Begründungsmuster könnte 'Transzendenz' und 'Sinn' (in ihrer theologischen Lesart) als das kennzeichnende Moment von Glaubenserfahrungen ansehen, das es nun in Gegenwartserfahrungen aufzuspüren gilt. Abgesehen davon, daß es fraglich scheint, inwieweit diese beiden Begriffe dem inneren Reichtum der christlich-religiösen Tradition gerecht werden können, überträgt eine solche Argumentation ein Kategorienraster, das aus der Glaubenserfahrung 'herausdestilliert' wurde, unvermittelt auf die aktuelle Lebenswirklichkeit. Die **Eigenart heutiger Welterfahrung** wird somit **theologisch okkupiert** und **deren Sperrigkeit** bereits im Ansatz **ignoriert**. Ein wechselseitiger

---

[227] *Thomas Luckmann* differenziert in diesem Zusammenhang treffend unterschiedliche „Transzendenzspannweiten" (Simon (1978) 16; vgl. insb. Fußnote 74 in Kap. 4.4.4.2). Ein bezeichnendes Beispiel für eine streng profane Fassung des Transzendenzbegriffs liefert *Herbert Marcuse* (1970) 13, der „die Ausdrücke 'transzendieren' und 'Transzendenz' [...] durchweg im empirischen, kritischen Sinne" verstanden wissen will, um „Tendenzen in Theorie und Praxis" zu bezeichnen, „die in einer gegebenen Gesellschaft über das etablierte Universum von Sprechen und Handeln in Richtung auf seine geschichtlichen Alternativen (realen Möglichkeiten) 'hinausschießen'."

[228] vgl. insb. Schütz / Luckmann (1979) 38: „Sinn ist [...] das Resultat meiner Auslegung vergangener Erlebnisse, die von einem aktuellen Jetzt und von einem aktuell gültigen Bezugsschema reflektiv in den Griff genommen werden."

Dialog zwischen Glaube und Leben ist per se ausgeschlossen, da der Glaube einseitig die inhaltlichen Spielregeln des vermeintlichen Gesprächs bestimmt.

Die Kategorien der 'Tiefe', der 'Transzendenz' und des 'Sinns' und folglich auch der Oberbegriff einer existentiell-ontologisch verstandenen 'religiösen Erfahrung' erweisen sich als kaum tauglich, eine grundlegende Gemeinsamkeit zwischen Überlieferung und Gegenwart auszuweisen, die zugleich der Unterschiedlichkeit beider Erfahrungskomplexe gebührenden Raum zugesteht. Dagegen läßt sich die Kategorie der 'Relevanzerfahrung' theologisch, anthropologisch, kommunikationstheoretisch und religionssoziologisch als tragfähige Basis einer respektierenden, ergebnisoffenen und aussagekräftigen Korrelation legitimieren.[229]

Theologisch gründet die korrelative Schlüsselfunktion existentiell bedeutsamer Erfahrungen letztlich im jüdisch-christlichen Axiom, daß sich Gott prinzipiell im Medium menschlicher Erfahrungen offenbart. Im Umkehrschluß kann Gottes Selbstmitteilung für den Menschen nur zugänglich und glaubwürdig werden, insoweit es gelingt, humane Erfahrungen theologisch zu entziffern. Auch wenn man in transzendentaltheologischem Sinne annimmt, daß sich Gott prinzipiell in jeglicher Erfahrung verbirgt[230], ist damit zu rechnen, daß es „konkrete Erfahrungen in unserer existentiellen Geschichte" gibt, in denen diese Gegebenheit Gottes „sich deutlicher in unser Bewußtsein vordrängt"[231] als in den selbstverständlichen Begebenheiten des Alltags. Subjektive Relevanzerfahrungen sind demnach in besonderer Weise prädisponiert, als theologische Offenbarungserfahrungen ausgelegt zu werden.

Anthropologisch beruht die korrelative Mittlerrolle existentiell bedeutsamer Erfahrungen auf zwei Prämissen. Einerseits kann begründet angenommen werden, daß Menschen unterschiedlicher Epochen, Kulturen und Gesellschaften überhaupt biographische Erfahrungen machen, denen sie signifikante Bedeutsamkeit zumessen. Andererseits erscheint es wahr-

---

[229] Der nachfolgende Aufweis der korrelativen Mittlerrolle persönlicher Relevanzerfahrungen versteht sich als knappes **Resümee** der bislang entfalteten Reflexion dieses Erfahrungstypus. Während sich die theologische und anthropologische Argumentation maßgeblich auf *Edward Schillebeeckx* beruft (vgl. insb. Kap. 1.3.1-1.3.2 bzw. Kap. 1.3.5), verdankt sich die religionssoziologische (vgl. Kap. 1.4.2.2) und die (in hiesigen Abschnitt dargelegte) kommunikationstheoretische Einordnung existentiell bedeutsamer Erfahrungen der Auseinandersetzung mit unterschiedlichen Bezugstheorien.

[230] *Karl Rahner* bezeichnet diese Verwobenheit Gottes in die menschliche Erfahrung synonym (vgl. Weger (1986) 82 sowie Ganoczy (1989) 273) als religiöse oder transzendentale Erfahrung sowie als Gottes-, Gnaden- oder Geisterfahrung und charakterisiert diese als „immer und überall hinter allen gegenständlichen Einzelerfahrungen gegebene Ur-Erfahrung des Subjekts von sich selbst". (Rahner (1978) 228)

[231] Rahner (1978) 238; vgl. insb. ders. (1970) 168: Gibt es die Gotteserfahrung „anonym, unausdrücklich auch in *jedem* geistigen Vollzug, so wird sie doch deutlicher und in etwa thematisch in jenen Ereignissen, in denen der Mensch, der gewöhnlich verloren an die einzelnen Dinge und Aufgaben des Alltags lebt, gewissermaßen auf sich selbst zurückgeworfen wird und sich nicht mehr über dem übersehen kann, mit dem er gewöhnlich umgeht."

scheinlich, daß solche Relevanzerfahrungen über ihre geschichtliche, kulturelle und soziale Unterschiedlichkeit hinweg **verbindende Merkmale** des Erlebens und Deutens in sich bergen, die sich zu allgemein menschlichen **Grunderfahrungen** verdichten.

In *kommunikationstheoretischer* Hinsicht eigenen sich solche in Relevanzerfahrungen offenbar werdenden Grunderfahrungen prinzipiell als Tertium Comparationis eines wechselseitigen Dialogs zwischen dem überliefertern Glauben und der heutigen Lebenswirklichkeit, da sie einen **Kernbestand des Gemeinsamen** darstellen, der die historische, kulturelle und sprachliche **Autonomie** der Dialogpartner **unberührt läßt**. Als **Anwalt der Identität und der Differenz** von Tradition und Gegenwart vermögen solche Grunderfahrungen, den 'garstig breiten Graben'[232] zwischen beiden zu 'überbrücken'[233] helfen, ohne daß ein Erfahrungspol das Gegenüber dominiert oder verfälscht.

Insofern in Relevanzerfahrungen aufzuspürende Grunderfahrungen ein **konsequent anthropologisches Fundament** bilden, auf dem sich Glaube und Leben wechselseitig begegnen können, ermöglichen sie eine Kommunizierbarkeit des christlichen Glauben auch in einer *religionssoziologischen* Situation, in der kirchlich-christlich geprägte Vokabeln, Vorstellungen und Verhaltensmuster als Verständigungsbasis ausfallen.

Damit diese Kommunikabilität allerdings **praktisch eingelöst** werden kann, muß sich die **christliche Rede von Gott** radikal als **Interpretation profaner Erfahrungen** verstehen und als solche Nachvollziehbarkeit und Glaubwürdigkeit beweisen: „Entscheidend ist [...], daß man über weltliche Erfahrungen religiös sprechen kann im Licht der christlichen Erfahrungstradition."[234]

1.6 Jugendliche Intensiverfahrungen als empirisch-religionspädagogisches Suchprojekt

Um Glaube und Leben korrelativ ins Gespräch bringen zu können, müssen wir um die Widerfahrnisse, Erlebnisse, Deutungen und Auslegungshorizonte wissen, die einerseits der religiösen Tradition zugrundeliegen und andererseits das heutige Dasein prägen. Solches Wissen ergibt sich nicht von selbst, es bedarf einer **gezielten und reflektierten Wahrnehmung und Analyse** des überlieferten Glaubens und des aktuellen Lebens.

---

[232] *Gotthold Ephraim Lessing* nach Baudler (1976) 330
[233] vgl. etwa *Rudi Ott* (1995) 303, der in bibeldidaktischem Zusammenhang „die *Grunderfahrungen* [...], die in den einzelnen Lebenssituationen und Erlebnissen stecken (z.B. Liebe, Schuld, Scheitern, Anerkanntsein)" unmißverständlich als „**Brücke** zur Thematik des Bibeltextes" identifiziert. [Hervorhebungen: B.P.]
[234] Schillebeeckx (1989) 90; vgl. ders. (1980) 82, ders. (1989) 50, Englert (1993) 107 sowie ders. (1996) 8

Wendet sich die biblische und historische Theologie vorrangig der Aufgabe zu, die Herkunftssituationen und -erfahrungen des christlichen Glaubens zu entschlüsseln, so konzentriert sich die **empirische Theologie** darauf, religiös relevante Situationen und Erfahrungen der Gegenwart wahrzunehmen und zu ergründen.[235] Für die **empirische Religionspädagogik** steht diese Hinwendung zur heutigen Erfahrungswelt unter dem besonderen Vorzeichen, ob und unter welchen Bedingungen eine **subjektgerechte und subjektiv relevante Aneignung** der christlichen Glaubenstradition hier und heute konkret möglich ist.[236]

Wie ich bislang herausgearbeitet habe, steht und fällt die Möglichkeit solcher Aneignung mit dem Gelingen eines wechselseitigen und verständnisvollen Dialogs, in dem sich **Offenbarungserfahrungen** der jüdisch-christlichen Überlieferung und **offenbarende Erfahrungen** heutiger Lebensgeschichten als unterschiedliche Varianten menschlicher **Relevanzerfahrungen** sinnvoll und ebenbürtig aufeinander zu beziehen vermögen.

Soll der schulische **Religionsunterricht** - wie die religiöse Bildungsarbeit überhaupt - eine solche elementare[237] Korrelation begünstigen und ermöglichen, dann muß er **signifikante Erfahrungen, in denen sich die Schüler wiederfinden, konstitutiv und angemessen berücksichtigen**.[238] Dies ist gegeben, insofern gegenwärtige Relevanzerfahrungen im Unterricht authentisch zu Wort kommen und dergestalt auf christlich gedeutete Fremderfahrungen bezogen werden, daß sich eine erhellende Verständigung ohne Vereinnahmung ereignen kann.

Die Entwicklung und Verwirklichung eines didaktischen Arrangements, das diesem Anspruch standhält, erfordert **gründliche Kenntnisse der Erfahrungen, denen Jugendliche aus eigener Sicht zentrale lebensgeschichtliche Bedeutsamkeit zumessen**.

---

[235] vgl. Fußnote 15 in Kap. 1.1 mit Bezug auf *Johannes A. van der Ven*

[236] vgl. insb. Feifel (1995) 93: „Liegt die Stärke der derzeitigen Jugendforschung in der Bundesrepublik in ihrer lebensweltlichen Orientierung [...], dann entspricht dem religionspädagogisch die gezieltere Zuwendung zu Kindern und Jugendlichen als den Subjekten eines für sie individuell sinnvollen religiösen Lernens."

[237] „Es geht im religiösen Lernprozeß der Schule um die Realisierung eines 'elementaren' korrelativen Gesprächs zwischen der Welt der Schüler und der Welt des Glaubens." (Schmid (1988) 555 mit Bezug auf *Karl Ernst Nipkow*) „Schon alltagssprachlich wird das Wort 'elementar' mit **Erfahrungen** assoziiert, **die auf uns** einen 'elementaren Eindruck' gemacht, **uns 'mit elementarer Kraft' persönlich getroffen haben**: das Elementare als *'das subjektiv Authentische'*." (Nipkow (1986) 605) 'Elementare Korrelation' bezieht sich somit wesentlich auf den Typus existentiell bedeutsamer Erfahrungen, dem sich die vorliegende Studie widmet! [Hervorhebungen: B.P.]

[238] „Um die wechselseitige Interaktionsstruktur des Religionsunterrichts zu sichern, muß in den Schulen [...] ein noch viel konsequenterer Perspektivenwechsel praktiziert werden als der, der in Ansätzen fast überall schon vorhanden ist: die **Berücksichtigung der eigenen individuellen** (religiösen) **Erfahrungen und 'Deutungsmuster' der Kinder und Jugendlichen**." (Nipkow (1995) 364 [Hervorhebungen: B.P.]; vgl. insb. EKD (1995) 28) Abgesehen von der Tatsache, daß *Karl Ernst Nipkow* jugendliche Erfahrungen (ähnlich wie Schweitzer (1995) 83, 87 und Mette (1994) 271) von vornherein als 'religiös' etikettiert und somit in problematischer Weise vor-interpretiert, beschreibt das angeführte Zitat exakt die religionspädagogische Zielrichtung, der sich die vorliegende Studie verpflichtet weiß!

Vielleicht mag der ein oder andere Lehrer zumindest intuitiv über solche Kenntnisse verfügen. Der religionspädagogischen Reflexion jedenfalls fehlt es zwar nicht an Hinweisen auf die Dringlichkeit einer eigenständigen empirischen Vergewisserung.[239] Relevanzerfahrungen Jugendlicher aus erster Hand zu eruieren, sorgfältig nachzuvollziehen und als Bereicherung und Herausforderung für die eigene Theoriebildung aufzunehmen, vermochte sie hingegen bislang allenfalls in Ansätzen.[240]

1.6.1 Empirisch-religionspädagogische 'Suchrichtungen'

„Theologisch und religionspädagogisch sinnvolle Fragestellungen für empirische Untersuchungen"[241] verdanken sich in der Regel theologischen und religionspädagogischen Problemen.

Das Dilemma, heutige Relevanzerfahrungen in ein konstruktives Gespräch verwickeln zu wollen, ohne halbwegs solide Kenntnisse von diesen Erfahrungen zu besitzen, stellt sich als ein Kernproblem korrelativer Theologie und Religionsdidaktik. Um dieses Dilemma auflösen zu können, bedarf es der **empirisch-religionspädagogischen Erkundung jugendlicher Relevanzerfahrungen**.

Will man dem Wissensmangel zu jugendlichen Relevanzerfahrungen, angesichts dessen sich eine aussagekräftige und produktive Korrelation religionsdidaktisch unmöglich arrangieren läßt, mit Hilfe empirischer Forschungen beikommen, muß möglichst konkret und differenziert offengelegt werden, welche **Fragen** der Problemgegenstand existentiell bedeutsamer

---

[239] vgl. insb. Feifel (1973 A) 87, Veit (1985) 4, Schmid (1988) 555, Ritter (1989) 292, Mette (1994) 271 sowie Englert (1995) 158

[240] Das **empirische Defizit der Religionspädagogik** zeigt sich **forschungsstatistisch** darin, daß „eigenständige (d.h. nicht bloß von anderen Disziplinen rezipierte) empirische Studien innerhalb des Faches immer noch eher eine Ausnahme bilden" (Mette (1994) 270) und gerade „den immer wieder vorgetragenen Forderungen" nach dem Einsatz **qualitativ**-empirischer Verfahren „nur sehr allmählich auch konkrete Forschungsprojekte entsprechen" (Englert (1995) 164). **Inhaltlich** zeigt sich dieses Defizit in einer **thematischen Fixierung auf explizite Religiosität und religionspädagogische Praxis**. Wie aus einem bündigen Literaturbericht deutlich wurde, den *Anton Bucher* 1990 publizierte, beschränkten sich empirisch-religionspädagogische Studien bis zum damaligen Zeitpunkt im wesentlichen auf die Beliebtheit und das faktische Geschehen des Religionsunterrichts, auf die Rolle des Religionslehrers sowie auf die religiöse Entwicklung im Sinne der kognitiven Psychologie. In den letzten Jahren wurde diese Palette thematischer Schwerpunkte erweitert durch Untersuchungen zur explizit religiösen Sozialisation (vgl. insb. Schöll (1992) und Leyh (1994)).
Die (bedauerlicherweise vergriffene) Untersuchung zur Religiosität von Berufsschülern, die *Hans Schmid* 1989 vorgelegt hat, bildet meines Erachtens nach wie vor das bestechendste Beispiel einer religionspädagogischen Studie, die sich konsequent der Eigenlogik jugendlicher Selbstzeugnisse verpflichtet weiß. Sie konzentriert sich auf explizit religiöse Gesprächspassagen (ebd. 31) aus Gruppendiskussionen in jugendlichen Alltagscliquen, die in Anlehnung an die interpretative Methodologie von *Ralf Bohnsack* ausgewertet und abschließend auf ihre religionspädagogische Bedeutung hin reflektiert werden.

[241] Veit (1985) 4

Erfahrungen aufwirft und von welchen **Vorannahmen** sinnvollerweise auszugehen ist, um diesen Problemgegenstand analytisch in den Blick zu bekommen. Um dieser Aufgabe nachzukommen, soll das empirisch-religionspädagogische Interesse an jugendlichen Relevanzerfahrungen vorläufig in **acht Suchrichtungen** ausdifferenziert werden, die jeweils in Frageform umschrieben sowie knapp kommentiert werden.

*(1) Inwieweit machen Jugendliche **überhaupt** Erfahrungen, denen sie außerordentliches Gewicht zuschreiben?*

Die Frage nach der empirischen Faktizität jugendlicher Relevanzerfahrungen bildet einen entscheidenden Prüfstein für die Praktikabilität korrelativer Didaktik. Eine abschlägige Beantwortung dieser Frage würde - sofern sie nicht auf forschungslogische oder -methodische Mängel zurückgeführt werden kann - die korrelationsdidaktische Prämisse entkräften, daß sowohl in der Überlieferung als auch in der Gegenwart existentiell bedeutsame Erfahrungen vorfindbar seien, die sich als solche 'symmetrisch'[242] begegnen können.

Lassen sich jugendliche Relevanzerfahrungen gar nicht erst empirisch ermitteln, erübrigen sich selbstredend sämtliche weiteren Forschungsfragen, die auf eine differenzierte und vertiefte Sicht dieses Untersuchungsgegenstands zielen.

*(2) Welcherart **Widerfahrnisse** aus welchen Wirklichkeitsbereichen erfahren Jugendliche als subjektiv bedeutsam?*

*(3) Welche Modi spontanen und vor allem emotionalen **Erlebens** sind charakteristisch für jugendliche Relevanzerfahrungen?*

*(4) Welcher Vorstellungen und Denkfiguren bedienen sich Jugendliche, um signifikante Erlebnisse der eigenen Lebensgeschichte rückblickend kognitiv zu **deuten**?*

Das Verständnis von 'Erfahrung' als **gedeutetem Erleben eines Widerfahrnisses**, das meinen Überlegungen zugrunde liegt und in Kap. 1.2 näher erläutert wurde, verhilft zu einem Wahrnehmungsraster, um den Blick auf jugendliche Relevanzerfahrungen sinnvoll zu strukturieren und deren innere Logik genauer zu entschlüsseln. Unter der Prämisse, daß menschliches Erfahren **prinzipiell** die Ebene „einer von uns unabhängigen Wirklichkeit"[243], einer unmittelbaren subjektiven Reaktion und einer nachträglichen gedanklichen Reflexion einschließt, gestattet die formale Unterscheidung von Widerfahrnis, Erlebnis und Deutung, **verschiedenartigste** Erfahrungen der Vergangenheit und Gegenwart in **vergleichbarer** Weise zu analysieren, ohne sie in ihrer inhaltlichen Besonderheit zu beschneiden.

---

[242] Baudler (1987) 417 et passim
[243] Schillebeeckx (1990) 53

*(5) Lassen sich **Grundstrukturen** des Widerfahrens, Erlebens und Deutens identifizieren, die sich auch in überlieferten Glaubenserfahrungen auffinden lassen?*

Damit überlieferte Glaubens- und heutige Lebenserfahrungen im 'Medium' allgemein menschlicher Grunderfahrungen korreliert werden können, müßten sich elementare Strukturen aufweisen lassen, in denen sich beide Erfahrungspole trotz ihrer geschichtlichen, kulturellen und psychosozialen Differenz gleichen.[244] Dieser **vergleichende** Aufweis struktureller Analogien zwischen damaligen und jetzigen Erfahrungen setzt wiederum voraus, daß zunächst einmal beide Erfahrungskomplexe **je für sich** auf prägende Mustern und Modi des Widerfahrens, Erlebens und Deutens hin untersucht worden sind.

Das empirische Wissen um elementare Strukturen jugendlicher Relevanzerfahrungen ist somit unverzichtbare Vorbedingung, um zwischen diesen Erfahrungen und der christlich-religiösen Erfahrungstradition ein 'gemeinsames Drittes' ermitteln zu können, das einen tragfähigen Dialog ermöglicht.

*(6) Welche **method(olog)ische Vorgehensweise** gewährleistet eine valide[245] Erhebung und sorgsame Auswertung jugendlicher Relevanzerfahrungen bei höchstmöglichem Respekt gegenüber den Informanten?*

Der bestbegründete Appell, heutige Relevanzerfahrungen in religionspädagogischem Interesse zu erkunden, bleibt bloße Makulatur, wenn sich keine theoretisch abgesicherte Vorgehensweise findet, die solche Erfahrungen in authentischer Weise aufzuspüren und nachzuvollziehen vermag.

Sollten Jugendliche tatsächlich bestimmte Erlebnisse der eigenen Lebensgeschichte als außerordentlich bedeutsam erfahren, so ist prinzipiell damit zu rechnen, daß sie derlei Erfahrungen als **sehr privates Thema** erachten, das sensible und wichtige Aspekte der eigenen Person berührt und somit keinesfalls selbstverständlich oder leichtfertig preiszugeben ist. Um Jugendliche dazu zu bewegen, persönliche Relevanzerfahrungen offenzulegen, bedarf es somit eines Forschungssettings, das die **Intimität** dieser Erlebnisse (be)achtet. Den Informanten ist zu signalisieren und garantieren, daß die Kommunikation, Rekonstruktion und Publikation ihrer Äußerungen dem berechtigten Anspruch auf Respekt und Vertraulichkeit voll und ganz Rechnung trägt.

---

[244] vgl. insb. Kap. 1.5; vgl. a. Kap. 1.3.5 mit Bezug auf *Edward Schillebeeckx*

[245] Das Kriterium der '**Validität**' oder '**Gültigkeit**' bezeichnet in der empirischen Sozialforschung die „Übereinstimmung des durch ein Meßverfahren Erfaßten mit dem theoretisch gemeinten Objektbereich." (Lamnek (1989) 370; vgl. Hartfiel (1976) 254)

Gelingt es, authentische Darlegungen jugendlicher Relevanzerfahrung einzuholen, dann muß sich der Umgang mit diesen Daten daran messen lassen, ob er deren **besonderer** Inhalts- und Formalstruktur gerecht wird. Die Aufzeichnung, Auslegung und theoretische Einordnung jugendlicher Selbstzeugnisse erfolgt unter der grundlegenden Vorannahme, daß diesen Dokumenten eine **originäre Logik** innewohnt, die zur Sprech- und Denkweise der christlich-religiösen Tradition auf der einen und der pädagogischen oder theologischen Reflexion auf der anderen Seite in Spannung steht: „Wenn wir über Jugend und Jugendkultur schreiben, müssen wir eine **kulturelle Differenz** überschreiten. Dies erfordert eine methodische Haltung, wie sie dem Ethnologen vertraut ist: er weiß, daß er zwar die eigenen Maßstäbe seiner Kultur mitbringt, aber er weiß auch, daß diese der fremden Kultur nicht angemessen sind. Er wird versuchen, die anderen Äußerungsformen und Inhalte der fremden Kultur nicht als Abweichung und Mangel zu begreifen, sondern sie aus ihren Kontexten, aus sich selbst heraus zu verstehen."[246]

*(7) Mittels welcher **Sprachformen** bringen Jugendliche existentiell bedeutsames Erleben und Erfahren zum Ausdruck?*

*(8) Inwieweit überschneidet sich diese jugendliche 'Sprache der Bedeutsamkeit' mit **explizit religiösen Ausdrucksweisen**?*

Erfahrung ist zeichenhaft strukturiert[247] und kann nur über zeichenhafte 'Objektivationen'[248] mitgeteilt und erfaßt werden. **Sprache** wiederum ist das mit Abstand wichtigste und komplexeste Zeichensystem des Menschen.[249] Sie **ermöglicht und übermittelt Erfahrung**. „Erfahrung ist nicht zuerst wortlos, um nachgehend das Wort zu suchen. Ohne Wort kommt sie nicht zu sich selbst, ist also nicht Erfahrung, sondern Widerfahrnis und Empfindung, ein unartikulierter Komplex, der sich dem reflektierenden Bewußtsein entzieht, und dem Den-

---

[246] Bruder-Bezzel / Bruder (1984) VIII; über die Jugendforschung hinaus bildet die angesprochene Prämisse einer **'kulturellen Differenz' zwischen wissenschaftlichen und lebensweltlichen Wirklichkeitsauslegungen** eine **grundlegende Vorannahme jedweder qualitativer Forschung**: „Vergleichbar mit der Erforschung fremder Ethnien [...] ist auch bei der Erforschung von Teilausschnitten der 'eigenen Gesellschaft' von einer **prinzipiellen Fremdheit** des Wissensvorrats zwischen Forscher und Forschungssubjekten auszugehen." „Der Sozialforscher ist in der Position eines **kulturell Fremden**". (Lenz (1986) 129 mit Bezug auf *Herbert Blumer* und *Alfred Schütz* [Hervorhebungen: B.P.])

[247] Wir verstehen 'Zeichen' mit *Charles Sanders Peirce* im **weitesten** Sinne als „something which stands to somebody for something in some respect or capacity" (ders. nach MLS (1993) 702).

[248] „Das menschliche Ausdrucksvermögen besitzt die Kraft der **Objektivation**, das heißt, es manifestiert sich in Erzeugnissen menschlicher Tätigkeit, welche sowohl dem Erzeuger als auch anderen Menschen als Elemente ihrer gemeinsamen Welt 'begreiflich' sind. **Objektivationen** durch Ausdruck sind mehr oder weniger dauerhafte Indikatoren subjektiver Empfindungen. Sie ermöglichen deren 'Begreifbarkeit' über die Vis-à-Vis-Situation, in welcher sie unmittelbar erfaßt werden können, hinaus." (Berger / Luckmann (1984) 36f. [Hervorhebung: B.P.])

[249] vgl. insb. Berger / Luckmann (1984) 39-41; vgl. a. MLS (1993) 570

ken unverfügbar bleibt."[250] Von 'Erfahrung' im eigentlichen Sinne läßt sich „erst dann [...]

sprechen, wenn die durch Empfindungen und Wahrnehmungen hervorgerufenen Eindrücke und inneren Vorstellungen durch die Sprache deutbar und auf dem Weg gegenseitiger Mitteilung mit der Erfahrung anderer Menschen vergleichbar werden."[251]

Da somit einerseits Erfahrungen als gedeutete Erlebnisse unablösbar **sprachlich geprägt** sind und andererseits sowohl Erlebnisse als auch Erfahrungen kaum anders denn **sprachlich kommuniziert** werden können, kommt ein angemessenes Verständnis menschlicher Daseinszeugnisse nicht umhin, deren **Sprachgestalt** höchsten Wert zuzumessen: „Wie 'Erfahrung' zur Sprache kommt, ist [...] ausschlaggebend für Erfahrung selbst. Es kommt also auf die Art der Sprache an. Das 'Wie' ist nicht ein Problem der Gefälligkeit, sondern der einzige Weg des Verstehens."[252] Um durch eine empirisch valide Erkundung jugendlicher Relevanzerfahrungen zu einem wahrhaftigen Erfahrungsdialog zwischen der religiösen Überlieferung und heutigen Lebenswelten beitragen zu können, ist es somit **unabdingbar, die Sprachformen, in denen Jugendliche ihr Erleben und Deuten kundtun, gewissenhaft in den Blick zu nehmen.**

Gemeinsames Vokabular erleichtert gegenseitige Verständigung. Eine didaktische Korrelation zwischen der christlichen Glaubenstradition und gegenwärtigen Wirklichkeitsdeutungen würde sicherlich wesentlich vereinfacht, könnte sie sich auf Worte stützen, die in **beiden** Erfahrungskomplexen **in gleicher Weise** herangezogen werden, um menschlichen Existenzerfahrungen Sinn und Bedeutung zuzuschreiben. Um derlei **sprachliche Verbindungspunkte** aufzuspüren, gilt es versprachlichte Relevanzerfahrungen heutiger Jugendlicher auf **explizit religiöses Vokabular** zu befragen.

1.6.2 Exkurs: **Was bedeutet 'religiöse Ausdrücklichkeit'?**

Soll die Identifizierung religiöser Bezüge nicht der Unschärfe eines weiten Religionsbegriffs unterliegen, bedarf es einigermaßen präziser Kriterien, die bestimmen, „was religiöse (bzw. christliche) Wörter eigentlich sind"[253]. Verstehen wie '**Religion**' mit *Edward Schillebeeckx* als **sprachlich geleitetes Interpretationsgeschehen**, das allgemein menschliche Erfahrungen im Horizont einer „bestimmten"[254] Erfahrungtradition deutet[255], dann erscheint es

---

[250] Halbfas (1968) 76
[251] Feifel (1973 A) 92
[252] Halbfas (1968) 76
[253] Kaempfert (1974) 65
[254] Schillebeeckx (1990) 48 und 49

möglich und berechtigt, den religiösen Charakter menschlicher Äußerungen anhand lingui-
stischer Maßstäbe zu ermitteln.

„Religion als solche ist thetisch, explizit, weil sie auf einer deutlich bestimmten Wirklichkeitsinterpretation gründet".[256] Die **ausdrückliche Bezugnahme auf Gott** ist das her-
vorstechendste Kennzeichen dieser religiösen Wirklichkeitsinterpretation.[257] Neben dem
Gottesbegriff als innerster Mitte religiöser Rede lassen sich weitere kennzeichnende
Sprachformen ausmachen, die Religion als 'zweiten Diskurs'[258] über menschliche Erfahrungen prägen.

Manfred Kaempfert, Linguist und Theologe, unterscheidet drei Gruppen religiöser Vokabeln: (1) Wörter, die **vollständig religiös bestimmt** sind, insofern „ihre Anwendung auf
nicht-religiöse Sachverhalte auffällig und nur mittels einer semantischen Operation ('Über-
tragung') vollziehbar ist"[259] (z.B. 'Heiland'), (2) Wörter, die **teilweise religiös bestimmt**
sind, insofern sie sowohl religiös als auch profan geprägte Bedeutungsvarianten umspannen
(z.B. 'Liebe') und schließlich (3) „**latent religiöse** Wörter"[260], die im Normalfall profan
gelesen werden, aber „in bestimmten Texten oder bei bestimmten Autoren einen religiösen
Sinn erhalten"[261] (z.B. 'Sprung' im Sinne *Kierkegaards*). In allen drei Fällen ermißt sich der
religiöse Charakter eines Wortes daran, ob es „Gegenstände (Personen, Dinge, Vorgänge,
Eigenschaften usw.)" bezeichnet, „die in dem **sozialen und ideologischen System 'christliche Religion'** eine **relevante Stellung** einnehmen."[262] Als 'religiös' gelten somit Ausdrücke, insofern sie im Sinne *Edward Schillebeeckx'* einer bestimmten, geschichtlich
geprägten Glaubenstradition zugeordnet werden können.

---

[255] *Edward Schillebeeckx'* Verständnis von Religion als „Reden 'in der zweiten Ordnung'" (ders. (1990) 117),
das „Gott selbst zum ausdrücklichen Objekt hat." (ebd. 126f.) wurde bereits in Kap. 1.3.1-1.3.2 und
Kap. 1.3.5 eingehender referiert.
[256] Schillebeeckx (1971) 109
[257] Da sich religiöse Rede im eigentlichsten Sinne auf 'Gott' bezieht, ist die vielstimmige Bestimmung der Gottesfrage als „Mitte" (EKD (1995) 30) und „Zentrum" (Sauer (1994) 103; vgl. insb. Nipkow (1986) 603f.
sowie Englert (1995 A) 54) des Religionsunterrichts von beinahe zwingender Plausibilität. Setzen wir mit
Edward Schillebeeckx (1990) 122 voraus, daß es „nur [...] aufgrund menschlicher Erfahrungen." möglich ist,
„sinnvoll von Gott zu reden", beantwortet das Postulat, daß der Religionsunterricht um seiner selbst willen
von Gott sprechen **muß**, freilich nicht die **drängende Frage**, ob und wie dieses Fach heute überhaupt 'erfah-
rungsgesättigt' von 'Gott' zu sprechen **vermag**! „Es scheint so, daß sich die Erfahrungen und Deutungen der
Glaubenden nicht mehr mit den Erfahrungen und Deutungen der Nicht-Glaubenden (z.B. der jungen Leute)
vermitteln lassen: Der geglaubte Gott, der als Gottes-Gedanke alle Wirklichkeit sichert, wird in eben dieser
Wirklichkeit nicht mehr erfahren; ein nicht erfahrbarer Gott ist nicht mehr begründbar; ein nicht mehr be-
gründbarer Gottes-Gedanke ist nicht mehr zu vermitteln." (Bitter (1996) 2)
[258] Schillebeeckx (1990) 114
[259] Kaempfert (1974) 68
[260] Kaempfert (1974) 68 [Hervorhebung: B.P.]
[261] Kaempfert (1974) 68
[262] Kaempfert (1974) 67 [Hervorhebungen: B.P.]

Indem wir mit *Manfred Kaempfert* und im Anschluß an *Edward Schillebeeckx* nur solche Äußerungen als '**explizit religiös**' betrachten, die **sich begründetermaßen einer konkreten religiösen Überlieferungs- und Sprachgemeinschaft zuordnen lassen**, verfügen wir über ein gleichermaßen stichhaltiges wie praktikables Kriterium zur Bestimmung religiöser Rede. Vermag dieses Kriterium auch aufgrund der „fundamentalen Mehrdeutigkeit"[263] sprachlicher Phänomene keine letztgültige Genauigkeit der metasprachlichen Zuordnung garantieren[264], so weist es doch einen nachvollziehbaren und handhabbaren Weg, um sich der religiösen Prägung jugendlicher Erfahrungszeugnisse zu vergewissern.

Wir wissen zwar kaum, welche Erlebnisse Jugendliche überhaupt als existentiell bedeutsam deuten und wie sie solch persönliche Relevanzerfahrungen zur Sprache bringen. Zumindest ahnen wir jedoch, daß Jugendliche ihre Erlebnisse **aus eigenem Antrieb in der Regel nicht mittels eines explizit religiösen Codes interpretieren**, der Begriffe wir 'Gott' oder 'heilig' einschließt.[265]

Insofern solche Wörter einerseits mit hoher Wahrscheinlichkeit als Bezeichnungen einer fremden Wirklichkeit wahrgenommen werden, die keine **semantische** Verknüpfung zum eigenen Leben nahelegt, und explizit religiöse Vokabeln andererseits leicht als Aufforderung gewertet werden können, sich der von außen vorgegebenen 'Fremdsprache' **syntaktisch** anzupassen, erscheinen sie gänzlich ungeeignet, um eine Forschungskommunikation anzuzetteln, in deren Rahmen Jugendliche subjektiv bedeutsame Erfahrungen in eigenen Worten kundtun sollten.[266] Ein Erhebungsverfahren, das der authentischen Sprache jugendlicher Erfahrungszeugnisse verpflichtet ist, muß zwar Raum dafür lassen, daß Jugendliche aus eigenem Antrieb religiös sprechen können, es darf aber explizit religiöse Wörter keinesfalls vorgeben, voraussetzen oder einfordern!

---

[263] Koller (1993) 39; vgl. insb. Duden-Grammatik (1995) 579f.

[264] vgl. insb. Wodak-Leodolter (1980) 183

[265] Die 'Abkoppelung' **west**deutscher Jugendlicher von religiösen Sprach- und Glaubenstraditionen spiegelt sich exemplarisch in den Forschungen von *Karl Ernst Nipkow*, die bereits in Fußnote 188 in Kap. 1.4.2.2 referiert wurden. Für **Ost**deutschland formuliert *Frank Richter* (1995) 341 einprägsam: „Es scheint, als sei vielen jungen Leuten in der ehemaligen DDR nicht nur der Mann am Kreuz ein Unbekannter. Es scheint, als sei die Religion so etwas wie eine fremde Sprache und derart unbekannt, daß ihre 'Vokabeln' nicht einmal mißverstanden werden können." Eine repräsentative Jugendstudie von *Rainer K. Silbereisen, Laszlo A. Vaskovics* und *Jürgen Zinnecker* von 1996 zieht schließlich für **West- und Ost**deutschland das nüchterne Fazit: „Die christliche Weltanschauung ist zahlenmäßig unter den Jüngeren nur noch marginal vertreten." (dies. nach Brenner (1997) 352)

[266] Die Begriffe 'Syntaktik' und 'Semantik' werden in Fußnote 201 in Kap. 2.6 näher erläutert.

1.6.3 Fazit: Empirisch-religionspädagogische Zielbestimmung

Der Widerspruch zwischen der **konzeptionellen Hochschätzung** existentiell bedeutsamer Gegenwartserfahrungen im Kontext korrelativer Didaktik und deren **empirischer Vernachlässigung** bildet den Problemhorizont der vorliegenden Untersuchung. Ohne gründliche Kenntnisse heutiger Relevanzerfahrungen läßt sich eine wechselseitige kritische und produktive Korrelation zwischen Glauben und Leben weder theoretisch rechtfertigen noch praktisch einlösen.

Die vorliegende Untersuchung nimmt diese Problemanzeige zum Anlaß, sich **auf sozialwissenschaftlich legitimierbare Weise und in religionspädagogischem Interesse** Erfahrungen zuzuwenden, denen heutige Jugendliche aus eigener Sicht hohe subjektive Bedeutsamkeit zuschreiben.

Um dies zu bewerkstelligen, soll eine überschaubare Anzahl Jugendlicher aus einem vergleichbaren Umfeld dazu bewegt werden, über persönliche Relevanzerfahrungen zu sprechen. Insoweit dies gelingt, kann anhand der gewonnenen Verbalbeiträge rekonstruiert werden, welche innere Logik solcherart Erfahrungen aufweisen und woran die Betroffenen deren existentiellen Stellenwert festmachen. Der **qualitativ-empirische** Kern meiner Studie zielt letztlich darauf, **grundlegende Muster, Modi und Themen subjektiv bedeutsamen Widerfahrens, Erlebens und Deutens** herauszuarbeiten.

Die **religionspädagogische** Suche nach einer tragfähigen und zeitgerechten Korrelationsdidaktik markiert nicht nur den Anlaß, Ausgangspunkt und **Entdeckungszusammenhang** für die empirische Erkundung jugendlicher Relevanzerfahrungen, sondern auch deren argumentativen Zielpunkt und **Verwendungszusammenhang**. Gelangen wir zu empirisch fundierten Aussagen, inwieweit Jugendliche bestimmten Ereignissen hohe subjektive Bedeutsamkeit zumessen und wie sie solche Erlebnisse deutend verarbeiten und zur Sprache bringen, so liegen zwei Richtungen nahe, diese Befunde für die religionspädagogische Korrelationsdebatte nutzbar zu machen: Zum einen können empirische Kenntnisse jugendlicher Relevanzerfahrungen als **Prüfstein** dienen, um die **Schwierigkeit und Realisierbarkeit** einer korrelativen Begegnung mit der christlichen Erfahrungstradition abzuschätzen. Zum anderen können sie ein **Anregungspotential** darstellen, das **Anfragen, Monita und Impulse** für ein respektvolles, realistisches und differenziertes Korrelationsverständnis induziert.

1.6.4 Exkurs: 'Religiöse Erfahrung' als fragwürdiger heuristischer Begriff

Um korrelationsrelevante Gegenwartserfahrungen zu erkunden, stützt sich die vorliegende empirisch-theologische Untersuchung auf die Kategorie der 'existentiellen Bedeutsamkeit'. Das religionspädagogisch nach wie vor äußerst beliebte Attribut 'religiös' wird zwar herangezogen, um empirische Daten **im nachhinein** auf sprachliche Merkmale hin zu untersuchen, die den Einfluß konkreter Religionsgemeinschaften erkennen lassen. Als **vorgängiges** „Erkenntnisinstrument"[267], das dazu verhilft, Erfahrungszeugnisse zu evozieren und auszuwählen, die unter theologischem oder religionsdidaktischem Blickwinkel interessant erscheinen, bleibt der Religionsbegriff **außer Betracht**.

Der Terminus 'Religion' zersplittert sich in eine unübersehbare Mannigfaltigkeit widersprüchlicher Begriffsbestimmungen.[268] Aus dieser Bandbreite lassen sich jedoch mit dem angeführten **engen Religionsverständnis**, das auf sprachlich und inhaltlich identifizierbare Kulturprägungen abhebt[269], und einem **weiten Religionsbegriff**, der auf anthropologische Grundvollzüge unspezifischer Art (z.B. Kontingenzbewältigung, Transzendenzbezug oder Sinnsuche) rekurriert[270], zwei Extreme herausheben, die **gleichermaßen untauglich** erscheinen, den Weg für eine empirische Erkundung korrelationsrelevanter Gegenwartserfahrungen vorzuzeichnen.

Wenn sich die Suche nach heutigen Erfahrungen, die mit der jüdisch-christlichen Tradition in einen sinnvollen Dialog treten können, im vorhinein auf **explizit religiöse** Biographieanteile (z.B. persönliches Gottesbild oder kirchliche Sozialisationseinflüsse) fokussiert, beschränkt sie sich auf einen **rudimentären Teilbereich gegenwärtiger Selbst- und Welterfahrung**. Aus der Fülle der lebensprägenden und -bedeutsamen Erfahrungen unserer Zeitgenossen wird dergestalt nur der **schwindende Rest** herausgefiltert, in dem sich die christlich-religiöse Tradition selbst ausdrücklich wiedererkennt. Unter der Hand wird somit religiöse Bildung für alle anderen Widerfahrnisse, Erlebnisse und Deutungen - und seien sie aus Sicht der Betroffenen noch so zentral - für **unzuständig** erklärt.

Subsumiert die Erkundung aktueller Erfahrungen, die sinnvoll mit der jüdisch-christlichen Überlieferung ins Gespräch gebracht werden können, hingegen menschliche Grundakte (z.B.

---

[267] Hartfiel (1976) 333
[268] Nach *Detlef Pollack* (1995) 163 geht „die Zahl der angebotenen Definitionsversuche" für 'Religion' „in die Hunderte. Eine allgemein anerkannte Begriffsbestimmung indes liegt nicht vor."
[269] vgl. insb. den Exkurs 'Was bedeutet 'religiöse Ausdrücklichkeit'?' (Kap. 1.6.2)
[270] vgl. insb. Kap. 1.5 mit einer kritischen Erörterung der religiös gefaßten Transzendenz- und Sinnkategorie; zum Verständnis von 'Religion' als „Kontingenzbewältigungspraxis" (*Hermann Lübbe* nach A. Müller (1989) 36) vgl. insb. van der Ven (1994 A) 19-25 sowie Pollack (1995) 184-190

Ritual, Bewältigung von Grenzen) vorweg als 'religiös', **vereinnahmt** sie nicht nur die andersartigen Deutungen der betroffenen Zeitgenossen. Indem eine solche Forschungsstrategie das korrelative 'Dritte', in dem sich Glaube und Leben vermitteln lassen, in Form des Religionsbegriffs samt seiner vagen[271] und theoretisch deduzierten Attribute (z.B. Transzendenzbezug, Kontingenzbewältigung, Sinnfrage) bereits **voraussetzt**, anstatt zu dessen **Suche** anzuleiten, **immunisiert** sie sich im vorhinein gegenüber der Vielfältigkeit, Differenziertheit und Widerständigkeit ihres Entdeckungsgegenstands. Selbstverständlich vermögen sich einzelne Attribute des weiten Religionsbegriffs **rekonstruktiv** als nützlich erweisen, um die formale und inhaltliche Struktur elementarer Glaubens- und Lebenserfahrungen zu erfassen. Ob es von Nutzen ist, all die Erfahrungen, die sich mithilfe von Kategorien wie Transzendenz, Sinn oder Kontingenz angemessen verstehen und ergründen lassen, pauschal als 'religiös' zu bezeichnen, sei allerdings dahingestellt.

1.6.5 'Intensiverfahrung' als operationaler Begriff des Forschungsgegenstandes

Empirische Forschung bedarf **empirisch faßbarer und kommunikabler Begriffe**. Um eine theoretische Frage in eine Problemstellung zu überführen, die für empirische Forschung zugänglich und bearbeitbar sein soll, ist eine sorgfältige Übersetzung der theoretischen Begrifflichkeit des Entdeckungszusammenhangs in empirische Kategorien des Erkundungszusammenhangs[272] notwendig und unverzichtbar.

Im bisherigen Gedankengang entwickelten und verhandelten wir das Konstrukt 'jugendliche Relevanzerfahrungen' im Kontext und als Thema einer **religionspädagogischer Reflexion über Erfahrung ohne kontrollierte Rückbindung an konkrete Erfahrungen**. Soll sich dieses Konstrukt nun in der Erschließung tatsächlicher Erfahrungen als sinnvoll und aussagekräftig bewähren können, ist es erforderlich, die anthropologische und theologische Rede von subjektiv bedeutsamen Erfahrungen empirisch zu wenden. Eine solche Wendung

---

[271] Das Diktum 'Quando tutto è religioso, nulla è religioso.' (*Giancarlo Milanesi* nach Simon (1978) 15) umschreibt ebenso knapp wie treffend die **empirische Schemenhaftigkeit** des **weiten** Religionsverständnisses. Mit Blick auf die gängige Forschungsthese einer „Aufwertung einer individuellen und privaten Religion" (Schweitzer (1995) 72) spricht *Karl Gabriel* (1996) 47 von der „Problematik eines unbestimmt und diffus werdenden Religionsbegriffs".

[272] Im Gegensatz zur quantitativen Forschungslogik im Sinne des *Kritischen Rationalismus* versteht sich der qualitative Approach **nicht** als **Überprüfung**szusammenhang, innerhalb dessen durch den theoretischen Entdeckungszusammenhang vorgegebene Hypothesen kontrolliert und gegebenenfalls falsifiziert werden (vgl. Hartfiel (1976) 178), **sondern als Fortsetzung** der im Entdeckungszusammenhang einsetzenden **Theoriebildung** mit originären, nämlich **empirisch erkundenden** Mitteln (vgl. insb. Girtler (1984) 30-35, Lamnek (1988) 206-208 sowie Porzelt (1991) 13f.).

erfolgt, indem das Konstrukt der 'Relevanzerfahrung' in **Einzelmerkmale** aufgeschlüsselt wird, die **alltagsweltlich verstehbar** und **forschungspraktisch beobachtbar** sein sollen. Insofern sich diese Merkmale in und an konkreten Erfahrungen identifizieren lassen, konstituieren sie eine **operationalen, d.h. empirisch faßbaren Begriff** unseres Forschungsgegenstands.[273]

Um eine vorschnelle Vermengung zwischen der (theoretischen) Reflexion über menschliche Erfahrung und der (empirischen) Erschließung konkreter Erfahrungen zu vermeiden, unterscheide ich terminologisch zwischen **Relevanz-** und **Intensiv**erfahrungen: Wird der theoretische Begriff der '**Relevanz**erfahrung' der anthropologischen und theologischen Reflexion zugeordnet, so richtet sich der operationale Begriff der '**Intensiv**erfahrung' auf die Erhebung und Auswertung empirischer Phänomene.

Qualitative Forschung ist ihrem eigenen Selbstverständnis nach **theorieentwickelnd** und **subjektzentriert**.[274] Die Theorien des Entdeckungszusammenhangs sind dem empirischen Erkundungszusammenhang nicht als unantastbare Größen vorgegeben, vielmehr können und müssen sie verändert oder ersetzt werden, wenn sie sich in der Tuchfühlung mit dem Forschungsfeld als unangemessen erweisen. Die **Angemessenheit** theoretischer Kategorien ermißt sich letztlich daran, ob sie das Forschungsinteresse auf die „Eigenstrukturiertheit"[275] der untersuchten Wirklichkeit hin zuzuspitzen vermögen. Diese wird im qualitativen Paradigma prinzipiell als **subjektiv erlebte und gedeutete Wirklichkeit** aufgefaßt, die sich als solche nur valide erfassen läßt, insofern es gelingt, subjektive Wahrnehmungen und Interpretationen verstehend nachzuvollziehen.[276]

Um einen sinnvollen und praktikablen Erkundungsprozeß in Gang setzen zu können, ist empirische Forschung auf ein theoretisch begründetes **Vorverständnis** ihres Gegenstands angewiesen. Im qualitativen Paradigma ist ein solches Vorverständnis **vorläufiger und wandelbarer** Natur, insofern es in der Auseinandersetzung mit subjektiven Wahrnehmun-

---

[273] Im buchstäblichen Sinne benennt eine 'operationale Definition' „jene **Maßnahmen (Operationen)** [...], die ergriffen wurden, um ein Konstrukt zu messen." (Mietzel (1986) 7 [Hervorhebung: B.P.]) Ich verwende den Terminus der 'operationalen Definition' im hiesigen Zusammenhang zur zusammenfassenden Umschreibung der **operational zugänglichen** Merkmale eines theoretischen Konstrukts. Mit welchem Erhebungs- und Auswertungsinstrumentarium dieser Zugang **operational eingelöst** werden soll, werde ich in Kap. 2 entfalten.

[274] Während ich im Rahmen meiner empirisch-religionspädagogischen Diplomarbeit eine **systematische** Konturierung der wissenschaftstheoretisch-methodologischen Grundlagen qualitativer Sozialforschung vorgelegt habe (Porzelt (1991) 10-20), beschränke ich mich im folgenden auf **punktuelle** Verweise, die angeführt werden, insofern sie zur Plausibilisierung des hiesigen Untersuchungsdesigns unerläßlich erscheinen.

[275] Bohnsack (1993) 173

[276] vgl. insb. Girtler (1984) 16-18 und 23-26, Lamnek (1988) 202-206 und 211-213 sowie Porzelt (1991) 10-13

gen und Deutungen weiterentwickelt, korrigiert und revidiert werden kann. Es muß darüber hinaus **hinreichend offen** gefaßt sein, um eine Forschungskommunikation zu begründen, die die subjektiven Wirklichkeitskonstruktionen der alltagsweltlich Handelnden ungehindert und authentisch zu Wort kommen läßt.[277]

Gemäß den angeführten Prämissen der qualitativen Forschungsmethodologie versteht sich der operationale Begriff der 'Intensiverfahrung' als **vorläufige Entdeckungskategorie**, die als 'Scharnier' zwischen unserer bisherigen theoretischen Reflexion und der folgenden empirischen Vergewisserung dienen soll.

Die theoretische Literatur, die auf die empirische Gegebenheit existentiell bedeutsamer Erfahrungen hindeutet, läßt allenfalls versprengte Indizien erkennen, woran solcherart Erfahrungen identifiziert werden können. Eine konsistente operationale Definition von Relevanzerfahrungen liegt nicht vor. Um empirisch faßbare Kriterien zu benennen, die sich zu einer schlüssigen Begriffsbestimmung zusammenfügen, bin ich somit im wesentlichen **auf eigene, pragmatische Überlegungen angewiesen**. Als Basisannahme fungiert dabei das mehrfach explizierte Verständnis von 'Erfahrung' als subjektivem Erleben und Deuten objektiver Widerfahrnisse, das nur indirekt über (meta)sprachliche Artikulationen zugänglich wird.

Damit begründetermaßen angenommen werden kann, daß ein Widerfahrnis vom erfahrenden Subjekt als existentiell bedeutsam erlebt und gedeutet wird, müssen sich aus meiner Sicht **vier Erfahrungsmerkmale** rekonstruieren lassen, die ich zunächst knapp auflisten will, um sie abschließend kurz zu erläutern.

Ich spreche von 'Intensiverfahrungen', insofern sich an kommunikativen Zeugnissen aufweisen läßt, daß ein erinnertes Widerfahrnis

(1) im eigenen Lebenslauf unmittelbar erlebt (nicht mitgeteilt) wurde (**Konkretheit**);

(2) emotional intensiv erlebt wurde (**emotionale Valenz**);

(3) in irgendeiner Weise aus dem Alltag der Betroffenen hervorstach (**Singularität**);

(4) als subjektiv bedeutsam gedeutet wird (**subjektive Relevanz**).

Ohne ausschließen zu wollen, daß auch mittelbare Erlebnisse biographische Relevanz erlangen können, konzentriere ich die Erkundung existentiell bedeutsamer Erfahrungen auf **konkrete** Erfahrungen (1). Dabei gehe ich von der alltagstheoretischen Vorannahme aus, daß menschliche Grundphänomene wie Liebe, Tod, Sexualität, Gemeinschaft oder Scheitern ungeachtet der sozialwissenschaftlich zu konstatierenden 'Mediatisierung' jugendlicher

---

[277] vgl. insb. Girtler (1984) 39f., Lamnek (1988) 23f. sowie Porzelt (1991) 16f.

Alltagswelten[278] nach wie vor **bevorzugt im Modus direkten Erlebens** lebensprägend ins Bewußtsein treten. Während nämlich das unmittelbar erlebte Widerfahrnis mit **ungefilterter Evidenz** in die eigene Biographie einbricht, so daß erprobte Abwehrmechanismen vergleichsweise leicht entkräftet werden können, steht das Erfahrungssubjekt im Falle des indirekten Erlebens in einer **vorgängigen Distanz** zum Widerfahrnis, wobei es sich im Falle medial vorgespiegelter Unmittelbarkeit (z.B. im Umgang mit Fernsehbildern) gemeinhin intuitiv zu immunisieren gelernt hat.[279]

Erfahren gründet sich auf Erleben, Erleben wiederum impliziert emotionale Beteiligung. Es scheint naheliegend, daß die rückblickende Bedeutung eines Erlebnisses mit seiner vorgängigen **emotionalen Valenz** (2) korrespondiert. Die Vorannahme, daß existentiell bedeutsame Erfahrungen durch spontane (oder möglicherweise auch verzögerte) Intensität im affektiven Erleben gekennzeichnet sind, findet sich auch in der psychologischen Forschung. Ohne daß das dortige Modell 'kritischer Lebensereignisse' mit meinem Begriff der 'Intensiverfahrung' deckungsgleich wäre, unterstellen nämlich beide Konzepte lebensbedeutsamer Erfahrungen gleichermaßen ein hohes emotionales Engagement des betroffenen Erlebnisträgers: „Gerade die *Tatsache ihrer emotionalen Nicht-Gleichgültigkeit* läßt kritische Lebensereignisse in dem Strom von Erfahrungen und Einzelereignissen, wie er jedes Leben kennzeichnet, als prägnant und herausragend erscheinen."[280]

Erst die nachträgliche Erinnerung und Auslegung des Erlebten stiftet Erfahrung. Die erinnernde Deutung des Erlebten erfolgt zwar nicht zwingend in Gestalt wohlüberlegter argumentativer Reflexion auf das Erlebte, sondern oftmals auch im Modus vorbewußt strukturierter Rekapitulation[281], in jedem Falle wird das vergangene Geschehen rückblickend geordnet und gewichtet. Um sinnvoll von 'Intensiverfahrungen' sprechen zu können, muß die nachträgliche Mitteilung des Erlebten klar und deutlich erkennen lassen, daß das deutende Ich das vergegenwärtigte Geschehnis **für sich selbst als außerordentlich bedeutsam begreift** und ihm somit **subjektive Relevanz** (4) zuschreibt.

---

[278] vgl. insb. Rolff (1982) 231f. sowie ders. (1983) 156-159

[279] Setzen wir voraus, daß Intensiverfahrungen im Regelfalle konkret erlebt werden, so ist die angeführte Zuspitzung des Forschungsgegenstands von doppeltem **forschungspraktischem Nutzen**: Ohne gravierend in die Auswahl subjektiv bedeutsamer Erfahrungsthemen einzugreifen, gewährleistet die Beschränkung auf unmittelbare Erfahrungen der eigenen Lebensgeschichte ein **Mindestmaß an Vergleichbarkeit** der zu untersuchenden Einzelfälle, wodurch die Konstruktion eines gegenstandsangemessenen Erhebungs- und Auswertungsverfahrens erleichtert wird. Darüber hinaus verhindert die Fokussierung auf konkret erlebte Erfahrungen von vornherein, daß Informanten die Möglichkeit der Explikation mitgeteilter Erlebnisse als Einladung definieren, der **privaten Selbstmitteilung** auszuweichen, die mit der Darstellung virulenter Erfahrungen der eigenen Lebensgeschichte verbunden wäre.

[280] Filipp (1995) 24

[281] vgl. insb. S. 5 mit Bezug auf *Alfred Schütz*

'Intensiverfahrungen' unterscheiden sich schließlich und endlich per definitionem von der als fraglos und selbstverständlich erlebten Alltagswirklichkeit. Das 'biographische Subjekt'[282] erachtet sie für **singulär** (3). Mag es auch sein, daß solche Singularität eines Geschehens bereits in der Augenblicklichkeit des Erlebnisses aufleuchtet und erahnt wird, so bedarf es doch in jedem Falle der rückblickenden Selbstvergewisserung, um die Einzigartigkeit einer Einzelerfahrung im Horizont der gesamten Lebensgeschichte zu realisieren und zu registrieren.

---

[282] „Mit dem Wort 'Biographie' meinen wir zunächst einen Text, in dem die Geschichte eines einzelnen menschlichen Lebens erzählt oder beschrieben wird, dann aber auch das Leben selbst, das in diesem Text als eine Geschichte erzählt oder beschrieben wird. Und beides setzt ein Drittes voraus: ein **'biographisches Subjekt'**, das Träger oder 'Held' dieser Lebensgeschichte ist und das in einer Autobiographie zugleich zu ihrem Erzähler wird." (Schulze (1997) 323 [Hervorhebung: B.P.]) 'Biographie' im Sinne erzählten und beschriebenen Lebens liegt für *Theodor Schulze* nicht erst dann vor, wenn die gesamte Lebensgeschichte dargelegt wird, sondern auch im Falle der Darlegung „einzelner Lebenserfahrungen in ihrer Bedeutung" (ebd. 324), wie sie im Rahmen unserer empirischen Untersuchung erfolgen wird.

2 Qualitativ-empirischer Zugang zu jugendlichen Intensiverfahrungen

Die qualitativ-empirische Erkundung jugendlicher Intensiverfahrungen ist angewiesen auf ein Forschungsdesign[1], das auf diesen **Untersuchungsgegenstand** zugeschnitten ist, den befragten **Informanten** gerecht wird, **theoretisch** legitimierbar ist und sich - nicht zuletzt! - **faktisch** als durchführbar erweist.

Eine Methodenabfolge, die all diese Anforderungen in Einklang zu bringen sucht, läßt sich nicht kurzerhand aus der Literatur übernehmen. Notwendigerweise ist sie ein **Unikat**, das sich erst im Laufe eines **langwierigen Prozesses** herausbildet, in dem sich theoretische und methodologische Konzepte, empirische Befunde und forschungspraktisches Handeln gegenseitig befragen, korrigieren und präzisieren.[2] Um ein solches 'maßgefertigtes' Forschungsdesign im wissenschaftlichen Diskurs als sachgerecht ausweisen zu können, ist es unumgänglich, dessen einzelne Elemente zu charakterisieren und in ihrer Funktion zu plausibilisieren.[3] Diese Aufgabe stellt sich für die hiesige Untersuchung umso dringlicher, als für die **Erhebung** und **Auswertung** jugendlicher Erfahrungszeugnisse jeweils **originäre Methoden** entwickelt wurden, die nicht lediglich Modifikationen gängiger Forschungstechniken darstellen.

2.1 Sampling

Qualitative Forschung ist nicht auf Repräsentativität ausgerichtet.[4] Sie sucht nicht, durch eine standardisierte und vereinheitlichende Untersuchung hoher Fallzahlen das „allgemeine

---

[1] Als 'Forschungsdesign' bezeichnen wir „alle zur Planung und Durchführung einer empirischen Untersuchung gehörenden Schritte" (Lamnek (1989) 368). Ein solcher 'Untersuchungsplan' (Mayring (1995) 34) umfaßt insbesondere die „Auswahl der zu untersuchenden Elemente (Personen, Objekte, Eigenschaften)" (Hartfiel (1976) 48) und das Gesamtarrangement von Forschungsmethoden und -techniken, das zum Einsatz kommt.

[2] „Ein Erlernen 'qualitativer' Methoden ist an ein (in der Forschungspraxis) *selbsterworbenes Erfahrungswissen* gebunden, ein lediglich (lehrbuchartig) *angeeignetes Wissen* bietet keine ausreichende Grundlage. Die Aneignung methodologischer Reflexion, methodischer Regeln, Anweisungen oder Richtlinien allein ermöglicht noch keine Forschungspraxis und auch kein adäquates Verständnis einer Methode. Zwischen methodischen Regeln einerseits und Forschungspraxis andererseits besteht keine deduktive, sondern eine *reflexive* Beziehung." (Bohnsack (1993) 8; vgl. insb. ebd. 171)

[3] Da sich die Tauglichkeit qualitativer Forschungsstrategien prinzipiell daran ermißt, ob sie ihren **je spezifischen** Objektbereich in alltagsähnlicher und sachangemessener Weise in den Blick zu nehmen vermögen, ist eine **pauschale Übernahme methodischer Vorgaben** im qualitativen Paradigma **nahezu undenkbar**. Um eine intersubjektive Überprüfbarkeit und Kritisierbarkeit qualitativ-empirischer Forschung**sergebnisse** zu gewährleisten, ist es daher **unabdingbar, den Forschungsprozeß als solchen zu explizieren**, dem sich diese Resultate verdanken. „Die Veröffentlichung der Ergebnisse zusammen mit der Darstellung des Forschungsprozesses, in dem sie entstanden sind" zielt darauf, die „'Glaubwürdigkeit' ('credibility'), also die Authentizität und Wahrhaftigkeit der Vorgehensweise zu vermitteln an jene, die nicht am Forschungsprozeß teilgenommen haben." (Bohnsack (1993) 172 mit Bezug auf *Barney G. Glaser / Anselm L. Strauss*; vgl. insb. Lamnek (1988) 26 sowie Porzelt (1991) 19f.)

[4] vgl. insb. Lamnek (1988) 222f. sowie Porzelt (1991) 14-16

Vorkommen"[5] bestimmter Regelmäßigkeiten zu überprüfen. Stattdessen zielt sie darauf, **wenige Einzelfälle in ihrer individuellen Komplexität möglichst differenziert und detailliert zu ergründen.** Bildlich gesprochen: Qualitative Forschung liefert 'mikroskopische Nahaufnahmen' subjektiv erlebter und gedeuteter Wirklichkeit. Die Fertigung großflächiger, aber auch vergleichsweise grobkörniger 'Satellitenaufnahmen' obliegt quantitativen Meßverfahren.

Qualitative Studien konzentrieren sich auf einen begrenzten Fundus von Einzelfällen. Deren **Auswahl** ermißt sich am theoretischen Erkenntnis- und Erkundungsinteresse, das einem konkreten Forschungsprojekt zugrunde liegt (**theoretical sampling**[6]). Insofern sich begründet annehmen läßt, daß die empirische Analyse einer bestimmten Person oder Gruppe im theoretischen Entdeckungszusammenhang eines solchen Projekts zu sinnvollen und bereichernden Ergebnissen führen wird, empfiehlt sich diese Person oder Gruppe als Untersuchungseinheit.

Empirische Jugendforschung steht unter dem prinzipiellen Vorbehalt, daß die Jugend „keine einheitliche Gruppe in der Gesellschaft"[7] darstellt. Auch die Erkundung jugendlicher Intensiverfahrung hat es folglich „nicht mit der Jugend zu tun, sondern mit Gruppen von Jugendlichen mit höchst unterschiedlichem sozialen und kulturellen Hintergrund."[8] Versteht sich eine solche Erkundung gemäß der qualitativen Forschungslogik als vertiefte Analyse einiger wesentlicher Einzelfälle, so erscheint es wenig hilfreich, die zu untersuchenden Individuen oder Gruppen wahllos aus der Vielfalt jugendlicher Milieus, Szenen und Stilrichtungen zusammenzuklauben. Damit sich die begrenzte Zahl analysierbarer Einzelfälle in vergleichbarer Weise interpretieren und in aussagekräftiger Weise aufeinander beziehen und theoretisch einordnen läßt, erscheint es vielmehr geboten, sich auf eine **klar definierte** und **einigermaßen homogene** Population junger Menschen zu konzentrieren.

Mein Forschungsvorhaben zielt darauf, bestimmte Jugendlichen zu authentischen Selbstmitteilungen über eigene Intensiverfahrungen zu bewegen, um diese Selbstmitteilungen subjekt- und sachgerecht nachzuvollziehen. Diese doppelte Zielsetzung läßt sich jedoch nur einlösen, insofern es glückt, sich einen **verständigen und akzeptierten Zugang zur fremden Lebenswelt** der jugendlichen Probanden zu verschaffen. Damit dies gelingen kann, erscheint

---

[5] van der Ven (1994) 134
[6] vgl. insb. Lenz (1986) 141 mit Bezug auf *Barney G. Glaser / Anselm L. Strauss*, Lamnek (1988) 223 sowie ders. (1989) 145
[7] Gemeinsame Synode (1976 [Beschluß Jugendarbeit]) 303
[8] Bundesminister für Jugend (1990) 27 mit Bezug auf das Praxisfeld der Jugendhilfe

es wiederum unabdingbar, daß der Forscher über einen **Grundstock an vorgängiger Ver-**
trautheit mit der **Sprache und Lebenswelt** derer verfügt, mit denen er in ein vertrauens-
volles und freimütiges Gespräch eintreten will und deren Aussagen er verständig auszulegen
sucht.[9]

Die vorliegende qualitativ-empirische Untersuchung konzentriert sich auf Jugendliche, die
sich in **Oberstufengruppen katholischer Jugendverbände** engagieren.[10] Diese Vorentscheidung legitimiert sich zunächst aus der Tatsache, daß ich selbst dank langjähriger
praktischer Tätigkeit in diesem Handlungsfeld[11] ein hohes Maß an **sprachlicher und**
lebensweltlicher Vertrautheit mit diesem Handlungsfeld erworben habe, was eine ausge-
zeichnete Ausgangsbedingung darstellt, um komplikationslos mit Jugendlichen aus diesem
Lebensraum in eine **authentische Kommunikation** eintreten zu können.

Der Entschluß, jugendliche Mitglieder kirchlicher Verbandsgruppen als Informanten zum
Thema existentiell bedeutsamer Erfahrungen heranzuziehen, begründet sich jedoch nicht
allein in dieser Affinität des Forschenden. Wie ich andernorts aufgezeigt und begründet
habe, bilden **verbandliche Jugendgruppen** als thematisch offene und vorrangig an den
beteiligten Personen orientiere Sozialgebilde, die durch zwischenmenschliche und zeitliche
Kontinuität geprägt sind, für Jugendliche einen prädestinierten Ort, um sich über Gedanken
und Fragen, Erlebnisse und Erfahrungen auszutauschen, die ihnen lebensgeschichtlich und
persönlich am Herzen liegen.[12] Insofern dies zutrifft und solcherart Gruppen für Jugendliche
einen **alltäglichen Raum** darstellen, **in dem die Kommunikation sensibler Individual-**
erlebnisse erprobt, möglich und erwünscht ist, eignen sie sich in hervorragender Weise
als **Setting zur alltagsnahen Erhebung subjektiver Intensiverfahrungen,** von denen wir
ja annehmen, daß sie verletzliche Aspekte der eigenen Person berühren und keineswegs ungeschützt offengelegt werden.[13]

---

[9] Eine solche vorgängige Vertrautheit vermag zwar die Kommunikation mit Jugendlichen und die Interpretation
jugendlicher Selbstzeugnisse zu ermöglichen und zu erleichtern. Die **grundsätzliche Fremdheit** zwischen
Forschenden und Probanden als Repräsentanten unterschiedlicher Generationen, Denksysteme und Erfahrungswelten bleibt dadurch unberührt.

[10] Als 'katholische Jugendverbände' fasse ich im folgenden ausschließlich die Mitgliedsverbände des Bundes
der Deutschen Katholischen Jugend (**BDKJ**). Als Dachverband, der eigenen Angaben zufolge rund 500.000
Jugendliche vertritt (H.Jv. (1991) 885), umfaßt der BDKJ die **maßgeblichen demokratischen Organisatio-**
nen der kirchlichen Jugend(gruppen)arbeit. Fundamentalistische, vordemokratische und charismatische
Gruppierungen bleiben in den folgenden Überlegungen unberücksichtigt.

[11] Dieses *praktische* Kennenlernen der verbandlichen Jugendgruppenarbeit erfolgte in drei Phasen aus der Perspektive des bloßen Mitglieds, des ehrenamtlichen Mitarbeiters und des professionellen Bildungsreferenten.

[12] vgl. insb. Porzelt (1996) 108f.

[13] vgl. S. 48

Um eine hohe Gewähr zu erzielen, daß es in den Gruppen, die in die Erhebungsphase einbezogen werden, tatsächlich zu einer Kommunikation sensibler Erlebnisse aus der eigenen Privatsphäre kommen kann, knüpfe ich deren Auswahl an zwei pragmatische Vorbedingungen: Unter der Prämisse, daß die personelle und zeitliche Kontinuität einer Gruppe die Entstehung gegenseitiger Vertrautheit, Offenheit und Akzeptanz ihrer Mitglieder begünstigt und ermöglicht, konzentriere ich mich grundsätzlich auf Gruppen mit einer **mehrjährigen gemeinsamen Geschichte**. Da Gruppenmitglieder angesichts akuter Konflikte wohl nur schwerlich willens und imstande sein werden, sich freimütig und achtsam über persönliche Erfahrungen auszutauschen, stelle ich zudem sicher, daß in den ausgewählten Gruppen aus Sicht der Betroffenen zum Zeitpunkt der Erhebung ein **positives Klima** vorherrscht, das durch Verständnis und Offenheit geprägt ist.

Aus dem Tatbestand, daß sich unsere Probanden in katholischen Jugendverbandsgruppen engagieren, läßt sich **keineswegs ableiten**, daß sich diese Jugendlichen in ausgeprägtem Maße mit kirchlichen Überzeugungen identifizieren und regelmäßig an kirchlich-religiösen Vollzügen teilnehmen. Untersucht man nämlich die 'real existierende' Gruppenarbeit kirchlicher Jugendverbände, die alltäglich vor Ort organisiert und inszeniert wird, so läßt sich unzweifelhaft feststellen, daß sich solche Gruppen in der Regel nicht primär über christlich-kirchliche Einstellungen und Praktiken definieren. Das **Tätigkeitsprofil** solcher Runden wird vielmehr dominiert durch **gesellige** Aktivitäten[14], der sozial-emotionale Wunsch nach 'Gemeinschaft' bildet für die beteiligten Jugendliche das ausschlaggebende **Mitgliedschaftsmotiv**.[15]

Explizit religiöse Inhalte und Handlungen spielen zwar keine entscheidende Rolle im Gruppenalltag kirchlicher Jugendverbände. Die kirchliche Anbindung dieser Gruppen gewährleistet aber mit hoher Wahrscheinlichkeit, daß deren Mitglieder zumindest **punktuell** mit christlichen Symbolen, Vollzügen und Gesprächsthemen in Berührung kommen.[16] Mit zunehmendem Alter und Grad ihrer aktiven Mitverantwortung kommen die Mitglieder solcher

---

[14] So gelangt eine Umfrage unter KLJB-Ortsgruppen in Bayern, an der sich weit über ein Drittel der in Frage kommenden Grundgesamtheit beteiligte (KLJB Bayern (1996) 15), zur ebenso einprägsamen wie exemplarischen Formel: „Die Gruppentreffen haben zu 2/3 geselligen Charakter und sind zu 1/3 themen-bezogen." (ebd. 108; vgl. insb. KAB - CAJ 2000 (1994) 186f.)

[15] vgl. insb. Porzelt (1992) 59-70 und 78, ders. (1996) 107 sowie KAB - CAJ 2000 (1994) 183-185

[16] vgl. etwa Porzelt (1991) 105f., KAB - CAJ 2000 (1994) 186f. sowie KLJB Bayern (1996) 49f.

Verbandsrunden zudem kaum umhin, ihre formale Zugehörigkeit zu einer katholischen Organisation zu bedenken und sich selbst und anderen gegenüber zu legitimieren.[17]

Entgegen der sozioreligiösen Typologie der *Shell-Studie* '92 lassen sich jugendliche Mitglieder kirchlicher Verbandsrunden keinesfalls pauschal dem kirchlichen **Kern**milieu zurechnen.[18] Insofern wir jedoch annehmen können, daß die kirchliche Verfaßtheit dieser Gruppen zumindest einen gelegentlichen Kontakt mit christlichen Vorstellungen und Praktiken impliziert, erscheint es plausibel, die Population der vorliegenden Studie der Tendenz nach als **vergleichsweise kirchen*nah*** einzuordnen. Trifft diese Einschätzung zu und verzichten unsere Probanden in der Darlegung ihrer Intensiverfahrungen auf explizit religiöse Redeformen, dann liegt der Schluß nahe, daß sich Jugendliche aus **kirchen*ferneren*** Milieus im Deuten eigener Erlebnisse **erst recht** von christlich geprägten Intepretamenten abgelöst haben.

Die vorliegende Untersuchung konzentriert sich auf Jugendliche in der **Altersspanne zwischen 16 und 18 Jahren**. Da sich die Befragten allesamt noch im **Schul**alter befinden, lassen sich ihre Äußerungen sinnvoll auf den Entdeckungszusammenhang unserer Studie beziehen, der wiederholt den schulischen Religionsunterricht fokussiert. Insofern sich spätestens mit 16 Jahren erfahrungsgemäß vielfach ein biographischer 'Schub' vollzieht, der einen deutlichen Zugewinn an persönlicher Autonomie bedeutet[19], indiziert dieses Datum eine gewisse Einheitlichkeit im psychosozialen Entwicklungsstand der Probanden.

---

[17] Fallbezogene Beispiele einer solchen Auseinandersetzung sind dokumentiert und analysiert in Porzelt (1991) 119-122.

[18] Diese undifferenzierte Zuordnung zum kirchlichen **Kern**milieu gründet darin, daß die angesprochene Typologie (Eiben (1992) 93 mit Bezug auf *Albert Felling / Jan Peters / Osmund Schreuder*) jugendliche Mitglieder 'kirchlicher Vereine' **unbesehen** als Kirchgänger und Konfessionszugehörige betrachtet. In kirchlichen Jugendverbänden ist jedoch **durchaus** mit Mitgliedern zu rechnen, die **nicht** regelmäßig zum Gottesdienst gehen bzw. (wahrscheinlich seltener) formell **keiner** Konfession angehören!

[19] Es gibt zwar „ganz sicher [...] keine festen Altersgrenzen" (Allerbeck / Hoag (1986) 182), um die Jugendphase einzugrenzen, nichtsdestotrotz sind Sozialforscher auf ein „einfaches, handhabbares Auswahlkriterium" angewiesen, „als das sich das Alter, in Jahren ausgedrückt, anbietet" (ebd. 183) Die pragmatische Festlegung einer Untergrenze von ca. 16 Jahren ist in der Jugendforschung durchaus gebräuchlich (vgl. etwa ebd. 184 oder Meulemann (1992) 112). Der angesprochene Autonomiegewinn zur Mitte des zweiten Lebensjahrzehnts zeigt sich im Alltag verbandlicher Jugendarbeit darin, daß zahlreiche Jugendliche angesichts abnehmender Reglementierung durch die Eltern (z.B. abendliche Heimkommfristen, Urlaub mit Freunden) und zunehmendem Finanz- (z.B. Taschengeld und Nebenverdienste) und Mobilitätsspielraum (z.B. Mofaführerschein) dem Verband den Rücken kehren, wohingegen sich ein anderer Teil bewußt entschließt, in verantwortlicher Funktion im Verband mitzuarbeiten (vgl. Porzelt (1992) 46f.).

2.2 'Erzählrunden' als gegenstands- und adressatengemäße sowie alltagsähnliche Methode zur Erhebung jugendlicher Intensiverfahrungen

Prinzipiell entscheidet sich die Gültigkeit einer qualitativen Forschungsmethode daran, ob sie dem **besonderen** Charakter des anvisierten Untersuchungsobjekts in seiner **subjektiven** Strukturiertheit gerecht zu werden vermag.[20] Die valide **Erhebung** jugendlicher Intensiverfahrungen ist somit angewiesen auf ein Verfahren, das imstande ist, existentiell bedeutsame Erlebnisse und Deutungen junger Menschen in alltagsähnlicher Weise zu erfassen.

2.2.1 Erzählen als angemessener Darstellungsmodus lebensgeschichtlicher Erfahrungen

Der Methodologie des narrativen Interviews, die entscheidend durch *Fritz Schütze* und *Harry Hermanns* geprägt wurde[21], kommt das Verdienst zu, die **Mitteilungsform des Erzählens** im Bezugsrahmen empirischer Forschung als **konkurrenzlosen Zugang zu lebensgeschichtlichem Erleben und Deuten** theoretisch legitimiert und methodisch operationalisiert zu haben.

Das narrative Interview beruht auf der Grundannahme, daß die menschliche Kommunikation mit dem **Erzählen** (sowohl indexikalisch als auch szenisch), **Beschreiben** (zwar indexikalisch, aber nicht szenisch) und **Argumentieren** (weder indexikalisch noch szenisch) über drei unterschiedliche Grundstrategien verfügt, um Sachverhalte darzustellen[22]: Während Argumentationen der Erklärung (alltags)theoretischer Zusammenhänge dienen und sich Beschreibungen der Darstellung (situations)typischer Zustände und Verhaltensweisen widmen, referieren **Erzählungen** eine **zeitliche Abfolge konkreter Ereignisse**.[23]

Narrative Interviews zielen klassischerweise[24] auf einen spezifischen Typus menschlichen Erzählens, nämlich auf **'autobiographische Stegreiferzählungen'**[25]: „Gegenstand des

---

[20] Wie *Ralf Bohnsack* (1993) 16 und 171 treffend herausstellt, ist die **Validität** einer Forschungsmethode im qualitativen Paradigma gleichbedeutend mit deren **Gegenstandsangemessenheit**. Der Maßstab der '**Angemessenheit**', der auf eine „Harmonie zwischen Gegenstand und Methode" (Krüger (1983) 97) abhebt, läßt sich mit Fug und Recht als das **Schlüsselprinzip qualitativer Forschung** einstufen (vgl. insb. Porzelt (1991) 18f.; vgl. a. ebd. 14-16).

[21] vgl. insb. Schütze (1983), Hermanns (1984) und ders. (1995)

[22] Lamnek (1989) 70 und 352; im Erzählen wird der angeführten Definition zufolge ein raumzeitlich greifbares Geschehen sichtbar ('Szene'), das auf reale Personen und Ereignisse verweist ('Indexikalität').

[23] vgl. insb. Hermanns (1995) 183f. mit instruktiven Textbeispielen

[24] Während das '**klassische**' narrative Interview nach *Fritz Schütze* und *Harry Hermanns* entscheidenden Wert auf eine (1) ausgiebige und (2) in höchstem Maße unbeeinflußte Haupterzählung des Informanten legt, werden diese beiden Postulate in der '**pragmatischen**' Version des narrativen Interviews nach *Roland Girtler* (1984) wie auch im **problemzentrierten** (narrativen) Interview nach *Andreas Witzel* (1985) fallengelassen oder zumindest relativiert.

[25] Schütze (1983) 285

Interviews können nur Ereignisse sein, die der Informant erstens selbst erlebt hat und die zweitens in der Form einer Geschichte erzählbar sind."[26] Formal sind solche Narrationen gekennzeichnet durch **Spontaneität**[27] ('Stegreif') und **innere Kontinuität**[28] ('Erzählung', nicht Anekdote![29]).

Mögen die autobiographischen Texte, die das narrative Interview faktisch hervorruft, auch beschreibende und argumentierende Sequenzen umfassen, so zielt diese Erhebungsmethode doch in jedem Falle darauf, daß der Erzählmodus als „dominante Darstellungsform"[30] hervortritt.

Insofern die Artikulationsweise des Erzählens den Informanten 'alltagsweltlich vertraut'[31] ist und 'intuitiv vollzogen'[32] wird, um vergangene Erfahrung zu rekonstruieren und in einen Zusammenhang zu bringen[33], verhilft sie mit hoher Wahrscheinlichkeit zu **authentischen** Selbstmitteilungen. Indem sich der Narrator nämlich auf die „**Eigendynamik**"[34] **des Erzählvorgangs** einläßt, muß er sein Erleben und Deuten hinlänglich vollständig ('Gestaltschließungszwang'), verdichtet ('Kondensierungszwang') und gewissenhaft ('Detaillierungszwang') darlegen, daß die Zuhörenden seine Ausführungen als inhaltlich nachvollziehbare Geschichte identifizieren können.[35] Fügt er sich in diese „Selbstläufigkeit des Erzählvorgangs"[36], so sind der vorsätzlich manipulierten Darstellung eigener Wahrnehmungen, Empfindungen und Deutungen deutliche „erzählungsimmanente Grenzen gesetzt"[37].

Als Darstellungsweise, die sich nur in bedingtem Maße reflexiv steuern läßt, eignet sich das Erzählen hervorragend, unterschiedlichste „**Schichten der Erfahrungsverarbeitung**"[38] zu dokumentieren, sogar „Stümpfe der Erfahrung von Ereignissen und Entwicklungen [...], die dem Biographieträger selbst nicht voll bewußt werden, von ihm theoretisch ausgeblendet

---

[26] Hermanns (1984) 422
[27] vgl. insb. Hermanns (1984) 424
[28] vgl. insb. Schütze (1983) 286, Hermanns (1984) 423 und 425f. sowie ders. (1995) 183
[29] vgl. Hermanns (1984) 423 und 426; vgl. a. ders. (1995) 183
[30] Hermanns (1995) 184
[31] Hermanns (1984) 422
[32] Bohnsack (1993) 94
[33] Hermanns (1995) 183; vgl. a. Lamnek (1989) 72f.
[34] Bohnsack (1993) 94 [Hervorhebung: B.P.]
[35] Das Konzept der 'Zugwänge des Erzählens', das auf *Werner Kallmeyer* und *Fritz Schütze* zurückgeht, wird prägnant referiert in Hermanns (1984) 423, Knobling (1985) 10f. Bude (1985) 330, Bohnsack (1993) 94 sowie Sill (1995) 33
[36] Bohnsack (1993) 94
[37] Hermanns (1984) 423
[38] Schulze (1997) 330 [Hervorhebung: B.P.]

oder gar verdrängt sind oder doch zumindest hinter einer Schutzwand sekundärer Legitimationen verborgen bleiben sollen.“[39]

Die grundsätzliche Einschätzung, daß autobiographische Stegreiferzählungen in einzigartiger Weise geeignet sind, „die Ereignisverstrickungen und die lebensgeschichtliche Erfahrungsaufschichtung“[40] der Biographieträger zu reproduzieren, begründet sich einerseits darin, daß diese Narrationen imstande sind, bis zur Ebene „bereits abgelagerter sowie theoretisch-reflexiv wenig überformter Erfahrungen“[41] vorzudringen. Darüber hinaus sind dem Erzählmodus noch zwei weitere Strukturmerkmale eigen, die ihn als angemessenen Zugang zu lebensgeschichtlichen Erfahrungen ausweisen: Zum einen sind Narrationen in der Lage, biographische Erfahrungen „in ihrer **zeitlichen** Dimension“[42] (Prozeßstruktur des Gegenstandes) zu erfassen.[43] Zum anderen ist es im Erzählen möglich, mit dem **äußeren** Ereignisablauf und den **inneren** Reaktionen gleichermaßen den objektiven wie den subjektiven Aspekt lebensgeschichtlicher Erfahrungen in den Blick zu nehmen.[44]

2.2.2 Jugendliche Realgruppen als Garant alltagsähnlicher Erfahrungskommunikation

Narrative Interviews sind per se **Einzel**interviews. Sie ereignen sich in der Begegnung zweier Individuen, die einander fremd sind und sich in höchst unterschiedlicher Funktion gegenüberstehen. Die Befragten werden hierbei aus ihren Alltagsbezügen gelöst und in eine eindeutig forschungsbezogene Kommunikationsdyade versetzt.[45] Gerade im Forschungskontakt mit **Jugendlichen** erscheint das kommunikative Setting einer **Realgruppe**[46] (z.B. Clique oder Verbandsrunde), der die Informanten unabhängig von der Datenerhebung zugehören, einem solchen Einzelinterview in mehrfacher Hinsicht **deutlich überlegen**.

---

[39] Schütze (1983) 286
[40] Schütze (1983) 285
[41] Bohnsack (1993) 93
[42] *Hans Paul Bahrdt* nach Witzel (1985) 238 [Hervorhebung: B.P.]
[43] vgl. insb. Hermanns (1984) 424 (mit Bezug auf *Fritz Schütze*) sowie Hermanns (1995) 184
[44] vgl. insb. Schütze (1983) 285f.
[45] Die Künstlichkeit, die Einzelinterviews ohnehin tendenziell innewohnt, wird nach *Heinz Bude* (1985) 331 im klassischen narrativen Interview um der Unbeeinflußtheit, Spontaneität und Geschlossenheit der angezielten Erzählung willen dahingehend **verschärft**, daß einesteils der Interviewte zum monologischen „bloßen Erzähler“ mutiert; der die alltagsübliche Flexibilität im Einsatz unterschiedlicher Darstellungsmodi abzulegen hat, währenddessen sich andererseits der Interviewer vom dialogischen Gegenüber zum reaktiven „Narrationsanimateur“ wandelt.
[46] Die Kategorie der 'Realgruppe' wurde im qualitativ-methodologischen Diskurs entscheidend durch *Manfred Nießen* (1977) geprägt, der Gruppendiskussionen nur dann als sinnvoll ansieht, wenn „die Diskussionsgruppen [...] auch unabhängig von der Diskussion als Realgruppen bestehen“ (64 und166). Als solche gelten sie aus seiner Sicht, insofern „sie vom Gegenstand der Gruppendiskussion unabhängig von der Diskussion als in der Zusammensetzung identische Gruppen betroffen sind.“ (ebd.)

68

Prototypisch findet sich eine solche Realgruppenkommunikation in der Methode der Gruppen**diskussion**. Dieses Erhebungsinstrument kommt jedoch für die Ermittlung existentiell bedeutsamer Erfahrungen nicht in Frage, da es einerseits sprachlich nicht dezidiert auf narrative Daten abzielt[47] und andererseits inhaltlich keineswegs die Einzelbiographie in den Mittelpunkt stellt.[48]

Trotz der unleugbaren „Einschränkung der Situationsentsprechung durch die Anwesenheit weiterer Personen [...] und durch die besondere Bestimmung der Situation als Forschungszwecken dienend"[49] weist die Datenerhebung im Kontext miteinander vertrauter Mitglieder einer Realgruppe für die Informanten mit hoher Wahrscheinlichkeit ein **deutlich höheres Maß an Alltagsähnlichkeit** auf als das Einzelinterview im Gegenüber zu einem fremden Forscher.[50]

Die Alltagsähnlichkeit oder **Naturalistizität** einer Erhebungssituation gilt im qualitativen Paradigma prinzipiell als entscheidender Ermöglichungsgrund für **authentische** Selbstmitteilungen, die als solche „im Erfahrungswissen und Erleben"[51] der interessierenden Subjekte „verankert"[52] sind: Äußerungen, die ein transparentes Bild menschlichen Erlebens und Erfahrens vermitteln, sind gemäß der qualitativen Methodologie nur zu erwarten, insofern die Informanten der Forschungskommunikation Alltagsbedeutsamkeit zumessen und sich im Erhebungsgeschehen alltagsgemäß verhalten können.[53]

---

[47] Während das narrative Interview auf Daten abzielt, die durch den Darstellungsmodus des Erzählens geprägt sind (vgl. Kap. 2.2.1), bringt die Gruppendiskussion als „Gespräch der Teilnehmer untereinander" (Lamnek (1989) 136) **argumentativ** dominierte Mischtexte hervor (vgl. insb. Bohnsack (1989) 383), innerhalb derer sich je nach Verlauf und Stadium des Diskurses erzählende, beschreibende und eben theoretisierende Sequenzen ablösen und überlagern (vgl. etwa Bohnsack (1989) 345 und ders. (1993) 113.115).

[48] Der schwerwiegendste Gegensatz zwischen narrativem Interview und Gruppendiskussion besteht nach *Ralf Bohnsack* (1993) darin, daß sie sich mit der individuellen und kollektiven Seite menschlicher Erfahrung auf unterschiedliche Aspekte humaner Wirklichkeit(sdeutung) konzentrieren. Indem sich das **narrative Interview** den einzelnen und ihrer persönlichen Geschichte zuwendet, ermittelt es primär die „Strukturierung der je eigenen, individuellen Erlebnisschichtung" (119f.) die sich im „Durchgang durch unterschiedliche Wirklichkeitsbereiche, Subkulturen und Milieus" (118) herausentwickelt. Es verweist somit vorrangig auf einen **individuellen** Erfahrungsrahmen (125). Im Mittelpunkt der **Gruppendiskussion** steht hingegen nicht der individuelle (Rück)Blick auf die Einzelbiographie, sondern ein gemeinschaftliches Kommunikationsgeschehen. Die Gruppendiskussion bringt demnach primär die Strukturierung einer 'gemeinsamen Erlebnisschichtung' (119) zum Vorschein, die (korrespondierend zum Charakter der jeweiligen Gesprächsgruppe) 'milieu-, geschlechts-, generations- und entwicklungstypisch geprägt' (124) sein kann. Sie richtet sich vorrangig auf einen **kollektiven** Erfahrungsrahmen (125).

[49] Nießen (1977) 166

[50] vgl. etwa Lamnek (1989) 135 et passim und Flick (1995) 131, wo ebenfalls das methodische Prinzip der Naturalistizität als wesentliches Kriterium angeführt wird, um Gruppenverfahren gegenüber Einzelinterviews zu bevorzugen.

[51] Bohnsack (1993) 172

[52] Bohnsack (1993) 168

[53] vgl. insb. Girtler (1984) 39f., Volmerg (1984) 402, Lamnek (1989) 196f. sowie Porzelt (1991) 19

Der Erhebungskontext jugendlicher Realgruppen bietet nicht nur eine hohe Gewähr, daß die Befragten in alltagsähnlicher Weise über ihre Empfindungen und Deutungen sprechen werden.[54] Gehen wir davon aus, daß die eigene Clique oder Verbandsrunde für viele Jugendliche einen Raum darstellt, der sozial-emotionalen Rückhalt und damit Schutz und Experimentierchancen bietet[55], dann erscheint die Annahme plausibel, daß sie die dortige (Forschungs)-Kommunikation mit einer **niedrigeren Hemmschwelle** belegen als das Einzelinterview. Die Gruppensituation böte somit einen **praktikableren Zugang** zu jugendlichen Lebenswelten als das Interview.

Schließlich spricht einiges dafür, daß die in der Realgruppe gegebene gleichzeitige Anwesenheit mehrerer Informanten für die einzelnen Befragten einen **natürlichen 'Tabufilter'** darstellen kann, der sie zwar an der Preisgabe von als 'zu intim' empfundenen Auskünften hindert, der aber andererseits davor schützt, daß sie sich im nachhinein als manipuliert oder in ihrer Anonymität bedroht erfahren.

2.2.3 Zum Stellenwert individueller Erfahrungen in qualitativen Gruppenverfahren

Das hiesige Forschungsprojekt beschränkt sich nicht auf Geschehnisse, die von den Mitgliedern einer Realgruppe gemeinschaftlich erlebt wurden.[56] Mit dem Untersuchungsgegenstand **biographischer** Intensiverfahrungen sollen vielmehr in erster Linie solche Widerfahrnisse erkundet werden, die von **einzelnen** Probanden **außerhalb** der Gesprächsrunde erlebt und als subjektiv bedeutsam gedeutet wurden.

Qualitative Gruppenverfahren mögen zwar prinzipiell ein **adressaten**gemäßes Forschungsvorgehen darstellen, das von Jugendlichen mit hoher Wahrscheinlichkeit als vertraute Kommunikationssituation identifiziert und als Erhebungsmethode akzeptiert wird. Sie eignen sich jedoch nur insoweit als Methode zur Erhebung von Intensiverfahrungen, als sie darüber hinaus in der Lage sind, den Forschungs**gegenstand** solcher Erlebnisse und Erfahrungen in

---

[54] Die unumstrittene Tatsache, daß die Mitgliedschaft Jugendlicher in **peer groups** seit den 60er Jahren rasant zugenommen hat (vgl. insb. Allerbeck/Hoag (1986) 38-40 und Behnken et al. (1991) 146f.), unterstreicht die Alltagsbedeutsamkeit solcher Gruppen für unseren Adressatenkreis und untermauert die angeführte These.

[55] vgl. insb. Bundesminister für Jugend (1990) 61 mit Bezug auf informelle Peer-Groups sowie Porzelt (1992) 69f. und 86 mit Blick auf verbandliche Jugendgruppen

[56] Indem wir in Erwägung ziehen, daß sich die Forschungskommunikation innerhalb einer alltäglich vertrauten Gruppe keineswegs auf gemeinsam erlebte Ereignisse beschränken muß, verstehen wir die von *Manfred Nießen* (1977) auf Gruppendiskussionen hin formulierte Vorgabe, daß Realgruppen per se vom Thema der Erhebung „als in der Zusammensetzung identische Gruppen betroffen" (64 und166; vgl. Fußnote 46 in Kap. 2.2.2) sein müssen, in dem Sinne, daß eine solche 'gemeinsame Betroffenheit' gerade auch für grupp**enextern** erlebte Sachverhalte vorliegt, die in der gruppen**internen** Alltagskommunikation 'Heimatrecht' haben, insofern sie dort mitteilbar sind und mitgeteilt werden.

den Blick zu nehmen, die im gruppen- und milieu**übergreifenden** individuellen Erfahrungsrahmen[57] dieser Adressaten verortet sind.

Im Alltag ist es selbstverständlich, daß sich unterschiedlichste Gruppen (vom Stammtisch
bis zur Therapierunde) **nicht allein** mit Ereignissen beschäftigen, die miteinander erlebt
wurden. Zur Sprache kommen gemeinhin **gleichermaßen** Widerfahrnisse, die von **einzelnen**
Mitgliedern **jenseits** der jeweiligen Gruppe erlebt worden sind. Mein Vorhaben, qualitative
Gruppenverfahren einzusetzen, um gruppenexterne, **individuelle** Erfahrungen zu erheben,
steht also nicht per se im Widerspruch zum alltäglichen Umgang mit persönlichen
Erfahrungen. Gruppenverfahren erscheinen prinzipiell imstande, einen naturalistischen
Zugang zum Objektbereich individueller Erfahrungen zu ebnen.

Um ein solches Vorgehen wissenschaftlich hinreichend legitimieren zu können, gilt es, die
selbstverständliche Gegebenheit individueller Erfahrungsthemen in alltäglichen Gruppeninteraktionen zu hinterfragen und genauer zu erkunden, welchen spezifischen Einschränkungen und Einflüssen persönliche Themen ausgesetzt sind, wenn sie im kollektiven Rahmen
der Gruppe behandelt werden.

Grundsätzlich ist davon auszugehen, daß Erfahrungen, die nicht „*zusammen* erlebt"[58] worden
sind, nur insoweit in einen gemeinsamen Diskurs integriert werden können, als sie für die
verschiedenen Gesprächsteilnehmenden **nachvollziehbar** sind.

Um nachvollziehbar zu sein, müssen sie nach *Ralf Bohnsack* keineswegs in identischer Form
außerhalb der Gruppe erlebt worden sein.[59] Den Kommunizierenden muß es aber zumindest
möglich sein, die angesprochenen Fremderlebnisse mit **vergleichbaren** bzw. 'strukturiden-
tischen'[60] Eigenerfahrungen zu verknüpfen.

Wissenssoziologisch hängt die **diskursermöglichende Verknüpfbarkeit** unterschiedlicher
Erlebnisse (im Anschluß an *Karl Mannheim*) davon ab, ob diese historisch-sozial „in vergleichbare Konstellationen" bzw. lebensgeschichtlich „in eine vergleichbare entwicklungs-
typische Phase"[61] eingebunden sind. Somit gilt die Prämisse, daß Erfahrungen nur insoweit
kommunikabel sind, als sie in einem „*gemeinsamen existentiellen Hintergrund*"[62] der Be-

---

[57] vgl. Fußnote 48 in Kap. 2.2.2 mit Bezug auf *Ralf Bohnsack*
[58] Bohnsack (1989) 379
[59] Bohnsack (1989) 379; vgl. a. ders. nach Schmid (1989) 26
[60] Bohnsack (1989) 379
[61] Bohnsack (1989) 379 [ein orthographischer Fehler im Originalzitat wurde berichtigt; B.P.]; vgl. a. *ders. /
Werner Mangold* nach Schmid (1989) 24
[62] Bohnsack (1989) 384; vgl. insb. ders. nach Schmid (1989) 26f.

teiligten verankert sind, der „milieu-, geschlechts-, generations- und entwicklungstypisch"[63] beeinflußt sein kann.[64]

Gruppenexterne, individuelle Erlebnisse sind für eine Gesprächsrunde ausschließlich im Medium der je **gruppenspezifischen Sprache** nachvollziehbar und damit kommunikabel. Gerade an dieser gemeinschaftlich geprägten Ausdrucksweise wird deutlich, daß persönliche Erlebnisse im Kontext der vertrauten Realgruppe in anderer Form umschrieben und interpretiert werden, als dies wahrscheinlich im Einzelinterview der Fall wäre.[65]

Bringen wir unsere Überlegungen zur Bedeutung individueller Erfahrungen in kollektiven Erhebungsmethoden auf ein knappes Fazit, so läßt sich eindeutig feststellen, daß Aussagen über gruppenexterne, persönliche Erfahrungen einen **methodologisch legitimen Bestandteil** qualitativer Gruppenverfahren darstellen, insofern bei der Datenauswertung berücksichtigt wird, daß diese Äußerungen in den Prozeß „kollektiver Erlebnisverarbeitung"[66] eingebunden sind, der von der Gesprächsgruppe verwirklicht wird.

Wir können somit an Hand von Gruppenverfahren **ausschließlich** nachvollziehen, wie die einzelnen **in der** Gruppe **und als** Gruppe über persönliche Intensiverfahrungen kommunizieren. Ein Rückschluß darauf, wie sie als einzelne in anderen Settings (z.B. Einzelinterview oder Tagebuch) über die thematisierten Intensiverfahrungen kommunizieren *würden*, ist unmöglich.

2.2.4 Episodisches Erzählen als angemessener Darstellungsmodus jugendlicher (Intensiv)Erfahrungen

Ich hatte in Kap. 2.2.1 abgeklärt, daß das anvisierte Erhebungsinstrumentarium maßgeblich darauf zielen sollte, **narrative Selbstmitteilungen** zu evozieren, da der Darstellungsmodus des Erzählens vortrefflich mit dem Objektbereich lebensgeschichtlicher Erfahrungen harmoniert, wobei er sogar **vor**bewußte und **vor**theoretische Erfahrungsschichten widerzuspiegeln vermag.

---

[63] Bohnsack (1993) 124

[64] Teilt man diese wissenssoziologische Prämisse, dann erweitert sich die empirische Aussagekraft qualitativer Gruppenverfahren enorm. Zum Vorschein kommt nicht allein die „lediglich in der je spezifischen Geschichte des Diskurses oder der Gruppe bedingte spezifische Bedeutsamkeit von Äußerungen und Begriffen" (Bohnsack (1989) 378). Über die fallbezogenen (individuellen oder auch 'gemeinschaftlichen' (ders. (1993) 116)) Erfahrungsmuster hinaus werden Rückschlüsse auf fallübergreifende ('übergemeinschaftliche' (ebd.)) Prägungen möglich, die im gemeinsamen existentiellen Hintergrund der Beteiligten wurzeln und als alters-, generations-, milieu- oder geschlechtstypisch identifiziert werden können.

[65] Aus wissenssoziologischer Sicht offenbart die grupp**entypische** Sprache in komprimierter Weise den gruppen**übergreifend**en Hintergrund der Beteiligten. Als authentische Variante 'vorwissenschaftlicher Umgangssprache' kann sie mit *Alfred Schütz* „als eine Schatzkammer vorgefertigter verfügbarer Typen und Eigenschaften verstanden werden, die sozial abgeleitet sind" (ders. nach Schmid (1989) 20).

[66] Bohnsack (1993) 124

Halten wir diese Zielsetzung aufrecht, dann ist zu prüfen, ob und inwieweit das kommunikative Setting jugendlicher Realgruppen, das eine alltagsähnliche Erhebung individueller Erfahrungen erwarten läßt, mit narrativen Ausdrucksformen kompatibel ist.

Wie einschlägige Forschungsbeispiele demonstrieren[67] ist in qualitativen **Gruppen**verfahren ebenso wie in analogen Alltagssituationen sehr wohl mit narrativen Explikationen zu rechnen. Diese manifestieren sich allerdings in der Regel in **überschaubaren, episodischen Erzählungen**, die eingebettet sind in die interaktive Entfaltung inhaltlicher Zusammenhänge, wobei sie durch Äußerungen anderer Beteiligter untermalt, ergänzt, kommentiert, korrigiert, unterbrochen oder fortgesetzt werden können.

Die Entscheidung für ein qualitatives Gruppenverfahren impliziert somit eine Absage an das Erzählideal des 'klassischen'[68] narrativen Interviews, demzufolge einzig und allein '**unbeeinflußte**'[69], „**ausführliche**"[70] und „**zusammenhängende**"[71] Stegreiferzählungen imstande sind, „die Ereignisverstrickungen und die lebensgeschichtliche Erfahrungsaufschichtung des Biographieträgers **so lückenlos** [zu] **reproduzieren, wie** das im Rahmen systematischer sozialwissenschaftlicher Forschung überhaupt **nur möglich** ist."[72] Dagegen werden episodische Erzählformen, wie sie in Gruppeninteraktionen an der Tagesordnung sind, in der Methodologie des narrativen Interviews als „'Geschichtchen'"[73] tituliert und als unzureichend abqualifiziert.

Zumindest was Jugendliche anbetrifft, erscheint diese Position jedoch ausgesprochen alltagsfremd und elitär. Konventionelle narrative Interviews erfordern nicht nur eine „hohe Gesprächsbereitschaft und -fähigkeit"[74] der Befragten. Ihre entscheidende Voraussetzung besteht darin, daß die Interviewten eigene Erfahrungen auf eine Weise organisieren, die dem angeführten kontinuierlichen Erzählideal entspricht, so daß „die Geschehnisse des Lebens in ein **kontinuierliches lebensgeschichtliches Schema** eingebaut werden."[75]. Sowohl die

---

[67] vgl. etwa Schmid (1989) 137f. und 155-158 (Text und Auswertung der Erzählung eines Lehrlings aus einer Gruppendiskussion) oder Hildenbrand / Jahn (1988) 208-215 (episodische Erzählungen von Familienmitgliedern im Rahmen 'gemeinsamen Erzählens')

[68] vgl. Fußnote 24 in Kap. 2.2.1

[69] Bohnsack (1993) 92; vgl. insb. Hermanns (1984) 423 und ders. (1995) 184

[70] Hermanns (1984) 424 [Hervorhebung: B.P.]

[71] Hermanns (1984) 425 [Hervorhebung: B.P.]

[72] Schütze (1983) 285 [Hervorhebungen: B.P.]

[73] Hermanns (1995) 183

[74] Lenz (1986) 139; *Karl Lenz* geht davon aus, daß diese Bedingung „nicht bei allen Jugendlichen anzunehmen ist" (ebd.). Aus meiner Sicht liegt der elitäre Grundzug des narrativen Interviews weniger in der 'Höhe' der vorausgesetzten Gesprächskompetenz, denn im bildungsbürger- (vgl. insb. Ley (1984) 241f.) und erwachsenenzentrierten Profil derselben.

[75] Bude (1985) 332 [Hervorhebung: B.P.]

(lebensaltertypisch) „nur fragmentarisch vorliegende **kurze Biographie**"[76] Jugendlicher als auch deren (generationstypisch weitverbreitete) '**Gegenwartsorientierung**'[77] stehen diesem Anspruch diametral entgegen.

Wenn Jugendliche in ihrem Alltag über eigene Erfahrungen sprechen, dann geschieht dies wohl kaum im Modus der 'biographischen Gesamterzählung'[78]. Falls sie sich überhaupt narrativ artikulieren, bedienen sie sich dabei aller Wahrscheinlichkeit nach **komprimierter und situationsbezogener** Erzählformen und -figuren.

Daß solche **episodische Narrationen** in epistemologischer Hinsicht sehr wohl kontinuierlichen Erzählungen **ebenbürtig** sein können, akzentuieren *Uwe Flick* und *Theodor Schulze* aus je unterschiedlichem Blickwinkel.

Ähnlich wie *Fritz Schütze* und *Harry Hermanns* geht auch *Uwe Flick* davon aus, daß sich in Erzählungen ein **besonderes**, nämlich '**narrativ-episodisches Wissen**' manifestiert, dem mit dem 'semantischen Wissen' eine zweite elementare Form menschlicher Erfahrungsverarbeitung gegenübersteht.[79] **Narrativ-episodisches Wissen** bezieht sich aus seiner Sicht als „erfahrungsnah"[80] organisiertes eng auf den **Kontext und Ablauf** der Situationen, in denen Erfahrungen verortet sind[81], während semantisches Wissen als 'begriffliches und regelorientiertes'[82] stark von der Situativität menschlicher Erlebnisse abstrahiert.[83]

In ihrer Eignung, den konkreten „Entstehungskontext"[84] menschlicher Erfahrungen offenzulegen, stehen *Uwe Flick* zufolge episodische Erzählungen geschlossenen Narrationen prinzipiell in nichts nach. Demzufolge kann sich die forschungspraktische Festlegung auf eine Erzählform auch nicht auf „eine grundsätzlich postulierte Stärke"[85] eines der beiden Erzählkonzepte berufen, vielmehr ermißt sie sich an den **konkreten** Fragen, Adressaten und Themen, denen sich ein bestimmtes Untersuchungsprojekt widmen will: „Welche Form der

---

[76] Schumann (1995) 313 [Hervorhebung: B.P.]; der volle Wortlaut des Zitats lautet: „Die Biographie von erwachsenen Menschen erschließt sich (aus dem Rückblick) in der Regel leichter als die nur fragmentarisch vorliegende kurze Biographie von Jugendlichen."
[77] vgl. insb. Porzelt (1996) 105f.
[78] Flick (1995) 130
[79] „Ein Ausgangspunkt für das episodische Interview [...] ist die Annahme, daß **Erfahrungen** der Subjekte hinsichtlich eines bestimmten Gegenstandsbereiches in Form **narrativ-episodischen Wissens** und in Form **semantischen Wissens** abgespeichert und erinnert werden." (Flick (1995) 124 [Hervorhebungen: B.P.])
[80] Flick (1995) 124
[81] Beim narrativ-episodischen Wissen „stellt der Ablauf der Situation in ihrem Kontext die zentrale Einheit dar, um die herum Wissen organisiert ist." (Flick (1995) 125)
[82] Flick (1995) 125
[83] Beim semantischen Wissen „sind Begriffe und ihre Beziehungen untereinander die zentralen Einheiten." (Flick (1995) 125)
[84] Flick (1995) 125
[85] Flick (1995) 128

Erzählung - die biographische Gesamterzählung [...] oder die situationsbezogene Detailer-
zählung [...] - als Datensorte vorzuziehen ist, läßt sich nur in Abhängigkeit von der Fragestellung und vom untersuchten Gegenstand entscheiden."[86]

Während *Uwe Flick* in der angeführten Publikation allenfalls beiläufig darauf eingeht, inwieweit episodische Narrationen den Prozeß der **intra**personalen Erfahrungsgenese mit
seinen vorbewußten Facetten widerzuspiegeln vermögen[87], nennt *Theodor Schulze* die
„Untersuchung **einzelner** Lebenserfahrungen und ihrer Bedeutung"[88] auf Basis von „**selb-
ständigen**, meist thematisch bestimmten, autobiographischen Erzählstücken"[89] ausdrücklich
als eine legitime Möglichkeit, sich der „**Innenseite** der Biographie"[90] anzunähern. Auch episodische Erzählungen geben somit prinzipiell Auskunft über „die fortschreitende Entfaltung
einer Erfahrung"[91], die sich in unterschiedlichen „Stufen"[92] oder „Schichten der Erfahrungsverarbeitung"[93] vollzieht, die vom Widerfahrnis über das unmittelbare Erleben und das retrospektive Erinnern und Erzählen bis hin zur reflektierten Erkenntnis reichen können.[94]

Ich hatte bereits aufgezeigt, daß Jugendliche aller Voraussicht nach alltagsweltlich vertraut
sind mit episodischem Erzählen und daß diese Artikulationsform somit bestens mit der
Adressatengruppe harmoniert, der sich unser Forschungsvorhaben zuwenden will. Um den
projektbezogenen Aufweis der Angemessenheit episodischen Erzählens abzurunden, gilt es
aber auch auf die Affinität einzugehen , die dieser Darstellungsmodus zum anvisierten
Untersuchungs**gegenstand** biographischer Intensiverfahrung aufweist.

Als singuläre lebensgeschichtliche Ereignisse, die von den betroffenen Biographieträgern als
subjektiv bedeutsam erfahren werden, entzünden sich Intensiverfahrungen an einem Erleb-
nis-„Kern"[95], der als zeitlich begrenzte Konfrontation mit einem Widerfahrnis gefaßt werden
kann, das dem Subjekt als „Ausschnitt"[96] der (inneren oder äußeren) Wirklichkeit gegen-

---

[86] Flick (1995) 130
[87] Bis auf den pauschalen Hinweis, daß Erzählungen „die Prozesse der Wirklichkeitskonstruktion bei den Befragten eher als andere Annäherungen" (Flick (1995) 125) verdeutlichen, vernachlässigt der Autor die intrapersonalen und vorreflexiven Aspekte narrativ-episodischen Wissens. Dies mag mit dem eher sach- denn
personenbezogenen Thema der Studie zusammenhängen, innerhalb derer sein Konzept des 'episodischen
Interviews' ursprünglich entwickelt wurde. Diese untersucht die „Wahrnehmung und Bewertung technischen
Wandels im Alltag" (ebd. 126).
[88] Schulze (1997) 334 [Hervorhebung: B.P.]
[89] Schulze (1997) 333 [Hervorhebung: B.P.]
[90] Schulze (1997) 324 [Hervorhebung: B.P.]
[91] Schulze (1997) 329
[92] Schulze (1997) 330
[93] Schulze (1997) 330
[94] Schulze (1997) 329f.; vgl. insb. Kap. 1.2
[95] Schulze (1997) 329
[96] Feifel (1973 A) 89 und 91

übertritt.[97] Dieser Forschungsfokus **singulärer** Erfahrungen mit **zeitlich begrenztem** Erlebniskern deckt sich exakt mit dem Gegenstandsbereich, der für **episodische Alltagserzählungen** kennzeichnend ist. Ein kurzer Blick auf die Grundstruktur alltäglicher Narrationen kann diese These untermauern.

Literaturwissenschaftlich läßt sich eine Rede- bzw. Textpassage als Alltagserzählung identifizieren, wenn sie „selbsterlebte Ereignisse darstellt und zu einer Geschichte verknüpft, die in eine Alltagssituation eingebettet ist und sich auf einen Ausschnitt der Alltagsrealität bezieht."[98] Betrachten wir diese Definition unter der Fragestellung, welcher **Gegenstandsbereich** für alltägliche Narrationen konstitutiv ist, dann wird erkennbar, daß sich solches Erzählen im Einklang mit unserem empirischen Forschungsinteresse auf **eigenerlebte Ausschnitte der Wirklichkeit** bezieht, die jedoch „gewisse Minimalbedingungen von **Ungewöhnlichkeit**"[99] erfüllen müssen, um als erzählenswert zu erscheinen. Der ausschnitthafte Blickwinkel alltäglichen Erzählens manifestiert sich konkret in der **episodischen Gestalt**, die für Alltagserzählungen typisch ist und die sich darin zeigt, daß sich diese im Kern aus „einer relativ **einheitlichen** und **abgeschlossenen** Kette von Ereignissen"[100] zusammensetzen.

Bringen wir unsere Ausführungen zum Adressaten- und Gegenstandsbezug episodischen Erzählens auf den Punkt, dann läßt sich feststellen: Im vorliegenden Forschungszusammenhang bildet diese Artikulationsform nicht lediglich ein 'notwendiges Übel', das um der Gruppenstruktur der Erhebungssituation willen notgedrungen in Kauf genommen werden muß. Es ist vielmehr begründetermaßen anzunehmen, daß sich überschaubare Einzelerzählungen in der Gruppe als adäquates Medium erweisen werden, mittels dessen Jugendliche subjektiv bedeutsame Erfahrungen zur Sprache bringen können.

Wenn ich aus adressaten- wie gegenstandsbezogenen Gründen davon ausgehe, daß der Darstellungsmodus **episodischen Erzählens** einen **angemessenen Zugang zu jugendlichen Intensiverfahrungen** darstellt, dann darf diese Vorentscheidung weder in der Erhebungs- noch in der Auswertungsphase dazu führen, authentische Erfahrungsrede **ausschließlich** in narrativen Sprachformen und -figuren zu orten.

---

[97] vgl. insb. Biemer (1977) 46f.
[98] Schülein / Stückrath (1992) 56
[99] Quasthoff (1980) 112; vgl. a. Schülein / Stückrath (1992) 57-60
[100] Schülein / Stückrath (1992) 58 (mit Bezug auf *David E. Rumelharts* 'story grammar' [Hervorhebungen: B.P.]); im selben Kontext wird hervorgehoben, daß Episoden das 'zentrale Element' (ebd.) von Alltagserzählungen darstellen.

Eine solche Blickverengung widerspräche einerseits *Heinz Budes* bedenkenswertem Hinweis, „daß wir Erfahrungen machen, die nicht in Erzählform darzustellen sind."[101] Zudem übersähen wir angesichts einer solchen Fixierung allzuleicht die bunte Vielfalt alltagsweltlicher Erfahrungsrede, die durch die grobmaschige Aufteilung in erzählende, beschreibende und argumentative Sequenzen[102] wohl nur ansatzhaft erfaßt werden kann.[103]

2.3 Kontaktaufnahme, Vorgespräch und Pretest

Die vorliegende Feldstudie konzentriert sich auf jugendliche Mitglieder kirchlicher Verbandsgruppen. Gemäß den in Kap. 2.1 angeführten Kriterien sollen sich die Informanten (1) im Oberstufenalter befinden, (2) eine mehrjährige gemeinsame Gruppengeschichte durchlebt haben und (3) ihr gegenwärtiges Gruppenklima als positiv, offen und vertrauensvoll typisieren. Zugleich sollten die Probanden nach Möglichkeit nicht aus dem privaten Umfeld des Forschenden stammen, da eine solche Überschneidung gerade im Falle sensibler Themen der eigenen Person und Lebensgeschichte dazu führen kann, daß die Rollenklarheit und -sicherheit der Kommunikanten untergraben und die Informationstiefe der erhobenen Selbstmitteilungen beeinträchtigt wird.[104] Um Gruppen aufzuspüren, die dem angezielten Adressatenprofil entsprechen, in persönlicher Distanz zum Forscher stehen und schließlich willens sind, an einem qualitativen Forschungsprojekt mitzuwirken, konnte ich dankenswerterweise auf die tatkräftige Unterstützung durch hauptamtliche Verbandsmitarbeiter zurückgreifen. Diese vermittelten den Kontakt zu zwei Jugendgruppen, mit denen sich die beabsichtigten Erzählrunden ohne Schwierigkeiten realisieren ließen. Zur **Bezeichnung** dieser beiden Gruppen dient jeweils ein Wort, das in der späteren Erhebungskommunikation

---

[101] Bude (1985) 334

[102] vgl. Kap. 2.2.1

[103] „Im lebensweltlichen Sprechen kommen Bilder, Metaphern, Symbole, Erzählungen, szenische Darstellungen, Karikaturen, Kosmologien, Beispielerzählungen, Spruchweisheiten, Lied- und Textzitate u.s.w. in vielfältiger Weise vor." (Schmid (1995) 105) Gerade der von *Heinz Bude* skizzierte Darstellungsmodus der 'Collage', welche „die Erfahrungen in einem Bild zusammenfügt" (ders. (1985) 335) und die gleichermaßen von *Ralf Bohnsack* wie *Hans-Christoph Koller* hervorgehobene Figur der 'Metapher' (Bohnsack (1989) 392 und 413 mit Bezug auf *George Lakoff* und *Mark Johnson* sowie Koller (1993) 38 mit Bezug auf *Hans Blumenberg*) könnten interessante Anhaltspunkte darstellen, auf die es sich um einer sorgfältigen Wahrnehmung jugendlicher Erfahrungsrede willen zu achten lohnt.

[104] In eine ähnliche Richtung zielen auch die Argumente, die *Siegfried Lamnek* (1989) 92f. und 101 anführt, um das „Postulat, daß sich *nach Möglichkeit keine Bekannten interviewen* sollten" (66) zu untermauern.

„für die Gruppe Bedeutung zu haben schien"[105]; ich nenne sie 'Ostern'- und 'Brunnen'-Erzählrunde.[106]

Aller Wahrscheinlichkeit nach lassen sich Menschen **nicht voraussetzungslos** dazu bewegen, im Kontext einer Forschungssituation authentisch über persönliche (Intensiv)Erfahrungen zu sprechen. Um Erhebungsbedingungen anzubahnen, die einer 'wahrhaftigen'[107] Erfahrungskommunikation förderlich und forschungsethisch verantwortbar sind, habe ich etwa zwei Wochen vor den eigentlichen Erzählrunden eine **gesondert konzipierte Erstbegegnung** mit den potentiellen Informanten arrangiert, deren Ablauf anhand des nachfolgend dokumentierten Originalleitfadens im Detail nachvollzogen werden kann (Abb. 1[108]).

Die Stichwortfolge '**Vertrauen - Transparenz - Motivierung - Kooperation**' markiert die wesentlichen Zielsetzungen dieses Vorgesprächs[109], das ebenso wie die Erhebung selbst im vertrauten Gruppenraum der jeweiligen Verbandsrunde stattfand.

Der übergeordnete und vorrangige Zweck der Erstbegegnung bestand darin, eine erste persönliche Annäherung zwischen Probanden und Interviewer zu ermöglichen, auf deren Basis ein **Grundstock gegenseitigen Vertrauens** entstehen sollte. Ohne solches Vertrauen und ohne persönliche Akzeptanz des Forschers[110] ist eine Evozierung authentischer Selbstaussagen per se zum Scheitern verurteilt: „Gaining trust is essential to an interviewer's success, and even once it is gained trust can be very fragile indeed".[111]

Der qualitative Approach erhebt für sich selbst den Anspruch, die Befragten nicht nur erkenntnistheoretisch, sondern auch forschungspraktisch als „prinzipiell orientierungs- und deutungsmächtige **Subjekte**"[112] ernstzunehmen.[113] Den Informanten ist angesichts dieses Postulats eine möglichst informierte und bewußte Teilhabe an der Forschungssituation zu ermöglichen. Die angeführte Vorbesprechung zielte daher maßgeblich darauf, ein Maximum

---

[105] Schmid (1989) 32; auch in der vorliegenden Arbeit sollen diese Namen der Dateninterpretation „in keiner Weise [...] vorgreifen oder diese präjudizieren." (ebd.)

[106] Das Profil dieser Gesprächsgruppen und die Herkunft der ihnen zugedachten Namen wird in Kap. 3.1 ('Ostern'-Erzählrunde) bzw. Kap. 4.1 ('Brunnen'-Erzählrunde) dargelegt.

[107] vgl. Bohnsack (1993) 70 und 72

[108] Im hiesigen Abschnitt angeführte römische Ziffern verweisen auf die entsprechend numerierten Rubriken im Leitfaden des Vorgesprächs.

[109] Im Verlauf der Vorbesprechungen konnte sich der Forscher über die im folgenden angeführten Intentionen hinaus auch vergewissern, daß die angetroffenen Realgruppen tatsächlich dem zuvor umschriebenen, vorab definierten Adressatenprofil entsprachen.

[110] Es ist unerläßlich, „daß die betreffenden Personen den Forscher **akzeptieren**, denn ist dieser 'in Ordnung' so ist auch die Forschung 'in Ordnung'" (Girtler (1984) mit Bezug auf *William Foot Whyte* [Hervorhebung: B.P.]).

[111] Fontana / Frey (1994) 367; vgl. insb. Hermanns (1984) 424 sowie Lamnek (1989) 58 und 73

[112] Krüger (1983) 92 mit Bezug auf *Fritz Schütze* [Hervorhebung: B.P.]

[113] vgl. insb. Porzelt (1991) 16f.

inhaltlicher (insb. II) und methodischer (IV) **Transparenz** herzustellen, ohne damit die Unbeeinflußtheit und Spontaneität der eigentlichen Erzählrunden zu gefährden. Die Projektinformationen wurden einerseits hinreichend **detailliert** gefaßt, daß sich die Beteiligten auf das private (insb. V) Themenfeld biographisch relevanter Sachverhalte (IIf. und V) einstellen und auf einen berechenbaren methodischen Ablauf (IV) einrichten konnten. Andererseits blieb der inhaltliche Fokus der Erzählrunden **unbestimmt**, so daß die Auswahl und Ausformulierung konkreter Intensiverfahrungen zwangsläufig erst in der Erhebungssituation selbst erfolgen konnte.

Um die Probanden verantwortlich ins Forschungsgeschehen einzubinden, machte es sich die dargelegte Erstbegegnung nicht nur zum Ziel, in zureichender Weise über Thema und Verlauf der geplanten Erhebung zu unterrichten. Ebenso notwendig erschien es, den Beteiligten unmißverständlich klarzulegen, daß sie im Falle ihrer Mitwirkung „als kompetente Informanten, sozusagen als Experten ihrer sozialen Wirklichkeit"[114] fungieren werden (III), die entscheidend zum Gelingen des Forschungsprojektes beitragen (III), insofern sie ihre eigene Sicht der Wirklichkeit authentisch zur Sprache bringen (V).

Die Verdeutlichung ihrer **spezifischen Rolle** (III) **und Aufgabe** (V) im Forschungsprozeß sollte die Jugendlichen instand setzen, kundig und bewußt über eine Beteiligung an der Datenerhebung entscheiden zu können. Die Hervorhebung ihrer **ausschlaggebenden Bedeutung** für das Gelingen der Untersuchung (III) verfolgte darüber hinaus den Zweck, sie implizit zur Mitwirkung an den Erzählrunden zu bewegen. In ausdrücklicher Form manifestierte sich diese Zielsetzung der **Motivierung** in einem Appell, den der Forscher gegen Ende des Vorgesprächs an die Teilnehmenden richtete (V).

Da sich beide angesprochenen Realgruppen noch während der Vorbesprechung spontan und einhellig für eine **Kooperation** am Forschungsprojekt entschieden, mündeten die Erstbegegnungen in der verbindlichen Verabredung des Erhebungstermins und -ortes (vgl. IV), bevor sie mit einer informellen Unterhaltung über den Gruppen- und Verbandsalltag ausklangen (VI).

Um zu gewährleisten, daß sich das Instrument der Erzählrunde, das sich im Grunde der method(olog)ischen **Reflexion und Spekulation** verdankt, in der **Praxis** geeignet zeigt, authentische Darlegungen persönlicher Intensiverfahrungen zu evozieren, wurde den Datenerhebungen, die mit den beiden angeführten Realgruppen vereinbart waren, ein

---

[114] Krüger (1983) 92 [Hervorhebung: B.P.]

Pretest vorangestellt. Er erfolgte in einer Jugendgruppe, die dem Forscher persönlich bekannt war.

Insofern dieser Probelauf weitgehend abstrakte (zeit- und kontextenthobene), schablonisierte, isolierte (kaum persönliche Bezugnahmen) und äußerst knappe Selbstmitteilungen zum Ergebnis hatte, stellte er **für sich gesehen** zweifellos einen **Fehlschlag** dar. Da sich dieses Scheitern aber in der nachträglichen Analyse auf klar benennbare Faktoren zurückführen ließ[115], die wiederum in grundlegende Modifikationen des Untersuchungsverfahrens umgemünzt werden konnten[116], erwies sich der Pretest **aufs Ganze gesehen** als **eminent nützliches Hilfsmittel** zur Konstruktion eines praxistauglichen Erhebungsdesigns. Daß die zwei für die hiesige Studie maßgeblichen Erzählrunden überwiegend detaillierte und konkrete Narrationen hervorbringen konnten, die von großer persönlicher Offenheit zeugen und von zwischenmenschlicher Aufmerksamkeit getragen waren, verdankt sich maßgeblich den Lehren aus dem gescheiterten Pretest.

---

[115] Neben eindeutigen Mankos im Erhebungsdesign und im Interviewerverhalten trug wohl auch die mangelnde Vorab-Instruktion der Beteiligten und das vergleichsweise unpersönliche Klima innerhalb der vorfindlichen Gruppe, die sich im Gegensatz zu 'gewachsenen' Verbandsrunden primär über eine funktionell-inhaltliche Zielsetzung (Praxisbegleitung) definiert und nur diskontinuierlich zusammentrifft, dazu bei, daß sich im Verlauf des Pretests keine authentische Erfahrungskommunikation einstellte.

[116] Insoweit die definitive Version des Erhebungsdesigns markante Einflüsse des Pretests erkennen läßt, wird dies bei der Vorstellung der entsprechenden Einzelelemente oder -phasen in Kap. 2.4 angesprochen werden.

Abbildung 1: **Ablaufplan des Vorbereitungsgesprächs**

I. Gegenseitige persönliche Vorstellung

II. Inhaltliche Plausibilisierung

Ziel des Projektes (*wozu ich mich an Euch wende*)

'aus erster Hand herausbekommen, was Jugendlichen in ihrem Leben wichtig ist'

III. Bedeutung der TeilnehmerInnen im Rahmen des Projektes

(*warum ich mich gerade an Euch wende*)

- Notwendigkeit, mich auf bestimmte Jugendliche zu konzentrieren

- Suche nach Gruppen,

× aus der kirchlichen Jugendarbeit
× im Oberstufenalter
× die schon länger zusammen sind
× die sich gut verstehen und offen miteinander umgehen

- Eure **Rolle als Fachleute / ExpertInnen** zur Frage 'was Jugendlichen in ihrem Leben wichtig ist'

IV. Methodische und forschungstechnische Informationen

(*was Euch konkret erwartet, wenn Ihr beim Projekt mitmacht*)

1) heutiges Vortreffen zur Information / Entscheidung / Verabredung

2) eigentliches **Interview** beim nächsten Treffen - **gestaltet ähnlich einer Gruppenstunde**

× am Anfang noch einmal kurze Vorstellung mit einigen groben Angaben wie Alter oder Tätigkeit als Verständnishilfe für spätere LeserInnen
× danach **kreativer Einstieg**, in dem ich Euch auf die Spur des Themas bringen will
× darauf aufbauend als Kern des Interviews: **Gespräch mit Euch**
× abschließend: kurze gemeinsame Auswertung

3) Organisatorischer Rahmen (*auf was ihr Euch einstellen solltet*)

× 'Tonbandaufnahme des Gesprächs als Textgrundlage für meine Doktorarbeit'
× 'Anonymisierung der Beiträge ist garantiert'
× Anwesenheit eines Assistenten, der dafür zuständig ist:
  × die Tonaufnahme durchzuführen
  × ein 'Ablaufprotokoll' anzufertigen, in dem die jeweils sprechende Person und der Satzanfang ihrer Äußerung notiert ist, damit ich beim Abschreiben ('Transkribieren') der Cassette zuordnen kann, von wem welche Beiträge kommen

V. Appell zur Mitarbeit

1) Voraussetzungen

× 'Lust, bei einem solchen Projekt mitzumachen'
× **'Bereitschaft, offen darüber zu reden, was Euch in Eurem Leben wichtig ist'**

2) Bitte um

× Mitarbeit
× offenes und ungeschminktes **Einbringen der eigenen Sicht (sprachlich und inhaltlich)**

evtl. VI. Gespräch über den Background der Gruppe

denkbare Fragen:

- Wie oft trefft Ihr Euch?
- Was macht Ihr so, wenn Ihr Euch trefft?
- Was findet Ihr gut an Eurer Gruppe?

2.4 Erhebungsdesign der Erzählrunden

Sollen jugendliche Relevanzerfahrungen in religionspädagogischem Interesse **erkundet** werden, muß es gelingen, solcherart Erfahrungen in valider Weise empirisch zu **erheben**. Dazu bedarf es eines forschungspraktischen Verfahrens, das Jugendliche zur authentischen Darlegung existentiell bedeutsamer Erlebnisse der eigenen Lebensgeschichte zu bewegen vermag.

Wie ich zuvor eingehend erläutert habe, gehe ich davon aus, daß das Erzählen individueller Erlebnisse im Realgruppenkontext einen alltagsähnlichen sowie sach- und adressatenge-mäßen Zugang zu unserem Untersuchungsgegenstand darstellt. Das Erhebungsdesign der vorliegenden Studie sucht, den Kommunikationsmodus solcher Erzählrunden zu **realisieren** und inhaltlich auf Intensiverfahrungen zu **fokussieren**. Mit welchen Mitteln und in welchen Schritten dies geschieht, soll im folgenden klargelegt werden, wobei der anschließend doku-mentierte Ablaufplan (Abb. 2.1-2.3[117]) die detaillierte Planung der Erhebungsphase wider-spiegelt.

2.4.1 Vorstellrunde und Vorinformationen

Wie das in Kap. 2.3 dargelegte Vorgespräch steht auch die Eingangsphase der Datenerhe-bung unter der Zielsetzung, eine **vertrauen**svolle Begegnung anzubahnen, über die Intention und Erwartungen des Forschers sowie den Inhalt und Verlauf der Erzählrunden zu **informie-ren** und sich der **Kooperation**sbereitschaft der Beteiligten zu vergewissern.

Indem die einleitende **Vorstellrunde** sämtliche Gesprächsteilnehmer unter einer eindeutigen und überschaubaren Vorgabe zu Wort kommen läßt, bietet sie einen geschützten Raum, um an die gemeinsame Vorbesprechung anzuknüpfen, erste persönliche Äußerungen zu evozie-ren und anfängliche Unsicherheiten zu mildern. Zugleich liefert sie dem Forscher nützliche Auskünfte über das Alter, die Profession und die Verbandsfunktion der einzelnen Proban-den, die für die Interviewführung und Datenauswertung als Verständnishilfe dienen kön-nen.[118]

Indem sich der Forscher noch einmal ausdrücklich vorstellt und sein Untersuchungsziel offenlegt, präsentiert er sich als gleichrangiger Gesprächspartner, der als gruppenfremder

---

[117] Im hiesigen Kapitel angeführte römische Ziffern verweisen auf die entsprechend numerierten Abschnitte im Leitfaden der Erhebungsphase.

[118] „Zwei, drei sozialstatistische Merkmale können zur Charakterisierung der Personen und ihrer Gesprächs-beiträge sehr wichtig sein; schließlich geben solche Variablen einen Kontext ab, der handlungsrelevant ist." (Lamnek (1989) 148)

Wissenschaftler mit einem spezifischen Interesse und in einer besonderen Rolle an den Erzählrunden teilnimmt. Dabei richtet er sich in besonderer Weise an Probanden, die beim Vorgespräch gefehlt hatten und noch keine Möglichkeit hatten, akzeptierendes Zutrauen zu seiner Person zu gewinnen.

Während die Vorbesprechung ein breites Spektrum an Forschungsauskünften bot, die hinreichend vage gefaßt waren, um eine vorgängige Reflexion des Untersuchungsthemas zu verhindern und somit unvorbereitete Stegreiferzählungen anzubahnen, konzentriert sich der zu Beginn der Datenerhebung angesiedelte **Informationsblock** auf wenige wesentliche Mitteilungen, die jedoch das Thema und den Ablauf der Erzählrunden eindeutig preisgeben. Firmierte der Untersuchungsgegenstand zuvor noch unter der allgemeinen Formulierung *'was Jugendlichen in ihrem Leben wichtig ist'*, so wird das **Konstrukt persönlicher Intensiverfahrung** nun **erstmals ausdrücklich paraphrasiert** und als Hauptthema der Erzählrunden benannt.[119]

Da die Gültigkeit qualitativer Daten entscheidend davon abhängt, daß die Befragten in ihrer lebensweltlich vertrauten Diktion zu Wort kommen, und um dem Mißverständnis vorzubeugen, der Forschungscharakter der Erhebungssituation gebiete elaborierte Mitteilungen, fordert der Gesprächsleiter die Jugendlichen im Rahmen der einleitenden Instruktionen dezidiert auf, sich **alltagssprachlich** zu äußern.[120]

2.4.2 Kollektivphase

Episodische Erzählungen persönlicher Intensiverfahrung bilden den **Dreh- und Angelpunkt** der vorliegenden Datenerhebung. Da jedoch kaum zu erwarten ist, daß sich solche privaten Erzählungen unvermittelt abrufen lassen, legt die Ausgestaltung des Erhebungsablaufs größten Wert darauf, die Probanden in behutsamer und stimmiger Weise an das Erzählen subjektiv bedeutsamer Erlebnisse **heranzuführen**.

Wie aus dem Verlauf des Pretests erkennbar wurde, minimiert ein vorschnelles Überspringen der gruppendynamisch kaum vermeidbaren Phase anfänglicher Zurückhaltung und Unsicherheiten[121] die Chance, die Probanden zur ausführlichen und freimütigen Explikation

---

[119] vgl. Ostern: 0421/04, 0489/04 und 0564/05 (jew. *GL*) sowie Brunnen: 0427/05 und 0496/05 (jew. *GL*); der hiesige Modus, aus den Erzählrundenprotokollen zitierte Textstellen zu kodieren, wird in Abb. 3 in Kap. 2.5 aufgeschlüsselt.

[120] vgl. Ostern: 0421/05-0453/05 (*GL*) sowie Brunnen: 0427/05-0467/05 (*GL*)

[121] Wie sich in den Erzählrunden gezeigt hat, vermochten beide Gesprächsgruppen **prinzipiell** in einer Weise zu interagieren, die der gruppendynamischen „Vertrauens- und Intimitätsphase" (Rubner / Rubner (1991) 38) entspricht. Zugleich bestätigte sich die Vermutung, daß die ungewohnten Elemente der Erhebungssituation eine **anfängliche, temporäre Regression** in die Phase der Orientierung, Annäherung, Zurückhaltung und Abhängigkeit (vgl. insb. ebd. 39f.) hervorrufen.

persönlicher Intensiverfahrungen zu bewegen. Um diesen Fehler zu vermeiden und den Gesprächsgruppen eine adäquate Möglichkeit zu bieten, ein vertrauliches Kommunikationsklima aufzubauen, stellt das definitive Erhebungsdesign der Zuwendung zu **individuellen** Erfahrungen eine Phase voran, die auf die **gemeinsame** Entfaltung **gemeinschaftlich** erlebter Erfahrungen gerichtet ist, denen im Horizont der Gruppengeschichte außergewöhnliche Bedeutsamkeit zugemessen wird. Wie der faktische Verlauf der Erzählrunden gezeigt hat, verhilft diese „doppelte Gemeinsamkeit"[122] des Kommunizie**rens** und Kommunizie**rten** den Beteiligten, in komplikationsloser, selbstläufiger und relativ rascher Weise in eine gelöste und vertrauensvolle Gesprächsatmosphäre hineinzufinden, auf deren Basis sensible Erfahrungen der persönlichen Lebensgeschichte mitteilbar werden. Überdies liefern die evozierten Narrationen, die einen spontanen Konsens über einen gruppentypischen und -spezifischen Erzählgegenstand voraussetzen, einen hervorragenden Einblick, wie die Rundenmitglieder das Binnengeschehen ihrer Realgruppen wahrnehmen.[123]

2.4.3 'Einstiegsübung'

Um anzubahnen, daß die mit der Datenerhebung angezielten Narrationen nicht nur inhaltlich wie formal in höchstem Maße durch die Beteiligten selbst strukturiert sind, sondern zugleich auch mit hoher Zuverlässigkeit das (aus deren Sicht von außen vorgegebene) Untersuchungsthema (be)treffen, erscheint es im Vorfeld der Individualerzählungen unverzichtbar, die Aufmerksamkeit der Probanden auf dieses Forschungsthema zu **fokussieren**. Eine gelingende Fokussierung ist gegeben, wenn der Forschungsgegenstand den Probanden **verständlich** und **nachvollziehbar** ist und sie ihn **mit eigenen Erlebnissen und Deutungen verknüpfen** (können). Mittels eines Erinnerungsimpulses und einer individuellen

---

[122] *Ralf Bohnsack* nach Schmid (1989) 27; bei den hiesigen Gruppenerzählungen bezieht sich die Gemeinsamkeit des Kommunizie**rten** analog zum Konzept des 'Gemeinsamen Erzählens' nach *Bruno Hildenbrand* und *Walther Jahn* (1988) auf Sachverhalte, die im **unmittelbaren** oder 'kommunikativen' (*Karl Mannheim* nach Bohnsack (1993) 115) Sinne 'gemeinschaftlich' (ebd. 116) erlebt wurden. Wie bereits in Kap. 2.2.3 angesprochen wurde, ist eine Gemeinsamkeit des Kommunizie**rten** im **mittelbaren** oder „konjunktiven" (*Karl Mannheim* nach ebd. 115) Sinne dort gegeben, wo außerhalb der Gruppe erlebte Sachverhalte auf 'über**gemeinschaftliche' (ebd. 116) Erfahrungsräume verweisen, in denen die Gruppenmitglieder auch jenseits direkter face-to-face-Kontakte verbunden sind. [Hervorhebungen: B.P.]

[123] Insofern die angeführten Narrationen die gemeinschaftliche Selektion und Elaboration gemeinsamer Gipfelerlebnisse in einer alltagsähnlichen Kommunikationssituation widerspiegeln, erscheint die Annahme berechtigt, daß in diesen Erzählungen die Struktur der in unserer Erhebung berücksichtigten Realgruppen „verdichtet zum Ausdruck kommt" (Hildenbrand / Jahn (1988) 204 mit Bezug auf *Reinhart Koselleck*). Daher stützt sich die Portraitierung beider Gesprächsgruppen in Kap. 3.1 bzw. Kap. 4.1 maßgeblich auf diese Narrationen.

Fotowahl, die sich zu einer 'Einstiegsübung' zusammenfügen, sucht das hiesige Erhebungsdesign dieser Zielsetzung gerecht zu werden.

2.4.3.1 Erinnerungsimpuls

Der Erinnerungsimpuls dient dem Zweck, das wissenschaftliche Konstrukt biographischer Intensiverfahrungen in die Vorstellungswelt und Sprache der jugendlichen Probanden zu **transponieren** und sie zu **motivieren**, sich solcher Erfahrungen in der eigenen Lebensgeschichte zu erinnern.

Wie in Kap. 1.6.5 dargelegt wurde, bezeichnet der operationale Begriff der 'Intensiverfahrung' ein Widerfahrnis, das (1) unmittelbar und (2) emotional intensiv erlebt wurde und als (3) singulär und (4) subjektiv bedeutsam gedeutet wird. Dem Erinnerungsimpuls fällt die Aufgabe zu, diese vier Begriffsmerkmale verständlich zu übersetzen und somit als **sprachliche 'Brücke'** zwischen der vorgängigen Forschungsreflexion und der Erhebungskommunikation zu dienen.

Neben dem Anspruch, das Konstrukt der 'Intensiverfahrung' semantisch korrekt und alltagssprachlich nachvollziehbar zu beschreiben, sollte er noch zwei weitere Bedingungen erfüllen: Um eine eigenständige und unmanipulierte Selektion subjektiv bedeutsamer Erfahrungen zu ermöglichen, sollte er **offen** lassen, in welchen Lebensbereichen die erinnerten Widerfahrnisse verortet ist (z.B. Freundschaft, Familie oder Naturbegegnung) und unter welchen Gesichtspunkten diesen Erlebnissen persönliche Wichtigkeit zugemessen wird. Um motivierend zu wirken, sollte er darüber hinaus **prägnant** und **einladend** formuliert sein.

Im vorliegenden Untersuchungsdesign besteht der Erinnerungsimpuls aus dem einprägsamen Satz *'Ein konkretes Erlebnis, das mir wirklich wichtig war'* (IV).[124] In den Erzählrunden selbst wird dieser Satz nicht isoliert vorgetragen, vielmehr werden seine Bedeutungsimplikationen vom Interviewer in freier Rede und ausführlicher Weise umschrieben und entfaltet, wobei dieser auf vorgeprägte Formulierungen zurückgreift, die im Erhebungsleitfaden fixiert sind (IV).

In semantischer Hinsicht markiert der vorliegende Erinnerungsimpuls ein **selbst erlebtes und eindeutig identifizierbares Widerfahrnis** (*'konkretes Erlebnis'*) **von außerordentlicher** (*'wirklich'*) **persönlicher** (*'mir'*) **Bedeutsamkeit** (*'wichtig'*). Er faßt die Bedeutungsaspekte des Konstrukts der 'Intensiverfahrung' auf engstem Raum zusammen und bildet auf

---

[124] Dieser Satz kam in beiden Erzählrunden je zweimal zum Einsatz, nämlich in Ostern: 1381/14 und 1430/14-1439/14 (jew. *GL*) sowie in Brunnen: 1274/14 und 1307/14 (jew. *GL*).

diese Weise einen prägnanten und einleuchtenden Ausgangs- und Bezugspunkt für eine Verdeutlichung der Konkretheit, emotionalen Valenz, Singularität und subjektiven Relevanz solcher Erlebnisse.[125]

Insofern der angeführte Impuls außerdem jegliche inhaltliche Festlegung des aufzuspüren-den Erlebens und Deutens vermeidet, an die zu erinnernde Vergangenheit heranführt (Imperfektform), zur persönlichen Identifikation (Ich-Perspektive) einlädt und schließlich ebenso knapp wie verständlich formuliert ist, genügt er den oben dargelegten Anforderun-gen.

2.4.3.2 Fotowahl

Besteht die Funktion und Grenze des dargelegten **Verbalimpulses** darin, die Probanden zur zielgerichteten Besinnung auf eigene Intensiverfahrungen zu **animieren**, so zielt die Fort-setzung der Einstiegsübung mit Hilfe einer **Fotowahl** primär darauf, thematisch relevante Erinnerungsprozesse zu **aktivieren**. Gelingt es den Probanden tatsächlich, in der eigenen Biographie existentiell bedeutsame Erlebnisse ausfindig zu machen, dann verhilft diese Me-thode überdies, solche privaten und sensiblen Erfahrungen nachfolgend zu **kommunizieren**. Qualitativ hochwertige Fotografien, die grundlegende Situationen des Menschseins dar-bieten, bieten eine hervorragende Möglichkeit, „eigene Erfahrungen wahrzunehmen, zur Sprache zu bringen, vielleicht sogar einzuordnen."[126] Sie provozieren den Betrachter zur **intra**personalen Besinnung; das Bild weckt Erinnerungen, Emotionen und Gedanken. Gerade insofern solche 'anthropologische Fotografien'[127] Aspekte der Subjektivität wider-zuspiegeln vermögen, die schwer ins Wort zu fassen sind, vereinfachen sie überdies die **inter**personale Kommunikation persönlicher Erfahrungen; das Bild wird zum Medium der Selbstmitteilung.

Die grundsätzliche Eignung anthropologischer Fotografien, individuelle Erinnerungen zu evozieren und persönliche Mitteilungen zu erleichtern[128], qualifiziert sie als **sachgerechtes** Hilfsmittel, um die authentische Kommunikation subjektiver Intensiverfahrungen anzu-bahnen und abzusichern. Berücksichtigen wir darüber hinaus, daß Fotos nach wie vor ein

---

[125] Nachfolgend die wichtigsten Belegstellen solcher merkmalbezogenen Erläuterungen durch den Interviewer:
- 'Konkretheit': Ostern: 1430/14-1433/14 sowie Brunnen: 1274/14
- 'emotionale Valenz': Ostern: 1273/13 sowie Brunnen: 1222/13
- 'Singularität': Ostern: 1273/13 sowie Brunnen: 1136/13-1168/13 und 1307/14
- 'subjektive Relevanz': Ostern: 1273/13 und 1567/16 sowie Brunnen: 1168/13, 1252/13 und 1307/14
[126] Adam (1993) 272; vgl. a. ebd. 270 und 273
[127] Adam (1993) 270
[128] vgl. insb. Jesse (1993) 5 mit Bezug auf *Herbert Brühwiler* und *Ruth Jahnke*

gängiges Medium verbandlicher Gruppenarbeit darstellen, da sie einerseits mit der personenbezogenen[129] Zielrichtung dieses Handlungsfelds harmonieren und andererseits mühelos
und kurzfristig einsetzbar sind, dann erscheinen sie zudem als **adressatengemäßes** Instrument einer **alltagsähnlichen** Datenerhebung.

Um anthropologische Fotografien im hiesigen Erkundungszusammenhang nutzbringend als
Erinnerungs- und Mitteilungshilfe ins Spiel zu bringen, entschied ich mich für das Prozedere
einer individuellen **Fotowahl**. Durch diese Methode wird den Probanden die Möglichkeit
eröffnet, aus einem Fundus ausliegender Fotografien in Muße und gezielt nach Bildern[130] zu
suchen, in denen sie diejenigen Intensiverfahrungen repräsentiert sehen, die der Verbalim-
puls *'Ein konkretes Erlebnis, das mir wirklich wichtig war'* (IV) ins Gedächtnis gerufen
hatte.[131] Lassen sich solche Fotografien entdecken, können sie als Anknüpfungspunkt für die
späteren Erlebniserzählungen herangezogen werden.

Sollen Jugendliche mit Hilfe einer Fotowahl zur Erinnerung und 'Objektivierung'[132] existentiell bedeutsamer Erlebnisse aktiviert werden, so muß diese Methode **Fotografien** anbieten,
die zur **persönlichen Identifikation** einladen und ein **maximales Spektrum möglicher Intensiverfahrungen** berühren. Da keine der mir vorliegenden Bildauswahlen dieser doppelten Aufgabenstellung auch nur annäherungsweise gerecht wird[133], erwies es sich im Vorfeld
der Datenerhebung als unausweichlich, eine eigene '**Fotosprache**'[134] zusammenstellen, die
jugendliche Intensiverfahrungen in den Blick zu nehmen vermag. Ohne die Beratung durch
Freunde und Kommilitonen und die Unterstützung durch eine Bildagentur[135] hätte diese

---

[129] vgl. insb. Porzelt (1992) 78f.

[130] Während der vorgängig formulierte Erhebungsleitfaden die Selektion eines einzigen Erlebnisses und die
Auswahl eines einzigen Bildes präferiert (IV), entschieden sich zahlreiche Probanden nach Rücksprache mit
dem Gesprächsleiter dafür, zu unterschiedlichen Lebensereignissen jeweils ein passendes Foto zu suchen
oder auch ein und dasselbe biographisches Erlebnis mit mehreren Fotografien zu verknüpfen.

[131] Um das Risiko zu minimieren, daß der äußere Eindruck der Fotografien die innere Erinnerung an selbst
erlebte Ereignisse **dominiert** und **überlagert** und somit eher bild- denn erlebnisgeleitete Erzählbeiträge
provoziert werden, wurden der Erlebnisimpuls und die Fotowahl im Erhebungsdesign nicht parallelisiert,
sondern einander nachgeordnet und durch eine bildlose Besinnungspause verknüpft. Daß in der Begegnung
mit den Fotografien zuvor angeklungene Erinnerungen vertieft und vielleicht auch neue Erinnerungen ange-
regt werden, war hingegen durchaus erwünscht und beabsichtigt.

[132] „Erfahrung muß sich objektivieren, um kommunizierbar und vermittelt werden zu können." (Simon (1978)
12; vgl. insb. *Peter L. Berger* und *Thomas Luckmann* nach Fußnote 248 in Kap. 1.6.1)

[133] Dieses abschlägige Urteil betrifft selbst die qualitativ hochwertigen Fotomappen des in der Schweiz
ansässigen Evangelischen Mediendienstes (1992, 1993 und 1995), die hierzulande durch den Deutschen
Katechetenverein angeboten werden. In diesen Sammlungen sind **fast keine** Bilder zu finden, die mit dem
alltäglichen Selbst- und Welterleben Jugendlicher in Einklang gebracht werden können, dafür aber zahlreiche
Motive mit plakativer, moralisierender oder katechetischer Intention.

[134] Das methodische Konzept der Fotosprache verdankt sich *P. Babin*, *A. Baptiste* und *C. Belisle*, die in den
siebziger Jahren Bildmappen unter dem Titel 'Photolangage' publizierten (vgl. Adam (1993) 272).

[135] Die 'KNA-Bild' in Frankfurt/Main ermöglichte mir dankenswerterweise den freien Zugang zu ihrem Fotoar-
chiv, aus dem ich schließlich rund ein Drittel der in der Erhebung eingesetzten Fotografien beziehen konnte.

Fotosammlung kaum realisiert werden können. Sie besteht aus gut sechzig Schwarzweißaufnahmen von Jugendlichen in unterschiedlichsten elementaren Lebenssituationen und -bezügen, in denen existentiell bedeutsame Erfahrungen denkbar sind.[136]

Die **Gesamt**zusammenstellung der Bilder erfolgte unter dem angeführten Leitprinzip, eine breite Palette thematisch relevanter Identifikationsmöglichkeiten zu gewährleisten. Zugleich sollten die ausgewählten **Einzel**fotos eine möglichst große **Konnotationsbreite** aufweisen, um mit subjektiven Erinnerungen verknüpfbar zu sein, ohne deren Einzigartigkeit zu überdecken. Soweit möglich, sollten die selektierten Fotografien zudem einen Spielraum eröffnen, der gleichermaßen die Assoziation positiver Erfüllungs- wie negativer Ohnmachtserfahrungen zuläßt.

2.4.4 Erzählimpuls

Die „autobiographisch orientierte Erzählaufforderung"[137] bildet die **entscheidende Nahtstelle** zwischen der **intra**personalen Vergegenwärtigung und der **inter**subjektiven Mitteilung biographischer Intensiverfahrungen. Sie besteht aus dem Erzählimpuls als solchen (*'Erzählt bitte das Erlebnis, das Ihr Euch ausgesucht habt'* (V)) und erläuternden Instruktionen.

Der Erzählimpuls soll die Probanden **animieren**, die mit der Einstiegsübung wachgerufenen und mit dem fotografischen Symbol verbundenen Erinnerungen in Erzählform darzulegen. Gesprächspsychologisch sucht er die Rundenmitglieder zu ermutigen, aus der schützenden Sphäre der kollektiven Kommunikation herauszutreten und sich als einzelne gegenüber der Gruppe zu **exponieren**. Um in diesem Sinne wirksam werden zu können, sollte er einladend formuliert sein und möglichst formlos und glaubwürdig vorgebracht werden.

Hatte der *Erinnerung*simpuls darauf gezielt, **thematisch** relevante Gedächtnisinhalte zu fokussieren, so widmet sich der *Erzähl*impuls primär der Aufgabe, die **formale** Explikation dieser Erinnerungen in bestimmte, nämlich **narrative** Bahnen zu lenken. Um möglichst **konkrete, ausführliche** und **persönliche** Narrationen selbst erlebter Intensiverfahrungen anzuzetteln, untermauert der Gesprächsleiter die dezidierte Aufforderung zum Erzählen der erinnerten Erlebnisse[138], indem er in paraphrasierender Weise zu erkennen gibt, daß dieser

---

[136] Neben den angeführten Personenfotos umfaßt die referierte Bildsammlung auch einige wenige Symbolfotos. Da sich im Pretest herausgestellt hatte, daß die Bezugnahme auf objektbezogene 'Motivfotografien' (Adam (1993) 270) oftmals mit einer **Vermeidung** persönlicher Selbstmitteilungen einhergeht, wurde in der Erhebung selbst weitestgehend auf solche Bilder verzichtet.

[137] Schütze (1983) 285

[138] In konziser und überaus hilfreicher Weise umschreibt *Harry Hermanns* (1984) 424f. die zentrale Funktion sowie die zweckmäßige Formulierung und Präsentation der Erzählaufforderung im narrativen Interview (vgl. a. ders. (1995) 183-185). Dabei erhebt er die Forderung: „Der Informant muß ausdrücklich gebeten werden,

Darstellungsmodus die **äußere** Ereignisabfolge („was war denn damals <u>los</u>"[139]) ebenso in den Blick nimmt wie das simultane **innere** Empfinden („wie <u>ging</u> mir 's denn damals da bei der G'schicht"[140]).

Ein gelungener Erzählstimulus gleicht dem Angebot einer 'leeren Seite'[141], die von den Probanden mit thematisch relevanten Erinnerungen gefüllt wird. Um zu verhindern, daß die Informanten statt des eigenen Erlebens die zuvor ausgewählten Bilder in den Mittelpunkt ihrer Beiträge rücken[142], verweist der Forscher nachdrücklich auf die illustrierende Funktion der Fotografien.

Wie ich in Kap. 2.2.4 aufgezeigt habe, legitimiert sich das Erhebungsinstrument der Erzähl-runde maßgeblich aus der Annahme, daß individuelle Erlebniserzählungen im Alltagsleben jugendlicher Realgruppen an der Tagesordnung sind, wobei diese Narrationen nicht etwa monologisch vorgetragen werden, sondern in mannigfache interaktive Kommunikationsvoll-züge eingebunden sind. Indem die Adressaten des Erzählimpulses ermuntert werden, die angeregten Individualerzählungen durch eigene Ergänzungen und Nachfragen aktiv mitzu-verfolgen, wird ihnen signalisiert, daß **alltagsähnliche** Verhaltensweisen, die der qualitati-ven Forschungslogik gemäß Authentizität verbürgen[143], im Erhebungssetting ausdrücklich erwünscht sind.

2.4.5 Präsentationsrunde und Interviewführung

Die narrative Artikulation persönlicher Intensiverfahrungen in der vertrauten Realgruppe bildet das konzeptionelle und inhaltliche **Herzstück** der Erzählrunden. Alle bisherigen Schritte des Erhebungsdesigns hatten darauf gezielt, die Kommunikation thematisch rele-vanter Individualerzählungen anzubahnen. In der **Präsentationsrunde** werden diese Narrationen nun expliziert und greifbar. Hier entscheidet sich das Wohl und Wehe der Datenerhebung.

Während der bisherige Ablauf der Erzählrunden in hohem Maße durch die methodischen Vorgaben und konkreten Interventionen des Forschers strukturiert wurde[144], wird das

---

zu erzählen, was er selbst erlebt hat." (ders. (1984) 424 [ein Interpunktionsfehler im Originalzitat wurde be-richtigt; B.P.])

[139] Brunnen: 1445/15 (*GL*); vgl. a. Ostern: 1638/17 (*GL*)

[140] Brunnen: 1445/15 (*GL*); vgl. a. Ostern: 1638/17 (*GL*)

[141] *Robert K. Merton et al.* nach Witzel (1985) 245

[142] Im Pretest kam es wiederholt zu einer solchen unerwünschten Verselbständigung des Bildimpulses.

[143] vgl. insb. S. 68 und S. 108

[144] Wie sich insbesondere an den gemeinschaftlichen Erzählungen (II) aufzeigen läßt, 'füllten' die Probanden den durch den Forscher vorgegebenen Rahmen der bisherigen Erhebungsschritte durchaus mit eigenbestim-ten Gesprächspassagen.

kommunikative Geschehen der Präsentationsrunde **eindeutig** durch die jugendlichen Informanten dominiert. Die sprachliche und thematische Eigenständigkeit und Eigenlogik ihrer Erzählbeiträge und die interaktive Eigendynamik ihrer Gruppenkommunikation genießen oberste Priorität.

Gemäß der Zielsetzung, die jugendlichen Probanden im Zuge der Präsentationsrunde so weit als nur möglich „selbst und mit ihren eigenen Worten zu Wort"[145] kommen zu lassen, versucht der **Interviewer** in diesem ausschlaggebenden Erhebungsstadium, als '**Facilitator**'[146] oder Förderer **einer offenen und vertrauensvollen Erzählkommunikation** zu agieren.

Um dieser Rolle gerecht zu werden, bemüht er sich um ein Gesprächsverhalten, das einerseits der erzählenden **Einzelperson** ebenso Rechnung trägt wie der **Gesamtgruppe** und andererseits durch **rezipierende Aufmerksamkeit** geprägt ist, ohne auf **alltagsähnliche und methodisch sinnvolle Interventionen** zu verzichten.

Während der individuellen Erzählbeiträge konzentriert sich der Forscher (mit den anderen Zuhörern) auf die Person und Ausführungen des jeweiligen Narrators. Er versucht, dessen Perspektive einzunehmen und gibt durch knappe Antwortsignale zu erkennen, daß er das dargelegte Erleben und Deuten interessiert und einfühlend mitvollzieht.[147] Zielt sein Verhalten auch **primär** darauf, „den Fluß der Erzählung möglichst wenig zu stören oder zu behindern"[148], so verzichtet er doch entgegen der strikten Methodologie des narrativen Interviews[149] keineswegs auf verbale Interventionen. Inhaltlich sind solche insbesondere geboten, wenn der Sprecher Informationen als selbstverständlich voraussetzt, deren Explikation für ein adäquates Verständnis der Erzählung unerläßlich erscheint. Psychosozial sind sie gerechtfertigt, insofern sich der Forscher durch solche Reaktionen in alltäglich vertrauter

---

[145] Lamnek (1988) 224; vgl. insb. Bohnsack (1993) 20

[146] Das Wort 'Facilitator' wurde als psychotherapeutischer und pädagogischer Fachbegriff durch *Carl R. Rogers* geprägt: „Die verantwortliche Person wird mit dem Terminus *Facilitator* genauer bezeichnet als mit dem Ausdruck Gruppenleiter, weil sie ihre Aufgabe eher darin sieht, **die Möglichkeiten der Individuen** zur Selbsterfahrung und Verhaltensänderung **freizusetzen**, als darin, manipulierend, deutend und überredend auf sie einzuwirken." (ders. (1991) 56 [Hervorhebungen: B.P.]; vgl. insb. ders. (1974) 50-75)

[147] In treffender Weise umschreibt *Harry Hermanns* (1995) 184 diese Strategie des **aktiven Zuhörens**: Der Interviewer sollte „versuchen, sich in die Geschichte 'hineinzuhören', die Perspektive des Erzählers zu verstehen und dieses Verstehen auch durch Zeichen zu signalisieren ('hm'), so daß der Erzähler die Gewißheit hat, daß die Art seiner 'Mitarbeit' auch den Wünschen des Interviewers entspricht."

[148] Flick (1995 A) 158; vgl. a. Girtler (1984) 158

[149] Damit die Erzählung kontinuierlich aus Sicht des Informanten entfaltet werden kann, darf sie im 'klassischen' narrativen Interview **unter** (fast) **keinen Umständen** vom Interviewer **beeinflußt** werden. „Eine Funktionsbedingung des narrativen Interviews besteht [...] darin, die Ausgestaltung der zu erzählenden Geschichte **voll und ganz** dem Erzähler zu **überlassen**, auch wenn der Interviewer fürchtet, daß Themen, Gegenstände, Ereignisse, die ihn interessieren, in der Haupterzählung des Informanten nicht vorkommen" (Hermanns (1984) 423 [Hervorhebungen: B.P.]) Unterbrechungen sind nach Schütze (1983) 285 allenfalls zulässig, wenn die Geschichte keinen Bezug zur Biographie des Informanten erkennen läßt oder so unverständlich abläuft, daß der Interviewer nicht mehr folgen kann.

Weise als **Person** zu erkennen gibt, zu welcher der Proband Zutrauen fassen kann.[150] Während nämlich ein **starr** rezeptives Antwortverhalten sehr leicht den Anschein erweckt, daß sich der Forscher hinter einer funktionalen Rolle verbarrikadiert, steht das **flexible** Eingehen auf die Sprecher im Einklang mit der Maxime, daß der Leiter „um so *erfolgreicher* ist, je *wirklicher* er in Interaktionen mit anderen Personen ist."[151]

Im Gegensatz zur Methode des Gruppeninterviews, bei der sich die einzelnen Informanten je gesondert auf den Interviewer beziehen[152], kommunizieren die Narratoren im Erhebungssetting der Erzählrunde mit der anwesenden **Gesamt**gruppe. Richtet der Moderator während der Präsentation der Erzählbeiträge auch sein Hauptaugenmerk auf die vortragenden Einzelakteure, so darf er sich doch keinesfalls auf die dyadische Beziehung zum jeweils Sprechenden fixieren.

Um den mannigfachen Wechselwirkungen zwischen **persönlichen** Narrationen und der **gemeinschaftlichen** Rezeption und Gesprächsorganisation gerecht zu werden und gegebenenfalls die Anteilnahme und Kompetenz der Gesamtgruppe förderlich ins Spiel bringen zu können, sollte er einerseits kontinuierlich und aufmerksam wahrnehmen, in welcher Weise und Stimmung die **anderen Zuhörer** auf das Erzählte reagieren, und andererseits der **Gruppe** vernehmbar signalisieren, daß er sie als kollektives Subjekt der Erzählkommunikation respektiert.

Selbst bei präzisester Vorplanung kommt der Forscher im Handlungsstrom der Erhebungsphase nicht umhin, **situativ** zu entscheiden, welche Interventionen jeweils angemessen und realisierbar erscheinen, um den Kommunikationsprozeß positiv zu beeinflussen.[153]

Stellen wir diese Grundtatsache qualitativen Forschens in Rechnung, dann ist die These nicht von der Hand zu weisen, daß die qualitative **Erhebung** „streckenweise selbst schon

---

[150] Nach *Roland Girtler* (1984) 157f. und 162 widerspricht die im 'klassischen' narrativen Interview (während der Phase der Haupterzählung) geforderte strenge Zurückhaltung des Interviewers dem Grundprinzip qualitativer Forschung, daß nur eine möglichst **alltagsnahe** und **gleichberechtigte** Kommunikation zwischen Forscher und Befragtem realitätshaltige Daten erwarten läßt. Wenn sich der Interviewer einem starren Rollenkonzept unterwirft, ist er für den Informanten kaum noch als individuelle Person erkennbar, zu der dieser persönliches Zutrauen fassen kann. Ohne solches persönliches Zutrauen jedoch ist aus *Girtlers* Sicht kaum damit zu rechnen, daß der Informant aus sich herausgeht und offen über sich und seine Welt berichtet.

[151] Rogers (1974) 148

[152] Ich verstehe 'Gruppeninterviews' im engen Sinne als „the systematic questioning of several individuals simultaneously in formal or informal settings" (Fontana / Frey (1994) 364).

[153] vgl. insb. Nießen (1977) 103f., Witzel (1985) 237 und 245, Lamnek (1989) 100, Porzelt (1991) 42 sowie Flick (1995) 137

eine Form der **Interpretation** darstellt"[154] und das Interpretationshandeln des Forschenden nicht erst mit der Analyse transkribierter Daten einsetzt.

Die nachträgliche Auswertung der Transkripttexte wiederum kann dem vorgängigen Kommunikationsverlauf der Erhebungsphase nur gerecht werden, insofern sie die darin wirksamen „Vorinterpretationen"[155] des Gesprächsleiters ausdrücklich berücksichtigt, die sich insbesondere in Gestalt von verbalen Impulsen niederschlagen. Dies gilt unabhängig davon, ob dessen Äußerungen im nachhinein als hilfreich oder hemmend angesehen werden.[156]

2.4.6 Diskussionsrunde mit exmanenter Nachfrage

Nachdem mit der Präsentationsrunde das zeitlich bei weitem umfangreichste und inhaltlich entscheidende Stadium der Datenerhebung ausgeklungen ist, sieht das Untersuchungsdesign die Möglichkeit vor, die Thematik existentiell bedeutsamer Erfahrungen in einer Weise zu beleuchten, die sich von der vorherigen Erzählkommunikation **grundlegend unterschei-det**.[157]

War der bisherige Erhebungsablauf auf die **narrative** Entfaltung **eigener** Intensiverfahrungen ausgerichtet, so versucht die ergänzende Diskussionsrunde, eine **argumentative** Auseinandersetzung mit dem **von außen eingebrachten** Begriff der 'religiösen Erfahrung' zu entfachen. Gerade weil die Religionspädagogik wenig Scheu zeigt, biographische (Relevanz)Erfahrungen als 'religiös' zu etikettieren[158], scheint die Frage interessant, ob und inwiefern sich unsere Probanden als konkrete Subjekte solcher Erfahrungen in dieser Fremdattribuierung wiederfinden.[159]

---

[154] Feige (1992) 67 [Hervorhebung: B.P.]; vgl. a. Nießen (1977) 100f., Witzel (1985) 234, 242, 245 und 247f. sowie Legewie (1987) 139

[155] Witzel (1985) 242

[156] „Da der Diskussionsleiter selbst sich in einem fortwährenden Interaktionsprozeß befindet, in dem er auf der Grundlage seiner Interpretation des bisherigen und der Vorwegnahme [...] des zukünftigen Diskussionsverlaufs auch auf die Gefahr hin handeln muß, daß sich die Interpretationen und Antizipationen als inadäquat erweisen sollten, muß eben dies in der Auswertung auch zum Gegenstand der Untersuchung gemacht werden." (Nießen (1977) 100f.)

[157] Da sich die Probanden beider Gesprächsgruppen während der Präsentationsrunde rege am Gespräch beteiligt und aufeinander bezogen hatten, erwies sich die im Erhebungsleitfaden vorgesehene schematische Nachordnung eines rückblickenden Kommentierungsimpulses (*„Gibt es etwas, was Ihr noch (dazu) sagen wollt - Ergänzungen, Nachfragen, ...?"*) als **überflüssig**. Evozierte dieser Impuls in der Ostern-Erzählrunde eine partielle Vorwegnahme der Metakommunikation (Ostern: 2639/49-2695/50), so wurde er in der Brunnen-Erzählrunde gänzlich weggelassen.

[158] vgl. etwa Fußnote 162 in Kap. 1.4.1.3, Fußnote 216 in Kap. 1.5, Fußnote 238 in Kap. 1.6 sowie Fußnote 271 in Kap. 1.6.4

[159] Die **alltagssprachliche Rezeption** eines Terminus entscheidet zwar nicht per se über dessen **heuristische Qualität** im wissenschaftlichen Reflexionszusammenhang. Wenn aber - wie im Falle des Attributs 'religiös' (vgl. insb. Hemel (1986) 59 und Pollack (1995) 396) - ein Begriff im alltäglichen und wissenschaftlichen 'Sprachspiel' (*Ludwig Wittgenstein*) in ähnlichem Sinne verfügbar ist, erscheint dessen alltagssprachliche

Mit der Frage nach der religiösen Interpretation lebensbedeutsamer Erlebnisse wird ein Fremdkriterium in die Erhebungskommunikation hineingetragen, das bei den Informanten den Eindruck hervorrufen kann, der Forscher nehme ihre (zuvor explizierten) Eigendeutungen und damit sie selbst nicht ernst und wolle sie zu guter Letzt doch **religiös vereinnahmen**.

Um dieses Risiko zu vermindern, ist die Diskussionsrunde als solche nicht obligatorisch, sondern vom Gesprächsverlauf abhängig und der Entscheidung des Moderators überlassen. Dieser muß situativ abschätzen, ob die 'exmanente'[160] Nachfrage als Versuch der Indoktrination gewertet werden wird oder aber offen erörtert werden kann. Letzteres war in beiden Erzählrunden problemlos möglich.

Damit die Jugendlichen den Diskussionsimpuls nicht als Appell mißverstehen, die narrative Erfahrungsrede der Präsentationsrunde in religiösem Sinne zu revidieren, zielt dessen Formulierung nicht etwa konkret und 'frontal' auf die zuvor dargelegten Einzelerlebnisse, sondern vielmehr **grundsätzlich** und '**tangential**' auf „*Erfahrungen, die Menschen machen und die ihnen wirklich wichtig sind*" (VII).

Angesichts der in Kap. 2.2 entfalteten Argumente messe ich dem eigenstrukturierten **Erzählen** selbst erlebter Intensiverfahrungen (in VI) prinzipiell einen **größeren heuristischen Stellenwert** für die Erkundung jugendlicher Relevanzerfahrungen zu als der argumentativen **Diskussion** einer fremden Begrifflichkeit (in VII). Da die durchgeführten Erzählrunden ein Übermaß an auswertungsrelevanten Passagen der **präferierten** Datensorte individueller Narrationen zu Tage brachten, für die zudem noch ein 'maßgeschneidertes' Analyseverfahren entwickelt werden mußte, erwies es sich im Rahmen der hiesigen Studie forschungsökonomisch nicht leistbar, eine **detaillierte** Auswertung der **nachrangigen** Gruppendiskussion vorzunehmen.

Eine vorläufige Rekonstruktion des inhaltlichen Verlaufs dieser Diskussionsrunden[161] läßt aber zumindest zwei Tendenzen erkennen: Auf **theoretischer** Ebene spiegelt sich in der Auseinandersetzung der Jugendlichen derselbe **Antagonismus zwischen engem** (expliziten) **und weitem** (existentiell-ontologischen) **Religionsbegriff**, der auch für die wissenschaftliche Religionsdebatte grundlegend ist. **Existentiell** ist den Informanten die explizit religiöse

---

Rezeption zumindest als ein ernsthafter Prüfstein für den Realitätsgehalt der wissenschaftlichen Begriffsverwendung.

[160] Während '**immanente**' Fragen inhaltlich auf den „vom Befragten selbst entwickelten Erzählstrang" (Witzel (1985) 237) rekurrieren, bringt der Forscher mittels '**exmanenter**' Fragen „sein problemzentriertes Interesse" (ebd.) ins Spiel.

[161] Ostern: 2868/53-2986/54 sowie Brunnen: 1967/50-2317/56

Deutung eigener (Intensiv)Erfahrungen **in der Regel fremd oder bedeutungslos**, wobei allerdings ein Erlebnis anklingt, das dezidiert mit Gott in Verbindung gebracht wird[162], und eine Gesprächssequenz darauf hindeutet, daß persönliche Notsituationen an Gott zweifeln (!) lassen können.[163]

Inwieweit sich diese Beobachtungen infolge einer eingehenden Textinterpretation präzisieren lassen, muß gegenwärtig noch offen bleiben.

2.4.7 Metakommunikation

Zu Abschluß der Erzählrunden erhalten die Probanden die Gelegenheit, die vorangegangene Forschungskommunikation zu **evaluieren**.[164] Um ein repräsentatives Bild zu gewinnen, wie sie die Erhebungssituation erlebten und einschätzen, werden sämtliche Gruppenmitglieder gebeten, in einem persönlichen Votum zum Ausdruck zu bringen, „wie ihr d's jetz' heut' fandet"[165]. Da die evaluative Abschlußrunde keinen gemeinschaftlichen Konsens anzielt, sondern die Vielfalt und Unterschiedlichkeit der individuellen Wahrnehmungen und Wertungen aufzudecken sucht, bleiben diese Stellungnahmen unkommentiert und undiskutiert.[166] Neben interaktiven, sprachlichen und inhaltlichen Anhaltspunkten, die aus der Erhebungskommunikation als solcher ablesbar sind[167], bilden die metakommunikativen Äußerungen der Informanten einen unverzichtbaren Gradmesser, um die **Qualität der Datenerhebung** einzuschätzen. Wird aus ihren Rückmeldungen ersichtlich, daß sie das Erhebungsgeschehen als alltagsähnlich erlebten und sie sich in der Untersuchungssituation unbefangen artikulieren und mit der Forschungsfrage identifizieren konnten, kann dies als aussagekräftiges Indiz

---

[162] Ostern: 2915/54-2957/54 (*Dw*)

[163] vgl. insb. Brunnen: 2099/52-2102/52 (*Mm*); beim **Erzählen** solcher Krisenerlebnisse kommen die Probanden hingegen **kein einziges Mal** auf die Gottesfrage zu sprechen! Die These von *Hans Schmid* (1995), daß „Krisensituationen" (103) das 'energetische Zentrum' (105) jugendlichen Betens und Glaubens darstellen, vermögen unsere Fallanalysen (Kap. 3 und 4) nicht zu untermauern.

[164] Zwar trifft *Philipp Mayrings* Bezeichnung des Schlußteils von Gruppendiskussionen als „Meta**diskussion**" (ders. (1990) 54; [Hervorhebung: B.P.]) nicht die hier gewählte Form, die konstitutive Einbeziehung eines der Metakommunikation gewidmeten Teiles ins Forschungsdesign verdankt sich dennoch seiner Anregung.

[165] Brunnen: 2339/57 (*GL*); vgl. a. ebd. 2348/57 und Ostern: 2701/50 (jew. *GL*); nachdem die evaluative Abschlußrunde der Ostern-Gruppe bereits kurz nach dem Eingangimpuls unterbrochen wurde (in 2724/50), wird sie erheblich später durch eine Intervention des Gesprächsleiters (in 2986/54-0024/55) neu entfacht.

[166] Methodisch orientiert sich der Ablauf der hiesigen Abschlußrunde an der Übung des 'Blitzlichts'. Indem diese eine „kurze 'Bestandsaufnahme'" (Schwäbisch / Siems (1985) 266) situationsbezogener Teilnehmervoten inszeniert, stellt sie „ein hervorragendes Instrument zur Metakommunikation" (ebd. 265) dar.

[167] vgl. Kap. 2.7.2

gewertet werden, daß den erhobenen Verbaldaten Authentizität und thematische Relevanz zuzumessen ist.[168]

Der qualitative Approach bemüht sich dem eigenen Anspruch nach um eine möglichst **dialogische** Forschungsbegegnung.[169] Neben dem Leitziel einer **informantenfokussierten Kommunikation**, die inhaltlich, sprachlich und prozessual so weit von den Befragten strukturiert wird, wie es innerhalb des thematischen Forschungsrahmens nur denkbar ist, schließt diese Dialogizität auch ein, daß die Probanden befugt und berechtigt sind, eine **reziproke Kommunikation** aufzunehmen und den Weg und die Ergebnisse der Forschung zu hinterfragen und zu kritisieren. Indem das hiesige Untersuchungsdesign eine Evaluation des Erhebungsgeschehens durch die Informanten vorsieht und ihnen die Möglichkeit eröffnet wird, ein entsprechendes Feedback des Moderators einzuholen und den Forschungskontext der Erzählrunden zu erfragen[170], wird versucht, sie über die unmittelbare Datengenerierung hinaus als kompetente Dialogpartner im Erkundungsprozeß wahr- und ernstzunehmen.

Da zum Zeitpunkt der Erhebung noch offenstand, ob es im theorieentwickelnden Fortgang meines Forschungsprojekts sinnvoll und realisierbar sein würde, die Befunde der Erzählrunden mittels gezielter Einzelinterviews zu ergänzen, bildete die (erfolgreiche) Sondierung möglicher Interviewkandidaten (IX) den Schlußpunkt der Erhebungsphase.

---

[168] Die qualitativen Gütekriterien der 'Authentizität' und 'thematischen Relevanz' werden in Kap. 2.7.2.1 näher erörtert.

[169] Insofern die qualitative Forschungslogik „eine **echte** *Kommunikation* des Forschers mit den Individuen der zu erforschenden Kultur oder Gruppe" (Girtler (1984) 39; vgl. insb. Lamnek (1988) 23f.) anzielt, vermag sie Verfahren zu begründen, die der von *Georg Baudler* (1987) 418 völlig zu Recht erhobenen Forderung gerecht werden, die Religionspädagogik benötige „Methoden [...], „in denen der Jugendliche *selbst* **dialogisch** und so, daß er **ernst genommen** wird, seine Erfahrungen artikulieren kann." [Hervorhebungen: B.P.]

[170] vgl. insb. Ostern: 2727/50 (*Ew*), 2803/51 (*Dw*) und 2852/52 (*Dw*) sowie Brunnen: 2415/58 (*Lm*), 2702/64-2717/64 (*Gm*) und 2801/65 (*Em*)

Abbildung 2.1: **Ablaufplan der Datenerhebung**

I. Eröffnung

1) kurze **Vorstellrunde** (Name, Alter, Job/Schule/Klasse)

2) **Wiederholung** wichtiger Informationen

× Ziel meiner Untersuchung:
'aus erster Hand herausbekommen, welche Erlebnisse Jugendlichen im Leben wichtig sind'

× Ganz wichtig für mich ist, daß Ihr möglichst so redet 'wie Euch der Schnabel gewachsen ist', d.h. **Eure Sicht** (sprachlich und inhaltlich) **möglichst ungefiltert** einbringt!

3) **Ausblick** auf den heutigen Ablauf:

× zwei Schritte:

a) 'Erlebnisse, die **Euch als Gruppe** wichtig waren'

→ offenes Gespräch

b) 'Erlebnisse, die **den einzelnen von Euch in ihrem Leben** (außerhalb der Gruppe) wichtig waren'

→ aus meiner Sicht **Schwerpunkt** unseres Treffens

→ Wenn persönliche Fragen in Eurer Gruppe nicht allzu häufig 'auf den Tisch kommen', ist es **vielleicht erst einmal ziemlich ungewohnt und befremdlich**, über sich selbst und persönliche Erlebnisse zu reden.

→ Als Zugang zur Frage nach persönlich wichtigen Erlebnissen habe ich einen **Einstieg** vorbereitet, wie Ihr ihn in ähnlicher Form vielleicht aus Gruppenstunden kennt.

→ Ich hoffe, daß sich aus dieser Übung heraus ein Gespräch entwickelt,

× das **mir** dabei **hilft, zu verstehen, was Euch wichtig ist!**

× das **Euch hilft, Euch gegenseitig (noch) besser kennenzulernen!**

(× zum Abschluß: kurze gemeinsame Auswertung)

4) **Teilnehmernachfragen** und **-einverständnis**

II. Kollektivphase

× offener Austausch

→ Wie lange seid Ihr schon als Gruppe beisammen?

→ Wenn Ihr jetzt mal so auf diese gemeinsame Zeit zurückschaut, - mit all dem, was so los war, mit allen Flauten, Höhepunkten und Krisen:

'Was waren für Euch die wichtigsten Erlebnisse, die Ihr zusammen in der Gruppe gemacht habt?'

III. Überleitung zur Individualphase (IV-VII)

× bis jetzt im Blick: wichtige Erlebnisse, die Ihr zusammen in der Gruppe gemacht habt

→ jetzt Blickwechsel über die Gruppe hinaus

Abbildung 2.2: **Ablaufplan der Datenerhebung**

IV. Einstiegsübung

× Ich vermute, daß es im Leben der meisten Menschen Punkte gibt,

  ✓ die **aus dem alltäglichen Trott herausfallen**

  ✓ in denen ich etwas erlebe, das **für mich besonders wichtig** ist

  ✓ in denen sich etwas ereignet, das **mir nahegeht** und mich berührt

× Ich würde gern mit Euch auf die Spur solcher Ereignisse kommen und fände es schön, wenn ihr erzählen könntet, was Ihr da erlebt habt!

× Da es bestimmt kaum möglich ist, eigene Erinnerungen an wichtige Erlebnisse spontan 'aus dem Ärmel zu schütteln' will ich Euch einladen:

  ✓ **Euch** erst einmal **ein paar Minuten Zeit zu nehmen,**

  ✓ um **zu schauen, ob und welches Geschehnis aus Eurem Leben Euch einfällt,**

  ✓ von dem Ihr sagen könnt:

  '*Das war ein konkretes Erlebnis, das mir wirklich wichtig war.*'

× gegebenenfalls nähere Erläuterung:

✓ '*konkretes Erlebnis*':

  ✓ etwas, das in meinem Leben passiert ist

  ✓ ein Geschehen in meinem Leben

✓ '*mir wirklich wichtig*' :

  ✓ es geht allein darum, was dieses Erlebnis **Euch persönlich** bedeutet hat

  ✓ es geht überhaupt nicht darum, ob es in irgendeiner Form **allgemein** wichtig ist, etwa für die Mehrheit der Jugendlichen

✓ '*mir wirklich wichtig*'

  ✓ es war für mich **nicht alltäglich**

  ✓ es ist mir **nahegegangen** / 'unter die Haut gegangen'

  ✓ für mich ist da etwas **besonderes** passiert

× Wenn Ihr für Euch ein solches Erlebnis gefunden habt, dann **sucht** bitte aus den Fotos, die ich auslegen werde, **eines heraus,** von dem Ihr sagen könnt:

'Das ist ein ***Bild, in dem ich 'mein' Erlebnis wiederfinde***'

  → das mein Erlebnis gut ausdrückt

  → das mir hilft, mein Erlebnis in der Gruppe mitzuteilen

× Setzt Euch bitte weder beim Überlegen noch bei der Bildersuche unter Leistungsdruck.

Wenn Ihr etwa kein Bild findet, das zu Eurem Erlebnis paßt, dann verzichtet lieber auf ein Foto, als daß Ihr eines auswählt, mit dem Ihr nichts anfangen könnt!

× Ich werde während der Übung Musik laufen lassen und bitte Euch

  × beim Überlegen und Aussuchen ruhig Zeit zu lassen und

  × während der Übung nicht miteinander zu sprechen.

Abbildung 2.3: Ablaufplan der Datenerhebung

V. Erzählimpuls

'Erzählt bitte das Erlebnis,

das Ihr Euch ausgesucht habt!'

× Laßt Euch ruhig Zeit für Einzelheiten, die Euch wichtig sind!

× Wenn Ihr ein passendes Bild gefunden habt, dann könnt Ihr es natürlich beim Erzählen zur Hilfe nehmen!

Versucht aber bitte, nicht am Bild selbst 'hängenzubleiben', sondern vor allem 'rüberzubringen', was sich damals ereignet hat und wie es Euch damals ging!

× Es wäre schön, wenn Ihr nachfragt, wo Euch etwas unklar ist und ergänzt, wo es Euch schon ähnlich ging oder wo Ihr schon etwas ähnliches erlebt habt!

(... damit das Gespräch lebendig wird und wir eine sture Aneinanderreihung einzelner Beiträge vermeiden!)

VI. Präsentationsrunde

VII. Diskussionsrunde

1) (fakultativer) Gesprächsimpuls

× 'Gibt es etwas, was Ihr noch (dazu) sagen wollt - Ergänzungen, Nachfragen, ...?'

2) (fakultative) exmanente Nachfrage

'Haben Erfahrungen,
die Menschen machen und die ihnen wirklich wichtig sind,
aus Eurer Sicht etwas mit Religion zu tun?'

VIII. Meta-Kommunikation

1) nur bei schwierigem Gesprächsverlauf mit geringer persönlicher Offenheit:

'Warum fiel es uns schwer,
hier und heute über unsere Erlebnisse zu reden?'

2) obligatorisches 'Blitzlicht'

× 'Wie geht mir 's jetzt?'

× 'Was ich noch zum Gespräch sagen wollte ...'

IX. Sondierung der Bereitschaft zu Einzelinterviews

2.5 Aufzeichnung und Transkription der Daten

Sprache stiftet und vermittelt **Erfahrung**.[171] Die wissenschaftliche „Analyse von Erfahrungen [...] kann also nicht an der kognitiven Tätigkeit des Menschen vorbeigehen, die sich in Sprache artikuliert"[172]. Wissenschaftlich verwertbar und auswertbar sind sprachliche Erfahrungsdokumente jedoch nur, insofern sie **schriftlich** faßbar sind: „Die Schrift läßt das gesprochene Wort erstarren und ruft damit den Grammatiker, den Logiker, den Rhetoriker, den Historiker, den Wissenschaftler auf den Plan - all jene, die sich die Sprache vor Augen führen müssen, um zu erkennen, was sie bedeutet, wo sie irrt und wohin sie führt."[173]

Erzählrunden evozieren mündliche Verbaldaten. Damit diese Daten analysiert und interpretiert werden können, müssen sie verschriftet werden. Mit der Genauigkeit und Einheitlichkeit dieser **Transkribierung** steht und fällt die Möglichkeit einer präzisen und validen Verbalanalyse. Um eine sorgfältige Verschriftung bewerkstelligen zu können, bedarf es wiederum einer qualitativ hochwertigen **Aufzeichnung** der Erhebungskommunikation.

Die während der Erzählrunden erfolgende Datenaufzeichnung lag in den Händen einer Assistentin (bzw. eines Assistenten).[174] Ihr (bzw. ihm) oblag die doppelte Aufgabe, den Mitschnitt auf Toncassette[175] zu koordinieren und ein simultanes Ablaufprotokoll zu fertigen, in dem die jeweils sprechende Person und der Satzanfang ihres Beitrags vermerkt wird, um die nachträgliche Zuordnung der Gesprächsbeiträge zu den einzelnen Gruppenmitgliedern zu erleichtern.[176]

Die Transkribierung des in den Erzählrunden Gesprochenen vollzieht sich in mehreren Durchgängen, in denen jeweils die Gesprächstonbänder abgehört und das Gehörte schriftlich fixiert wird, wobei das zunächst grobe Transkript sukzessive vervollständigt und verbessert

---

[171] vgl. insb. S. 49f.

[172] Schillebeeckx (1990) 41

[173] Postman (1988) 22; vgl. a. Sill (1995) 38: Im narrativen Interview „überlagern sich [...] mündliche und schriftliche Erzählrede in eigentümlicher Weise. Es ist Dialog und 'Dialog', **zunächst unmittelbare Kommunikation** und Interaktion zwischen Interviewer und Interviewtem, **später** dann, **als Text, Gegenstand hermeneutischer Verfahren**, in denen der Forscher als Rezipient mit dem gedachten Autor (Text) kommuniziert." [Hervorhebungen: B.P.]

[174] Ich danke Judith Ort und Peter Knoblach für die Übernahme dieser Aufgabe!

[175] Das hohe Niveau des eingesetzten technischen Equipments (Cassettendeck und zwei Mikrofone) gewährleistete eine solide Tonqualität der Erhebungsmitschnitte, wodurch die (arbeitsaufwendige) Transkribierung der Daten erheblich erleichtert wurde.

[176] vgl. Krüger (1983) 100; zwar ist es gerade bei kurzen Einwürfen oder turbulenten Gesprächssequenzen nicht möglich, sämtliche Teilnehmerbeiträge zu erfassen, das Protokoll erleichtert aber auch die Identifikation nicht aufgeführter Äußerungen, da es dazu verhilft, die einzelnen Probanden beim Abhören der Cassetten an ihren Stimmen zu erkennen.

wird.[177] Unter Zuhilfenahme des erwähnten Ablaufprotokolls gilt es darüber hinaus, die einzelnen Gesprächsbeiträge möglichst präzise den jeweiligen Sprechern zuzuordnen. Wie den Probanden verbindlich zugesagt worden war[178], sind Eigennamen, die einen Rückschluß auf deren Identität zulassen, konsequent zu anonymisieren.

Die Transkribierung erfolgt auf der Basis eines Regelwerks, das ich nachfolgend dokumentiere (Abb. 3). Innerhalb des formalen Rahmens, der durch diese Regeln gesetzt ist, schält sich im Vertrautwerden mit den Einzelerhebungen ein Verschriftungsmodus heraus, der die Eigenart des je vorliegenden Dialekts berücksichtigt und durchgängig gehandhabt werden sollte.[179]

---

[177] Für die Erstellung der Transkript-Rohfassungen bedanke ich mich herzlich bei Frau Marline Bauer!

[178] Diese Zusicherung erfolgte zunächst im Vorgespräch (vgl. Abb. 1) und wurde zu Beginn der eigentlichen Erzählrunden bekräftigt (vgl. Ostern: 0028/01 (GL) und Brunnen: 0060/01 (GL)).

[179] So muß etwa für den jeweiligen Dialekt möglichst einheitlich festgelegt werden, ob und wo bei häufig vorkommenden Worten ausgelassene Silben oder Buchstaben markiert werden.

100

Aw (oder **m**) **Bw** (oder **m**) u.s.w.	anonymisierte Kennzeichnung der Gesprächsteilnehmer/innen mit der Unterscheidung von weiblich (w) und männlich (m)[*]
?w (oder **m**)	nicht eindeutig zu identifizierende/r Gesprächsteilnehmer/in mit der Unterscheidung von weiblich (w) und männlich (m)
mm	mehrere Gesprächsteilnehmer/innen gleichzeitig[*]
GL	Gesprächsleiter
AS	Gesprächsassistent/in
XXX	anonymisierter Personenname
YYY	anonymisierte Ortsbezeichnung
ZZZ	anonymisierte Benennung von Gruppen, Institutionen, Firmen, Veranstaltungen, ...
(.)	kurze Pause von ca. 1 Sekunde[*]
(4)	längere Pause; ungefähre Dauer in Sekunden[*]
( )	[Einklammerung eines **kompletten** Gesprächsbeitrags:] Äußerungen, die **gleichzeitig / während** der Rede einer/eines anderen Teilnehmenden gesprochen wurden[**]
( )	[Einklammerung **innerhalb** von oder **zwischen** Gesprächsbeiträgen:] Anmerkung der Transkribierenden zu **parasprachlichen**, **nicht-verbalen** Phänomenen oder zu **gesprächsexternen** Ereignissen[*]
[ ]	[Einklammerung durch **eckige** Klammern **innerhalb** von Gesprächsbeiträgen:] **Unsicherheiten** bei der Transkription (z.B. schwer verständliche Äußerung)
...	**unverständliche** Äußerung
Unterstreichung	**betonte** Äußerung[*]
/	stark steigende Betonungskurve
\	stark sinkende Betonungskurve
» «	Anführungszeichen markieren durch Stimmveränderung herausgehobenes **Nachspielen / Simulieren** fremder Positionen oder eigener Gedanken.
'	Apostroph ersetzt beim Reden **ausgelassene Silben, Buchstaben oder Wortteile** (z.B. mündlich „ni't" / „a'" für schriftsprachlich „nicht" / „auch").
,	Die Kommasetzung folgt weitestgehend nach rhetorischen Gesichtspunkten zur Markierung von „beim Sprechen entstehenden Pausen"[181]; der grammatikalische Verwendungszweck ist dem untergeordnet.
Ostern: 0750/06 (*Dw*) oder Ostern: 0750/06: *Dw*	Die **Kodierungen** beziehen sich auf die Erzählrundentranskripte, die im Anhang dokumentiert sind. Sie umfassen: - den **Gruppennamen** (hier: 'Ostern'-Gruppe); - die **Bandlaufzahl** (hier: 0750) und **Seitenangabe** (hier: 06), unter der das verschlüsselte Zitat im Protokoll zu finden ist; - den/die **Sprechende/n** (hier: *Dw*).

Abbildung 3: **Transkriptions- und Kodierungsregeln**[180]

---

[180] Dieses Reglement beruht weitgehend auf Schmid (1989) 301f. Einzelregeln, die von *Hans Schmid* übernommen wurden, sind mit [*] gekennzeichnet. Der mit [**] markierte Modus des Umschreibens gleichzeitiger Redebeiträge stammt aus Nießen (1977) 169.

[181] Duden Rechtschreibung (1986) 38

2.6 Gesamtfokus und -logik der Auswertung

Indem Erzählungen zurückliegende Widerfahrnisse, Erlebnisse und Erfahrungen erinnernd vergegenwärtigen und rückblickend deuten[182], verschmelzen sie Vergangenheit und Gegenwart. Läßt sich auch prinzipiell zwischen einer 'referentiellen' und einer 'evaluativen' Erzählfunktion unterscheiden[183], wobei erstere auf das **ursprüngliche** Erleben zurückverweist, während die zweitgenannte die **aktuelle** Erfahrungsinterpretation konnotiert, so ist es doch **unmöglich**, beide Zeitebenen exakt zu lokalisieren. Wirkt nämlich „die evaluative Funktion [...] an der Herstellung referentieller Bezüge [...] von Anfang an mit"[184] und wandelt sich die Wahrnehmung vergangener Ereignisse ohnehin mit der Zeit[185], dann können Erzählungen **ursprüngliches Erleben niemals 'ungebrochen' widerspiegeln**. Das erlebte und gedeutete Widerfahren der dargestellten Zeit ist dem Interpreten nur in einer Version zugänglich, die durch die Sichtweise der Darstellungszeit beeinflußt ist.[186]

Die nachfolgende **qualitative Auswertung** autobiographischer Narrationen zielt prinzipiell darauf, die Erinnerungen und Deutungen der sprechenden Erfahrungssubjekte anhand des gesprochenen Textes **verstehend** nachzuvollziehen, um das Verstandene schließlich 'begrifflich-theoretisch'[187] zu erfassen.[188]

Die Auswertung der in den Erzählrunden evozierten Selbstmitteilungen fokussiert den Forschungs**gegen**stand biographischer Intensiverfahrungen. Die 'interpretierende Rekonstruktion'[189] solcher Erfahrungen erfolgt nicht absichtslos, sondern unter der erkenntnisleitenden **Frage**stellung, **wodurch sich die dargelegten Widerfahrnisse im Erleben, Deuten und Sprechen der betroffenen Erfahrungssubjekte als existentiell bedeutsam**

---

[182] vgl. insb. Lamnek (1989) 72f. und Hermanns (1995) 183

[183] Die Differenzierung zwischen 'referentieller' und 'evaluativer' Funktion des Erzählens, die durch *William Labov* und *Joshua Waletzky* gerpägt wurde, wird prägnant referiert in Koller (1993) 34f.

[184] Koller (1993) 37; vgl. insb. Sill (1995) 35: „Der autobiographische Text erscheint [...] als eine **zeitabhängige Modellierung** des Autor-Ichs, seiner Entwicklung und der von ihm erlebten Wirklichkeit; eine Modellierung, in der die Auswahl lebensgeschichtlichen Materials (Selektion) und dessen Anordnung (Korrbination) einen spezifischen, in der Textgestalt verbürgten Sinnzusammenhang erzeugen." [Hervorhebung: B.P.]

[185] *Sigrun-Heide Filipp* (1995) 32f. und (1995 A) 294 nennt eine Reihe empirischer Studien, die auf eine solche „Variabilität der Ereigniswahrnehmung über die Zeit" (dies. (1995) 32) hindeuten.

[186] „Der Lebenslauf ist uns nur über die Fiktion biographischer Repräsentation als Wirklichkeit zugänglich." (*Alois Hahn* nach Sill (1995) 39; vgl. a. *Armin Nassehi* nach ebd.)

[187] Bohnsack (1993) 166f.

[188] „**Interpretation** als Methode setzt eine un**methodische** Form des **Verstehens** und der Sinnfindung voraus". (Schulze (1997) 331) Im Gegensatz zum Terminus 'Verstehen', der das „vorreflexive Erfassen" von Sinngehalten bezeichnet, benennt der Begriff 'Interpretation' „das theoretisch-reflexive begriffliche Erfassen" des Verstandenen (Bohnsack (1989) mit Bezug auf *Karl Mannheim*; vgl. insb. Bohnsack (1993) 127 und 167). [Hervorhebungen: B.P.]

[189] *Joachim Matthes* nach Lamnek (1989) 256

auszeichnen.[190] Da Erfahrung und Sprache unlösbar miteinander verschränkt sind[191] und sich ein bezeichne**ter** Inhalt generell nur über den bezeichne**nden** Ausdruck erschließen läßt[192], widmet sich mein Analyseverfahren gleichermaßen der sprachlichen 'Außenseite' wie der existentiellen 'Innenseite' der Erzählrundentexte. Die '**Sprache der Bedeutsamkeit**', mittels derer die Informanten eigene Intensiverfahrungen ins Wort setzen, bildet den **entscheidenden Schlüssel**, um den '**existentiellen Kern**' an Wahrnehmungen, Empfindungen und Auslegungen zu dechiffrieren, der die emotionale Valenz, lebensgeschichtliche Singularität und subjektive Relevanz dieser Erfahrungen ausmacht und begründet.

Korrelative Didaktik und qualitative Forschung stimmen in der Annahme überein, daß zwischen den Agenten der jeweiligen Disziplin und deren alltagsweltlichen Adressaten eine beträchtliche „kulturelle Distanz"[193] besteht.[194] Insofern Lehrer und Schüler bzw. Forscher und Probanden „unterschiedlichen sozialen Welten, unterschiedlichen Subkulturen oder Milieus angehören, unterschiedlich sozialisiert sind und somit in unterschiedlichen Sprachen reden"[195], ist davon auszugehen, daß sie einander **schwerlich verstehen**.

Die Inhaltlichkeit jugendlicher Intensiverfahrungen ist nur nachvollziehbar über die sprachliche Form, in der diese Erfahrungen zum Ausdruck gebracht werden. Als 'kulturell Fremdem'[196] sind dem Wissenschaftler Form und Inhalt jugendlicher Selbstmitteilungen aber keineswegs selbstverständlich vertraut.[197] Ist der Forscher bei der Erschließung fremder Sinngehalte auch prinzipiell darauf angewiesen, seine intuitive und alltäglich erprobte Verständniskompetenz ins Spiel zu bringen[198], so darf er sich bei der Auswertung der evozierten Erfahrungszeugnisse doch **keinesfalls unkontrolliert und unreflektiert** auf den eigenen Verstehenshorizont verlassen. Um die Sprache und Welt der Probanden aus sich selbst heraus begreifen zu können und eben nicht vorschnell und unsachgemäß unter das eigene

---

[190] In Kap. 1.6.1 habe ich dieses Erkenntnisinteresse bereits präzisiert und in acht 'Suchrichtungen' ausdifferenziert.

[191] vgl. insb. S. 49f. und S. 103

[192] Die Unterscheidung von Bezeich**nung** (signifiant) und Bezeich**netem** (signifié) geht ursprünglich zurück auf den Sprachwissenschaftler *Ferdinand de Saussure* (vgl. insb. Grözinger (1991) 42 und MLS (1993) 96).

[193] Schmid (1989) 15

[194] In der Unmißverständlichkeit der Diagnose dieser synchronen und interpersonalen Distanz (vgl. insb. S. 49 sowie *Norman K. Denzin* nach Nießen (1977) 33) und der konsequenten Umsetzung in reflektiertes methodisches Handeln ist allerdings der qualitative Approach der Religionsdidaktik weit voraus.

[195] Bohnsack (1993) 17

[196] Lenz (1986) 129 und Bohnsack (1989) 382

[197] „Wir haben als Gruppenfremde oder kulturell Fremde keinen unmittelbar verstehenden Zugang zu den geistigen Gebilden, so daß wir Form und Inhalt nicht mit einem Schlag intuitiv erfassen." (Bohnsack (1989) 382f.; vgl. insb. ebd. 349 und ders. (1993) 18)

[198] „Die prinzipielle *erkenntnislogische Ähnlichkeit von alltagsweltlichem Fremdverstehen und wissenschaftlich kontrolliertem Nachvollzug*" (Lamnek (1989) 199) wird treffend umschrieben in Lenz (1986) 128, Schütz (1993) 314, Bohnsack (1993) 172 und van der Ven (1994) 130.

Vorverständnis zu subsumieren, bedarf es **methodischer Vorkehrungen**, die darauf zielen, „das kulturell Andersartige überhaupt als solches in seiner Eigenart zu erkennen und sich damit von den eigenen kulturellen Selbstverständlichkeiten zu lösen."[199]

Eine Analysemethode, die dieser Zielsetzung gerecht werden und der „Verzahnung"[200] von Sprach**gestalt** (**Syntax**) und Text**bedeutung** (**Semantik**)[201] Rechnung tragen will, kommt nicht umhin, äußerst sorgfältig und intersubjektiv kontrollierbar[202] nachzuvollziehen, auf welche Weise in den auszuwertenden Dokumenten „mittels Sprache [...] semantische Potentiale erzeugt werden."[203] Die Konzentration auf die (syntaktische) Eigen**sprache** der Informanten zwingt den Interpreten und Leser, sich auf die (semantische) Eigen**logik** des dargelegten Erlebens und Deutens einzulassen und das eigene Vorverständnis zu relativieren.[204] „Ein systematischer und (intersubjektiv) kontrollierbarer Zugang zum fremden Sinngehalt führt" somit „über die Explikation der Formalstruktur"[205].

Der erkenntnislogische Grundgedanke der nachfolgenden Auswertung läßt sich mit der Stichwortfolge 'Dekonstruktion - Rekonstruktion - Reflexion' treffend zusammenfassen: Die syntaktisch-semantische **Dekonstruktion** fremder Selbstmitteilungen ermöglicht die **Rekonstruktion** der mitgeteilten Intensiverfahrungen. Eine text- und damit informantengerechte Rekonstruktion fremder Erlebnisse und Deutungen ist wiederum unabdingbare Voraussetzung für deren empirisch fundierte **Reflexion**.

---

[199] Beckmann / Mangold (1989) 8

[200] MLS (1993) 637

[201] Das bahnbrechende Modell einer dreidimensionalen Semiotik (Zeichenlehre), die sich in Syntaktik, Semantik und Pragmatik ausdifferenziert, geht zurück auf *Charles W. Morris*: „Einerseits kann man die **Beziehung zwischen** den **Zeichen und** den **Gegenständen**, auf die sie anwendbar sind, untersuchen. Diese Relation nennen wir die *semantische Dimension des Zeichenprozesses* [...]; die Untersuchung dieser Dimension nennen wir *Semantik*. Oder man macht die **Beziehung zwischen Zeichen und Interpret** zum Untersuchungsgegenstand. Diese Relation nennen wir die *pragmat. Dimension des Zeichenprozesses* [...]; die Untersuchung dieser Dimension heißt *Pragmatik* [...] Die formale **Relation der Zeichen zueinander**. Diese dritte Dimension nennen wir die *syntaktische Dimension des Zeichenprozesses* [...]; die Untersuchung dieser Dimension nennen wir *Syntaktik*." (ders. nach MLS (1993) 546 [Hervorhebungen: B.P.; Auslassungen entstammen der Belegquelle]; vgl. insb. von Saldern (1989) 23f.)

[202] Um 'Objektivität' beanspruchen zu können, müssen sich qualitative Untersuchungsergebnisse und -verfahren, die ja dem eigenen Anspruch nach der Situativität und Subjektivität erlebter und gedeuteter Wirklichkeit Rechnung tragen wollen, im kontrollierenden und kritisierenden Nachvollzug der **scientific community** als glaubwürdig, stimmig und gegenstandsangemessen bewähren (vgl. insb. Lenz (1986) 131f. mit Bezug auf *Thomas P. Wilson*).

[203] Sill (1996) 280

[204] Daß das Vorverständnis des Erkenntnissubjekts zwar relativierbar und korrigierbar ist, nicht aber suspendiert werden kann, ist eine Grundeinsicht jeglicher reflektierten Hermeneutik: „Der produktive Beitrag des Interpreten gehört auf eine unaufhebbare Weise zum Sinn des Verstehens selber." (Gadamer (1974) 1070; vgl. insb. Girtler (1984) 34f.)

[205] Bohnsack (1989) 383; vgl. a. ebd. 349 und ders. (1993) 137f. sowie Schmid (1989) 33

Während also der Erhebungsmodus unserer Erzählrunden darauf zielte, daß Jugendliche subjektiv bedeutsame Erlebnisse '**mit eigenen Worten ins Wort setzen**', sucht die syntaktisch-semantische Ablauflogik der vorliegenden Datenauswertung, diese mitgeteilten Intensiverfahrungen zu ergründen, indem sie **die Worte der Probanden konsequent** '**beim Wort nimmt**'.[206]

Ist der Auswertungsmodus, der in der vorliegenden Studie zum Einsatz kommt, auch in wesentlichen Punkten durch die Methodologie der 'dokumentarischen Interpretation' nach *Ralf Bohnsack* beeinflußt[207], so stellt er doch eine **eigenständige Analysemethode** dar, die sich dem „Wechselspiel"[208] zwischen praktischer Datenerkundung und method(olog)ischer Reflexion verdankt. Er wurde in der Konfrontation mit den konkreten Erhebungsdaten entwickelt und zielt darauf, die sprachliche Oberflächenstruktur und existentielle Tiefenstruktur dieser Erzählrundentexte sachgemäß zu erschließen.

Ob und inwieweit eine qualitative Auswertungsmethode der 'Eigenstrukturiertheit' einer spezifischen Erhebungskommunikation gerecht zu werden vermag, entscheidet über die Validität dieses Forschungsinstruments.[209] Die Qualität des von mir entwickelten Analyseverfahrens ermißt sich somit letztlich nicht an dessen theoretischer Legitimierung, sondern an der **Plausibilität der konkreten Fallanalysen**, die mit Hilfe dieses Verfahrens erzielt wurden und in Kap. 3f. angeführt sind.

---

[206] Meine Interpretation bezieht sich konsequent auf die '**freigesetzte Sprache**' der jugendlichen Informanten. Sie konzentriert sich somit nicht auf die „Mitteilungsabsicht" (Bohnsack (1993 A) 520) des Sprechenden, sondern auf den Sinn, der sich im gesprochenen Wort manifestiert.

[207] Für das konstruktive und kollegiale Feedback, das ich von *Ralf Bohnsack* und den Mitgliedern seines Berliner Projektseminars erfahren durfte, bin ich außerordentlich dankbar! Wie sich im Gespräch mit *Ralf Bohnsack* herauskristallisierte, unterscheidet sich das vorliegende Analyseverfahren entscheidend von dessen Vorgehensweise, insofern es einerseits nicht die soziale Kontextuierung, sondern **den existentiellen Kern** biographischer Selbstmitteilungen **fokussiert** und andererseits nicht nur in Zweifelsfällen, sondern **durchgängig auf die Syntax** dieser Texte **rekurriert**.

[208] *Christa Hoffmann-Riem* nach Hopf (1995) 180; vgl. insb. Bohnsack (1993) 8: „Eine **Methodologie** ist hinsichtlich ihrer Plausibilität und ihres innovativen Potentials **direkt abhängig von der Forschungspraxis**, aus der heraus bzw. in Auseinandersetzung mit der sie entwickelt wurde." „Zwischen **methodischen Regeln** einerseits und **Forschungspraxis** andererseits besteht keine deduktive, sondern eine *reflexive* **Beziehung**." [Hervorhebungen: B.P.]

[209] Bohnsack (1993) 173

2.7 Auswertungsdesign

Die qualitative Analyse der Erzählrundenkommunikation vollzieht sich in **vier Arbeits-phasen**. Je für sich sind sie durch unterschiedliche Funktionen und Vorgehensweisen gekennzeichnet, in ihrer sukzessiven Abfolge ergänzen sie sich zu einem kohärenten Aus-wertungsmodus, der von einer gründlichen **Gesamtschau** der Erhebungstexte (Kap. 2.7.1.) zu einer **begründeten Auswahl** erkundungsrelevanter Einzelerzählungen voranschreitet (Kap. 2.7.2.), die **syntaktisch-semantisch dekonstruiert** werden (Kap. 2.7.3.), um die dargelegten Intensiverfahrungen **rekonstruktiv charakterisieren** zu können (Kap. 2.7.4.).

2.7.1 Grobanalyse

Die erste Phase der Datenauswertung richtet sich auf das **Gesamt**korpus eines jeden Erzähl-rundenprotokolls. Sie zielt darauf, die 'interne' (syntaktische und semantische) und 'externe' (methodische und interaktive) Struktur[210] dieser Texte zu erschließen und prägende Themen, Interaktionsmuster und Sprachformen zu lokalisieren. Der Interpret verschafft sich somit einen **reflektierten Überblick** über die Textdaten.

Analog zur Verschriftung als solcher vollzieht sich auch die Grobanalyse der Erzählrunden-transkripte im **mehrfach wiederholten** Durchstudieren des Datenmaterials, wobei die Ergebnisse der vorherigen Auswertungsgänge je neu überprüft und sukzessive präzisiert und vervollständigt werden. Gliedert sich die Grobanalyse auch nicht in streng getrennte Teilschritte, so umfaßt sie doch mit der (1) Kolorierung, (2) Gliederung, (3) Kategorisie-rung, (4) Markierung und (5) Tabellierung unterschiedliche **Einzelstrategien**, die in je spezifischer Weise dazu beitragen, die Verlaufslogik der Erzählrunden zu entschlüsseln.

Die Aufgabe, die Signa der einzelnen Sprecher im Transkript mit unterschiedlichen Farben zu kennzeichnen, sollte möglichst frühzeitig abgeschlossen werden. Indem diese '**Kolorie-rung**' (1) die Gesprächsbeteiligung der einzelnen Akteure visualisiert, wird die unmittelbare Zuordnung der Redebeiträge sichergestellt und der Interaktionsverlauf augenscheinlich nachvollziehbar.

---

[210] Während sich 'interne' Analysekriterien auf die „literarisch-ästhetische Struktur der Texte selbst" (Sill (1995) 35) samt dem „relativ abgeschlossen behandelten Textthema" (MLS (1993) 636) beziehen, zählen die „Rahmenbedingungen des Interviews" und die „Interaktion zwischen Interviewer und Befragtem" - gleich-wohl sie sich im Text niederschlagen - nach *Oliver Sill* (1995) 33 zu den „text**externen** Gegebenheiten" (vgl. a. MLS (1993) 636).

106

Die Strategien der Gliederung (2), Kategorisierung (3) und Markierung (4) erfolgen Hand in Hand und bilden den operativen Kern der Grobanalyse. Die **Gliederung**[211] (2) des Transkripts erfolgt unter methodischen (erkennbare Phasen und Impulse des Erhebungsdesigns), darstellungslogischen (z.B. Narration, Exposition oder theoretische Erörterung), kommunikativen (z.B. Nebengespräche oder Sprecherwechsel) und inhaltlichen ('thematische Groß-, Klein- und Kleinsteinheiten'[212]) Gesichtspunkten. Sie richtet sich darauf, den Text abgestuft und sorgfältig in Erhebungsphasen, Passagen, Sequenzen und Segmente zu unterteilen.[213] Dabei ist die treffsichere Identifikation und genaue Abgrenzung der vorfindbaren Individualerzählungen von ausschlaggebender Bedeutung für den weiteren Auswertungsverlauf. Die Beobachtungen, auf die sich die Abgrenzung und Abstufung von Textabschnitten stützt, werden mit Hilfe **kategorisierender** Randnotierungen[214] (3) versprachlicht. In diesen Anmerkungen werden wesentliche Textmerkmale stichwortartig zusammengefaßt (z.B. Darstellungsmodi und -perspektiven, Erzählphasen, Zeitebenen, Themen oder rekonstruierbare Erfahrungsschichten). Schließlich werden im Transkripttext selbst differenzierte **Markierungen** (4) vorgenommen, mittels derer etwa strukturierende (z.B. Konjunktionen), intensivierende[215] (z.B. prägnante rhetorische Figuren) oder perspektivische (Darstellungssicht) Sprachmittel und thematische Schlüsselworte hervorgehoben werden. Somit werden konkrete Indikatoren **im** Text freigelegt, aus denen sich die Gliederung und Kategorisierung **des** Textes begründet.

Die Grobanalyse der Erzählrundentranskripte mündet im **tabellarischen** Aufweis (5) von Textstellen und -abschnitten (Anhang IIIf.), die im weiteren Projektverlauf in besonderer Weise zu beachten sind. Dies ist vor allem der Gesamtfundus autobiographischer Erlebniserzählungen, aus dem nachfolgend eine begründete Auswahl erfolgen muß. Um eine validierende Einschätzung des Erhebungsgeschehens zu ermöglichen, werden darüber hinaus die

---

[211] Die Auswertungsstrategie der Gliederung ähnelt dem „Einteilen des Textmaterials in abgegrenzte Textfragmente (Szenen)" (van der Ven (1993) 122; vgl. a. ebd. 139-141) als erstem Arbeitsschritt der qualitativen Analyse nach *Anselm L. Strauss*.

[212] Simon (1983) 121

[213] Die Begriffsfolge 'Passage' - 'Sequenz' - 'Segment' bezeichnet Textabschnitte von unterschiedlicher Ausdehnung und thematischer Geschlossenheit. Die folgenden Kurzdefinitionen werden im Rahmen der Einzelanalysen in Kap. 3f. exemplifiziert:
- 'Text**segment**': überschaubares, in sich relativ einheitliches Textstück;
- 'Text**sequenz**': umfaßt mehrere Segmente, die in relativ engem inneren Zusammenhang stehen;
- 'Text**passage**': umfaßt mehrere Sequenzen, die einen umfassenderen Zusammenhang konstituieren.

[214] Das Verfahren der Kategorisierung ist zwar mit der Zuweisung von Stichworten an die Szenen als zweitem Schritt der qualitativen Analyse nach *Anselm L. Strauss* (vgl. van der Ven (1993) 122 und 141-143) vergleichbar, im hiesigen Auswertungsdesign dienen diese Kategorien jedoch nicht der inhaltlichen Komprimierung, sondern als Verständnishilfe für das nachfolgende **explikative** Analyseverfahren.

[215] vgl. insb. MLS (1993) 273

Umschreibungen des Forschungsgegenstandes und die Feedbacks zum Erzählrundenverlauf katalogisiert. Der Verweis auf die Äußerungen, in denen der Gruppenalltag der beteiligten Verbandsrunden zur Sprache kommt, dient der Vorbereitung aussagekräftiger Gruppencharakteristiken.

2.7.2 Auswahl von Schlüsselpassagen

Indem die Grobanalyse der Erzählrundentranskripte einen reflektierten Überblick über die gesamte Erhebungskommunikation vermittelt, liefert sie einen unverzichtbaren Informations- und Verständnisrahmen für die Selektion und Analyse von **Schlüsselpassagen, die das Forschungsobjekt persönlicher Intensiverfahrungen verdichtet zur Sprache bringen.**

Da die **empirisch**-religionspädagogische Erkundung jugendlicher Relevanzerfahrungen mit der sorgfältigen und behutsamen Auslegung dieser Textstücke zu ihrem **eigentlichen Ziel** gelangt, entscheidet sich der Erfolg und Ertrag der vorliegenden Gesamtstudie maßgeblich daran, daß eine stichhaltige und treffsichere Auswahl von Schlüsselpassagen gelingt.

2.7.2.1 Authentizität und thematische Relevanz als grundlegende Auswahlkriterien

Die Auswahl erkundungsrelevanter Ausschnitte aus dem Gesamttext der Erzählrundenprotokolle erfolgt unter zwei Leitkriterien. Die vertiefende Auswertung sollte sich Textpassagen zuwenden, denen begründetermaßen 'thematische Relevanz'[216] und **hohe Authentizität** zugemessen werden kann.

Als **thematisch relevant** können Textausschnitte gelten, insofern sie sich **inhaltlich** mit biographischen Intensiverfahrungen befassen. Als Schlüsselpassagen kommen somit gemäß der in Kap. 1.6.5 entfalteten operationalen Definition grundsätzlich nur Texte in Betracht, die selbst erlebte Widerfahrnisse zum Thema haben, denen emotionale Valenz, lebensgeschichtliche Singularität und existentielle Bedeutsamkeit zugesprochen wird. Das Kriterium der thematischen Relevanz dient als Brücke zwischen der Umschreibung des Forschungsgegenstands, die im Vorfeld des Feldzugangs formuliert wurde, und den im Feld selbst erhobenen Aussagen der Jugendlichen.

Thematisch relevante Textpassagen können prinzipiell ebensogut ein oberflächliches, verzerrtes oder manipuliertes wie auch ein **transparentes** Bild des erinnerten und gedeuteten Erlebens vermitteln. Nur wenn letzteres gewährleistet ist und Verbaldaten wirklich „im

---

[216] Bohnsack (1989) 344f.; vgl. a. ebd. 348f.

Erfahrungswissen und Erleben"[217] der Probanden „verankert"[218] sind, können sie als **authentisch** gelten.

Insofern Selbstmitteilungen (in semantischer Hinsicht) eine „Konsistenz"[219] zum Erfahren der Sprechenden aufweisen, genügen sie dem Kriterium der **Authentizität**.[220] Um die „Wahrhaftigkeit"[221] oder „Erfahrungsgebundenheit"[222] von verbalen Erhebungsdaten konkret abschätzen zu können, bedarf es begründeter **Indikatoren**, die in praktikabler Weise an verschrifteten Kommunikationsabläufen identifiziert werden können. Prinzipiell sind zwei Wege denkbar, von der im Transkripttext sichtbar werdenden (para)sprachlichen Syntax der Erhebungskommunikation auf deren semantischen Authentizitätsgrad zu schließen.

Kommunikative Indikatoren zielen primär auf die Interaktionsstruktur der Erhebungssituation, insoweit diese aus dem Transkript erkennbar ist. Sie legitimieren sich aus der Vorannahme, daß es eine Affinität gibt zwischen bestimmten kommunikativen Rahmenbedingungen und Verhaltensweisen auf der einen und der Authentizität der geäußerten Inhalte auf der anderen Seite. **Sprachliche Indikatoren** beziehen sich im engeren Sinne auf die „literarisch-ästhetische Struktur der Texte selbst"[223], die aus der Erhebungssituation heraus entstanden sind. Ihr Geltungsanspruch gründet in der Prämisse, daß gewisse sprachliche Figuren und Strukturen bevorzugt mit 'erlebnismäßig fundierten'[224] Bedeutungen einhergehen.

Der qualitative Approach wertet die Alltagsähnlichkeit oder **Naturalistizität** des Erhebungsgeschehens als wesentlichen kommunikativen Authentizitätsindikator.[225] Wie sich besonders an der ausgeprägten Selbstläufigkeit des Gesprächsverlaufs[226] und dem gelösten Umgangsstil der Beteiligten, am mehrfachen Anklingen erhebungsanaloger Alltagssitua-

---

[217] Bohnsack (1993) 172

[218] Bohnsack (1993) 168; *Ralf Bohnsack* umschreibt Mitteilungen, die diese Bedingung erfüllen, auch als erlebnismäßig 'fundiert' (169), 'abgesichert' (168), „begründbar" (169) und 'hoch verdichtet' (170).

[219] Bohnsack (1993) 167, 170 und 172

[220] Falls begründetermaßen angenommen werden kann, daß Erhebungsdaten dem Anspruch der **Authentizität** gerecht werden, können sie für qualitatives Forschen als **valide** gelten: Sie verbürgen mit hoher Wahrscheinlichkeit, daß sich die qualitative Analyse nicht an Artefakte verliert, sondern tatsächlich ihrem angestrebten Objektbereich zuwendet, nämlich der durch das Erleben und Deuten der Erfahrungssubjekte (mit)konstituierten Wirklichkeit.

[221] Bohnsack (1993) 170

[222] Bohnsack (1993) 167

[223] Sill (1995) 35; vgl. Fußnote 210 in Kap. 2.7.1

[224] Bohnsack (1993) 169

[225] vgl. insb. S. 68

[226] Abgesehen von den methodischen Instruktionen des Gesprächsleiters nahmen die Jugendlichen die 'kommunikative Regie' der Erzählrunden beinahe durchgängig in die eigene Hand!

tionen[227] sowie am Inhalt einiger expliziter Rückmeldungen ablesen läßt[228], konnte dieser Anspruch in den realisierten Erzählrunden **zulänglich eingelöst** werden.

Die Auswahl erkundungsrelevanter **Einzel**passagen steht somit im Horizont einer positiven Einschätzung der auszuwertenden **Gesamt**kommunikation. Diese vermochte in hohem Maße dem Grundsatz gerecht zu werden, „daß erst, wenn der Befragte sich selbst emotional engagiert und das Interview für seine Alltagswelt auch Bedeutung hat, interne Gültigkeit zu erhoffen ist".[229]

2.7.2.2 Zur Auswahl der faktisch interpretierten Schlüsselpassagen

Um in begründeter und nachvollziehbarer Weise zu einem forschungsökonomisch bewältigbaren Fundus von Schlüsselpassagen zu gelangen, werden die Einzelerzählungen, die im Zuge der Grobanalyse geortet wurden[230], einem **zweiphasigen Selektionsprozeß** unterzogen. Die Kriterienkataloge, die im Zuge dieser Selektionsschritte zum Einsatz kamen, sind nachfolgend dokumentiert (Abb. 4[231]).

Der erste Schritt dieser Auslese zielt auf die Identifikation von **potentiellen** Schlüsselpassagen. Diese müssen **pragmatische** Mindestbedingungen erfüllen (I, III, V) und mit gutem Grund als **authentisch** (insb. II[232]) und **thematisch relevant** (IV, VI-VIII) erachtet werden können.

Da der erste, grundlegende Selektionsgang einen 'Überschuß' potentieller Schlüsselpassagen zutage förderte, der die Auswertungskapazität des vorliegenden 'Ein-Personen-Projektes' gesprengt hätte, erwies es sich als notwendig, einen ergänzenden Auswahlschritt zu konzipieren. Aus der Gesamtzahl der potentiellen waren nun die **faktisch zu analysieren-**

---

[227] Während die Ostern-Runde unmißverständlich erkennen läßt, daß die narrative Mitteilung persönlicher Erlebnisse zum Kernbestand des eigenen **Real**gruppenalltags zählt (vgl. insb. Ostern: 1020/09-1036/09 (*Aw*), 1165/31-1194/32 (*Dw*) und 2689/50 (*Cw*)), verorten Mitglieder der (weitaus größeren) Brunnen-Runde vergleichbare Kommunikationsweisen vorrangig in intimeren **Sub**gruppen (vgl. insb. Brunnen: 2542/61-2574/62 (*Cm*)).

[228] Neben ausdrücklichen Hinweisen auf den **Alltagscharakter** der Erhebungssituation (insb. Ostern: 2657/49-2683/50 (*mm*) und 0051/55-0067/55 (*Aw*)) finden sich in den Feedbackrunden auch Beiträge, in denen die **Spontaneität** des persönlichen Erinnerns und Erzählens (insb. Ostern: 0088/55-0143/55 (*Bw*) und 0189/55-0260/56 (*Dw*)) sowie die **Eigendynamik** des gegenseitigen Anteilnehmens (insb. Brunnen: 2521/61-2536/61 (*Bm*) und 2611/63-2635/63 (*Em*)) zum Ausdruck kommt.

[229] Girtler (1984) 40

[230] vgl. S. 106

[231] Im hiesigen Abschnitt angeführte römische Ziffern verweisen auf entsprechend numerierte Einzelkriterien des Selektionsleitfadens.

[232] Inwieweit die Knappheit der Darstellung (III), die Randständigkeit des Narrators im mitgeteilten Geschehen (VII), ein typisierter oder unkonkreter Darstellungsgegenstand (IV) oder die Fokussierung vermittelter (VI) bzw. längst vergangener (V) Ereignisse als **sprachliche** Indikatoren **mangelnder Authentizität** zu werten sind, muß wohl am jeweiligen Einzeltext entschieden werden.

den Schlüsselpassagen zu ermitteln. Deren definitive Auswahl ermißt sich an der Intention des vorliegenden 'Suchprojekts', eine **möglichst vielfältige** Palette jugendlicher Intensiverfahrungen (IXf.) in **methodisch vergleichbarer** Weise (XI) zu Wort kommen zu lassen.

Abbildung 4: **Leitfaden für die Selektion von Schlüsselpassagen**

Mindestkriterien für die Identifikation von **potentiellen** Schlüsselpassagen

I	**vollständige Aufzeichnung**[233]
II	**Freiwilligkeit / Selbstbestimmtheit** des Darstellungsvorgangs[234], insb. kein massives Drängen auf Kommunikationsübernahme
III	Mindestmaß an **quantitativer Ausführlichkeit** des Gesagten, damit der syntaktisch-semantische Nachvollzug nicht von vornherein 'mangels Masse' als ineffizient erscheint
IV	**identifizierbarer Geschehniskern**
V	**gegenwartsnaher Geschehniskern**, damit Erinnerbarkeit gewährleistet und vergegenwärtigender Nachvollzug erleichtert ist
VI	**unmittelbarer Erlebnismodus**
VII	**zentrale Erlebnisbetroffenheit** des Narrators, kein peripheres Mit-Erleben[235]
VIII	mutmaßliche **subjektive Relevanz** und **emotionale Valenz**

Anhaltspunkte für die Auswahl **faktisch zu analysierender** Schlüsselpassagen

IX	**keine Doppelberücksichtigung von Erzählern**, damit ein möglichst weites Spektrum individueller Sprechweisen und Deutungsmuster in Augenschein genommen werden kann
X	Einbeziehung einer großen **Vielfalt an Erlebnistypen und -themen**, um die inhaltliche Variationsbreite der dargelegten Intensiverfahrungen bestmöglich widerzuspiegeln
XI	Beschränkung auf Individualerzählungen **in** der Gruppe (bei gleichzeitiger Vernachlässigung von Kollektiverzählungen **als** (Sub)Gruppe[236]), um den Einsatz eines vergleichbaren Auswertungsinstrumentariums zu ermöglichen[237]

---

[233] Bedauerlicherweise konnte eine der beeindruckendsten Passagen der Brunnen-Erzählrunde (2766/30-0325/32: *Fm*), die ein einschneidendes Trennungserlebnis thematisiert („da hat meine Freundin mit mir Schluß gemacht" (2780/30)), nicht vertieft ausgewertet werden, da sie wegen eines Cassettenwechsels nur unvollständig aufgezeichnet wurde.

[234] Dem Auswahlkriterium der Freiwilligkeit bzw. Selbstbestimmtheit des Darstellungsvorgangs liegt die These von *Heiner Legewie* (1987) 145 zugrunde, wonach Erhebungsdaten nur als valide gelten können, insofern die Datengewinnung unter den „Voraussetzungen nicht-strategischer Kommunikation" vonstatten geht: „Dazu gehört vor allem die Freiwilligkeit der Teilnahme am Interview, das Fehlen eines Abhängigkeitsverhältnisses und die Gewähr, daß dem Interviewten seine Äußerungen weder materiellen Schaden noch Vorteil bringen" (vgl. a. ders. nach Flick (1995 A) 167).

[235] vgl. Schütze (1987) 62 und Fricke / Zymner (1996) 137

[236] vgl. etwa die interaktive Entfaltung eines zunächst (2164/21-2213/21: *Cm*) individuell explizierten Subgruppenerlebnisses in Brunnen: 2219/22-2295/23 (*Cm/Em*) und die interaktiv kommentierte Individualdarstellung eines Subgruppenerlebnisses in Brunnen: 2592/28-2722/30 (*Dm*).

2.7.3 Syntaktisch-semantische Intensivanalyse

Die **gründliche formale und inhaltliche Analyse** der zuvor ausgewählten Individualerzählungen, die persönliche Intensiverfahrungen verdichtet zum Ausdruck bringen, bildet den **zentralen** und bei weitem **aufwendigsten** Teil der gesamten Datenauswertung.

Mit dieser **Intensivanalyse** wird das interpretatorische Prinzip, daß sich Semantik nur über Syntaktik erschließen läßt[238], konsequent in die Tat umgesetzt. Die Grundannahme, daß erlebte und gedeutete „Wirklichkeit selbst [...] nicht zugänglich" ist, „sondern nur die **sprachlich** geformte Ansicht der Wirklichkeit"[239], bildet das konzeptionelle 'Rückgrat' dieser Auswertungsstufe. Die Intensivanalyse zielt darauf, jugendliche Selbstmitteilungen sorgsam und möglichst unvoreingenommen zu entschlüsseln, um die subjektiven Erinnerungen und Deutungen, die sich in diesen Texten manifestieren, verstehend nachvollziehen und interpretierend nachzeichnen zu können.

Soll die semantische Eigenstruktur jugendlicher Intensiverfahrungen über die **kulturelle Distanz** zwischen Forscher und Probanden hinweg authentisch[240] und präzise wahrgenommen werden, muß sich der Auswertungsmodus der Intensivanalyse so weit als nur möglich an der syntaktischen „Individualität und Autonomie des Textes"[241] orientieren.

Verbalisierte und verschriftete Selbstmitteilungen sind keineswegs als Summe beliebig kombinierbarer Worte und Sätze zu begreifen.[242] Erst in der **wort- und satzübergreifenden**[243] **Sprachgestalt**, die durch die je besondere Aufeinanderfolge einzelner Ausdrücke konstituiert wird, wird der Sinnzusammenhang eines Textes erkennbar.[244] Die **Eigenstruktur des**

---

[237] Die Unterscheidung zwischen kollektivem Erzählen als Gruppe und Individualerzählungen in der Gruppe wurde in Kap. 2.2.3f. bereits eingehender erörtert.

[238] vgl. insb. Kap. 2.6 sowie S. 49f.

[239] Niehl (1986 A) 450 [Hervorhebung: B.P.]

[240] Am Gütekriterium der 'Authentizität' oder „Erfahrungsgebundenheit" (Bohnsack (1993) 167) sind im qualitativen Approach nicht allein die Erhebungsdaten als solche zu messen (vgl. insb. Kap. 2.7.2.1). Im Einklang mit dem dreistufigen Validitätskonzept nach *Heiner Legewie* (1987) 144 ist das Authentizitätskriterium vielmehr gleichermaßen an die „Interviewäußerungen", die „Interpretation dieser Äußerungen" und die „Schlußfolgerungen bzw. Verallgemeinerungen auf andere Gegenstandsbereiche" anzulegen.

[241] Niehl (1986 A) 454

[242] Ich übernehme in diesem Zusammenhang den Grundgedanken der *Gestaltpsychologie*, der besagt: „Das Ganze ist mehr als die Summe seiner Teile" (Lefrancois (1986) 98).

[243] „Es ist offensichtlich, daß Kommunikation [...] sich in Texten oder noch umfassenderen Verhaltenseinheiten vollzieht, in denen die gebrauchten Wörter [und Sätze (B.P.)] integrierte und insofern verschwindende, 'aufgehobene' Elemente sind." (Kaempfert (1974) 64)

[244] vgl. etwa die 'integrative' Textdefinition von *Klaus Brinker* (1992) 17: „Der Terminus 'Text' bezeichnet eine begrenzte **Folge von sprachlichen Zeichen**, die in sich kohärent ist und die **als Ganzes** eine erkennbare kommunikative Funktion signalisiert." [Hervorhebungen: B.P.]

Besprochenen offenbart sich somit in der **Dramaturgie des Gesprochenen**.[245] Will die vorliegende Intensivanalyse dem subjektiven Erleben und Deuten auf die Spur kommen, das sich in den Schlüsselpassagen dokumentiert, so kommt sie nicht umhin, sich von der Darstellungslogik leiten zu lassen, die vom Erfahrungssubjekt in der Sprechsituation generiert wurde.[246] Die Intensivanalyse geht deshalb **streng sukzessive** vor, sie folgt der syntaktisch-semantischen **Ablaufstruktur** der Verbaltexte.[247]

Die konsequente Reflexion der syntaktischen Oberflächenstruktur der Schlüsselpassagen bildet ein grundlegendes Kennzeichen der Intensivanalyse. Die erkundete 'Sprache der Bedeutsamkeit' interessiert jedoch nicht allein und primär um ihrer selbst willen.[248] Einerseits richtet sich die aufwendige Untersuchung syntaktischer Phänomene wesentlich darauf, die **Erfahrungsgrade und -stufen** zu identifizieren, die im Bezeichneten thematisiert sind oder im Sprechakt selbst zum Tragen kommen.[249] Zum anderen zielt die konstitutive Berücksichtigung der Syntaktik darauf, die konkreten Widerfahrnisse, unmittelbaren Erlebnismodi und retrospektiven Deutungsmuster **inhaltlich auszubuchstabieren**, die das dargelegte Erfahren ausmachen.

Mag es der vorliegenden Intensivanalyse auch gelingen, die auszuwertenden Schlüsselpassagen **streng induktiv**[250] und mit nahezu **mikroskopischer Genauigkeit** in den Blick zu

---

[245] „Indem im Diskurs Elemente einer Selbsterfahrung prozeßhaft erarbeitet werden, *reproduzieren* sich im Prozeßverlauf noch einmal die unterschiedlichen Schichten, durch die diese Selbsterfahrung bzw. deren Artikulation hindurchgeht. Dies läßt sich nur dadurch in adäquater Weise beschreiben, daß die Diskursbeschreibung dem Diskursverlauf folgt." *Ralf Bohnsack* (1989) 370 formulierte diesen Grundgedanken zwar zunächst mit Blick auf die sich in Gruppendiskussionen vorrangig manifestierende „gemeinsame Erlebnisschichtung" (ders.(1993) 119). Wie sich an seiner späteren Forderung ablesen läßt, „daß die in der Erhebungssituation sich vollziehenden Diskurs- **und Erzähl**prozesse in ihrem zeitlichen Ablauf rekonstruiert werden müssen" (ebd. 174 [Hervorhebung: B.P.]), läßt sich die angeführte These aber auch auf die vorliegenden Narrationen in der Gruppe übertragen, die vorrangig auf einen individuellen Erfahrungsrahmen verweisen (vgl. ebd. 125).

[246] Daß der Erzählvorgang kein monologisches Geschehen darstellt, sondern durch Hörersignale und interaktive Kommentierungen beeinflußt wird, die wiederum als im Transkripttext dokumentierte in die Interpretation einbezogen werden können und müssen, sei ausdrücklich vermerkt.

[247] Nähert sich die vorliegende Intensivanalyse den auszuwertenden Erzähldaten auch streng sequentiell, so wird doch im Gegensatz zur *Objektiven Hermeneutik* (vgl. etwa Schöll (1992) 308) durchaus einkalkuliert, daß der Narrator dem momentanen Sprechen ahnend oder denkend **voraus** sein kann.

[248] Qualitative Auswertung kann sich ebenso wie biblische Exegese „nicht mit der Beschreibung der je vorliegenden sprachlichen Oberflächen begnügen." (K. Müller (1984) 333)

[249] „Der Text ist in allen Fällen ein Produkt des gesamten Prozesses, in dem alle früheren **Stufen der Erfahrungsverarbeitung** aufgehoben sind. Die rekonstruierende Interpretation muß sich in umgekehrter Richtung zu den früheren Schichten durcharbeiten - von den Reflexionen zur Erzählung, von der Erzählung zu den Erinnerungen, von den Erinnerungen zu den ursprünglichen Erlebnissen, von den Erlebnissen zu den herausfordernden Eindrücken und Ereignissen, und auf jeder Ebene entstehen der Interpretation andere Probleme." (Schulze (1997) 330 [Hervorhebung: B.P.])

[250] „Jeder autobiographische Text ist schon das Ergebnis einer interpretierenden Bearbeitung durch das Subjekt und aufgeladen mit Bedeutung. Das ist ein Potential, das der Interpret nur ausschöpfen kann, wenn er nicht mit vorgefaßten Fragen, Gesichtspunkten, Kategorien und Bewertungsmaßstäben an den Text herangeht, sondern zunächst diejenigen aufgreift, die **im Text selbst angelegt** sind und zu denen dieser ihn anregt". (Schulze (1997) 332 [Hervorhebung: B.P.])

nehmen, so ist es ihr doch aufgrund der „fundamentalen Mehrdeutigkeit der Sprache"[251] prinzipiell verwehrt, die Semantik dieser Texte mit letztgültiger Eindeutigkeit zu entschlüsseln.[252] Der entscheidende Vorzug der syntaktischen Schwerpunktsetzung besteht nichtsdestoweniger darin, auf fundierte Weise zur (negativen) Ausgrenzung von Interpretationsvarianten beizutragen, die sich am Text nicht als plausibel ausweisen lassen.[253]

2.7.4 Individuelles Erfahrungsprofil

Indem die ausführlichen, schrittweisen und induktiven Befunde der Intensivanalyse **systematisch zusammengefaßt** und **theoretisch gedeutet** werden, entsteht für jede Schlüsselpassage ein **individuelles Erfahrungsprofil** als 'Schlußstein' der Auswertung.

Dieses Profil soll die syntaktische und semantische Eigenstruktur der jeweiligen Schlüsselpassage, die in der Detailauswertung erschlossen wurde, **adäquat widerspiegeln** und **klar veranschaulichen**. Gleichzeitig sollen die sukzessiven Ergebnisse der Intensivanalyse in eine **sinnvolle theoretische Ordnung** gebracht werden, so daß eine „Gesamtcharakteri‑ stik"[254] der jeweils erkundeten Intensiverfahrung entsteht, die sich mit der religionspädagogischen Theoriediskussion ins Gespräch bringen läßt. Dem individuellen Erfahrungsprofil kommt alles in allem die doppelte Aufgabe zu, den induktiven Nachvollzug jugendlicher Intensiverfahrungen zu **bündeln** und deren religionspädagogische Reflexion **anzubahnen**.

Um die Voraussetzung zu schaffen, daß die vorherigen Auswertungsergebnisse im individuellen Erfahrungsprofil angemessen und umsichtig **rekapituliert** werden, werden zunächst die wesentlichen Befunde der Intensivanalyse in ihrer sukzessiven Abfolge stichwortartig und tabellarisch zusammengestellt. Insofern diese **Tabellen** die Grundstruktur und die kennzeichnenden Merkmale einer jeden Schlüsselpassage klar und präzise veranschaulichen, bilden sie für den Leser ein unverzichtbares Hilfsmittel, um die empirische Fundierung der individuellen Erfahrungsprofile zu überprüfen.

---

[251] Koller (1993) 39; vgl. insb. Schulze (1997) 332: „Der Text muß prinzipiell als mehrdeutig angesehen werden. Mehrere Lesarten sind möglich."

[252] Die dargelegte Ambiguität sprachlicher Zeichen bringt es mit sich, daß Interpretationsergebnisse prinzipiell nicht über „den wissenschaftslogischen Status einer **Hypothese**" (*Klaus Mollenhauer / Christian Rittelmeyer* nach Mühlfeld et al. (1981) 329 [Hervorhebung: B.P.]) hinausgelangen.

[253] Die angeführte Bestimmung der spezifischen Qualität syntaktischer Auswertung geht inhaltlich zurück auf einen Gesprächsbeitrag von *Sascha Mohr* im Rahmen des Mainzer 'Religionspädagogischen Kolloquiums'.

[254] Bohnsack (1989) 370-372

Damit die Erträge der Intensivanalyse im Zuge des Erfahrungsprofils sinnvoll **systemati-siert** werden können, bedarf es brauchbarer „Aufmerksamkeitsrichtungen"[255], die sich zu einem **Analyseraster** ergänzen, das sich sowohl induktiv (vom untersuchten Datenmaterial her) als auch theoretisch (auf den religionspädagogischen Problemhorizont hin) legitimieren lassen muß. Die Aufmerksamkeitsrichtungen sollten somit einerseits **weit** genug sein, um der **Besonderheit der Einzelfälle** Rechnung zu tragen. Andererseits sind sie hinreichend **eng** zu fassen, damit eine vergleichbare Betrachtung gewährleistet ist, die **fallübergreifend** ein und dasselbe religionspädagogische Erkenntnisinteresse durchscheinen läßt.

Um die Befunde der Intensivanalyse fallgerecht, theoretisch bereichernd und in vergleichbarer Weise zu reinterpretieren, orientiert sich das Erfahrungsprofil an vier **formalen Schlüsselkategorien**. Über die resümierende Untersuchung der (para)sprachlichen **Darstellung** (1) und des mitgeteilten **Erlebens** (2) wie **Deutens** (3) soll es gelingen, sich an den 'existentiellen Kern' (4) jugendlicher Intensiverfahrungen heranzutasten.

Gemäß der Grundlogik der Gesamtauswertung nimmt auch die rekonstruktive Bündelung, die mit dem Erfahrungsprofil geleistet werden soll, ihren Ausgang in einer **zusammenfassenden Charakterisierung der syntaktischen Oberflächenstruktur**. Wurde die Sprachgestalt der Schlüsselpassagen in der Intensivanalyse im Detail untersucht, so konzentriert sich dieses **Darstellungsprofil** (1) darauf, das Genus und die formale Grundstruktur der Texte herauszuarbeiten, prägende Sprachmerkmale und verbale Bedeutsamkeitsindikatoren[256] offenzulegen und schließlich den Stellenwert explizit religiöser Sprachmuster oder Einzelvokabeln[257] abzuklären.

Parallel zur Erschließung der Sprachgestalt ist auch die Identifikation unterschiedlicher „Stufen der Erfahrungsverarbeitung"[258] in ihrem sukzessiven Nacheinander bereits in der Intensivanalyse geleistet worden. Im Rahmen des individuellen Erfahrungsprofils werden diese Ebenen der Wirklichkeitsbegegnung nicht gesondert betrachtet. Insofern sie vermittels **syntaktischer** Indikatoren erschließbar sind, werden sie im eben angeführten Darstellungsprofil (1) mitberücksichtigt. Die ebenso grundlegende wie triftige Unterscheidung von

---

[255] Schulze (1997) 324

[256] Die Erkundung sprachlicher Bedeutsamkeitsindikatoren konvergiert mit der in Kap. 1.6.1 formulierten 'Suchrichtung' »Mittels welcher *Sprachformen* bringen Jugendliche existentiell bedeutsames Erleben und *Erfahren zum Ausdruck?*«

[257] Die Frage nach dem Stellenwert vorgeprägter Ausdrucksweisen religiöser Provenienz deckt sich mit der in Kap. 1.6.1 benannten 'Suchrichtung' »*Inwieweit überschneidet sich diese jugendliche 'Sprache der Bedeutsamkeit' mit* **explizit religiösen Ausdrucksweisen?**«

[258] Schulze (1997) 330

unmittelbarem **Erleben** und rückblickendem **Deuten**[259] dient darüber hinaus als Schlüssel, um die **Semantik** der auszuwertenden Selbstzeugnisse vorzuordnen, so daß eine differenzierte Betrachtung der mitgeteilten Intensiverfahrungen möglich wird. Die inhaltliche Rekonstruktion dieser Erfahrungen vollzieht sich mit dem **Erlebnis-** (2) und **Deutungsprofil** (3) in zwei Arbeitsschritten.

Das **Erlebnisprofil** (2) zielt darauf, das dargelegte **Widerfahrnis** samt der **unmittelbaren Reaktionen** des Erlebnissubjekts zusammenfassend zu rekonstruieren und jene Widerfahrnis- und Erlebnis**momente** zu identifizieren, in denen die subjektive Einordnung als Intensiverfahrung begründet zu sein scheint.[260] Das **Deutungsprofil** (3) richtet sich **ergänzend** darauf, die **rückblickenden Erlebnisauslegungen**, die in der Schlüsselpassage erkennbar sind, zu bilanzieren und jene Deutungs**aspekte** zu ermitteln, die den zugewiesenen Status einer Intensiverfahrung zu rechtfertigen scheinen.[261]

Im Sinne der Intention der vorliegenden Gesamtanalyse, den '**existentiellen Kern**' (4) an Wahrnehmungen, Empfindungen und Auslegungen zu entschlüsseln, der das emotionale Gewicht, die lebensgeschichtliche Einmaligkeit und die persönliche Bedeutsamkeit der jeweiligen Einzelerfahrung ausmacht und begründet, mündet das Erfahrungsprofil in einer **zielgerichteten Zusammenschau** der semantischen Befunde aus dem Erlebnis- und Deutungsprofil (2-3). Im Rekurs auf die **einzelnen** Widerfahrnis-, Erlebnis- und Deutungskomponenten, die dort herausgearbeitet und akzentuiert worden waren, wird nun versucht, die **Gesamt**erfahrung, die sich in der Schlüsselpassage zeigt, im Hinblick auf ihre **existentielle Bedeutsamkeit** zu **charakterisieren** und zu **kategorisieren**.[262]

Während sich die Intensivanalyse strikt darauf konzentrierte, die Semantik der Schlüsselpassagen aus dem vorliegenden Text heraus zu erschließen, kann und soll das Erfahrungsprofil soweit als möglich **humanwissenschaftliche oder theologische Bezugstheorien** ins Spiel bringen, welche die rekonstruierten Modi, Themen und Strukturen existentiell bedeutsamen Erfahrens '**von außen her**' zu **erhellen** (nicht zu erklären!) vermögen. Soll das individuelle Erfahrungsprofil dem Anspruch gerecht werden können, als Brücke zwischen

---

[259] vgl. insb. Kap. 1.2

[260] vgl. die in Kap. 1.6.1 entfalteten 'Suchrichtungen' »*Welcherart* **Widerfahrnisse** *aus welchen Wirklichkeitsbereichen erfahren Jugendliche als subjektiv bedeutsam?*« und »*Welche Modi spontanen und vor allem emotionalen* **Erlebens** *sind charakteristisch für jugendliche Relevanzerfahrungen?*«

[261] vgl. die in Kap. 1.6.1 dargelegte 'Suchrichtung' »*Welcher Vorstellungen und Denkfiguren bedienen sich Jugendliche, um signifikante Erlebnisse der eigenen Lebensgeschichte rückblickend kognitiv zu* **deuten**?«

[262] vgl. insb. die in Kap. 2.6 formulierte erkenntnisleitende Fragestellung, »wodurch sich die dargelegten Viderfahrnisse im Erleben, Deuten und Sprechen der betroffenen Erfahrungssubjekte als existentiell bedeutsam auszeichnen«

jugendlichen Selbstzeugnissen und religionspädagogischer Reflexion zu dienen, so müssen sich die **theoretischen Kategorien und Modelle**, die zur Interpretation herangezogen werden, einerseits als tauglich erweisen, das mitgeteilte Erleben und Deuten **rekonstruktiv zu ordnen**, nicht aber zu verfälschen, zu vereinnahmen oder wissenschaftlich zu überhöhen. Andererseits sollten diese Begriffe und Schemata imstande sein, aus dem untersuchten Erleben und Deuten in schlüssiger Weise **anthropologische Grundphänomene und -muster** herauszulesen, die dann möglicherweise **religionspädagogisch** als Bezugspunkt zur jüdisch-christlichen Erfahrungstradition identifiziert werden können.[263]

2.8 Fallstudiencharakter der vorliegenden Untersuchung

Die empirische Erkundung jugendlicher Intensiverfahrungen, die in Kapitel 3 und 4 dokumentiert werden wird, vollzieht sich in Gestalt einzelner **Fallanalysen**. Indem sich dieser „*Forschungsansatz*"[264] der case study einigen wenigen Untersuchungseinheiten zuwendet, vermag er diese Einzelfälle in ihrer Eigenart und inneren Komplexität **äußerst gründlich** in den Blick zu nehmen.[265] Verzichten Fallstudien um der inhaltlichen Differenziertheit ihrer Befunde willen auch notwendigerweise auf die statistische Möglichkeit repräsentativer Ergebnisse[266], so beschränkt sich ihr Anspruch doch keineswegs darauf, den je besonderen Einzelfall in seiner konkreten Einmaligkeit kennen- und verstehenzulernen. Unter der Prämisse, daß sich Allgemeines im Besonderen manifestiert[267], zielen sie vielmehr darauf, das betrachtete Konkretum in reflektierter und methodisch kontrollierter Weise auf **generalisierbare** Aspekte hin zu durchleuchten.[268] Der Wirklichkeitszugang der Fallstudie richtet sich somit auf subjektive und situative Sachverhalte, um zu **trans**subjektiven[269] und **trans-**

---

[263] Insofern es im Rahmen der individuellen Erfahrungsprofile gelingt, im rekonstruierten Erleben und Deuten anthropologische Konstanten auszumachen, wird dadurch dem Gegenwartspol der in Kap. 1.6.1 formulierten 'Suchrichtung' »*Lassen sich* **Grundstrukturen** *des Widerfahrens, Erlebens und Deutens identifizieren, die sich auch in überlieferten Glaubenserfahrungen auffinden lassen?*« Rechnung getragen.

[264] Lamnek (1989) 5

[265] vgl. insb. Kap. 2.1 sowie Witzel (1985) 239

[266] Die Unmöglichkeit, aus einer begrenzten Zahl nicht standardisierter Erzählrunden zu repräsentativen Aussagen über jugendliche Intensiverfahrungen zu gelangen, liegt darin begründet, daß die erfaßte Fallzahl **zu gering**, die erfaßten Fälle **zu spezifisch** (theoretical sampling bzw. Konzentrierung auf ein charakteristisches Milieu statt Zufallsauswahl) und die ermittelten Daten (Explizierung statt Kondensierung von Erfahrungen) **zu komplex** (und damit zu wenig vergleichbar) sind, um einen Repräsentativitätsschluß zu rechtfertigen (vgl. insb. Porzelt (1991) 14-16).

[267] vgl. insb. Fatke (1997) 63 mit Bezug auf *Stefan Aufenanger*

[268] vgl. insb. Lamnek (1989) 16f. und 350

[269] „Ziel des Forschungsprozesses ist es, über die 'subjektive Perspektive' hinauszugehen, das Forschungsproblem 'in eine theoretische Form zu gießen'" (Lenz (1986) 131 mit Bezug auf *Herbert Blumer*).

situativen[270] Strukturaussagen zu gelangen. Diese sind zwar aus den untersuchten Einzelfällen heraus nicht als allgemeingültig beweisbar. Sofern sie mit methodischer Sorgfalt und inhaltlicher Stimmigkeit empirisch fundiert[271] und reflexiv eingeordnet[272] werden, können sie aber mit Fug und Recht den Status **vorläufiger Theorien begrenzter Reichweite**[273] beanspruchen. „Die eigentliche wissenschaftliche Leistungsfähigkeit von Fallstudien für allgemeine Erkenntnisse besteht [...] darin, diese zu erweitern, gegebenenfalls zu korrigieren, besteht mithin in der Funktion der *Theorie*bildung".[274]

Die sieben Einzelanalysen, die in der vorliegenden Studie expliziert werden, widmen sich jeweils dem Text einer Schlüsselpassage. **Die Intensiverfahrung, die in dieser Passage zum Ausdruck kommt, bildet den Einzelfall, der rekonstruiert werden soll.** Mag die Mitteilung dieser Intensiverfahrung auch durch das kollektive Setting der Erzählrunden beeinflußt worden sein, so bleibt sie doch eine **individuelle** Erfahrung, die in der persönlichen Biographie des jeweiligen Sprechers gründet und von diesem erinnernd vergegenwärtigt und rückblickend gedeutet wird. Der empirische Kern meiner Forschungsarbeit umfaßt somit ausnahmslos **individuelle Fallrekonstruktionen.**

Wenn es im forschungsökonomischen Rahmen der vorliegenden Untersuchung auch geboten schien, sich auf eine gründliche Rekonstruktion individueller Erfahrungen zu konzentrieren, so ist es nach Maßgabe der interpretativen Methodologie, die *Ralf Bohnsack* im Anschluß an *Karl Mannheim* entwickelt hat[275], auf der Grundlage der vorliegenden Primärdaten und der

---

[270] „We must always begin with the members' understandings of their situation, but as we increase our understandings we must seek to transcend the members' understandings to create transsituational (objective) knowledge" (*J. D. Douglas* nach Nießen (1977) 33)

[271] Indem sich die Auswertungsphase der **Intensivanalyse** strikt an den Verbaldaten orientiert, um diese minuziös nachzuvollziehen und vorsichtig aus sich heraus zu interpretieren, bildet sie das methodische Herzstück, um zu „**in der Empirie verankerten** (grounded) Theorien" (Lamnek (1988) 172 mit Bezug auf *Barney G. Glaser* und *Anselm L. Strauss* [Hervorhebung: B.P.]) zu gelangen.

[272] In einer wissenschaftlichen Fallstudie muß „das Ergebnis der Fallanalyse **zu den vorhandenen allgemeinen Wissensbeständen in Beziehung gesetzt** werden [...], um den Fall als einen typischen, exemplarischen auszuweisen, der eine wissenschaftlich-theoretische Erkenntnis sichtbar macht und die allgemeinen Wissensbestände bereichert." (Fatke (1997) 62 [Hervorhebung: B.P.]; vgl. insb. van der Ven (1993) 126 mit Bezug auf *John Dewey*). Das vorliegende Auswertungsdesign sucht diesem Anspruch dadurch Rechnung zu tragen, daß die induktiven Befunde der Intensivanalyse im Rahmen des **individuellen Erfahrungsprofils** im Horizont humanwissenschaftlicher oder theologischer Bezugstheorien interpretiert werden.

[273] Gemäß der qualitativen Methodologie der grounded theory, die auf *Barney G. Glaser / Anselm L. Strauss* zurückgeht, können die Stukturaussagen, die im Zuge der nachfolgenden Fallanalysen gewonnen und in den individuellen Erfahrungsprofilen komprimiert dargestellt werden, als **Theorien begrenzter Reichweite** gelten. „Erst wenn für mehrere, ähnliche Gegenstandsbereiche solche Theorien vorliegen, können diese verglichen und eine **allgemeine Theorie** entwickelt werden." (Wiedemann (1995) 440 [Hervorhebung: B.P.]) Als **vorläufige Theorien** sind die vorliegenden Untersuchungsresultate darauf ausgelegt, durch weitere Befunde qualitativer oder quantitativer Art untermauert, korrigiert oder in Frage gestellt zu werden.

[274] Fatke (1997) 63; vgl. a. ebd. 64

[275] vgl. insb. die Fußnoten 64 in Kap. 2.2.3 und 122 in Kap. 2.4.2

darauf aufbauenden Einzelfallstudien in zweifacher Hinsicht denkbar, den persönlichen Erfahrungsrahmen zu **überschreiten.**

Gelingt es, im erzählrunden**internen** Vergleich der individuellen Fallanalysen syntaktische und semantische Entsprechungen oder '**Homologien**'[276] zwischen den analysierten Schlüsselpassagen auszumachen, so verlagert sich der Fokus der Fallstudie vom individuellen Erfahrungsrahmen des jeweiligen Sprechers zum **gemeinschaftlichen** Erfahrungsrahmen der jeweiligen Gesprächsgruppe. Als Untersuchungseinheit wird nicht mehr das einzelne Gruppenmitglied in den Blick genommen, sondern die Gruppe selbst, es entstehen somit **kollektive Fallanalysen.** Da sich beide Verbandsrunden, die an meiner Untersuchung beteiligt sind, über Jahre hinweg als Realgruppen konsolidiert haben und somit mit hoher Wahrscheinlichkeit auf gemeinschaftlich geprägte Erfahrungs- und Verständigungsmuster zurückgreifen können, erscheint die Erstellung solcher kollektiver Fallstudien im hiesigen Forschungskontext als aussichtsreiches Unterfangen.

Gingen wir noch einen Schritt weiter und stellten einen erzählrunden**übergreifenden** Vergleich zwischen den beiden Gruppen an, die an der vorliegenden Erhebung mitwirkten, so böte sich prinzipiell die Chance, Unterschiedlichkeiten im Erleben und Deuten aufzuspüren, die auf den differierenden **übergemeinschaftlichen** Erfahrungshintergrund zurückgeführt werden können, in dem diese Realgruppen (z.B. hinsichtlich ihres Alters, Geschlechts oder Mileus) verankert sind.[277] Da die Mitglieder beider Erzählrunden als Gleichaltrige derselben Generation und Entwicklungsphase zuzurechnen sind und die vorliegenden Sozialdaten keine signifikanten Differenzen im (Bildungs)Mileu erkennen lassen, bildet das **Geschlecht** der Probanden wohl das **einzige** übergemeinschaftliche Kollektiv, auf das hin tragfähige Rückschlüsse vorstellbar sind.

---

[276] Das „Erfassen des **Homologen** an den verschiedenen Sinnzusammenhängen ist etwas eigentümliches, das weder mit Addition noch mit Synthese, auch nicht mit bloßer Abstraktion gemeinsamer Merkmale verwechselt werden darf; es ist etwas Eigentümliches, weil das Ineinandersein Verschiedener sowie das **Vorhandensein eines einzigen in der Verschiedenheit** Verhältnisse sind, die der geistig-sinnmäßigen Welt eigentümlich sind". (*Karl Mannheim* nach Bohnsack (1989) 380 [Hervorhebungen: B.P.; ein Interpunktionsfehler im Originalzitat wurde berichtigt])

[277] Die systematische Rekonstruktion solcher **über**gemeinschaftlicher Erfahrungscharakteristika bezeichnet *Ralf Bohnsack* als Erstellung von '**Typiken**' (vgl. insb. ders. (1989) 377 und 411 sowie ders. (1993) 141). „Die Unterscheidbarkeit zweier **Typiken** läßt sich am deutlichsten an (mindestens) zwei Fällen herausarbeiten, die in bezug auf die eine Typik **Gemeinsamkeiten** aufweisen, in bezug auf die andere Typik aber **kontrastieren**." (ders. (1989) 374 [Hervorhebungen: B.P.])

3 Rekonstruktion jugendlicher Intensiverfahrungen aus der Mädchengruppe 'Ostern'

3.1 Gruppenportrait

Die Ostern-Gruppe besteht aus **sechs weiblichen Mitgliedern**, die **allesamt achtzehn Jahre alt** sind und **Gymnasien** besuchen. Sie stammt aus einer **Großstadt** im Rhein-Main-Gebiet und gehört mit der Katholischen Studierenden Jugend (**KSJ**) zu einem Schülerinnen- und Schülerverband, der in der Regel pfarreiübergreifend organisiert ist.

In ihrer vorfindlichen leiterlosen Struktur und personellen Zusammensetzung existiert die Ostern-Gruppe seit etwa vier Jahren.[1] Die meisten Mitglieder blicken jedoch auf eine weitaus längere Gruppengeschichte zurück[2], wobei sie das Ausscheiden ihrer (älteren) Verbandsrundenleiterin als gravierenden Einschnitt schildern[3], der zunächst als verunsichernd erlebt wurde[4], schließlich aber dazu führte, daß sie selbst als Gleichaltrige die Verantwortung für das (Über)Leben der Gruppe in die eigene Hand zu nehmen vermochten.

Die Ostern-Runde trifft sich im regelmäßigen Turnus von zwei Wochen zu Gruppenstunden.[5] Dabei stehen weder bildende Themen noch spektakuläre Freizeitaktivitäten im Vordergrund, vielmehr begegnen sich die Mädchen in erster Linie, um **sich zwanglos und ausgiebig über private Erlebnisse, Gedanken und Fragen auszutauschen.**[6] Das **persönliche Interesse an den Gefährtinnen** und der **Wunsch nach gemeinschaftlicher Geborgenheit und Verbundenheit** bildet das **Hauptmotiv** ihrer Gruppenmitgliedschaft und -mitwirkung.[7]

Als prägendes Kollektiverlebnis, dem sich auch die vorliegende Bezeichnung der Gruppe verdankt, nennen die Befragten eine verbandliche Skifreizeit, die alljährlich zu **Ostern** statt-

---

[1] vgl. Ostern: 0489/04-0549/04 (*mm*)
[2] vgl. Ostern: 1101/10-1122/11 (*mm*)
[3] vgl. Ostern: 1061/10-1065/10 (*mm*) und 1101/10-1195/12 (*mm*)
[4] vgl. insb. Ostern: 1145/11 (*Cw*): „ja, da wußten wir ja au' noch nich' so genau, ob 's klappt, ob die Gruppe überhaupt zusammenbleibt"
[5] vgl. Ostern: 0978/09 (*Dw*); vgl. a. 0051/55 (*Aw*)
[6] vgl. insb.
  - Ostern: 1022/09-1036/09 (*Aw*): „also da treffen wir uns, und also, und erzählen halt oft, sitzen wirklich stundenlang da und machen sonst nichts und, also ich, d's <u>verbindet</u> uns halt auch, weil wir dann schon relativ viel von den andern wissen"
  - Ostern: 0051/55-0067/55 (*Aw*): „weil ich 's immer wieder auch schön find' hier zu sitzen montagsabends und d's zu hören auch wenn man 's teilweise schon kennt oder so, einfach mit den Leut'n"
[7] vgl. insb.
  - Ostern: 0976/09-0978/09 (*Dw*): „ich glaub' bei uns'rer Gruppe is' es auch einfach so, daß wir uns halt <u>freuen</u> so alle zwo Wochen, daß wir uns ma' wieder sehen und so"
  - Ostern: 1053/10-1058/10 (*Aw*): „hier hier passiert jetzt nich' <u>so</u> groß was aber, 's is' halt einfach, weil wir uns jetzt schon so gut verstehen und halt auch gut kennen"
  - Ostern: 1212/12-1225/12 (*Aw*): „ja weil, es is' ja halt auch so, daß wir von unterschiedlichen <u>Schulen</u> sind [...] aber daß, also daß wir uns so hier zusammen sehen, d's is' halt wirklich nur hier"

findet und von den meisten Rundenmitgliedern besucht wird.[8] Diese Veranstaltung ragt für die Teilnehmerinnen als 'verdichtete Gemeinschaftserfahrung'[9] aus dem kollektiven Alltag heraus. Dank des durchgängigen Zusammenseins und vielfältiger Erlebnishöhepunkte wird sie als Geschehen erfahren, das „voll verbindend ist"[10] und die Beteiligten „zusammengeschweißt hat"[11].

Fast alle Mitglieder der Ostern-Gruppe beteiligen sich mit persönlichen Erfahrungszeugnissen am Erhebungsgeschehen[12], wobei diese Selbstmitteilungen in der Regel sehr ausführlich gefaßt sind. Die ausgeglichene Verteilung der Erzählbeiträge konvergiert mit der Tatsache, daß sich die Beteiligten offensichtlich in hohem Maße mit dem Konstrukt der Intensiverfahrung identifizieren können.[13] Während der Narrationen selbst herrscht auf Seiten der Zuhörerinnen zumeist konzentriertes Schweigen, unmittelbare verbale Reaktionen sind vergleichsweise selten.

Die Teilnehmerinnen an der Erzählrunde geben mehrfach unzweideutig zu erkennen, die Intensiverfahrungen, die in der Erhebungssituation dargelegt wurden, bereits zu anderer Gelegenheit besprochen zu haben.[14] Diese Rückmeldung legt den Schluß nahe, daß das Erzählrundensetting jene aufrichtige Mitteilungsbereitschaft der Beteiligten zu aktivieren vermochte, die auch den Realgruppenalltag der Mädchenrunde prägt.[15]

---

[8] Die zentrale Bedeutsamkeit dieser Skifreizeit zeigt sich nicht allein darin, daß sie ausdrücklich als bedeutsames Gruppenerlebnis benannt wird (vgl. Ostern: 0560/05 (?w) und 0686/05-0904/08 (mm)), sondern auch darin, daß sie im weiteren Gesprächsverlauf wiederholt in anderen Zusammenhängen zur Sprache kommt (vgl. Ostern: 1000/09 (?w), 1077/10 (Dw), 1235/12 (Bw), 1179/31 (Dw) sowie 2861/52-2867/52 (mm)).

[9] Porzelt (1993) 387 und ders. (1996) 107; vgl. insb. Ostern: 0857/07 (Aw)

[10] Ostern: 0750/06 (Dw)

[11] Ostern: 0788/07 (Dw)

[12] Nur Fw sieht davon ab, ein eigenes Erlebnis zu entfalten, wobei sie kundtut, ihr sei zum Erinnerungsimpuls „nichts spezielles eingefall'n" (Ostern: 1779/38; vgl. a. 2715/50: Fw).

[13] vgl. insb.
- Ostern: 1470/34-1481/34 (Dw; in Kap. 3.3 analysiertes Fallbeispiel): „'s war halt voll d's Erlebnis, un' 's werd' ich nie vergess'n, denk' ich ma' weil 's einfach so geprägt hat"
- Ostern: 0136/55-0177/55 (Bw): „d's is' mir jetzt erst dann so richtig bewußt gewor'n, [...] wieviel 's eigentlich gibt [...], daß 's ja echt, [...] fast in jed'm Urlaub oder überall sind irgendwelche Sachen, von denen ich sagen kann, daß sich daß die mich, daß sie mir erstens total wichtig war'n, daß ich da jetzt immer noch dran denke und daß die mich auch total verändert hab'n"

[14] vgl. insb. die vielfachen Belegstellen in der Gesamtpassage Ostern: 1165/31-1770/38 (Dw), aus der die Schlüsselpassage entnommen ist, die der Einzelfallstudie in Kap. 3.3 zugrunde liegt, sowie die folgenden Äußerungen aus der Feedbackrunde:
- Ostern: 2657/49-2665/49 (Cw): „ich fand 's irgendwie cool, weil also nur rauszufind'n, daß man schon ziemlich viel von den Leuten weiß, weil eigentlich hab' ich d's eigentlich hat man 's halt irgendwie doch schon gekannt"
- Ostern: 2677/50-2682/50 (Dw/Bw): „ja, auch wenn man so die Bilder, so als ich das Bild von der Cw geseh'n hab', was die rausgesucht hat, dann wußt' ich sofort ..." - „ja, d's war echt, ja ja, d's hat n a' echt sofort geseh'n"
- Ostern: 0051/55 (Aw): „ja, ich fand 's auch gut, also auch wenn wir d's jetzt schon kannten"

[15] vgl. Fußnote 6f. in Kap. 3.1.

Abbildung 5: Gesprächssituation der 'Ostern'-Erzählrunde[16]

Cw (18 Jahre / Schülerin)	Bw (18 Jahre / Schülerin)	Aw (18 Jahre / Schülerin)

Dw (18 Jahre / Schülerin)		

Ew (18 Jahre / Schülerin)	Fw (18 Jahre / Schülerin)	GL

[16] Die Zusammenfassung grundlegender Personendaten und die Schematisierung der Sitzordnung während der Erzählrunden soll dem Leser die Möglichkeit eröffnen, sich ins Erhebungsgeschehen hineinzudenken. Schraffierte Signa verweisen auf Teilnehmerinnen, denen eigene Fallstudien gewidmet sind!

3.2.1 Transkriptexzerpt

Aw	1702	ich kann anfangen, -ähm- d's sin' eigentlich zwei Bilder zu <u>einem</u> Erlebnis
Dw	1709	-ähm- kannst du mal g'rad' so irgendwie hinhalt'n, ja
Aw	1713	und zwar war d's -ähm- ich weiß nich' mehr genau, ich glaub', da war ich in der neunten Klasse, also in den Sommerferien war ich bei 'ner Brief Brieffreundin in Frankreich und die, also ich hab' <u>ein</u> Jahr Französisch gelernt, in dem Jahr ha'm wir fast nichts gelernt, also ich kam da hin in die Familie und ich konnte wirklich fast <u>gar</u> nichts, und die konnten auch kein Deutsch nur halt meine Brieffreundin, aber die hat dort eb'n auch nur Französisch mit mir gesprochen und ich war mit denen dann die ha'm so 'ne Ferienwohnung in der Nähe von YYY,
GL	1742	mmh
Aw	1743	meine Eltern ha'm mich noch dort <u>hin</u>gebracht, und dann war ich halt <u>ganz</u> allein und am Anfang kam ich mir auch ziemlich einsam vor un', naja und dann ha'm wir so 'ne Wanderung gemacht um den Mont Blanc drumherum,
(GL	1753	mmh)
Aw	1754	also wir sind glaub' ich acht Tage unterwegs gewes'n und hatten halt alles dabei, Zelt Schlafsack Kleider, so Gaskocher un' sowas wie da unten (auf dem Bild) alles und -ah ja- wir war'n zu sechst oder zu fünf ja, die Eltern von der und Bruder und Schwester und sie und ich, und d's war <u>so</u> anstrengend oft, also weil da ging 's dann halt hoch in der Hitze und dann nachts war 's wieder so kalt, ha'm wir im Zelt wieder gefror'n und ich hab' halt total wenig <u>verstanden</u> aber, es war trotzdem, also wenn ich jetzt heute mir immer noch
(GL	1790	mmh)
Aw	1790	die Bilder anschau', dann war d's halt, ich weiß nich' so die Landschaft und so d's war echt, toll un' dann morgens, wenn die Sonne aufgegangen ist, dann war'n m'r halt schon früh wach aber, man war da ganz allein und dann ha'm wir abends halt also zwischendurch immer mal was eingekauft auf so 'ner Alm oder sowas und dann abends noch was gekocht, also 's 's war <u>absolut wenig</u> zu essen, aber trotzdem also, 's war halt echt gut und dabei hab' ich dann auch relativ viel Französisch gelernt, also <u>verstehen</u> und auch <u>sprechen</u> 'n bißchen und, 'ch hab' mich auch mit d'r ziemlich gut verstanden, und dann war ich danach als wir dann zurück war'n noch 'ne Woche dann halt wieder mit denen in der Ferienwohnung und als ich dann nach Hause mußte, d's war dann hart (atmet durch), weil 's halt

---

[17] Angeführte Themenüberschrift (Ostern: 1920/19: *Aw*) entstammt nicht der nachfolgend analysierten Kernerzählung als solcher, sondern der daran anknüpfenden (immanenten) Nachfrage- bzw. Explikationsphase.

(GL   1828   ...)

Aw   1828   weil 's echt <u>schön</u> war ja

GL   1830   ja

Aw   1831   ja, und halt die Rucksäcke ha'm mich auch dadran erinnert, wie wir halt immer an 'ne Hütte ankamen oder so und erstma' Rucksäcke abgestellt und alles durchgeschwitzt und dann ha'm wir hier die Wäsche irgendwo im Fluß ausgewasch'n un' dann aufgehängt abends im Zelt oder so (3)

3.2.2 Syntaktisch-semantische Intensivanalyse

| Aw | 1702 | ich kann anfangen, | I |

Nachdem die Gruppenmitglieder auf den Erzählimpuls des Gesprächsleiters zunächst mit längerem[18] Stillschweigen reagiert haben, durchbricht die Sprecherin diese Zurückhaltung, indem sie **sich selbst** („ich") vorsichtig **willens und imstande** („kann") **erklärt, die Narrationsrunde zu eröffnen** („anfangen").

| | | -ähm- d's sin' eigentlich zwei Bilder zu <u>einem</u> Erlebnis | II |
| Dw | 1709 | -ähm- kannst du mal g'rad' so irgendwie hinhalt'n, ja | |

Unter deiktischem Verweis („d's sin'") auf „zwei Bilder", die sie während der Einstiegsübung ausgewählt hatte, umschreibt die Erzählerin den Gegenstand der angekündigten Narration vorab singularisch („<u>einem</u>") und formal als „**Erlebnis**".

Eine Zuhörerin bittet nachfolgend um sichtbare Präsentation der angesprochenen Fotos.

| Aw | 1713 | und zwar war d's -ähm- ich weiß nich' mehr genau, ich glaub', da war ich in der neunten Klasse, also in den Sommerferien | III |

Die durch das Rahmenschaltelement „und zwar" eingeleitete **narrative Entfaltung** des angeführten 'Erlebnisses' (II) beginnt damit, daß die Sprecherin dieses Geschehnis **zeitlich situiert**.

Nachdem sie die Stimmigkeit der eigenen Datierung von vornherein **in Frage gestellt** hat („ich weiß nich' mehr genau, ich glaub'"), verortet sie die Erzählhandlung zweimalig im institutionellen **Zeitraster der Schule** („in der neunten Klasse", „in den Sommerferien").

| | | war ich bei 'ner Brief Brieffreundin in Frankreich und die | IV |

Mit einer zusammenfassenden '**Überschrift**' über das äußere Geschehen („war ich bei 'ner [...] Brieffreundin"), die durch eine grobe **räumliche** Situierung („in Frankreich") ergänzt und gleich der vorangegangenen Datierung (III) aus der **Ich-Sicht** formuliert ist („war ich"), umreißt die Geschichtenträgerin die **Grundsituation**, in die sich der darzulegende Ereignisablauf einfügt.

---

[18] Diese Schweigepause währt beachtliche siebzehn Sekunden.

> also ich hab' ein Jahr Französisch gelernt, in dem Jahr ha'm wir fast nichts gelernt, **V**

In einer Rückblende verweist die Sprecherin zunächst aus subjektiver Perspektive („ich hab'") darauf, vor ihrem Auslandsaufenthalt in der Sprache des Gastlandes unterrichtet worden zu sein („Französisch gelernt"), um jenen Schulunterricht[19] anschließend aus generalisierender Wir-Sicht („ha'm wir") als **weitgehend erfolglos** („fast nichts gelernt") zu brandmarken.

> also ich kam da hin in die Familie **VI**

Nach Absteckung des temporalen, lokalen wie situativen Erlebnisrahmens (IIIf.), der durch eine Zusatzinformation zu ihren vorgängigen Fremdsprachenkenntnissen abgerundet wurde (IV), markiert die Erzählerin nun in einem knappen Aussagesatz die eigene Ankunft in der Gastfamilie als **chronologischen Ausgangspunkt** der darzustellenden Ereigniskette.

> und ich konnte wirklich fast gar nichts, und die konnten auch kein Deutsch nur halt meine Brieffreundin, aber die hat dort eb'n auch nur Französisch mit mir gesprochen **VII**

In einer Art dreistufiger Klimax charakterisiert die Sprecherin die massiven **sprachlichen Verständigungshindernisse** in der fremden Umgebung.

Ihr eigenes Sprachdefizit („ich konnte wirklich fast gar nichts"), das sie bereits in Segment V skizziert hatte, entspricht („auch") und wird sogar noch übertroffen („kein Deutsch") durch die fehlende Sprachkompetenz der (in VI eingeführten) Gastfamilie („die").

Die Brieffreundin schließlich, die dank ihrer Doppelsprachigkeit als einzige („nur halt") in der Lage wäre, das Dilemma aufzulösen, entzieht sich dieser Möglichkeit und beschränkt sich auch in der unmittelbaren Kommunikation mit *Aw* auf den fremden Sprachkode („aber die hat dort eb'n auch nur Französisch mit mir gesprochen").

Die **Sozialperspektive**, die in diesem wie auch in benachbarten Textsegmenten zum Ausdruck kommt, ist gekennzeichnet durch ein **schroffes Gegenüber** zwischen dem den Erzählvorgang konstituierenden 'Ich' der Erlebnisträgerin und den nüchtern als „die" bzw. „denen" (VIII) bezeichneten Gastgebern.

---

[19] Der zweifache Hinweis auf die Dauer des Lernprozesses bezieht sich offensichtlich auf das Zeitmaß eines Schuljahres („ein Jahr Französisch gelernt, in dem Jahr [...] fast nichts gelernt").

		und ich war mit denen dann die ha'm so 'ne Ferienwohnung in der Nähe von YYY,	VIII
GL	1742	mmh	

Indem die Sprecherin den **räumlichen Kontext** ihres Zusammenseins mit der Gastfamilie („ich [...] mit denen") **präzisiert** („so 'ne Ferienwohnung in der Nähe von YYY"), kehrt sie nach der gerafften Umschreibung der damaligen Verständigungsprobleme (VII) zurück zum sukzessiven („und [...] dann") Geschehnisablauf zu Beginn ihres Auslandsaufenthaltes.

Aw	1743	meine Eltern ha'm mich noch dort hingebracht,	IX

Vordergründig informiert diese Rückblende im Sinne einer detaillierenden Kontextangabe über die äußeren Umstände im unmittelbaren Vorfeld der fokussierten Erzählhandlung.

Lesen wir die Partikel „noch" nicht primär temporal („noch dort hingebracht"), sondern sozial („meine Eltern ha'm mich noch"), was angesichts des nachstehenden Textsegmentes durchaus plausibel erscheint, dann akzentuiert der Satz „meine Eltern ha'm mich noch dort hingebracht" primär die **Eingebundenheit in ein vertrautes sprachliches und soziales Feld**.

	und dann war ich halt ganz allein	X

Abrupt („und dann war ich halt") und unmißverständlich („ganz allein" mit deutlicher Sprechbetonung der Verstärkungspartikel) konstatiert (indikativisches „war") die Erzählerin die **eigene soziale Befindlichkeit**, in der sie sich nach der (nicht explizit erwähnten) Abreise ihrer Eltern vorfindet.

Das 'Ich', aus dessen Perspektive heraus formuliert wird, ist ungeachtet der physischen Präsenz anderer Menschen, von der ja schon wiederholt die Rede war, **radikal auf sich zurückgeworfen**.

	und am Anfang kam ich mir auch ziemlich einsam vor un',	XI

In parataktischer Weiterführung wird die dargelegte Befindlichkeit auf einen eingegrenzten Zeitraum bezogen („am Anfang") und vom Blickwinkel des **inneren Erlebens** heraus („kam ich mir [...] vor") reformuliert:

Die Außenseite des Alleinseins wird von der Erlebnisträgerin inwendig erfahren als 'ziemli-che[20] **Einsamkeit**'!

---

[20] In Helbig / Buscha (1996) 481 wird der Partikel 'ziemlich' einzig das Bedeutungsmerkmal „Einschränkung" zugeordnet. Allem Anschein nach entspricht diese Einschätzung kaum der semantischen Funktion dieses Terminus im Sprachspiel unserer Gesprächsgruppen. 'Ziemlich' erscheint dort - zumindest auf den ersten Blick - als **gleichzeitige Verstärkung und Abschwächung**.

		naja und dann ha'm wir so 'ne Wanderung gemacht um den Mont Blanc drumherum,	XII
(GL	1753	mmh)	
Aw	1754	also wir sind glaub' ich acht Tage unterwegs gewes'n	

Unvermittelt und synchron wechseln sowohl Erzählperspektive als auch Darstellungsfokus.

An die Stelle der bislang dominierenden individuellen Ich-Perspektive, der phasenweise die Mitglieder der Gastfamilie disparat entgegengestellt wurden ('Ich und die'-Polarität), tritt nun die **kollektive Wir-Perspektive** („ha'm wir [...] gemacht", „wir sind [...] unterwegs gewes'n").

Das 'Ich' **verschmilzt** auf diese Weise mit den Personen, die ihm zuvor als **Fremde** gegenüberstanden, zu einem **gemeinsamen Handlungssubjekt**: Die kommunikative und soziale Distanz, die zunächst deutlich markiert worden war, wird aufgelöst.

Parallel zum Perspektivenwechsel erfolgt eine **Verlagerung des Darstellungsinhaltes** weg vom inneren Befinden der Erlebnisträgerin, das in beiden vorangegangenen Segmenten beleuchtet worden war, zurück **zum äußeren Ereignisablauf**.

Das im folgenden näher ausgeführte (Teil)Geschehen wird vorab zusammenfassend als „so 'ne Wanderung" tituliert und dann in räumlicher („um den Mont Blanc drumherum") und - durch eine präsentische Vergewisserungsformel eingeleitet („glaub' ich") - auch in zeitlicher Hinsicht („acht Tage unterwegs") situiert.

	XIII
und hatten halt alles dabei, Zelt Schlafsack Kleider, so Gaskocher un' sowas wie da unten (auf dem Bild) alles und -ah ja- wir war'n zu sechst oder zu fünft ja, die Eltern von der und Bruder und Schwester und sie und ich,	

Unter zwei Gesichtspunkten entfaltet *Aw* die äußeren Umstände der zu erzählenden Wanderung.

Die Lückenlosigkeit (und damit, wie sich später herausstellen wird, auch konkrete Gewichtslast[21]) der mitgeführten Ausrüstung stellt sie erst allgemein fest („hatten halt alles dabei"), um sie dann unter ausdrücklicher deiktischer Bezugnahme auf eines der in der Erhebungssituation ausgewählten Fotos („un' sowas wie da unten (auf dem Bild) alles") durch eine Auflistung wesentlicher Einzelutensilien zu unterstreichen.

Nach kurzem Stocken („und -ah ja-") präzisiert sie die bislang schemenhaft gebliebene numerische und personelle Zusammensetzung des kollektiven Handlungssubjekts („wir war'n zu sechst oder zu fünft ja, die Eltern von der und Bruder und Schwester und sie und ich").

---

[21] vgl. Ostern: 1869/18-1888/18 (*Aw*)

| und d's war <u>so</u> anstrengend oft, | XIV |

Bevor der unbestimmt als „d's" bezeichnete äußere Ablauf der Wanderung näher in den Blick rückt, wird diese konstatierend („d's war") und nachdrücklich (durch die stimmlich betonte Bekräftigungspartikel „<u>so</u>") als **(negativ konnotierbare) 'Anstrengung'** charakterisiert; das nachgeschobene Temporaladverb „oft" relativiert allerdings den zeitlichen Geltungsanspruch dieser Feststellung.

| also weil da ging 's dann halt hoch in der Hitze und dann nachts war 's wieder so kalt, ha'm wir im Zelt wieder gefror'n | XV |

Die These von der Beschwerlichkeit der erzählten Wanderung wird zunächst am **Themenfeld 'Hitze - Kälte'** plausibilisiert (vgl. die Kausalverknüpfung „also weil") und illustriert. Den dargelegten äußeren Temperaturschwankungen sind die in der kollektiven Wir-Perspektive zusammengefassten Beteiligten offensichtlich **gleichermaßen** ausgeliefert („ha'm wir im Zelt wieder gefror'n").

| und ich hab' halt total wenig <u>ver</u>standen | XVI |

Die Entfaltung der Beschwerlichkeitsthese, die sich zunächst auf kollektiv erlittene äußere Umstände bezog, mündet unversehens darin, daß die Erzählerin auf das (kognitiv wie sozial bedingte) **sprachliche Verständigungsproblem** zurückkommt, das sie ja bereits in der Exposition (VII) angesprochen hatte und das offenbar bis weit in die erzählte Zeit hinein virulent blieb.

Sie beleuchtet dieses Problem im vorliegenden Textabschnitt dezidiert aus dem Blickwinkel eigener **subjektiver Betroffenheit** (Rückkehr zur Ich-Perspektive: „ich hab'") und unterstreicht dessen **Tragweite** (durch die elativische Partikel „total" und die stimmliche Heraushebung des Vollverbs „ver<u>stan</u>den").

Aus dem vorausgegangenen (Anknüpfung an die Anstrengungsthese) und folgenden (Vorordnung zur mit 'trotzdem' eingeleiteten Explikation positiver Erfahrungsaspekte) Textkontext wird klar ersichtlich, daß sie die weitgehende Ausgeschlossenheit von der fremdsprachlichen Kommunikation als **Belastung** erfährt und dementsprechend **negativ konnotiert**.

128

		aber, es war halt trotzdem, also wenn ich jetzt heute mir immer noch	XVII
(GL	1790	mmh)	
Aw	1790	die Bilder anschau', dann war d's halt, ich weiß nich' so die Landschaft und so d's war echt, toll	

Die adversative Konjunktion „aber" und das konzessive Konjunktionaladverb „trotzdem" signalisieren, daß den zuvor beleuchteten Schattenseiten der erzählten Wirklichkeit ein **konträrer**, bislang unerwähnter **Erfahrungspol** gegenübersteht.

Allem Anschein nach fällt es der Sprecherin aber schwer, diesen Gegenpol sofort klar auf den Begriff zu bringen. Über drei 'Artikulationsanläufe' („es war halt trotzdem", „dann war d's halt", „d's war"), von denen zwei durch präsentische Parenthesen unterbrochen werden, ringt sie sich förmlich an die **doppelt pointierte Feststellung** heran, daß das erlebte Geschehen „**echt**" (Verstärkungspartikel) „**toll**" (elativisches, ein Höchstmaß bezeichnendes Adjektiv) gewesen sei.

Ein genauerer Blick auf die unmittelbar vorausgehende Formulierung („ich weiß nich' so die Landschaft und so") verdeutlicht, daß die **eindeutige Umschreibung der positiven Erfahrungsqualität** in merkwürdiger **Spannung** zur Schwierigkeit steht, den Zuhörenden ein **konkretes Verständnis** derselben zu vermitteln[22]: *Aw* relativiert den eigenen Beschreibungsversuch (durch den Einschub „ich weiß nich'" und die doppelte 'Vagheits-Partikel' 'so') und beschränkt ihre Veranschaulichung zunächst auf den abstrakten Begriff[23] der „Landschaft".

| | un' dann morgens, wenn die Sonne aufgegangen ist, dann war'n m'r halt schon früh wach aber, man war da ganz allein und dann ha'm wir abends halt also zwischendurch immer mal was eingekauft auf so 'ner Alm oder sowas und dann abends noch was gekocht, | XVIII |

Nachdem sich der Versuch, den positiven Erlebnisgehalt aus retrospektiver („also wenn ich jetzt heute mir immer noch die Bilder anschau'" (XVII)) Distanz **begrifflich** zu fassen („es war", „war d's", „d's war" (ebd.)) als wenig fruchtbar erwiesen hatte, schwenkt die Sprecherin abrupt und ohne erläuternde Anbindung (z.B. durch ein Adverb oder eine hypotaktische Konjunktion) in den **Darstellungsmodus des Erzählens**, wobei sie in klassischer

---

[22] Nicht von ungefähr nennt das Duden-Universalwörterbuch (1996) 354 die Termini 'ungewöhnlich' und 'unglaublich' als Synonyme für 'toll'.

[23] Um der Lesbarkeit der Auswertung willen verwende ich die Bezeichnung 'Begriff' im Rahmen derselben nicht in ihrer spezifisch sprachwissenschaftlichen Bedeutung, sondern im alltagssprachlichen Sinne zur Benennung der „Verbindung von Ausdrucks- und Inhaltsseite" (MLS (1993) 88).

Manier zeitlich aufeinanderfolgende Handlungssequenzen durch das Rahmenschaltelement '(und) dann' verknüpft (viermal innerhalb des Textsegmentes!).

Mit diesem Umschlag vom begrifflichen Bezeichnen zum konkreten Erzählen geht ein Wechsel von der distanzierten Fremd- („d's war" (XVII)) zur **kollektiven Nahperspektive** („war'n m'r", „ha'm wir") einher.

Inhaltlich skizziert *Aw* wesentliche Stationen eines für die dargelegte Wanderung typischen[24] („immer") Tagesablaufs („morgens", „früh", „abends", abends").

Neben der (sich in der Wir-Perspektive manifestierenden) **Eingebundenheit in die Gruppe** scheint aus ihrer Sicht besonders kennzeichnend für das erzählte Geschehen zu sein, daß die Beteiligten während der Wanderung in **enger Tuchfühlung mit der sie umgebenden Natur** lebten. Diese diktiert den Tagesrhythmus (vgl. insb. die Parallelisierung: „wenn die Sonne aufgegangen ist, dann war'n m'r halt schon früh wach"), während Abstecher in die Zivilisation („was eingekauft") als zeitlich unbedeutend („zwischendurch immer mal") und räumlich peripher („auf so 'ner Alm oder sowas") dargestellt werden.

Die Formulierung „man war da ganz allein" bündelt diese **Gleichzeitigkeit** von **engem Naturbezug** und **kollektivem Erlebnismodus**.

'Ganz Alleinsein' meint nämlich im vorliegenden Zusammenhang keineswegs (wie in X) die als 'Einsamkeit' (XI) erfahrene Isoliertheit des Individuums gegenüber der Gemeinschaft. 'Ganz Alleinsein' bezeichnet hier vielmehr eine **gemeinschaftlich erlebte** (insofern sich das Indefinitpronomen „man" auf das 'Wir' der Gruppe bezieht) **Ungestörtheit in der natürlichen Umgebung** (insoweit das Adverb „da" auf den Kontext der „Landschaft" (XVII) abhebt), die auf nicht näher ausgeführte Weise **positiv beeindruckt** („d's war echt, toll" im vorigen Segment).

| also 's 's war (schmunzelt:) <u>absolut wenig</u> zu essen, aber trotzdem also, 's war halt echt gut | XIX |

Inhaltlich knüpft der Teilsatz „also 's 's war <u>absolut wenig</u> zu essen" nahtlos an die soeben explizierte Handlungsfolge an (als Erläuterung zu „abends noch was gekocht" (XVIII)), zugleich eröffnet er eine Antithese, in der erneut die **Janusköpfigkeit** des dargelegten Gesamterlebnisses aufgedeckt wird.

---

[24] Gemäß der Erzähltheorie von *Fritz Schütze* und *Harry Hermanns* handelt es sich hier (wie an vergleichbaren Stellen, in denen ebenfalls eine situationsübergreifende Typik aufgezeigt wird) nicht um erzählende, sondern um **beschreibende** Textstücke, die freilich in das Gesamt einer Narration „eingelagert" (Hermanns (1995) 183) sind.

Der Eindruck der **Beschwerlichkeit** der Wanderung, der in besagtem Teilsatz resümierend („'s war") und sprachlich pointiert („absolut wenig" mit Elativpartikel und durchgängiger Sprechbetonung) exemplifiziert ist, bleibt nicht für sich stehen, vielmehr wird er (abermals mittels der Kombination von adversativem „aber" und konzessivem „trotzdem") korrigiert und ergänzt.

Den **kontrastierend** ins Spiel gebrachten Erfahrungsaspekt umschreibt die Sprecherin analog zum vorletzten Textsegment („d's war echt, toll") mit der (durch die Bekräftigungspartikel 'echt') akzentuierten Konstatierung „'s war halt **echt gut**". Der Skopus dieser Aussage beschränkt sich wahrscheinlich nicht auf den im ersten Teilsatz behandelten Handlungsausschnitt (des Essens bzw. Kochens), wie die inhaltliche Weiterführung im folgenden Textstück nahelegt, bezieht er sich vielmehr auf das thematisierte Gesamtgeschehen.

und dabei hab' ich dann auch relativ viel Französisch gelernt, also verstehen und auch sprechen 'n bißchen und, 'ch hab' mich auch mit d'r ziemlich gut verstanden,	XX

Nach einer sprachlich dichten, inhaltlich jedoch relativ unbestimmten Anknüpfung („und dabei [...] dann auch") an das soeben geäußerte positive Votum („echt gut" (XIX)) kommt die Erzählerin aufs neue auf die **Kommunikation** mit ihren Gastgebern zu sprechen, wobei sie ihrer bisherigen Praxis treu bleibt, dieses Thema aus individueller Ich-Perspektive zu beleuchten („hab' ich", „'ch hab' mich"; vgl. V, VII und XVI).

Wurde die Interaktion in den bisherigen expliziten Thematisierungen durchweg als problematisch charakterisiert, so erscheint sie im vorliegenden Textabschnitt, das sich auf ein späteres Stadium der erzählten Zeit bezieht, unter **umgekehrten inhaltlichen Vorzeichen**.

Um diesen positiven Umbruch darzulegen, greift die Sprecherin zweimal auf das Verb 'verstehen' („verstehen", „verstanden") zurück, welches einige Abschnitte zuvor noch zur Verdeutlichung der Komplikation („ich hab' halt total wenig verstanden" in XVI) gedient hatte.

Im vorliegenden Kontext beschreibt dieser Terminus zunächst im engeren Sinne die **verbale Verständigung**, die sich dadurch zum Besseren wendet, daß die Erlebnisträgerin das eigene fremdsprachliche Defizit (vgl. den Rekurs in V) kompensiert und sich somit mit dem ihr vorgegebenen Kommunikationsverhalten der Gastfamilie (vgl. die dreistufige Klimax in VII) zu arrangieren vermag („hab' ich [...] relativ viel Französisch gelernt, also verstehen und auch sprechen 'n bißchen").

Im zweiten Schritt weitet sich die Bedeutung von 'verstehen'; nun bezeichnet der Begriff die **persönlich-soziale** Ebene zwischenmenschlicher Verständigung („'ch hab' mich [...] mit [...] verstanden"). Unabhängig davon, ob das Pronomen „d'r" speziell auf die (in IV und VII genannte) Brieffreundin oder allgemein auf die Gastfamilie gemünzt ist, markiert der Teil-satz „'ch hab' mich auch mit d'r ziemlich gut verstanden" einen deutlichen Gegensatz zur zuvor getroffenen Aussage der Erzählerin, „ganz allein" zu sein und sich „ziemlich einsam" zu fühlen (X bzw. XI).

Die Klassifizierung „ziemlich gut" sticht insofern hervor, als beide Worte bislang aus-schließlich in verwandten Sinnkontexten vorkamen: Die Partikel „ziemlich" hatte schon einmal zur Bekräftigung einer Beziehungsaussage gedient („ziemlich einsam" in XI), während das Qualitätsadjektiv „gut" den der strapaziösen Seite der Wanderung entgegen-gesetzten Erfahrungsaspekt umschrieben hatte (XIX), der im hiesigen Segment in Hinblick auf das Thema 'Verständigung' konkretisiert wird.

und dann war ich danach als wir dann zurück war'n noch 'ne Woche dann halt wieder mit denen in der Ferienwohnung und als ich dann nach Hause mußte, d's war dann hart (atmet durch),	XXI

In kursorischer Form referiert die Sprecherin das Ende der Wanderung („als wir dann zurück war'n") sowie den zeitlichen („noch 'ne Woche") und räumlichen („wieder [...] in der Ferienwohnung") Rahmen des verbleibenden Auslandsaufenthaltes, wobei sie von vornher-ein darauf zielt (,als wir dann", „als ich dann"), auf den Zeitpunkt der Abreise überzuleiten, den sie genauer in den Blick nimmt.

Das Modalverb 'müssen' („als ich dann nach Hause mußte") läßt vermuten, daß sie den **Abschied** nicht als eigenen Wunsch, sondern als **von außen auferlegte Notwendigkeit** interpretiert.

Der knappe Nachsatz „d's war dann hart" expliziert ihre **innere Befindlichkeit** angesichts der unausweichlichen Abreise: Nachdrücklich (anschließendes Verzögerungssignal) kommt dabei zum Ausdruck, daß sie dieses Faktum emotional als **schmerzvoll** („hart") erlebt.

Vergleichen wir die Dramaturgie dieses Abschieds mit der Ankunft in der Gastfamilie (IX-XI), so stoßen wir auf ein **spiegelbildliches Reaktionsmuster** der Erlebnisträgerin: Sorgte zunächst der Umstieg vom heimischen zum fremden Sozialkontext für Erschütterung („dann war ich halt ganz allein und am Anfang kam ich mir auch ziemlich einsam vor" in Xf.), so fällt es ihr nun ähnlich schwer, aus dem fremden ins heimische Umfeld zurückzu-kehren („und als ich dann nach Hause mußte, d's war dann hart").

Im vorliegenden Textabschnitt begegnen noch einmal auf dichtestem Raum sämtliche Dar-stellungsperspektiven, die im Laufe der Erzählung von Bedeutung waren. Aus dem **kollek-tiven Erlebnismodus**, der für die Integration in die Gastfamilie kennzeichnend war („als wir dann zurück war'n"), wird das **Gegenüber** der Gastgeber herausgelöst („dann halt wieder mit denen in der Ferienwohnung"), bis das **Ich alleine für sich** dem Problem des Abschieds gegenübersteht (,,als ich dann nach Hause mußte"), welches aus **distanziert konstatierendem** Blickwinkel formuliert wird (,,d's war dann hart").

```
                       weil 's halt                          | XXII |
(GL      1828    ...)
Aw       1828    weil 's echt schön war ja
GL       1830    ja
Aw       1831    ja,
```

Die Sprecherin plausibilisiert die Schmerzhaftigkeit der Abschiedssituation, die sie gerade knapp festgehalten hatte , indem sie mittels einer doppelten kausalen Anbindung (,,weil 's halt weil") zu einem **positiven Resümee des erzählten Gesamtgeschehens** überleitet (,,'s echt schön war"), das sie mit Hilfe der Modalpartikel 'ja' ratifiziert.

Wurde im Verlauf ihres Gesprächsbeitrags klar herausgearbeitet, daß die dargelegte Gesamterfahrung von **ambivalenter Natur** ist, so bringt diese abschließende Bewertung (Konklusion) **einzig und allein** den **positive Erfahrungspol** zur Geltung, der inhaltlich als enger Naturbezug und als sprachliche wie soziale Integration charakterisiert worden war.

Analog zum vorangegangenen Sprachgebrauch wird diese Seite des erlebten Geschehens durch die prädikative Kombination der Verstärkungspartikel 'echt' mit einem positiv konnotierten (und hier auch stimmlich betonten) Qualitätsadjektiv **herausgehoben** (,,echt schön"; vgl. ,,echt, toll" in XVII sowie ,,echt gut" in XIX).

Der konträre Erfahrungsaspekt hingegen, der inhaltlich als physische Beschwerlichkeit und soziale wie sprachliche Isoliertheit in Erscheinung getreten war, wird **ausgeblendet**.

```
und halt die Rucksäcke ha'm mich auch dadran erinnert, wie wir   | XXIII |
halt immer an 'ne Hütte ankamen oder so und erstma' Rucksäcke
abgestellt und alles durchgeschwitzt und dann ha'm wir hier die
Wäsche irgendwo im Fluß ausgewasch'n un' dann aufgehängt
abends im Zelt oder so (3)
```

Ausgehend vom bislang unerläuterten Foto, auf dem zwei Rucksäcke abgebildet sind (,,und halt die Rucksäcke"), blickt die Erzählerin noch einmal vom individuellen (,,ha'm mich") Erinnerungsprozeß (,,dadran erinnert") der Erhebungssituation zurück auf das kollektiv durchlebte (,,wie wir halt", ,,und dann ha'm wir") Ereignis der Wanderung.

Obwohl sie den Nachvollzug ihres Auslandsaufenthaltes bereits abgeschlossen hatte (vgl. die Abschiedsthematik in XXIf.), wendet sie sich somit am Ende der Kernerzählung, das durch eine deutliche Abschlußpause markiert wird, erneut dem Teilgeschehen zu, welches zuvor schon (in XII-XX) am ausgiebigsten und detailliertesten behandelt worden war.

Formal erscheint diese **Rekapitulation** beinahe als Kopie von Textsegment XVIII: Im Modus **konkreten Erzählens** werden jeweils charakteristische Einzelsequenzen einer (durch das iterative Adverb „immer") als **typisch** gekennzeichneten Handlungsfolge mittels konventioneller Rahmenschaltelemente (z.B. „und erstma'", „und dann") parataktisch aneinandergereiht. Beide Abschnitte widmen sich ein und demselben Gegenstand (Wanderung); die erzählte Zeitspanne ist zwar nicht identisch, sie überschneidet sich jedoch (Nachmittag-Abend versus kompletter Tag in XVIII).

Angesichts dieser Parallelität verwundert es nicht, daß der vorliegende Erzählnachtrag in inhaltlicher Hinsicht kaum über die Vergleichsstelle hinausführt, wenngleich er die ebendort abgelesene **Erlebnisstruktur** nachdrücklich zu **bestätigen** vermag.

Als signifikante Merkmale der Wanderung erscheinen wiederum die **fraglose Eingebundenheit in die Gemeinschaft** (konstante Wir-Perspektive), die **starke physische Beanspruchung**[25] („alles durchgeschwitzt") sowie der **enge Kontakt zur Natur** („die Wäsche irgendwo im Fluß ausgewasch'n"), der mit einer entsprechenden **Distanz zur alltäglichen Zivilisation** zusammenfällt („an 'ne Hütte ankamen", „die Wäsche [...] aufgehängt abends im Zelt").

---

[25] Der Aspekt der körperlichen Anstrengung war zwar im Verlauf der Gesamtdarlegung nachdrücklich herausgestellt worden (vgl. insb. XIVf.), im unmittelbaren Vergleichssegment XVIII fand er jedoch keine Erwähnung.

3.2.3 Überblickstabelle

Seg-ment	formale Cha-rakterisierung	inhaltliche Umschreibung	Kern-formulierung	retrospektive Deutung(en)	existentieller Kern	sprachliche Spezifika
Gesprächsorganisation						
I	Übernahme-signal					
II	Bildverweis			Vorabklassifi-zierung 'Erlebnis'		
Exposition						
III	zeitliche Situ-ierung des Ge-samterlebnisses					Ich-Perspektive
IV	Titelzeile und lokale Situie-rung des Ge-samterlebnisses	Grundsituation 'Auslands-aufenthalt'				Ich-Perspektive
V	Rekurs	Scheitern des vorgängigen Fremdsprachen unterrichts				Ich- und (generalisie-rende) Wir-Perspektive
Komplikation						
VI	Auftakt der angekündigten Haupthandlung	Ankunft in der Fremde				Ich-Perspektive
VII	ausdrückliche Thematisierung des Kernthemas 'Verständigung' (vgl. XVI und XX)	sprachliche Verständi-gungs-hindernisse			**kommuni-kative (und soziale) Distanz**	'Ich und die'-Polarität
VIII	Präzisierung des räumlichen Kontextes				(kommunikati-ve und soziale Distanz)	'Ich und die'-Polarität
IX	Rekurs	Hinbegleitung durch die Eltern			Integration in vertrautes sprachliches und soziales Feld	
X		anfängliche soziale Befindlichkeit in der Fremde	„ganz allein"		radikale Auf-Sich-Ge-worfenheit des Subjekts (trotz physischer Präsenz anderer Menschen) ↔ **soziale Isoliertheit**	Ich-Perspektive Sprech-betonung und Verstärkungs-partikel

135

XI		inneres Erleben dieser sozialen Befindlichkeit	„ziemlich einsam"		Erfahrung der Einsamkeit ↔ **emotionale Isoliertheit**	Ich-Perspektive Verstärkungs-partikel

Resolution

XII	Fokussierung und Situierung einer äußeren Teilhandlung	gemeinsame „Wanderung"			(Auflösung der kommunikativen und sozialen Distanz → Aufgehen in ein kollektives Handlungssub-jekt ↔ **aktiona-le Integration**)	Wir-Perspektive
XIII	Detaillierung				(aktionale Integration)	Wir-Perspektive
XIV	Charakterisie-rung einer Erlebnis-qualität dieser Teilhandlung	Beschwerlich-keit der Wanderung	„so anstrengend"			konstatierende Distanz Sprech-betonung und Verstärkungs-partikel
XV	plausibilisie-rende Veran-schaulichung	'Hitze - Kälte'			(Integration im Modus gemein-schaftlichen Handelns und Erlebens)	Wir-Perspektive
XVI	ausdrückliche Thematisierung des Kernthemas 'Verständigung' (vgl. VII und XX)	sprachliche Verständi-gungs-hindernisse	„total wenig ver<u>stan</u>den"		**kommunika-tive Distanz**	Ich-Perspektive Sprech-betonung und Elativpartikel
XVII	positive Bewertung der Teilhandlung	Natur-begegnung („die Land-schaft und so")	„echt, toll"	„aber [...] trotzdem" ↔ Hinweis auf ambivalente Erfahrungs-struktur „wenn ich jetzt heute mir immer noch die Bilder anschau'" ↔ Anklingen des aktuellen Erinnerungs- / Bewertungs-kontextes		stockende begriffliche Bezeichnung konstatierende Distanz Verstärkungs-partikel und Elativadjektiv

136

XVIII	plausibilisierende Veranschaulichung	typischer Tagesablauf in enger Tuchfühlung mit der Natur (und fern der Zivilisation)	„ganz allein"		(Integration im Modus gemeinschaftlichen Handelns und Erlebens)	Wir-Perspektive
XIX	zusammenfassende Bewertung der Teilhandlung		„absolut wenig zu essen" - „echt gut"	„aber trotzdem" ↔ Rekonstruktion der ambivalenten Erfahrungsstruktur		konstatierende Distanz Sprechbetonung und Elativpartikel Bekräftigungspartikel und Qualitätsadjektiv
XX	ausdrückliche Thematisierung des Kernthemas 'Verständigung' (vgl. VII und XVI)	gelingende sprachliche und persönlich-soziale Verständigung	„ziemlich gut verstanden"		**Auflösung der kommunikativen und sozialen Distanz → kommunikative und soziale Integration**	Ich-Perspektive Verstärkungspartikel und Qualitätsadjektiv
XXI	Abschluß der Haupthandlung	innere Befindlichkeit angesichts der Abreise	„hart"		Trennung von der heimisch gewordenen Fremde als schmerzvolle Notwendigkeit	Modalverb 'müssen' komprimierte Rekapitulation sämtlicher Darstellungsperspektiven
			Konklusion			
XXII	positives Resümee des Gesamterlebnisses		„echt schön"	[Ausblendung des negativen Erfahrungspols]		konstatierende Distanz Verstärkungspartikel, Stimmbetonung und Qualitätsadjektiv
XXIII	Bildexegese mit Rückblick auf die fokussierte Teilhandlung	typischer Tagesablauf in enger Tuchfühlung mit der Natur (und fern der Zivilisation)			(Integration im Modus gemeinschaftlichen Handelns und Erlebens)	Wir-Perspektive

3.2.4 Erfahrungsprofil

3.2.4.1 Darstellungsprofil

Die Sprecherin konzentriert sich darauf, ein ihr 'wichtiges'[26] Gesamterlebnis **narrativ**[27] **zu vergegenwärtigen**, wobei sie **ausschließlich** das **ursprüngliche** Geschehen und Erleben in den Blick nimmt, das sie aus heutiger Perspektive rekonstruiert und bewertet.

Ob und inwiefern sie das dargestelltes Erlebnis **nachträglich** überdacht und unter verändertem und geweitetem Blickwinkel gedeutet hat, wird **nicht expliziert**.

Konventionellerweise als **religiös konnotiertes Vokabular** spielt im Rahmen der vorliegenden Schlüsselpassage keinerlei Rolle.

Von außerordentlicher Bedeutsamkeit sind hingegen zwei andere, unauffälligere Sprachmittel, nämlich einerseits die (kontinuierliche) **Abfolge der Darstellungsperspektiven**, in der sich die **inhaltliche Verlaufslogik** der dargelegten Intensiverfahrung widerspiegelt, andererseits die (punktuelle) **Verknüpfung von Partikeln, (Qualitäts)Adjektiven und Sprechbetonungen**, mittels derer **Höhepunkte und Hauptgehalte** dieser Erfahrung markiert und spezifiziert werden.

3.2.4.2 Erlebnisprofil

Die Erlebnisträgerin referiert einen **Auslandsaufenthalt bei einer Gastfamilie** (IV und VI), auf den sie im Fremdsprachenunterricht nur **mangelhaft vorbereitet** wurde (V).

Nachdem mit ihren Eltern die letzten Repräsentanten ihrer vertrauten Lebenswelt abgereist sind (IX), muß sie die Erfordernisse der **fremden** Umgebung **autonom** bewältigen.

Als in der Anfangszeit ihres Besuchs sowohl die verbale Kommunikation mit den Gastgebern (VII) als auch die soziale Integration in die Gastfamilie[28] scheitert, macht die Protagonistin das **Erlebnis**, ungeachtet der physischen Anwesenheit anderer Menschen von der Mitwelt **abgekapselt** und in **schmerzhafter** Weise **auf sich selbst zurückgeworfen** zu sein (Xf.).

Indem sie schließlich zusammen mit ihren Gastgebern eine Wandertour unternimmt (XII), bei der sich die Beteiligten weitgehend von der Zivilisation absondern (XVIII und XXIII)

---

[26] vgl. den Erinnerungsimpuls 'Das war *ein konkretes Erlebnis, das mir wirklich wichtig war*.' (Kap. 2.4.3.1)

[27] Wie im Rahmen der Intensivanalyse deutlich herausgearbeitet wurde, beschränkt sich diese Erzählung nicht auf den strikten, schrittweisen Nachvollzug erinnerter Sachverhalte. Die narrationstypische (vgl. insb. Koller (1993) 34) 'Und dann Struktur' dominiert zwar die vorliegende Schlüsselpassage, deren Gesamtkomposition birgt aber beispielsweise auch evaluative (vgl. XIX), rekurrierende (vgl. V), typisierende (vgl. XVIII) und resümierende (vgl. XXII) Komponenten.

[28] vgl. insb. die bipolare Darstellungssicht in VIIf. (neben den Textstellen, die das Mißlingen der sozialen Integration explizit anklingen lassen: VII und Xf.)

und gemeinschaftlichen Belastungen (XIVf.) und Natureindrücken (XVII) ausgesetzt sind, **schmilzt diese Isolation**.

Im gemeinsamen Durchleben dieser Wanderung erlebt die Geschichtenträgerin eine **fraglose Zugehörigkeit** zur Fremdgruppe[29], mit ihrem fremdsprachlichen Lerngewinn verbessert sich die **verbale Verständigung** (XX vs. XVI), letztendlich erreicht die Beziehung zu den Gastgebern sogar die Qualität **wechselseitiger persönlicher Vertrautheit** (XX[30]).

Angesichts dieser **geglückten Integration** in das neue soziale Umfeld erlebt die Protagonistin den **Abschied** von der Gastfamilie als **schmerzvolle und von außen auferlegte Notwendigkeit** (XXI).

Insoweit es ihr im Verlauf ihres Besuches gelungen ist, **in der Fremde heimisch zu werden**, ist ihr auch die **Heimat**, in die es nun zurückzukehren gilt, **fremder geworden**.[31]

Unter **sozialisationstheoretischer** Perspektive läßt sich der **Gesamt**verlauf des angeführten Erlebnisses plausibel als ein **Ritual** deuten, in dem sich die altersspezifische Aufgabe des **Übergangs** „aus dem Rahmen des vergleichsweise behüteten familiären Daseins in das gesellschaftliche Leben"[32] widerspiegelt.[33]

Der Auslandsaufenthalt der Sprecherin offenbart erstaunliche Parallelen zum Grundmodell, mittels dessen der Ethnologe *Arnold van Gennep* bereits 1909 die Übergangsriten traditioneller Gesellschaften schematisiert hatte.[34]

---

[29] vgl. insb. die kollektive Erzählperspektive in XIIf, XV, XVIII und XXIII

[30] Daß der Wortlaut dieses Segments eine exakte Identifizierung dieser interpersonalen Verbundenheit nicht zuläßt, wurde bereits im Rahmen der Intensivanalyse herausgestellt.
Die Formulierung „weil ich ja dann halt auch schon die Familie kannte und nich' mehr so alleine war, da war 's ziemlich gut" (Ostern: 1920/19: *Aw*), mittels derer die Sprecherin während der Nachfragephase den **sozialen Kern ihrer Intensiverfahrung** resümiert, läßt aber vermuten, daß sie die erwähnte Beziehungsqualität nicht ausschließlich gegenüber der Brieffreundin, sondern auch im Verhältnis zu weiteren Familienmitglieder erlebt hat (vgl. a. Ostern: 1950/19 (*Aw*) mit ausdrücklichem Hinweis auf die Geschwister der Kameradin).

[31] vgl. insb. das auf S. 131f. herausgearbeitete **spiegelbildliche Reaktionsmuster**, das die Erlebnisträgerin bei der **Ankunft in der Fremde** (Xf.) und der sich abzeichnenden **Rückkehr in die Heimat** (XXI) an den Tag legte. Die angesprochene **Distanz zur heimatlichen Alltagswirklichkeit** wird besonders deutlich, als die Sprecherin im Rahmen der Nachfragephase aufzeigt, die **eigene Herkunftsfamilie** nach ihrer Heimkunft als **Gegensatz zur Gastfamilie** wahrgenommen zu haben („dann war ich zu Hause und dann war da halt wieder meine Familie da und die is' eigentlich ganz anders als die Familie" (Ostern: 1950/19: *Aw*)).

[32] Hoffmann / Schröder (1996) 131

[33] Den Hinweis auf die Vergleichbarkeit des hiesigen Gesamterlebnisses mit jugendlichen Übergangsritualen verdanke ich *Ralf Bohnsack*.

[34] Ungeachtet dieser Parallelen muß freilich darauf hingewiesen werden, daß sich die Initiation in die Erwachsenenwelt in heutigen, westlichen Gesellschaften im Gegensatz zu traditionellen Sozialstrukturen **nicht mehr punktuell** realisiert „Mißt man den Übergang von der Kindheit bis zur vollen Integration in die Erwachsenenwelt mit dem dreiphasigen Aufbau von *van Gennep*, so zieht sich die Initiation unserer Pubertierenden 10 bis 25 Jahre hin." (Klosinski (1991) 13)

Van Gennep unterscheidet mit 'Séparation' (Trennung), 'Marge' (Übergang) und 'Agréga-tion' (Einfügung) drei Phasen solcher Rituale[35]: Bei der **Séparation** verlassen die Betroffe-nen noch **als Jugendliche** ihren vertrauten Sozial- und Lebenskontext. Während der **Marge** erproben und erlernen sie in dieser fremden Umgebung Praktiken und Verhaltensweisen, die in der neuen Lebensphase sinnvoll und notwendig sein werden. Mit dem erlangten (Hand-lungs)Wissen kehren sie schließlich bei der **Agrégation** verändert in ihr ursprüngliches Umfeld zurück, in dem sie sich ab sofort **als Erwachsene** bewähren müssen.

Während sowohl die **Séparation** von der angestammte Lebenswelt (vgl. IX) wie auch die gegenläufige **Agrégation** (vgl. XXI) nur knapp angedeutet werden, liegt das inhaltliche Schwergewicht unserer Schlüsselpassage auf den inneren wie äußeren Vorgängen, die sich fern von zuhause im Zuge der **Marge** ereignen.

3.2.4.3 **Deutungsprofil**

Die vorliegende Schlüsselpassage liefert nur rudimentäre Hinweise auf retrospektive Inter-pretationen der Geschichtenträgerin.

Obschon allein das Faktum ihrer durchweg selbstinitiierten Narration dafür spricht, daß sie das erinnerte Geschehen zum Zeitpunkt und unter den thematischen Vorgaben der Erhe-bungssituation für **bedeutsam und erzählenswert** hält und obwohl sie ihren Auslands-aufenthalt im zusammenfassenden Rückblick ausdrücklich und dezidiert **positiv bewertet** (XVII, XIX und XXII)[36], gibt sie doch **keinerlei reflexiv-inhaltliche Auskunft über den Sinngehalt**, den sie diesem Erlebnis aus dem zeitlichen und räumlichen Abstand heraus zuschreibt, der mit und nach ihrer **Agrégation** eingetreten ist.

3.2.4.4 **Existentieller Kern**

Die Spannung und der Übergang zwischen durchlittener Isolation und beglückender Integration in der Fremde bildet den **existentiellen Kern** der dargelegten Intensiverfah-rung.

Diese Wandlung zwischen gegensätzlichen sozialen und emotionalen Befindlichkeiten, die *Aw* im Verlauf der Marge in der **Fremde** durchlebt, wird 'gerahmt' durch zwei ebenfalls konträre Wahrnehmungen der eigenen **Heimat**: Die Selbstverständlichkeit, mit der sie sich vor ihrem Aufbruch in die Fremde (Séparation) in ihrer Alltagswelt verortet, gerät ins Wan-ken, als sie aus der Fremde nach Hause zurückkehrt (Agrégation).

---

[35] *Arnold van Gennep*s Phasenmodell traditioneller Übergangsriten wird prägnant referiert in Hoffmann / Schröder (1996) 132, Klosinski (1991) 12 sowie in Schomburg-Scherff (1986) 238f.

[36] Ungeachtet dieser **positiven** Erlebnis**bilanz** läßt die Sprecherin keinen Zweifel daran, die dargelegte Ereig-nisfolge **ursprünglich** als **ambivalent** wahrgenommen zu haben (vgl. insb. XVII und XIX).

Die **soziale Polarität** von individueller Verlassenheit und gemeinschaftlicher Verständigung auf der einen und die **lebensräumliche Polarität** von Heimat und Fremde auf der anderen Seite bilden das Spannungsfeld, innerhalb dessen das erzählte Gesamterlebnis angesiedelt ist.

Indem die Protagonistin 'am eigenen Leib' realisieren konnte, daß sich ihr Wunsch nach **Zugehörigkeit** auch jenseits der vertrauten Mitwelt verwirklichen ließ (und zugleich die Unwirtlichkeit der Fremde in **Beheimatung** umschlug), wurde ihr der dargestellte Auslandsaufenthalt zu einem Erlebnis von außerordentlicher Bedeutsamkeit.

3.3 Rekonstruktion der Intensiverfahrung
„ich bin hierher zurückgekomm'n und ich wollt' nur zurück"
(1357/33-1481/34: *Dw*)

3.3.1 Transkriptexzerpt

A) Diskursorganisatorische Klärungsphase (1165/31-1206/32: *Dw*)

[Dw	1165	...] und die and're Geschichte is' noch -ähm- (.) also ich war mit mei'n Eltern, also es is' halt 'n bißchen <u>langweilig</u>, weil die die meist'n <u>kenn'n</u> die Geschicht'n halt schon [vorher] (lacht)
(GL	1178	ach so, ja d's is')
(?w	1179	na ja ...)
(?w	1179	...)
Dw	1179	also zumindest <u>die</u> aus der Skifreizeit, (wird leiser:) die, die wissen 's
GL	1184	ihr müßt sagen, wenn 's euch zu langweilig is', ja?
?w	1186	(verneinend:) mhmh
Dw	1187	ich mach 's [halt kurz]
GL	1187	aber gute Geschicht'n kann man eigentlich immer wieder hören, oder?
Aw	1190	erzähl'!
mm	1191	(lachen)
Dw	1192	ja aber
Aw	1193	könn' wir [alle] hör'n, immer wieder
Dw	1194	ja d's, aber die kennt [halt] wirklich in- und auswendig, na gut, auf jed'n Fall, -ähm- ich war mit mei'n Eltern zweimal, zweimal im Urlaub, nein also (schmunzelt)
mm	1204	(lachen)
Dw	1206	nein -ähm-

B) Kontext und Vorgeschichte zur Schlüsselpassage (1206/32-1357/33: *Dw*)

[Dw	1206	...] 'lso im Sommerurlaub irgendwann ha'm meine Eltern halt gesagt, »ach, laß uns doch ma' in die Schweiz fahr'n«
(GL	1211	mmh)
Dw	1212	und, ich hab' halt gesagt, »ah ja gut, im Sommer, na ja toll wandern und so«, war da halt erst nich' so begeistert von, und dann bin ich halt
GL	1222	große Berge und so, ja mmh
Dw	1224	nja -äh-, bin ich halt <u>doch</u> mitgefahr'n, halt mich hat, muß 'ch jetzt mal echt dazu sag'n also, wir war'n da in 'nem kleinen Kaff und d's war halt 'n ganz schönes Hotel und da hab' ich mir gedacht, »na ja schönes Hotel okay, da fahr' ich halt ma' mit«, mehr halt so auf, weil so -äh- d's war'n dann, d's hat mich dann doch nich' so gelockt, ja und dann war'n wir halt dort und dann, ja, beim ersten Mal als wir dort waren, war 's halt nich' <u>so</u> supertoll, da hab' ich halt nich' so viele Leute kennengelernt und dann in der zwoten Woche war 's wieder super, aber dann bin ich halt nach Hause gefahr'n und hab' mich auf zu Hause gefreut, dann, der Sommer danach, da war'n wir nochma' dort, zwo Wochen, und da hab' ich dann halt -ähm- den Sohn von dem Hotelchef dort kennengelernt und da war 's, wir ha'm halt so 'ne Zeit erwischt, da war
Bw	1270	war der in dem Jahr davor nicht da?

Dw	1272	doch der war auch da, aber ich weiß nicht, hatte nichts mit dem zu tun, ich wußte ja, daß 's der XXX aber, ha'm ma' so kurz geschwätzt, aber sonst halt nichts, gut, ja und dann halt in dem zwoten Jahr, da war 's halt, ich war halt allein' da, also es war noch bevor die ander'n Leute alle Ferien bekomm'n ha'm und da war halt nich' so viel <u>Jugend</u> im Hotel, also weil sonst war da halt
(GL	1295	mmh)
Dw	1296	recht viel los, und da war ich halt total <u>niedergeschmettert</u> und so und dann war halt in dem Hotel auch so 'ne kleine Disco und dann hab' ich mir halt gedacht »na ja gut, geh' ich da halt mal hin«, da hab' ich den halt <u>wieder</u>getroff'n, und dann hat ma' halt mal so geschwätzt un' so, ja und dann ha'm wir halt die <u>ganz'n</u> zwo Wochen halt <u>immer</u> was zusamm'n gemacht und, 's war halt, also ich war ihm eig'ntlich total <u>dankbar</u>, weil ich da nich' alleine rumhängen mußte
(GL	1321	mmh)
Dw	1321	und nich' immer mit meinen Eltern <u>wandern</u> gehen mußte und so
(GL	1325	-chth- Berg hoch)
Dw	1326	und dann irgendwie hat sich da halt so 'ne Freundschaft über die <u>Entfernung</u> entwickelt,
(GL	1330	mmh)
Dw	1331	also so, wir ha'm jede Woche telefoniert und, ja 's, er war dann auch ma' in Deutschland und wollte mich da eig'ntlich ma' besuch'n kommen, aber 's hat dann irgendwie nich' geklappt und dann hat er halt irgendwann gesagt, »ja, Dw komm' doch nach YYY im Winter ma'«, ich hab' gesagt, »na ja -pfft- toll, so viel Geld hab' ich einfach nich', kann ich nich' mach'n«, und dann hat er halt gesagt, ah ja komm', dann arbeitest d' bei uns im Hotel, weil da gab 's halt so 'n Kindergarten,
(GL	1357	mmh)
Dw	1357	so 'ne Kinderbetreuung, kannst d' da arbeiten,

C) Schlüsselpassage (1357/33-1481/34: *Dw*)

[Dw	1357	...] und dann war ich halt die zwo Wochen dort und ich hab' mich halt irgendwie dort voll <u>eingelebt</u>, also 's war halt so, ich hab' einfach dazugehört,
(GL	1369	mmh)
Dw	1369	also einerseits zum Personal irgendwie,
(GL	1371	mmh)
Dw	1372	also daß man da halt voll angeseh'n war, und andererseits halt noch mit den ganzen Leuten da, die halt <u>dort</u> gewohnt ha'm und dann noch mit den Gästen und d's war halt <u>super</u>, 'lso ich hab' mich halt <u>total</u> wohl gefühlt, aber da is' 's dann auch so gewesen, als ich halt zurückgekommen bin, 's war halt auch so, ich hab' im Zug gesessen und hab' <u>geheult</u> und, d's war irgendwie, einerseits <u>dumm</u> daß ich gefahr'n bin, aber 's wär' auch nich' gut gewesen, wenn ich länger geblieben wär' also 's
GL	1401	ach dumm, daß du <u>zurückgefahr'n</u> bist oder was?
Dw	1402	ja
GL	1402	mmh
Dw	1402	dann als ich halt <u>heimgefahr'n</u> bin

GL	1404	ja
Dw	1405	und ja, d's war halt einfach, ich hab' dort noch <u>weiter</u>gelebt irgendwie, also ich bin hierher zurückgekomm'n und ich wollt' <u>nur zurück</u>, also es war wirklich ganz extrem und dann auch, also ich war da acht oder neun Monate mit mei'm Freund zusammen und ich bin halt zurückgekomm'n und hab' Schluß gemacht, weil ich halt irgendwie, ich <u>konnt 's</u> einfach nich'
(GL	1428	aus der ganz ander'n, nnh, ja)
Dw	1428	ich <u>konnt 's</u> einfach nich', und dann irgendwie, d's fand ich halt auch super, weil er hat halt voll <u>zu</u> mir gehalt'n
(GL	1429	ja)
Dw	1436	und nach drei, vier Wochen sind wir halt wieder zusammengekomm'n, also er hat mich da praktisch so <u>weggeholt</u>,
(GL	1440	ja)
Dw	1440	weil, ich war gar nicht in YYY (heimatlicher Schulort), ich war immer noch <u>dort</u> in YYY (Urlaubsort) und hab' nur <u>gewartet</u> auf Anrufe und ich hab' ständig <u>Briefe</u> bekomm'n halt von dort und so, und dann war ich jetzt an Ostern nochmal mit 'ner Freundin da, also mit der es eigentlich jetzt kaputtgegangen is'
(GL	1454	ja, mmh)
Dw	1454	die Freundschaft, aber da ha'm wir 's halt eig'ntlich nochmal versuch'n woll'n, hat halt nicht geklappt, und, da d's war eig'ntlich voll gut, daß ich halt nochmal dort war, weil da hab' ich halt gemerkt, 's <u>doch</u> 'ne and're Welt, sind <u>doch</u> and're Leute und, eig'ntlich gehör' ich halt nach YYY (heimatlicher Schulort) und
(GL	1470	ja)
Dw	1470	zu mei'm Freund und -zh-, zu den ganz'n Leuten, die halt hier sind und d's war eig'ntlich nochma' so voll gut, also 's war halt voll d's Erlebnis, un' 's werd' ich nie vergess'n, denk' ich ma'
(GL	1480	ja)
Dw	1481	weil 's einfach so <u>geprägt</u> hat, weil ich halt gemerkt hab', »oäh, Dw du bist in YYY (Schulort)« und trotzdem, is' 's halt so, als wär' ich halt in YYY (Urlaubsort) gewes'n, (wird leiser:) also, voll konfus einfach

3.3.2 Sukzessive Heranführung an die Schlüsselpassage

A) Diskursorganisatorische Klärungsphase (1165/31-1206/32: *Dw*)

Dw	1194	ja d's, aber die kennt [halt] wirklich in- und auswendig, na gut, auf jed'n Fall, -ähm- ich war mit mei'n Eltern zweimal, zweimal im Urlaub, nein also (schmunzelt)
mm	1204	(lachen)
Dw	1206	nein -ähm-

Die Sprecherin hatte bereits in 1165/35 angesetzt, die nachstehende Geschichte zu entfalten. Nach ihrer Erzählankündigung („und die and're Geschichte is' noch") und einer fragmentarischen Titelzeile („also ich war mit mei'n Eltern") hatte sie den Erzählfaden jedoch jäh unterbrochen, um den in der Sprechsituation naheliegenden Einwand zu formulieren, daß die eben begonnene Narration für die anderen Gruppenmitglieder langweilig sein könnte, da diesen das darzustellende Geschehen hinlänglich bekannt sei („weil die die meist'n <u>kenn'n</u> die Geschicht'n halt schon [vorher]").

Nachdem dieser Vorbehalt durch die Gesprächsrunde aufgegriffen und sie ausdrücklich zum Erzählen ermuntert wurde („erzähl'!" (1190/32: *Aw*)), rekapituliert sie **im vorliegenden Textsegment** ihren Einwand in zugespitzter Form („aber die kennt [halt] wirklich in- und auswendig") und signalisiert ihre Bereitschaft, gleichwohl mit der Erzählung fortzufahren („na gut").

Bevor sie dazu übergeht, den situativen Rahmen und die Vorgeschichte des Handlungskerns darzulegen, versucht sich die Sprecherin ein zweites Mal an der Formulierung einer Überschrift, wobei sie den Wortlaut des zuvor abgebrochenen Titulierungsanlaufs („ich war mit mei'n Eltern" (1165/35)) aufnimmt und vervollständigt („ich war mit mei'n Eltern zweimal, zweimal im Urlaub").

Umgehend verwirft sie jedoch diese überblicksartige Formulierung („nein also", „nein"), um sich in der folgenden Textpassage unmittelbar in die sukzessive Ablauflogik der Geschehnisse einzuklinken, die dem sich herauskristallisierenden Kernerlebnis vorausgehen.

B) Kontext und Vorgeschichte zur Schlüsselpassage (1206/32-1357/33: *Dw*)

		'lso im Sommerurlaub irgendwann ha'm meine Eltern halt gesagt, »ach, laß uns doch ma' in die Schweiz fahr'n«
(GL	1211	mmh)
Dw	1212	und, ich hab' halt gesagt, »ah ja gut, im Sommer, na ja toll wandern und so«, war da halt erst nich' so begeistert von,

Die Geschichtenträgerin reagiert skeptisch, als ihre Eltern die Schweiz als Reiseziel für den gemeinsamen Sommerurlaub vorschlagen.

		und dann bin ich halt
GL	1222	große Berge und so, ja mmh
Dw	1224	nja -äh-, bin ich halt <u>doch</u> mitgefahr'n, halt mich hat, muß 'ch jetzt mal echt dazu sag'n also, wir war'n da in 'nem kleinen Kaff und d's war halt 'n ganz schönes Hotel und da hab' ich mir gedacht, »na ja schönes Hotel okay, da fahr' ich halt ma' mit«, mehr halt so auf, weil so -äh- d's war'n dann, d's hat mich dann doch nich' so gelockt,

Die (sich bewahrheitende) Aussicht auf ein „ganz schönes Hotel" motiviert die Erzählerin, ihre Vorbehalte hintanzustellen und sich der Reise in ein unbedeutendes Schweizer Dorf ('kleines Kaff') anzuschließen.

> ja und dann war'n wir halt dort und dann, ja, beim ersten Mal als wir dort
> waren, war 's halt nich' <u>so</u> supertoll, da hab' ich halt nich' so viele Leute
> kennengelernt und dann in der zwoten Woche war 's wieder super, aber
> dann bin ich halt nach Hause gefahr'n und hab' mich auf zu Hause
> gefreut,

Angesichts spärlicher Sozialkontakte („nich' so viele Leute kennengelernt") zieht *Dw* ein zurückhaltenes Fazit dieses Aufenthalts („nich' <u>so</u> supertoll"); der Abschied vom Urlaubsort fällt ihr dementsprechend leicht („hab' mich auf zu Hause gefreut").

		dann, der Sommer danach, da war'n wir nochma' dort, zwo Wochen, und da hab' ich dann halt -ähm- den Sohn von dem Hotelchef dort kennengelernt und da war 's, wir ha'm halt so 'ne Zeit erwischt, da war
Bw	1270	war der in dem Jahr davor nicht da?
Dw	1272	doch der war auch da, aber ich weiß nicht, hatte nichts mit dem zu tun, ich wußte ja, daß 's der XXX aber, ha'm ma' so kurz geschwätzt, aber sonst halt nichts, gut, ja

Im folgenden Sommerurlaub, den sie mit ihrer Familie an selbiger Stelle verbringt, lernt die Erzählerin den „Sohn von dem Hotelchef dort" kennen, mit dem sie im Vorjahr nur flüchtigen Kontakt hatte („ha'm ma' so kurz geschwätzt, aber sonst halt nichts").

		und dann halt in dem zwoten Jahr, da war 's halt, ich war halt allein' da, also es war noch bevor die ander'n Leute alle Ferien bekomm'n ha'm und da war halt nich' so viel <u>Jugend</u> im Hotel, also weil sonst war da halt
(GL	1295	mmh)
Dw	1296	recht viel los, und da war ich halt total <u>niedergeschmettert</u> und so

Saisonbedingt befinden sich während des zweiten Aufenthalts kaum Jugendliche im Hotel, so daß die Protagonistin auf sich gestellt ist („ich war halt allein' da"), was sie emotional als äußerst bedrückend erlebt („da war ich halt total <u>niedergeschmettert</u>").

> und dann war halt in dem Hotel auch so 'ne kleine Disco und dann hab'
> ich mir halt gedacht »na ja gut, geh' ich da halt mal hin«, da hab' ich den
> halt <u>wiedergetroff'n</u>, und dann hat ma' halt mal so geschwätzt un' so, ja
> und dann ha'm wir halt die <u>ganz'n</u> zwo Wochen halt <u>immer</u> was
> zusamm'n gemacht und,

Die ungeplante Wiederbegegnung zwischen der Erzählerin und dem Hoteliersohn bildet den Anknüpfungspunkt dafür, daß beide die gesamte Urlaubszeit miteinander verbringen („ha'm wir halt die <u>ganz'n</u> zwo Wochen halt <u>immer</u> was zusamm'n gemacht").

		's war halt, also ich war ihm eig'ntlich total <u>dankbar</u>, weil ich da nich' alleine rumhängen mußte
(GL	1321	mmh)
Dw	1321	und nich' immer mit meinen Eltern <u>wandern</u> gehen mußte und so
(GL	1325	-chth- Berg hoch)

Ihrem Begleiter gegenüber empfindet die Erlebnisträgerin ein Gefühl der Dankbarkeit („ich war ihm eig'ntlich total <u>dankbar</u>"), da er sie vor der Alternative bewahrt, entweder isoliert „rumhängen" oder sich der ungeliebten Freizeitbeschäftigung ihrer Eltern anschließen zu müssen.

Dw	1326	und dann irgendwie hat sich da halt so 'ne Freundschaft über die <u>Entfernung</u> entwickelt,
(GL	1330	mmh)
Dw	1331	also so, wir ha'm jede Woche telefoniert und, ja 's, er war dann auch ma' in Deutschland und wollte mich da eig'ntlich ma' besuch'n kommen, aber 's hat dann irgendwie nich' geklappt

Nach Abschluß des zweiten Sommerurlaubs bleiben beide Jugendlichen über die räumliche Distanz hinweg in freundschaftlicher Verbindung („halt so 'ne Freundschaft über die <u>Entfernung</u>"), eine ins Auge gefasste persönliche Begegnung in Deutschland kommt jedoch nicht zustande.

		und dann hat er halt irgendwann gesagt, »ja, Dw komm' doch nach YYY im Winter ma'«, ich hab' gesagt, »na ja -pfft- toll, so viel Geld hab' ich einfach nich', kann ich nich' mach'n«, und dann hat er halt gesagt, ah ja komm', dann arbeitest d' bei uns im Hotel, weil da gab 's halt so 'n Kindergarten,
(GL	1357	mmh)
Dw	1357	so 'ne Kinderbetreuung, kannst d' da arbeiten,

Der Freund lädt die Erzählerin zu einem Winteraufenthalt in den Schweizer Ferienort ein und begegnet ihrem Einwand, sie könne eine solche Reise nicht finanzieren, mit dem Angebot einer Arbeitsmöglichkeit im hoteleigenen Kindergarten.

3.3.3 Syntaktisch-semantische Intensivanalyse
der **Schlüsselpassage** (1357/33-1481/34: *Dw*)

und dann war ich halt die zwo Wochen dort	I

Mittels einer knappen „'Versetzungsanweisung'"[37] informiert die Sprecherin im Rahmen der Erzähllogik („und dann") darüber, daß es - wie im vorangegangenen Textsegment bereits angedeutet - zu einem dritten Aufenthalt im Schweizer Hotel („dort") gekommen ist, den sie im Gegensatz zu den bisherigen Besuchen ohne familiäre Begleitung unternimmt („war ich"). Durch eine durative Zeitangabe („die zwo Wochen") umreißt sie den zeitlichen Rahmen ihrer dortigen Anwesenheit.

und ich hab' mich halt irgendwie dort voll <u>ein</u>gelebt, also 's war halt so, ich hab' einfach <u>dazu</u>gehört,	II
(GL 1369 mmh)	

Unvermittelt kommt die Erzählerin auf die entgegen den vorangegangenen Besuchen[38] nunmehr **gelungene soziale Einbindung** in die fremde Umgebung zu sprechen.

Mit einer konstatierenden Bekräftigungsformel („also 's war halt so") verschaltet sie zwei aus der Ich-Perspektive heraus formulierte Teilsätze, deren Skopen die Erfahrung eigener Integration aus unterschiedlichem Blickwinkel beleuchten, nämlich zunächst als **Annäherungsprozeß seitens der Erlebnisträgerin** („ich hab' mich [...] voll <u>ein</u>gelebt"), alsdann als **Zustand des Aufgenommenseins durch die Gemeinschaft** („ich hab' einfach <u>dazu</u>gehört").

Die betrachtete Satzstruktur (Aussagedoppelung und Bestätigungsformel) bildet zusammen mit dem Einsatz von Elativ- bzw. Bekräftigungspartikeln („voll", „einfach") und prosodischen Akzentuierungen („<u>ein</u>gelebt", „<u>dazu</u>gehört") eine Kumulation kommunikativer Mittel, die allesamt darauf gerichtet sind, die **Radikalität der dargestellten Erfahrung** geglückter Integration auszudrücken.

Dw	1369	also einerseits zum Personal irgendwie,	III
(GL	1371	mmh)	
Dw	1372	also daß man da halt voll angeseh'n war, und andererseits halt noch mit den ganzen Leuten da, die halt <u>dort</u> gewohnt ha'm und dann noch mit den Gästen	

Durch die Aufzählung dreier Bezugsgruppen **verortet** die Sprecherin die eigene Zugehörigkeitserfahrung im sozialen Feld der 'Hotelgesellschaft'. Der durch die Konjunktionalformulierungen („einerseits", „und andererseits halt noch", „und dann noch") hervorgerufene

---

[37] Flader / Giesecke (1980) 215 bezugnehmend auf *Karl Bühler*
[38] vgl. Ostern: 1224/32 (*Dw*) und 1272/32-1296/32 (*Dw*)

148

Eindruck der Vollständigkeit der Auflistung und die generalisierte Einführung der einzelnen Personengruppen (durch bestimmten Artikel sowie das Adjektiv 'ganz') deuten zudem darauf hin, daß sie das erlebte Einbezogensein **einschränkungslos auf den gesamten vorfindlichen sozialen Kosmos bezieht.**

Der aus der Sachlogik der Aufzählung herausfallende Einschub „also daß man da halt voll angeseh'n war" identifiziert schließlich das **Erfahren dezidierter** („voll") **persönlicher Anerkennung** („angeseh'n") als wesentliche inhaltliche Komponente der explizierten Gesamterfahrung des 'Dazugehörens'.

> und d's war halt <u>super</u>, 'lso ich hab' mich halt <u>total</u> wohl gefühlt, | IV |

Zu Ende ihrer knappen Darstellung des unbegleiteten Auslandaufenthalts zieht die Erzählerin zunächst aus konstatierender Distanz („d's war") ein **begeistertes Fazit** („<u>super</u>") der fokussierten Sozialerfahrung.

Aus der Ich-Perspektive heraus („ich hab'") zeichnet sie abschließend ein Bild ihrer **damaligen emotionalen Befindlichkeit** („mich [...] gefühlt"), das ebenfalls rundum (stimmlich betonte Elativpartikel „<u>total</u>") **positiv** („wohl gefühlt") ausfällt.

> aber da is' 's dann auch so gewesen, als ich halt zurückgekommen bin, 's war halt auch so, ich hab' im Zug gesessen und hab' <u>geheult</u> und, | V |

Unter ausdrücklicher Bezugnahme auf zwei vorangegangene Narrationen[39] („da is' 's dann auch so gewesen", „'s war halt auch so") schildert die Sprecherin die **Rückreise aus der als erfüllend erlebten Situation** in der Fremde. Dabei wird die Aufmerksamkeit analog einer zoomenden Kameraeinstellung vom Situationstypus des 'Zurückkommens' über den konkreten räumlichen Kontext („ich hab' im Zug gesessen") bis an die persönliche äußere Reaktion („hab' <u>geheult</u>") herangeführt, aus der ihre **innere Empfindung des Schmerzes** abgelesen werden kann.

> d's war irgendwie, einerseits <u>dumm</u> daß ich gefahr'n bin, aber 's wär' auch nich' gut gewesen, wenn ich länger geblieben wär' also 's | VI |

Aus der nachvollziehenden Vergegenwärtigung der Heimreise wechselt die Erzählerin abrupt in die **Bewertung ihres damaligen Entschlusses**, die Rückfahrt anzutreten.

In abwägender Weise („einerseits", „aber [...] auch") stellt sie der getroffenen Entscheidung („daß ich gefahr'n bin") die mögliche Handlungsalternative einer Verlängerung des Besuches gegenüber. Sie beurteilt diese beiden Möglichkeiten ähnlich negativ als „<u>dumm</u>" bzw.

---

[39] vgl. Ostern: 1790/18-1828/18 (*Aw*) und 2401/23-2452/23 (*Cw*); vgl. a. 1934/19-1950/19

„auch nich' gut"; ein zufriedenstellender Ausweg aus dem dargelegten **Entscheidungs-dilemma** gerät nicht in den Blick.

GL	1401	ach dumm, daß du <u>zurückgefahr'n</u> bist oder was?	VII
Dw	1402	ja	
GL	1402	mmh	
Dw	1402	dann als ich halt <u>heimgefahr'n</u> bin	
GL	1404	ja	
Dw	1405	und ja,	

Auf Nachfrage des Gesprächsleiters hin stellt die Sprecherin klar, daß sich der soeben geäußerten Einwand gegen die 'Fahrt' („einerseits <u>dumm</u> daß ich gefahr'n bin") einzig auf die Rückkehr nach Hause bezog („als ich halt <u>heimgefahr'n</u> bin"), so daß das etwaige Mißverständnis ausgeräumt werden kann, sie habe den dargestellten Auslandsaufenthalt als solchen angezweifelt.

d's war halt einfach, ich hab' dort noch <u>weiter</u>gelebt irgendwie, also ich bin hierher zurückgekomm'n und ich wollt' <u>nur zurück</u>,	VIII

Nach einem abgebrochenen Artikulationsanlauf („d's war halt einfach") expliziert die Erzählerin kompakt und höchst engagiert (vgl. die stimmlichen Heraushebungen), wie sie die Zeit nach ihrer Rückkunft erlebt hat.

Aus durchgängiger Ich-Perspektive thematisiert sie die **Spannung** zwischen dem „**dort**" einer vertraut gewordenen Fremde und dem „**hierher**" einer fremd gewordenen Heimat.[40]

In ihrem subjektiven Erleben manifestiert sich diese Spannung als **paradoxe Zerrissenheit** zwischen **körperlicher Präsenz** („hierher zurückgekomm'n") und **innerer Abwesenheit** („dort noch <u>weiter</u>gelebt irgendwie"). Der Wunsch („ich wollt'"), diesen Zwiespalt aufzulösen, läßt sich aus ihrer Sicht einzig („<u>nur</u>") durch einen physischen Ortswechsel („<u>zurück</u>") realisieren.

also es war wirklich ganz extrem	IX

Die Darstellung der subjektiven Zerrissenheit zwischen Heimat und Fremde gipfelt darin, daß die Sprecherin die **Intensität ihres Erlebens** konstatierend („es war") klassifiziert. Durch Aneinanderreihung der Nachdrücklichkeitspartikel „wirklich" und der Elativbegriffe „ganz" und „extrem" markiert sie eine Erlebnisdichte, die **kaum überbietbar** erscheint.

---

[40] vgl. die jähe Bedeutungsumkehrung der Kategorie 'zurück', die sowohl im Kotext (vgl. V und X) als auch in analogen Belegstellen (vgl. insb. Ostern: 2401/23 (*Bw*), 0831/28 (*Dw*) und 1659/36 (*Aw*)) unzweideutig den familiären Wohnort konnotiert, während sie im vorliegenden Textsegment auf den temporären Urlaubsort umgemünzt wird.

> und dann auch, also ich war da acht oder neun Monate mit mei'm
> Freund zusammen und ich bin halt zurückgekomm'n und hab'
> Schluß gemacht,　　　　　　　　　　　　　　　　　　X

Im Modus konkret-sequentiellen Erzählens ('und (dann)'-Verknüpfungen!) berichtet die Geschichtenträgerin, daß sie sich unmittelbar nach ihrer Rückkunft aus dem Ausland („ich bin halt zurückgekomm'n") von ihrem heimischen Freund getrennt hat („hab' Schluß gemacht") und somit **simultan zur** eben beschriebenen **inneren Erschütterung** eine **Entscheidung** getroffen hat, die im damaligen Lebenskontext von **einschneidender Bedeutsamkeit** war, was durch die eingeflochtene Rahmeninformation („ich war da acht oder neun Monate mit mei'm Freund zusammen") untermauert wird.

> 　　　　　weil ich halt irgendwie, ich konnt 's einfach nich'　　　XI
> (GL　　1428　　aus der ganz ander'n, nnh, ja)
> Dw　　1428　　ich konnt 's einfach nich',

Hatte sie gerade die äußeren Konturen der Trennungsentscheidung nachgezeichnet, so dringt die Sprecherin nun über einen kausal eingeleiteten Anakoluth („weil ich halt irgendwie") zur Dechiffrierung des **inneren Beweggrundes** vor, aus dem heraus sie ihren Entschluß gefaßt hat.

Mittels einer eindringlichen, auf innere Beteiligung deutenden Geminatio, deren Aussage überdies durch Bekräftigungspartikel („einfach") wie Sprechbetonung („konnt 's") hervorgehoben wird, identifiziert sie eine **machtvolle innere Ohnmacht** als entscheidenden Impetus, der es ihr verwehrt hat, die Freundschaft fortzusetzen („ich konnt 's einfach nich'").

> 　　　　　und dann irgendwie, d's fand ich halt auch super, weil er hat halt　　XII
> 　　　　　voll zu mir gehalt'n
> (GL　　1429　　ja)
> Dw　　1436　　und nach drei, vier Wochen sind wir halt wieder
> 　　　　　zusammengekomm'n, also er hat mich da praktisch so weggeholt,
> (GL　　1440　　ja)

In knappen Zügen skizziert die Erzählerin die **Nachgeschichte** des eben rekonstruierten Trennungsaktes bis hin zum Wiederaufleben der aufgekündigten Freundschaft, wobei sie auf engstem Raum auf unterschiedlichste Darstellungsmodi und -perspektiven zurückgreift.

Im Zentrum steht dabei die aus ihrer Sicht wahrgenommene („zu mir") und in Er-Form wiedergegebene **Reaktion ihres Freundes**, die sie als konsequent („voll") solidarisch („zu mir gehalt'n") charakterisiert und vorab in nachvollziehender Ich-Sicht positiv („super") bewertet („d's fand ich").

Hatte sie das Verhalten des Freundes eben noch als 'erzähllogische' Handlungssequenz dargestellt, die zeitlich („nach drei, vier Wochen") durch die gemeinschaftliche („sind wir") Versöhnung („wieder zusammengekomm'n") abgelöst wird, so beleuchtet sie seine Reaktion („er hat") abschließend retrospektiv in ihrer **grundsätzlichen** („praktisch") **Bedeutsamkeit für die eigene** („mich") **Biographie**: Die Treue des Freundes erscheint ihr vor diesem Hintergrund als **entscheidende Hilfe**, die es ihr ermöglicht hat, **sich von der Anziehungskraft der Fremde zu lösen** („weggeholt"), welche letztlich auch zum Bruch der Freundschaft geführt hatte.

Dw	1440	weil, ich war gar nicht in YYY (heimatlicher Schulort), ich war immer noch dort in YYY (Urlaubsort)	XIII

Die Sprecherin veranschaulicht den implizit gebliebenen Bezugspunkt, von dem sie 'weggeholt' wurde, indem sie zur Situation nach Rückkunft aus der Schweiz zurückführt.

Erneut versetzt sie sich in den bereits in VIII angesprochenen paradoxen **Modus ihres damaligen Erlebens**. In antithetischer Gegenüberstellung kennzeichnet sie dessen **Grundstruktur** als radikales (Koppelung von Verstärkungs- und Negationspartikel: „gar nicht"!) **Ausblenden der realen Anwesenheit** in der Heimat („ich war gar nicht in YYY") bei gleichzeitigem **Festhalten an der irreal gewordenen Präsenz** in der Fremde („ich war immer noch dort in YYY").

	und hab' nur gewartet auf Anrufe und ich hab' ständig Briefe bekomm'n halt von dort und so,	XIV

Von der generalisierenden Zusammenschau ihres Erlebens wechselt die Erzählerin in die Darstellung zweier konkreter Aktivitäten („gewartet auf Anrufe", „Briefe bekomm'n"), die sich auf raumüberwindende Kommunikationsmedien beziehen, wobei andeutungsweise nachvollziehbar wird, wie sich ihre Fixierung auf die zurückgelassene Fremde tatsächlich im Alltag gestaltete.

Das Ausschließlichkeitsadverb „nur" („nur gewartet") qualifiziert diese Fixierung ebenso wie das durative Adverb „ständig" („ständig Briefe bekomm'n") als **permanenten Zustand**. Die in der Auslegung von XII formulierte 'Anziehungskraft der Fremde' scheint demnach Leben und Erleben der Geschichtenträgerin in überwältigendem Maße geprägt zu haben.[41]

	und dann war ich jetzt an Ostern nochmal mit 'ner Freundin da,	XV

Hatte die Sprecherin eben noch nachgezeichnet, auf welche Weise sie erlebend (XIII) und handelnd (XIV) an einer **fiktiv gewordenen Gegenwärtigkeit** in der fremden Umgebung

---

[41] Ein Blick auf die Wortwahl in VIII („ich wollt' nur [Ausschließlichkeitsadverb] zurück") und XIII („ich war gar nicht [Koppelung von Verstärkungs- und Negationspartikel] in YYY") stützt diese Hypothese.

festhielt, so kommt sie nun ohne jegliche inhaltliche Überleitung auf einen letzten („war ich [...] nochmal") **realen Besuch** am Ferienort („da") zu sprechen, den sie zu einem späteren Zeitpunkt („jetzt an Ostern") „mit 'ner Freundin" unternommen hat.

		also mit der es eigentlich jetzt kaputtgegangen is'	XVI
(GL	1454	ja, mmh)	
Dw	1454	die Freundschaft, aber da ha'm wir 's halt eig'ntlich nochmal versuch'n woll'n, hat halt nicht geklappt,	

Durch einen knappen erläuternden Einschub liefert die Erzählerin eine genauere Charakterisierung der zuvor nur unbestimmt eingeführten Reisebegleiterin („mit 'ner Freundin"). Dabei bezieht sie sich implizit auf eine bereits abgeschlossene Narration[42], in der sie dargelegt hatte, wie sich ihre Beziehung zu zwei engsten Freundinnen zu gleicher Zeit vollkommen disparat entwickelt hat, wobei die Freundschaft mit der angeführten Mitfahrerin letzten Endes „kaputtgegangen is'".

Im Kontext jener Geschehensfolge deutet sie den gemeinsamen Auslandsbesuch als letztlich mißglückten Versuch, die Freundschaft wiederherzustellen („ha'm wir 's [...] nochmal versuch'n woll'n"). Die lakonische Kommentierung „hat halt nicht geklappt" spiegelt ein Gefühl der Ohnmacht, das schon in der aufgegriffenen Erzählung nachdrücklich zum Ausdruck kam[43].

	und, da d's war eig'ntlich voll gut, daß ich halt nochmal dort war,	XVII

Die Wiederaufnahme der aus individueller Sicht formulierten („daß ich") Kerninformation des vorletzten Textsegments („nochmal dort war") führt zum Problemzusammenhang zurück, aus dem heraus der letztmalige Aufenthalt am Urlaubsort ursprünglich in die Erzählung eingeführt worden war.

Die bilanzierend (durch Modalpartikel unterstrichene indikativische Feststellung: „d's war eig'ntlich") wie dezidiert (Elativpartikel „voll") vorgebrachte positive („gut") Einschätzung des Besuches läßt erkennen, daß die Geschichtenträgerin diesen als **ausgesprochen förderlichen Beitrag zur Bewältigung der Krise** erlebt hat, die sie nach der Rückkehr aus der als erfüllend erlebten Fremde durchlebte.

---

[42] Ostern: 0657/27-1048/30 (*Dw*)
[43] vgl. insb.
- „'s <u>war</u> einfach so, daß wir uns halt gegenseitig <u>so enttäuscht</u> ha'm, daß halt einfach jetzt keine <u>Basis</u> mehr da ist, also man kann irgendwie nichts mehr mach'n" (Ostern: 0899/28-0913/28: *Dw*)
- „d's is' halt so wie so 'ne Mauer zwischen uns, also keiner kann d'rüber springen, also 's <u>geht</u> auch wirklich nich', auch (stockt kurz) ich <u>kann</u> einfach nicht, weil da zu viel kaputtgegangen is' einfach" (Ostern: 0975/29-0984/29: *Dw*)

		weil da hab' ich halt gemerkt, 's <u>doch</u> 'ne and're Welt, sind <u>doch</u> and're Leute und, eig'ntlich gehör' ich halt nach YYY (heimatlicher Schulort) und	XVIII
(GL	1470	ja)	
Dw	1470	zu mei'm Freund und -zh-, zu den ganz'n Leuten, die halt hier sind	

In der Begründung (Kausalanbindung „weil") ihrer positiven Bewertung des letztmaligen Besuches beschreibt ihn die Sprecherin als Ort, an dem sie zu einer (offensichtlich **bedeutsamen**) **Einsicht** gekommen ist („da hab' ich [...] gemerkt").

Inhaltlich umschreibt sie diese Einsicht, indem sie ihre ins Wanken geratene **Position zu Fremde und Heimat** von zwei Seiten her bestimmt.

Von der (zeitweise als nahe erlebten) Fremde **distanziert** sie sich. Deren Gesamt- wie auch Sozialkosmos („Welt" bzw. „Leute") klassifiziert sie gleichermaßen als '**anders**', wobei die (prosodisch betonte) Modalpartikel „<u>doch</u>" jeweils anklingen läßt, daß sie damit die eigene Erfahrung während der Krisenzeit anficht und zur davorliegenden Sichtweise zurückkehrt.

Im Gegenzug **identifiziert** sie sich mit der (zeitweilig als fern erlebten) Alltagswelt, indem sie sich dieser als lokal („nach YYY") wie sozial („zu mei'm Freund und [...] den ganz'n Leuten, die halt hier sind") '**zugehörig**' definiert. Auffälligerweise hatte sie zur Charakterisierung ihrer Sozialerfahrung beim als einschneidend erlebten Auslandsaufenthalt auf analoge Formulierungen zurückgegriffen („ich hab' einfach <u>dazugehört</u>" (II) „mit den ganzen Leuten da" (III)).

Durch ihre doppelseitige Positionsbestimmung (Identifikation mit der vertrauten Lebenswelt bei gleichzeitiger Distanzierung von der fremden Umgebung) signalisiert die Erzählerin, daß mit dem dargelegten Besuch am Urlaubsort ein **Erkenntnisprozeß besiegelt** wurde, in dessen Verlauf sie zu der Selbstverortung gegenüber Heimat und Fremde **zurückfand**, die sie vor ihrem Erfüllungs- (II-IV) wie Krisenerlebnis (VIII-XIV) als selbstverständlich erachtet hatte.[44]

und d's war eig'ntlich nochma' so voll gut,	XIX

Zu Abschluß ihrer Darstellung des letztmaligen Aufenthalts wiederholt die Sprecherin nahezu wörtlich jene ausgesprochen positive Wertung , die sie diesem Ereignis schon in XVII zugewiesen hatte.

---

[44] Im Rahmen der Darlegung ihres ersten Auslandsaufenthalts kam diese **ursprüngliche** Selbstzuordnung knapp und klar zum Ausdruck („dann bin ich halt nach Hause gefahr'n und hab' mich auf zu Hause gefreut" (Ostern: 1224/32: *Dw*)).

		also 's war halt voll d's Erlebnis, un' 's werd' ich nie vergess'n, denk' ich ma'	XX
(GL	1480	ja)	
Dw	1481	weil 's einfach so <u>geprägt</u> hat,	

Wie erst der Blick auf den nachfolgenden Text nahelegt, der auf die im aktuellen Erzählstadium längst abgehandelte Kernerfahrung subjektiver Zerissenheit zurückblendet (XXI), wird mit vorliegendem Textsegment nicht lediglich die Würdigung des zuletzt unternommenen Einzelbesuchs fortgesetzt, sondern vielmehr ein abschließendes **Resümee des erzählten Gesamtgeschehens eröffnet**.[45]

Mittels dreier prägnanter Formulierungen, die staccatoähnlich aufeinanderfolgen und lediglich durch eine knappe subjektive Selbstvergewisserung unterbrochen werden („denk' ich ma'"), umschreibt die Sprecherin die **formale Bedeutsamkeit**, die diesem Ereigniskomplex aus ihrer Sicht zukommt. Dabei bringt jede dieser Formulierungen aus je unterschiedlichem Blickwinkel ein **Höchstmaß an Erlebnisrelevanz** zum Ausdruck.

Zunächst bringt sie ihren Gesamteindruck konstatierend („'s war") auf den **Oberbegriff** „voll d's Erlebnis". Dieser umfaßt eine elativische („voll") wie auch eine subjektiv-weltbezogene („Erlebnis") Bedeutungskomponente und kann somit als Synonym für unseren Forschungsterminus 'Intensiverfahrung' gelten, der als solcher in der Erhebungssituation ungenannt blieb.

Aus subjektiver Ich-Perspektive („ich") taxiert sie daraufhin die **zukünftige** („werd' ich") Relevanz des Erzählgegenstands, wobei sie diesem unauslöschliche („nie") Gegenwärtigkeit in der eigenen Erinnerung („nie vergess'n") zuschreibt.

Zur Begründung („weil") der postulierten Unvergesslichkeit verweist die Erzählerin schließlich zurück (Perfektform) auf die **biographische Wirksamkeit** der dargelegten Handlung („'s [...] <u>geprägt</u> hat"). Die Faktizität dieser 'Prägung' scheint fraglos (indikativische Feststellung), ihr Einfluß **tiefgreifend** (Unterstreichung des Vollverbs „<u>geprägt</u>" durch Partikelnkombination „einfach so" und stimmliche Heraushebung).

weil ich halt gemerkt hab', »oäh, Dw du bist in YYY (Schulort)« und trotzdem, is' 's halt so, als wär' ich halt in YYY (Urlaubsort) gewes'n,	XXI

Die Sprecherin plausibilisiert (Kausalanbindung „weil") die gerade herausgestellte formale Bedeutsamkeit ihres Erlebens in **inhaltlicher** Hinsicht, indem sie ein drittes Mal (nach VIII

---

[45] Syntaktisch läßt sich diese Veränderung im vorliegenden Textsegment allenfalls am bündelnden Adverb „also" erahnen, die semantische Wucht der angeführten Klassifizierungen („voll d's Erlebnis", „werd' ich nie vergess'n", „'s einfach so <u>geprägt</u> hat") hingegen indiziert bereits deutlich, daß sich das Referenzobjekt gegenüber dem vorausgehenden Textabschnitt erweitert hat.

sowie XIII) auf die **Kernerfahrung subjektiver Zerrissenheit** rekurriert, die mit der Rückkehr aus dem unbegleiteten und als erfüllend erlebten Auslandsaufenthalt (I-IV) aufgebrochen war.

Im Gegensatz zu den vorangegangenen Darstellungen thematisiert sie die widersprüchliche Gleichzeitigkeit (Konjunktionaladverb „trotzdem") von realer und mentaler Anwesenheit („bist in YYY" vs. „in YYY [...] gewes'n") aus einer **unvermittelten Doppelperspektive**: Dabei erscheint die dargelegte Ambivalenz in den rahmenden Teilsätzen aus dem Blickwinkel **rückblickender Distanz** als Wahrnehmung, die nachträglich reflektiert („gemerkt" als Bezeichnung klärender Einsicht in XVIII) und relativiert (Konjunktiv Plusquamperfekt: „als wär' ich [...] gewes'n") wurde.

Diese distanzierte Sicht wird jedoch im Mittelteil des Textsegmentes abrupt unterbrochen, sowohl der eingeschobene innere Monolog („»oäh, Dw du bist in YYY«") als auch die indikativische Anschlußformulierung „und trotzdem, is' 's halt so" kehren zurück zum Modus **präsentischer Vergegenwärtigung**, der unmittelbar an vergangenes Erleben heranführt.

Lesen wir besagten inneren Monolog als Wiederholung der zuvor nahezu wortgleich eingeleiteten („weil da hab' ich halt gemerkt" in XVIII) Erkenntnis, letztendlich doch in der vertrauten Alltagswelt heimisch zu sein, so verdeutlicht das konzessive Insistieren („trotzdem, is' 's halt so") auf dem davorliegenden gegenteiligen Realitätserleben („als wär' ich halt in YYY [...] gewes'n"), daß die Erzählerin ungeachtet der klärenden Nachgeschichte an der **Tatsächlichkeit und Bedeutsamkeit ihres Krisenerlebnisses** festhält.

> (wird leiser:) also, voll konfus einfach XXII

Mit einer knappen Ellipse beendet die Geschichtenträgerin die Kernerzählung.

Die bilanzierende Klassifikation **„konfus"**, die durch rahmende Partikeln („voll", „einfach") prononciert wird, artikuliert abschließend noch einmal die **irritierende Widersprüchlichkeit** des dargestellten Erlebens.

Im erzählten Gesamtgeschehen läßt sich der akzentuierte Aspekt der Zwiespältigkeit sicherlich primär der Krisensituation der Rückkunft zuordnen (vgl. insb. VIII-XI und XIIIf.). Andere Erfahrungsaspekte und -orte, die im Verlauf der Erzählung thematisiert worden waren (z.B. erfüllende Integration in der Fremde (II-IV) oder befreiende Rückverortung ins heimische Umfeld (XVII-XIX)) bleiben in vorliegender Konklusion unbeachtet.

3.3.4 Überblickstabelle

Seg-ment	formale Cha-rakterisierung	inhaltliche Umschreibung	Kern-formulierung	retrospektive Deutung(en)	existentieller Kern	sprachliche Spezifika
Marge						
I	'Versetzungs-anweisung' und zeitlicher Rahmen	dritter Aus-landsbesuch, erstmals ohne familiäre Begleitung				Ich-Perspektive
II		gelungene Sozial-integration in der Fremde	„voll eingelebt" - „einfach dazugehört"		radikale Erfahrung sozialer Zugehörigkeit	Ich-Perspektive Aussagedoppe-lung Bestätigungs-formel Elativ- bzw. Bekräftigungs-partikel und Sprech-betonungen
III	unter-streichende Detaillierung	Ausnahmslo-sigkeit dieser Sozial-integration	„voll angeseh'n"		radikale Erfahrung sozialer Zugehörigkeit Erfahrung hoher persönlicher Akzeptanz	generalisieren-de Auflistung Elativpartikel
IV	positives Resümee der bisherigen (Teil)Handlung	positive Gestimmtheit in dieser Sozial-konstellation	„super" - „total wohl gefühlt"		soziale Zugehörigkeit ↔ Glücks-bzw. Erfüllungs-erfahrung	konstatierende Distanz, dann Ich-Perspektive Sprechbetonung und Elativ-adjektiv Sprechbetonung, Elativpartikel und Qualitäts-adjektiv

			sich anbahnende Komplikation			
V	Explizierung einer überleitenden Handlungssequenz	negative Gestimmtheit bei der Rückreise aus der Fremde	„geheult"		Trennung von der Fremde als schmerzhaftes Erlebnis	sukzessive Annäherung vom äußeren Situationstypus bis zur inneren Befindlichkeit Sprechbetonung
VI	unentschlossene Bewertung des eigenen Verhaltens	Entschluss zur Heimreise als alternativloses Negativum	„einerseits dumm" - „auch nich' gut"	rückblickende Entlarvung eines Entscheidungsdilemmas	unsichere Selbstverortung zwischen Fremde und Heimat	reflektierende Distanz abwägende Gegenüberstellung zweier Handlungsalternativen Sprechbetonung
VII	präzisierende Antwort auf Nachfrage des Gesprächsleiters					

			Komplikation: mißlungene Agrégation			
VIII	Explizierung inneren Erlebens ↔ **Kernerlebnis** (vgl. XIII und XXI)	zwiespältige Realisierung der Heimkehr	„dort noch weitergelebt" - „hierher zurückgekomm'n" - „wollt' nur zurück"		paradoxe Zerrissenheit zwischen körperlicher Präsenz in und innerer Abwesenheit von der Heimat Sehnsucht nach Rückkehr in die Fremde	Ich-Perspektive Sprechbetonungen Ausschließlichkeitsadverb
IX	Klassifizierung der Erlebnisintensität		„wirklich ganz extrem"	retrospektive Identifizierung außerordentlicher Erlebnisdichte		konstatierende Distanz Nachdrücklichkeits- und Elativpartikel sowie Elativadjektiv
X	Darlegung einer äußeren Handlung	Trennung vom Freund	„zurückgekomm'n und [...] Schluß gemacht"		einschneidende Handlungskonsequenz aus der subjektiven Zerrissenheit	sequentieller Erzählmodus Ich-Perspektive
XI	introspektive Begründung dieser äußeren Handlung		[zweimaliges] „ich konnt 's einfach nich'"		machtvolle innere Ohnmacht, eine entscheidende heimische Bindung fortzusetzen	Ich-Perspektive Geminatio Bekräftigungspartikel und Sprechbetonung

Resolution I

XII	Darlegung, positive Bewertung und retrospektive Einordnung des Folge-geschehens	Solidarität des Freundes bewirkt Versöhnung	„super" - „voll zu mir gehalt'n" - „praktisch so weggeholt"	herauskristallisierte Bedeutsamkeit der Treue des Freundes für die eigene Biographie	widerfahrene Treue in der Heimat bezwingt die Anziehungskraft der Fremde	komprimierte Abfolge verschiedener Darstellungssichten Sprechbetonungen Elativadjektiv Elativpartikel Grundsätzlichkeitsadverb

Rekurs: Komplikation

XIII	veranschaulichender Rekurs auf vorangegangenen Erlebnismodus ↔ **Kernerlebnis** (vgl. VIII und XXI)	mißlungene Realisierung der Heimkehr	„gar nicht in YYY" - „immer noch dort in YYY"		Ausblenden der realen Anwesenheit in der Heimat zugunsten der irreal gewordenen Präsenz in der Fremde	Ich-Perspektive antithetische Gegenüberstellung Verstärkungs- und Negationspartikel Sprechbetonung
XIV	Konkretisierung	Verhaltenskonsequenzen dieser mißlungenen Realisierung	„nur gewartet auf Anrufe" - „ständig Briefe bekomm'n"		verhaltensprägende Fixierung auf die Fremde	Ich-Perspektive Ausschließlichkeits- und Durativadverb ('nur' / 'ständig') Sprechbetonungen

Resolution II

XV	Setting der abschließenden Teilhandlung	vierter Auslandsbesuch				Ich-Perspektive
XVI	detaillierender Einschub					
XVII	vorausgeschickte positive Bewertung dieser Teilhandlung (vgl. XIX)		„eig'ntlich voll gut"		letztmaliger Besuch verhilft zur Überwindung der Fixierung auf die Fremde	konstatierende Distanz Grundsätzlichkeits- und Elativpartikel sowie Qualitätsadjektiv
XVIII	introspektive Begründung dieser Bewertung	Realisierung der Differenz zur Fremde und der Zugehörigkeit zur Heimat	„doch 'ne and're Welt" - „doch and're Leute" - „eig'ntlich gehör' ich"		wiederhergestellte Selbstverortung gegenüber Heimat und Fremde ↔ Distanzierung vom fremden und Identifikation mit dem heimischen Lokal- und Sozialkosmos	doppelseitige Positionsbestimmung zweimalige stimmbetonte Wiedererinnerungspartikel Grundsätzlichkeitspartikel

XIX	Wiederholung der positiven Bewertung (vgl. XVII)		„eig'ntlich [...] voll gut"		letztmaliger Besuch verhilft zur Überwindung der Fixierung auf die Fremde	konstatierende Distanz Grundsätzlich-keits- und Elativpartikel

Konklusion

XX	Resümee der formalen Bedeutsamkeit des Gesamt-erlebnisses		„voll d's Erlebnis" - „nie vergess'n" - „einfach so geprägt"	retrospektive Klassifizierung als Intensiver-lebnis von ein-schneidender biographischer Wirkkraft prospektive Zuweisung von Unvergess-lichkeit		Aufeinander-folge von drei prägnanten Zu-schreibungen Elativ-, Negations- und Bekräftigungs-partikel(n) Sprech-betonung
XXI	inhaltliche Plausibilisie-rung dieser formalen Bedeutsamkeit durch Rekurs auf vorange-gangenen Erlebnismodus ↔ **Kernerlebnis** (vgl. VIII und XIII)	zwiespältige Realisierung der Heimkehr	„»[...] du bist in YYY« und trotzdem, is' 's halt so, als wär' ich halt in YYY gewes'n"	retrospektives Festhalten an der Tatsäch-lichkeit und Bedeutsamkeit des Ambiva-lenzerlebnisses	widersprüch-liche Gleich-zeitigkeit von realer An-wesenheit in der Heimat und mentaler Präsenz in der Fremde	schroffes Ne-beneinander von rück-blickender Distanz und präsentischer Vergegen-wärtigung innerer Monolog
XXII	bilanzierende Klassifizierung des Erlebten		„voll konfus einfach"	Zuspitzung der Konklusion auf das ambivalen-te Kernerlebnis [↔ Ausblen-dung der sozia-len Integration in der Fremde und der epistemischen Reintegration in der Heimat]	irritierende Widersprüch-lichkeit des (Kern)-Erlebnisses	Ellipse Elativ- und Bekräftigungs-partikel

3.3.5 Erfahrungsprofil

3.3.5.1 Darstellungsprofil

Vermittels einer **ausführlichen sequentiellen Narration** bringt die Geschichtenträgerin eine subjektiv bedeutsame Ereignisfolge zur Sprache, aus der sie **ein Kernerlebnis besonders heraushebt**, indem sie dieses gleichsam quer zur eigentlichen Ablauflogik dreimal fokussiert (in VIII, XIII und XXI).

Während **explizit religiöse Termini** innerhalb der vorliegenden Erfahrungsartikulation ganz und gar ausbleiben, dokumentiert sich die Intensität und Relevanz des Erlebten vor allem in **intuitiven Sprechfiguren**[46], in **Stimmbetonungen** sowie in **akzentuierenden Partikeln, Adverbien und Qualitätsadjektiven**.

3.3.5.2 Erlebnisprofil

Der **Aufenthalt in einem Urlaubsort**, welcher der Protagonistin zwar vertraut ist, den sie nunmehr aber **erstmals selbständig und ohne heimische Begleitung** besucht, markiert den Auftakt der Handlung, die im Verlauf der in der Schlüsselpassage dargelegt wird.

Es gelingt ihr aus eigener Sicht, sich **vollständig in das dortige soziale Umfeld zu integrieren**, wobei sie sich **in radikaler** (IIf.) **und beglückender** (IV) **Weise** als in die fremden Gruppierungen **aufgenommen** (IIf.) und durch die dortigen Bezugspersonen **wertgeschätzt** (III) erfährt.

Angesichts dieser **sozialen Erfüllungserfahrung in der Fremde** fällt es der Geschichtenträgerin nicht nur schwer, sich vom Urlaubsort zu trennen (VI), ihr spontaner Abschiedsschmerz (V) wandelt sich **nach ihrer Heimkehr** zu einem **längerfristigen Krisenerlebnis**.

Über Wochen hinweg (vgl. XII) **vermag sie nicht, die physisch vollzogene Rückkehr nach Hause auch innerlich mitzuvollziehen**.

Obwohl sie sich **faktisch** längst in der heimatlichen Realität befindet, bleibt ihr **Wirklichkeitsempfinden auf die** als erfüllend erfahrene **Fremde fixiert** (VIII, XIII und XXI), so daß sie nicht nur ihr **Alltagsverhalten** auf diese abwesende Ferne hin ausrichtet (XIV), sondern sich sogar **außerstande** fühlt (XI), an der **Freundschaft zu ihrem heimischen Partner** festzuhalten (X).

---

[46] Beispielhaft sei hingewiesen auf die *variierende* (vgl. Wilpert (1989) 991) Aussagedoppelung in II („voll eingelebt [...] einfach dazugehört"), die unterstreichender *Geminatio* (vgl. Schweikle / Schweikle (1990) 172) in XI („ich konnt 's einfach nich' ich konnt 's einfach nich'") und die *antithetische* (vgl. Fricke / Zymner (1996) 31) Gegenüberstellung in XIII („gar nicht in YYY [...] immer noch dort in YYY").

Lag der Ausgangspunkt dieser **Entfremdung** von ihrem angestammten Umfeld darin, daß die Protagonistin im Ausland ein Maximum an **sozialer** Zugehörigkeit (IIf.) und Akzeptanz (III) erleben durfte, so verhilft ihr umgekehrt mit der **solidarischen Zuwendung ihres Freundes** gleichfalls eine **signifikante zwischenmenschliche Erfahrung** dazu, die Fixierung auf die Fremde abzulegen und innerlich in die heimische Alltagswelt **zurückzufinden** (XII).

Ebendiese **Reidentifikation** mit ihrem heimatlichen Sozial- und Lokalkontext sieht sie schließlich in freudiger Weise (vgl. XVII und XIX) für sich **bestätigt** (XVIII), als sie nach geraumer Zeit nochmals den Urlaubsort besucht, zu dem sie sich zeitweise in solchem Maße hingezogen fühlte, (VIII), daß die **Stimmigkeit ihrer Realitätswahrnehmung** und die **Fraglosigkeit ihrer bisherigen Selbstverortung** aus den Fugen gerieten (vgl. XXII).

Verstehen wir die dargelegte Gesamterfahrung analog zur andernorts analysierten Schlüsselpassage von *Aw*[47] als **Übergangsritus** im Sinne *Arnold van Genneps*, dann lassen sich die drei Ablaufphasen der ‘**Séparation**’ als **Trennung** des Adoleszenten vom vertrauten Lebenszusammenhang, der ‘**Marge**’ als „**Umwandlung**“[48] in der Fremde und der ‘**Agrégation**’ als **Rückgliederung** des ‘neugeborenen’[49] Erwachsenen in das alte Umfeld, erneut mühelos semantisch identifizieren.

Ist die **Séparation** als solche nur zwischen den Zeilen erkennbar (I), so zeigt sich die **Marge** im beglückenden Integrationserlebnis des Auslandsbesuches (I-IV).

Die **Agrégation** bildet zweifellos den thematischen Schwerpunkt der Schlüsselpassage. Sie bahnt sich zunächst im Abschied vom Urlaubsort an (V-VII), erfährt dann aber die **unerwartete Wendung**, zwar **äußerlich vollzogen** zu sein, **innerlich** jedoch dadurch **zu mißglücken**, daß sich die Erlebnisträgerin psychisch nicht von der **Marge** zu trennen vermag (VIII-XI, XIIIf und XXIf.).

Erst als sie mit Unterstützung ihres Partners auch seelisch im gewohnten Lebenskontext angekommen ist (XII), findet diese **Verzögerung der Agrégation** ihr Ende. Der abschließende Besuch des Urlaubsortes bestätigt ihr, die **Marge** definitiv überwunden zu haben (XV-XIX).[50]

---

[47] vgl. Kap. 3.2.4.2
[48] Schomburg-Scherff (1986) 253 [Hervorhebung: B.P.]
[49] vgl. Schomburg-Scherff (1986) 239
[50] Indem die Sprecherin im Zuge der Nachfragephase darauf verweist, die innerliche Fixierung auf die Fremde „nach so nach sechs, sieb'n Woch'n" (Ostern: 1713/37) überwunden zu haben („dann [...] war 's auch okay, also da hab' ich dann gesagt, ja also, 's ging mir wieder <u>gut</u> hier in YYY" (Ostern: 1713-1720/37)), stellt sie klar, daß das **vollgültige Eintreten der Agrégation** bereits **vor** diesem letzten Auslandsaufenthalt erfolgt ist.

3.3.5.3 Deutungsprofil

Wenn auch das **Hauptgewicht der Darstellung** in der **narrativen Vergegenwärtigung** vergangenen Erlebens liegt, so beinhaltet die Schlüsselpassage doch auch Hinweise darauf, wie die Sprecherin die erzählten Ereignisse **aktuell einordnet**.

Insbesondere der Erfahrung subjektiver Gespaltenheit[51] mißt sie **außerordentliche formale Bedeutsamkeit** zu (XX), wobei sie sich nicht darauf beschränkt, die **ursprüngliche Dichte** des Erlebens hervorzuheben (IX), sondern eine **Einprägsamkeit** (XX) und **biographische Wirksamkeit** (ebd.) des Erlebten postuliert, die weit **über das erinnerte Geschehen hinausreicht**.

Beim Versuch, die **biographische Relevanz**, die dem Erzählgegenstand dezidiert zugesprochen wird, **inhaltlich** zu entschlüsseln, stoßen wir auf zwei gegenläufige Tendenzen:

Allem Anschein nach weiß sich die Protagonistin angesichts der durchstandenen Krisenerfahrung **in ihrer Zugehörigkeit zum heimischen Lokal- und Sozialkosmos bestätigt**[52], sie reduziert das Erlebte aber nicht auf diesen nachträglichen Lerneffekt, sondern gibt klar zu erkennen, daß sie das Kernerlebnis eigener paradoxer Zerrissenheit nach wie vor für **höchst irritierend** hält (vgl. insb. XXII).

3.3.5.4 Existentieller Kern

Die **tiefgreifende Verunsicherung über die eigene soziale Beheimatung** bildet den **existentiellen Fokus** der dargestellten Intensiverfahrung.

Ausgelöst wird diese **Krise der zuvor vorbewußt-selbstverständlichen**[53] **Sozialverortung** durch eine **beglückende Integrationserfahrung in der Ferne** (Marge), sie manifestiert sich in einem schier übermächtigen **Heimweh nach jener Fremde** (verzögerte Agrégation) und sie mündet schließlich in einer **Rückorientierung auf den heimatlichen Sozialkontext** (realisierte Agrégation).

---

[51] Bemerkenswerterweise begründet die Erzählerin die (in XX resümierte) formale Bedeutung der dargelegten **Gesamt**erfahrung, indem sie den **ambivalenten Erlebnismodus** herausgreift (XXI), der lediglich für die **Teil**handlung der verzögerten Agrégation (s.o.) charakteristisch war (vgl. insb. VIIIf. und XIII).

[52] Besonders deutlich dokumentiert sich diese **bekräftige Rückverortung** in der präsentischen Positionsbestimmung des Abschlußbesuches in XVIII („eig'ntlich gehör' ich halt nach YYY"; vgl. a. XXI), sie spiegelt sich aber auch in der retrospektiven Würdigung des Partnerverhaltens in XII („mich [...] praktisch so weggeholt").

[53] Für *Alfred Schütz* ist die vorreflexive Fraglosigkeit ein zentrales Merkmal alltäglich-'**lebensweltlicher**' Wirklichkeitsauffassung (vgl. insb. Schütz / Luckmann (1979) 25 und Simon (1978) 9).

Die lebensräumliche Polarität von **Fremde** und **Heimat** wird für *Dw* zum Ort und Anlaß eines **inneren Konfliktes um die eigene soziale Identität**[54].

Das 'hautnahe' Erlebnis, mit der inneren Gewißheit subjektiver Zugehörigkeit diese Identität **zeitweise verloren zu haben**, erfährt sie als Geschehen von einschneidender Bedeutsamkeit.

---

[54] Verstehen wir **'soziale Identität'** als **'psychosoziales Gleichgewicht'** (Erikson (1993) 192) zwischen **gesellschaftlicher Fremdzuschreibung** und **persönlicher Selbstverortung** (vgl. Hartfiel (1976) 287), so können wir die dargelegte Krisen- und Reintegrationserfahrung plausibel als **Konflikt um die eigene soziale Identität** deuten, der ganz unmittelbar den zweitgenannten **Identitätspol sozialer Selbstverortung** betrifft.

3.4 Rekonstruktion der Intensiverfahrung
„ich hab' erstma' die ganz'n Leute kennengelernt eig'ntlich
und auf einmal kapiert, daß wir uns total abgeschottet ha'm"

(2481/23-2575/24: Cw)

3.4.1 Transkriptexzerpt

Cw	2481	soll ich weitermach'n?
GL	2482	wenn d' magst
(?w	2482	... schon)
Cw	2484	nja, ich hab' eher was alltägliches so (räuspert sich), also aus der Schule, desweg'n hier auch so 'n Bild, und zwar (hustet) hab' ich seit der siebt'n Klasse so immer die gleiche Freundin gehabt eig'ntlich in der Schule (räuspert sich) und wir ha'm eigentlich <u>immer</u> alles zusammen <u>ge</u>macht also, außerhalb der Schule nich' so viel, aber in der Schule immer, weil die ander'n Leute fanden wir halt irgendwie <u>nich'</u> so toll, und 's ging halt immer so weiter bis zur Elf, nja und dann hat s'e sich auf einmal entschied'n auf 'ne <u>andere</u> Schule zu gehen und d's war halt <u>ziemlich</u> krass, also ich hab' gedacht, d's d's kann ich nicht <u>durch</u>steh'n,
(GL	2516	ja)
Cw	2516	weil wir ha'm wirklich <u>alles</u> zusammen gemacht und w' g'rad' weil wir die ander'n Leute nich' so toll fand'n, ha'm wir uns voll <u>ab</u>geschottet und die überhaupt nich' mehr <u>kennen</u>gelernt und, also wirklich überhaupt nichts mit denen so richtig freundschaftlich zu tun g'habt, und da, also wie gesagt hab' ich halt da gedacht, d's geht überhaupt nich', un' wie soll ich dann bei den ander'n Leuten da überleben (räuspert sich), dann wollt' ich natürlich <u>mit</u>wechseln, aber meine Eltern ha'm gesagt »ne, du <u>bleibst</u> auf der Schule«,
(GL	2538	läuft ni't, ja)
Cw	2539	toll, na ja und dann war s'e halt nach den Sommerferien weg in der Elf, also d's war jetzt letztes Jahr, und dann is' es aber eig'ntlich also <u>wider</u> Erwarten viel <u>besser</u> gewordn, weil ich hab' erstma' die ganz'n Leute <u>kennen</u>gelernt eig'ntlich und auf einmal kapiert, daß wir uns total <u>abge</u>schottet ha'm
(GL	2553	mmh)
Cw	2553	so was bei den ander'n abging hab' ich überhaupt nich' mehr <u>mit</u>gekriegt und, nä jetzt is' 's auch <u>so</u> viel besser gewordn (räuspert sich) weil, also wir ha'm dann erst ma' gemerkt, daß wir immer nur <u>zusammen</u> irgendwie zu <u>zweit</u> war'n, wir ha'm <u>nichts</u> mit den ander'n gemacht und jetzt is' es halt so, daß sie die ander'n kennengelernt hat und ich hab' meine irgendwie kennengelernt und dann ha'm wir uns so irgendwie die Freunde dadurch auch so vermischt,
(GL	2575	mmh)
Cw	2575	und, also es is' auf jeden Fall viel <u>besser</u> gewordn,

3.4.2 Syntaktisch-semantische Intensivanalyse

Cw	2481	soll ich weitermach'n?	I
GL	2482	wenn d' magst	
(?w	2482	... schon)	
Cw	2484	nja,	

Nachdem die vorausgehende Gesprächseinheit mit einer ratifizierenden Schlußformel („tja, so war das" (2474/23: *Bw*) bzw. „so war d's" (2477/23: *GL*) und einer deutlichen Sprechpause ausgeklungen war, signalisiert *Cw* ihre Bereitschaft, die Erzählrunde fortzusetzen („weitermach'n"). Zugleich sondiert sie in Frageform („soll ich"), ob ihre Erzählinitiative in der aktuellen Sprechsituation gewünscht wird.[55]

Auf die Reaktion des Gesprächsleiters hin, der die Aufnahme des Erzählangebots von ihrer individuellen Motivationslage abhängig macht („wenn d' magst"), bekundet sie durch das Satzäquivalent „nja", daß sie sich entschlossen hat, die angekündigte Geschichte mitzuteilen.

	ich hab' eher was alltägliches so (räuspert sich),	II

Die Sprecherin überschreibt die Erzählung mit einer **groben Vorabklassifizierung** des darzustellenden Geschehens, welches sie auf vorsichtig abwägende Weise („eher [...] so") der **Sphäre des Alltagslebens** („was alltägliches") zuordnet.[56]

	also aus der Schule, desweg'n hier auch so 'n Bild,	III

Die Geschichtenträgerin **konkretisiert** die eben vorgenommene Klassifizierung, indem sie die nachfolgende Erzählhandlung im alltäglichen **Milieu der Schule** verortet („aus der Schule").

Ebendieser Lebensbereich spiegelt sich wiederum im von ihr ausgewählten Foto einer Schulklasse, auf das sie plausibilisierend („desweg'n") hinweist („hier auch so 'n Bild").

---

[55] *Cw* reproduziert im vorliegenden Textsegment exakt die Redewendung, mittels derer sich schon die vorherige Sprecherin in die Kommunikation eingeblendet hatte: „soll ich weitermach'n?" (Ostern: 1996/19: *Bw*).

[56] Die angeführte Alltagszuordnung steht zwar in gewisser Spannung zur Umschreibung des Konstrukts 'Intensiverfahrung' durch den Forscher, innerhalb derer das Kriterium der Alltags**un**ähnlichkeit betont worden war („Erlebnisse [...], die so ni't so der Alltagstrott sind, so früh aufstehen und was ma' halt jeden Tag macht, sondern [...] die für einen selbst was <u>b'sonderes</u> sind" (Ostern: 1273/13: *GL*; vgl. a. 0564/05: *GL*)). Die besagte Kategorisierung läßt sich aber auch als inhaltliche Abgrenzung zur unmittelbar vorausgehenden Erzählung lesen, in der ein sehr seltenes Ereignis dargestellt worden war, nämlich die erstmalige Wiederbegegnung mit einer Freundin nach jahrelanger Trennung (vgl. insb. Ostern: 2439/23-2460/23: *Bw*).

> und zwar (hustet) hab' ich seit der siebt'n Klasse so immer die
> gleiche Freundin gehabt eig'ntlich in der Schule (räuspert sich) | IV

Mittels eines eröffnenden Rahmenschaltelements („und zwar") leitet die Sprecherin dazu über, die **soziale Konstellation** einer spezifisch geprägten **Freundschaft** zu skizzieren, mit deren Entstehung die erzählte Ereignisfolge einsetzt.

Der Lebensraum der **Schule,** von dem zuvor die Rede war, kommt dabei gleich doppelt zum Vorschein, nämlich als prägendes institutionelles Zeitraster („seit der siebt'n Klasse") wie auch als unmittelbarer Ort der beschriebenen Zweierbeziehung („in der Schule").

Die erwähnte Zeitangabe „seit der siebt'n Klasse" bezeichnet nicht nur den **punktuellen Beginn** der Freundschaft (wie auch des erzählten Gesamtgeschehens), sie dokumentiert überdies deren **langjährige Beständigkeit** bis in die Gegenwart der Gesprächssituation hinein.

Die **Konstanz** der Freundschaft wird daraufhin in zeitlicher („immer") wie personeller Hinsicht („die gleiche") noch deutlicher herausgearbeitet; die bestimmt eingeführte Singularform „die gleiche Freundin" läßt zudem eine gewisse **Singularität** der dargelegten Beziehung erahnen.

> und wir ha'm eigentlich immer alles zusammen gemacht also,
> außerhalb der Schule nich' so viel, aber in der Schule immer, | V

Hatte sie eben noch aus individueller Darstellungssicht („hab' ich [...] gehabt") die langfristige Konstanz der angesprochenen Zweierbeziehung beleuchtet, so übernimmt die Erzählerin nun erstmals die **Perspektive eines 'Wir'** („wir ha'm [...] gemacht"), in dem beide Freundinnen zu einem **kollektiven Handlungssubjekt** verschmelzen.

Aus diesem Blickwinkel veranschaulicht sie die **Intensität der Freundschaft im alltäglichen Handeln** („gemacht"), das sie mittels einer äußerst kompakten Adverbialbestim- mung[57] („eigentlich immer alles zusammen") in zeitlicher („immer") wie kategorialer („alles") Ausnahmslosigkeit als gemeinschaftliches („zusammen") Tun identifiziert.

In einem korrigierenden Nachsatz schränkt sie diese Aussage allerdings insoweit ein, als sie die herausgearbeitete **dyadische Ausschließlichkeit** auf das **Milieu der Schule** eingrenzt („aber in der Schule immer"), während sie die Prägekraft der beschriebenen Freundschaft für andere Kontexte geringer veranschlagt („außerhalb der Schule nich' so viel").

---

[57] Der terminologischen Klarheit halber sei darauf verwiesen, daß Adverbialbestimmungen „nicht immer durch Adverbien [...] realisiert werden" (MLS (1993) 11), wobei ohnehin unklar ist, gemäß welcher Kriterien die Wortgattung der Adverbien als solche einheitlich abgegrenzt werden kann (vgl. insb. Eisenberg (1994) 204).

weil die ander'n Leute fanden wir halt irgendwie <u>nich'</u> so toll,	VI

Die Sprecherin plausibilisiert (Kausalanbindung „weil") die aufgezeigte Ausschließlichkeit der Zweierbeziehung, indem sie darlegt, daß mit der Hochschätzung der eigenen Freundschaftsdyade eine **negative Einschätzung** („fanden wir [...] <u>nich'</u> so toll") **der außenstehenden Schüler(innen)** („die ander'n Leute") einherging, die einhellig (Wir-Perspektive) und pauschal (bestimmt eingeleitetes Akkusativobjekt) erfolgte, obgleich ihre inhaltliche Rechtfertigung vage („irgendwie") bleibt.

und 's ging halt immer so weiter bis zur Elf,	VII

Mit wenigen Worten überbrückt die Erzählerin die beträchtliche Frist von vier Schuljahren, die von der (in IV angeführten) siebten Klasse „bis zur Elf" reicht, wobei sie lediglich registrierend („'s ging") festhält, daß das oben aufgezeigte Nebeneinander von dyadischem Zusammenhalt und externer Abgrenzung in dieser Zeitspanne **unverändert fortdauerte** („immer so weiter").

nja und dann hat s'e sich auf einmal entschied'n auf 'ne <u>andere</u> Schule zu gehen	VIII

Nach der vorangehenden summarischen Überleitung, in der die erzählte Zeit stark gerafft dargestellt worden war, konzentriert sich die Erzählerin nach kurzem Stocken (Übergangspartikel „nja") nun wieder auf den verlangsamten Nachvollzug eines konkreten Einzelereignisses.

Aus miterlebender Sie- bzw. Außenperspektive legt sie dar, daß ihre Freundin sich **plötzlich und unerwartet** („auf einmal") sowie in eigener Verantwortung („hat s'e sich") darauf festgelegt hat („entschied'n"), die gemeinsame Schule zu verlassen („auf 'ne <u>andere</u> Schule zu gehen" mit entsprechender Sprechbetonung!).

Im vorliegenden Kontext (vgl. insb. III-V) bedeutet dies zugleich, daß das **bisherige lebensräumliche Fundament der Zweierbeziehung vor der Auflösung steht.**

und d's war halt <u>ziemlich</u> krass,	IX

Aus **distanziert resümierendem** Blickwinkel („d's war") umreißt die Sprecherin die **(Aus)Wirkung** des angeführten Entschlusses. Das Prädikatsadjektiv „krass", das durch die stimmlich betonte Partikel „<u>ziemlich</u>" untermauert wird, klassifiziert diese als **gravierend und einschneidend.**

also ich hab' gedacht, d's d's kann ich nicht durchsteh'n,	X
(GL 2516 ja)	

Die Geschichtenträgerin erläutert („also") die dezidierte, jedoch inhaltlich vage Klassifizierung der eingetretenen Ereigniswende, indem sie dazu überlenkt, aus **subjektiver Darstellungssicht** („ich hab', „kann ich") auf die **eigene, innere Reaktion** („ich hab' gedacht") zurückzublenden, die der überraschenden Entscheidung ihrer Freundin nachfolgte.

Deren Schulwechsel (dupliziertes „d's") empfindet sie für sich als **nicht bewältigbare** („kann ich nicht") **existentielle Bedrohung** („nicht durchsteh'n"), wobei der Begriff des 'Durchstehens' im wörtlichen Sinne unmittelbare physische Belastungen impliziert.

Cw 2516 weil wir ha'm wirklich alles zusammen gemacht	XI

Zur Begründung (Kausalkonjunktion „weil") ihrer erschütterten wie pessimistischen Reaktion wiederholt die Erzählerin nahezu wörtlich den bereits in Textsegment V formulierten Hinweis auf die bisherige **Ausnahmslosigkeit des dyadischen Handelns der beiden Freundinnen** („alles zusammen gemacht"), die durch den angekündigten Schulwechsel voraussetzungslos wird.

Hier wie dort manifestiert sich die Gemeinschaftlichkeit des Handelns in einer entsprechenden Darstellungsperspektive („wir ha'm"). Besonders hervorgehoben wird die **Unzertrennlichkeit der beiden Freundinnen** im vorliegenden Textsegment durch die Nachdrücklichkeitspartikel „wirklich", vor allem aber durch den gegenüber Segment V auffälligen Verzicht auf eine einschränkende Verortung ihres gemeinsamen Handlungsradius.

und w' g'rad' weil wir die ander'n Leute nich' so toll fand'n,	XII

Mittels einer abermaligen Kausalphrase („g'rad' weil") plausibilisiert die Sprecherin das nachfolgend (in XIII) dargelegte **abgrenzende Sozialverhalten** der Freundschaftsdyade gegenüber den übrigen Schüler(inne)n („die ander'n Leute").

Als Ursache dieses Verhaltens lokalisiert sie die von beiden Freundinnen geteilte („wir [...] fand'n"), **abwertende** („nich' so toll") **Einstellung** diesen Mitschüler(inne)n gegenüber, die schon einmal beinahe wortgleich angesprochen worden war („weil die ander'n Leute fanden wir halt irgendwie nich' so toll" in VI) und wie zuvor nicht näher belegt oder begründet wird.

> ha'm wir uns voll <u>ab</u>geschottet und die überhaupt nich' mehr <u>kennen</u>gelernt und, also wirklich überhaupt nichts mit denen so richtig freundschaftlich zu tun g'habt,　　**XIII**

In drei nebengeordneten Teilsätzen, die jeweils in näher spezifizierten Vollverben gipfeln, expliziert die Erzählerin das **Sozialverhalten** der beiden Mädchen, das in der **Gegenüberstellung** zwischen deren dyadischem „**wir**" und dem „**die**" bzw. „**denen**" der Mitschüler-(innen) entfaltet wird.

Schon das erstgenannte Vollverb des 'Abschottens' enthüllt die **doppelseitige Grundstruktur** dieses Sozialhandelns, das durch **Konzentration aufeinander** („wir uns") bei gleichzeitiger **Distanzierung nach außen** (sprechbetonte Vorsilbe „<u>ab</u>geschottet"!) bestimmt ist.

Das Verhältnis zu den Mitschüler(inne)n wird dadurch gleich zweifach blockiert: Indem schon der **Prozeß** persönlicher Annäherung verhindert wird („nich' mehr <u>kennen</u>gelernt"), bleibt erst recht das potentielle **Ergebnis** ernsthafter („so richtig") freundschaftlicher Beziehungen („nichts mit denen [...] freundschaftlich zu tun g'habt") unerreichbar.

Durch elativische Zuspitzung sämtlicher Teilaussagen („voll", „überhaupt", „wirklich überhaupt") bringt die Sprecherin unzweifelhaft zum Ausdruck, daß sie die dargestellte dyadische Abkapselung als **ausnahmsloses Geschehen** erlebt hat.

> und da, also wie gesagt hab' ich halt da gedacht, d's geht überhaupt nich', un' wie soll ich dann bei den ander'n Leuten da überleben (räuspert sich),　　**XIV**

Nach knappem Hinweis auf den wiederholenden Charakter ihrer Rede („also wie gesagt") **reformuliert** die Sprecherin die **eigene, innere Reaktion** („hab' ich [...] da gedacht") auf den plötzlichen Entschluß der Freundin, die gemeinsame Schule zu verlassen.

Sie nimmt somit den 'Erzählfaden' wieder auf, der durch den Rekurs auf die dyadische Isolierung der beiden Mädchen (XI-XIII) unterbrochen worden war.

Dabei knüpft sie inhaltlich wie formal nahtlos an Segment X an, wo sie ihre persönliche Befindlichkeit angesichts der Entscheidung der Freundin schon einmal aus **subjektiver Innenperspektive** nachgezeichnet hatte („d's d's kann ich nicht <u>durch</u>steh'n" (X)).

Im vorliegenden **inneren Monolog** wird diese Befindlichkeit zunächst mittels einer kategorischen („überhaupt") Feststellung („d's geht [...] nich'") umschrieben, die **unmißverständlich** verdeutlicht, daß die Erlebnisträgerin die hereinbrechende Situation als **ausweglos** wahrnimmt.

Die nachfolgende Frage spitzt diese Aussage in inhaltlicher Hinsicht zu: Die Zukunft („dann") ihrer bislang radikal vernachlässigten **Beziehung zu den Mitschüler(inne)n** („bei den ander'n Leuten da") erscheint als **entscheidendes Problem,** an dem sich die krisenhafte Reaktion der Protagonistin festmacht („wie soll ich [...] überleben").

Hatte der Terminus des 'Durchstehens' in Segment X bereits angedeutet, daß sie die Konfrontation mit dem Schulwechsel der Freundin für sich selbst als **existentiell bedrohlich** empfindet, so bringt die hier aufgeworfene Frage diesen Grundzug ihres Erlebens nochmals **verdichtet** zum Ausdruck, insofern der Kernbegriff des 'Überlebens' seinem wörtlichen Sinne nach auf ein Höchstmaß (auch physischer) Gefährdung verweist.

	dann wollt' ich natürlich <u>mit</u>wechseln, aber meine Eltern ha'm gesagt »ne, du <u>bleibst</u> auf der Schule«,	XV
(GL 2538	läuft ni't, ja)	
Cw 2539	toll,	

Nach Beendigung des ausführlichen und verlangsamten Nachvollzugs ihrer Konfrontation mit dem Schulwechsel der Freundin geht die Erzählerin nun dazu über, in knappen Zügen nachzuzeichnen, wie ihr **erster Anlauf einer Bewältigung** dieser Krisensituation verlief.

Ihrer **eigenen** Überzeugung nach („wollt' ich") liegt die naheliegende („natürlich") Lösung des aufgeworfenen Problems darin, den Schulwechsel der Freundin **mitzuvollziehen** („<u>mit</u>-wechseln"), womit die lebensräumliche Basis der **vertrauten** Freundschaftsdyade **gesichert** sowie die als bedrohlich empfundene Verwiesenheit auf die **fremd** gebliebenen Mitschüler-(inne)n **vermieden** wäre.

Konterkariert (Adversativkonjunktion „aber" und Satzäquivalent „ne") wird dieser Lösungsansatz durch den in simulierter Fremdrede wiedergegebenen, **imperativischen**[58] **Einspruch der Eltern** („»ne, du <u>bleibst</u> auf der Schule«"), der ein dem Wunsch der Protagonistin entgegengesetztes Verhalten einfordert (sprechbetontes „du <u>bleibst</u>"!) und als solcher **begründungslos** dargestellt wird.

Im vorliegenden wie nachfolgenden (stillschweigende Durchsetzung der elterlichen Position) Kontext läßt sich der abschließende Einwortsatz („toll") als **ironische Kommentierung** deuten, in der sowohl die **Enttäuschung** als auch die **Ohnmacht** der Sprecherin angesichts des Vetos der Eltern zutage tritt.

Der erste Bewältigungsversuch erscheint somit insgesamt als **Retardation,** durch die der weitere Gang der Geschehnisse zwar verzögert, nicht jedoch verändert wird.

---

[58] Grammatikalisch können imperativische Aussagen auch in Form von Aussagesätzen formuliert werden (vgl. Duden-Grammatik (1995) 595 und Helbig / Busscha (1996) 615).

> na ja und dann war s'e halt nach den Sommerferien weg in der Elf, **XVI**
> also d's war jetzt letztes Jahr,

Die Erzählerin hält flüchtig inne („na ja"), um zur veränderten Situation **nach** dem angekündigten Schulwechsel der Freundin überzuschwenken („und dann [...] halt"), die sie aus distanzierter Außensicht („war s'e") nüchtern als **Zustand der Abwesenheit** kennzeichnet („war s'e [...] weg").

Zeitlich verortet sie diese neue Konstellation gleich doppelt, zunächst im institutionell geprägten Zeitraster der erzählten Handlung („nach den Sommerferien [...] in der Elf"; vgl. IV und VII), anschließend im deiktischen Rückblick aus der Erzählsituation („jetzt letztes Jahr").

> und dann is' es aber eig'ntlich also <u>wider</u> Erwarten viel <u>besser</u> **XVII**
> geword'n,

Noch ehe sie darlegt, **was** sich aus ihrer Sicht in dieser veränderten Situation ereignet hat, zieht die Sprecherin ein **konstatierendes** („is' es") **Fazit**, in dem ihre **grundsätzliche** („eig'ntlich") **Einschätzung** („viel <u>besser</u>") der Entwicklung („geword'n") zum Ausdruck kommt, die mit dem Wegbleiben der Freundin („und dann") eingesetzt hat.

Die **ernsthaften Befürchtungen**, mit denen die Geschichtenträgerin der neuen Sozialkonstellation im vorhinein begegnet war (vgl. X und XIV), bilden die **Vergleichsfolie**, von der sie sich nun adversativ („aber", „<u>wider</u>") und komparativisch („<u>besser</u>") **abgrenzt**.

Von zwei Seiten her entfaltet sie diese Abgrenzung: Läßt die adversative Formulierung „<u>wider</u> Erwarten" erkennen, daß sie das Geschehen nach der sozialen Zäsur als **überraschend** und **unerwartet** wahrnimmt, so dokumentiert der (durch Gradpartikel und Sprechbetonung unterstrichene) Komparativ „viel <u>besser</u>", daß sie die angesprochene Entwicklung für sich als **förderlich** und **erfreulich** ansieht.

> weil ich hab' erstma' die ganz'n Leute <u>kennengelernt</u> eig'ntlich **XVIII**

Zur Plausibilisierung (Kausalkonjunktion „weil") ihrer außerordentlich positiven Einschätzung verweist die Erzählerin darauf, daß es ihr (Wiederaufnahme der subjektiven Ich-Perspektive!) nach dem Wegbleiben der Freundin gelang, mit den Mitschüler(inne)n („die ganz'n Leute") **persönlich vertraut zu werden** („<u>kennengelernt</u>").

Dabei wird der **erfolgreiche Verlauf** dieser Annäherung in quantitativer (Vollständigkeitsbezeichnung „die ganz'n") wie qualitativer (sprechbetonter Verbteil „<u>kennengelernt</u>" und Modalpartikel „eig'ntlich") Hinsicht hervorgehoben.

Der Kernbegriff des '**Kennenlernens**' signalisiert überdies, daß es der Erlebnisträgerin geglückt ist, ihr **soziales Defizit** gegenüber den Mitschüler(inne)n **auszugleichen**, das weiter oben analog umschrieben und mit der radikalen dyadischen Absonderung begründet worden war („ha'm wir uns voll <u>ab</u>geschottet und die überhaupt nich' mehr <u>kennengelernt</u>" (XIII)).

		und auf einmal kapiert, daß wir uns total <u>ab</u>geschottet ha'm	XIX
(GL	2553	mmh)	
Cw	2553	so was bei den ander'n abging hab' ich überhaupt nich' mehr <u>mit</u>gekriegt und,	

Wurde die positive Einschätzung der postdyadischen Zeit (XVII) eben noch mit einem **gelungenen sozialen Begegnungsprozeß** in Verbindung gebracht, so wird die Plausibilisierung nun dadurch ergänzt, daß die Sprecherin eine **besondere kognitive Einsicht** („kapiert") ins Spiel bringt, die sie („ich hab'" (XVIII)) im gleichen situativen Kontext gewonnen hat.

Dem Verlauf nach beschreibt sie ihren Erkenntnisgewinn nach Art eines Heureka-Erlebnisses als **plötzliches** („auf einmal") **Begreifen** („kapiert") eines bis dato unrealisierten Zusammenhangs.

Inhaltlich bezieht sich ihre Einsicht auf die Sozialstruktur **vor** dem dargelegten Schulwechsel, die sie **im Rückblick** ausnehmend **kritisch** betrachtet.

Erst im nachhinein und vor dem Hintergrund neuer, geglückter Begegnungen erkennt die Erlebnisträgerin nun den **'abschottenden' Grundzug** des gemeinsamen („wir ha'm") Sozialverhaltens der beiden Freundinnen („daß wir uns total <u>ab</u>geschottet ha'm"), den sie bereits in Segment XIII nahezu identisch umschrieben hatte („ha'm wir uns voll <u>ab</u>geschottet" (XIII)).

Auch die **kommunikationsverhindernde Wirkung** des damaligen Verhaltens war dort schon zur Sprache gekommen („ha'm wir [...] die überhaupt nich' mehr <u>kennengelernt</u>" (XIII)).

Im hiesigen Sinnzusammenhang veranschaulicht sie diesen Befund, indem sie die **konsequente** (Verstärkungspartikel „überhaupt") **Verschlossenheit** („nich' mehr <u>mit</u>gekriegt") nachzeichnet, die sie selbst („hab' ich") gegenüber den für die Mitschüler(innen) bedeutsamen Ereignissen und Themen an den Tag legte („was bei den ander'n abging").[59]

---

[59] Die Negationsspezifizierung „mehr" läßt (wie bereits in XIII) anklingen, daß die dargelegte Wahrnehmungsblockade nicht seit Beginn der gemeinsamen Schulzeit vorhanden war, sondern sich erst nachträglich (evtl. mit dem in IV datierten Entstehen der dyadischen Freundschaft) eingestellt hat.

> nä jetzt is' 's auch <u>so</u> viel besser geword'n (räuspert sich)　　XX

Nach den präzisierenden Ausführungen der letzten beiden Segmente bekundet die Erzählerin nun erneut ihre **prinzipielle Einschätzung** des nachdyadischen Geschehens, die sie im Kern mit derselben komparativischen Feststellung zum Ausdruck bringt („is' 's [...] viel besser geword'n"), mittels derer sie ebenjene Zeitphase schon vorab bewertet hatte („is' es [...] viel <u>besser</u> geword'n" (XVII)).

Die ergänzenden Formulierungselemente signalisieren, daß sie in der aktuellen Sprechsituation (Temporaldeixis „jetzt") neben den bislang entfalteten Erfahrungen einen **weiteren** („auch"), noch vagen („<u>so</u>") **Rechtfertigungsaspekt** für ihre positive Wertung zu nennen weiß.

> weil, also wir ha'm dann erst ma' gemerkt, daß wir immer nur <u>zusammen</u> irgendwie zu <u>zweit</u> war'n, wir ha'm <u>nichts</u> mit den ander'n gemacht　　XXI

Hatte sie bislang sowohl das gelungene 'Kennenlernen' der Mitschüler(innen) (XVIII) als auch das nachträgliche 'Kapieren' der gemeinsamen 'Abschottung' (XIX) als Beleg dafür angeführt, daß sie die postdyadische Zeit in positivem Licht sieht (XVII und XX), so führt die Erzählerin diesen **plausibilisierenden** („weil") Gedankengang nun fort.

Wie schon in Segment XIX entfaltet sie abermals eine **retrospektive Einsicht** („gemerkt"), die das dyadische Sozialverhalten **vor** dem Schulwechsel betrifft.

Dieses wird (wie bereits in XIII und XIX) als **radikale** („immer nur") **Fixierung** aufeinander („<u>zusammen</u> [...] zu <u>zweit</u> war'n") umschrieben, deren **Kehrseite** in einer ebenso **kompromißlosen** („<u>nichts</u>") **Abwendung** von den Mitschüler(inne)n („<u>nichts</u> mit den ander'n gemacht") besteht.

Im Gegensatz zu diesem Erkenntnis**inhalt**, der ungeachtet seiner pointierten (para)sprachlichen Darstellung[60] **keinen Neuerungswert** gegenüber den vorherigen Charakterisierungen (XIII und XIX) aufweist, erfährt das **Subjekt**, das diese Erkenntnis realisiert, nun eine **markante Erweiterung**.

Wie aus der kollektiven Darstellungsperspektive („wir ha'm [...] gemerkt") hervorgeht, durchschaut nicht mehr allein die im veränderten Umfeld sich neu orientierende Geschichtenträgerin die Ambivalenz des vormaligen Handelns, sondern auch ihre beste Freundin, so

---

[60] vgl. insb. die bipolare Gegenüberstellung der sozialen Akteure („wir", „den ander'n"), die unmißverständliche Ausschließlichkeitsterminologie („immer nur", „<u>nichts</u>") sowie die variierende und prosodisch unterstrichene Umschreibung der Dyadik („<u>zusammen</u> irgendwie zu <u>zweit</u>")

daß es über die schulische Trennung hinweg zu einer **neuen, kognitiven Gemeinsamkeit beider** kommt.

	und jetzt is' es halt so, daß sie die ander'n kennengelernt hat und ich hab' meine irgendwie kennengelernt und dann ha'm wir uns so irgendwie die Freunde dadurch auch so vermischt,	XXII
(GL 2575 mmh)		
Cw 2575 und,		

Unter konstatierender, deiktischer Bezugnahme auf die aktuelle Sprechsituation („jetzt is' es halt so, daß") thematisiert die Sprecherin im vierten und letzten Schritt ihrer Plausibilisierung (nach XVIIIf. und XXI) die **Genese der sozialen Beziehungen** nach dem Schulwechsel.

In drei Phasen, die mit je spezifischen Darstellungsperspektiven einhergehen („sie [...] hat", „ich hab'", „ha'm wir"), expliziert sie diese Entwicklung.

Hatte sie die positive Veränderung ihres **eigenen** Verhältnisses zu den bisherigen Mitschüler(inne)n („ich hab' meine [...] kennengelernt") bereits dargelegt („ich hab' [...] die ganz'n Leute kennengelernt" (XVIII)), so nimmt sie nun auch die **analoge Erfahrung** in den Blick, die ihre Freundin mit den neuen Schulkolleg(inn)en macht („sie die ander'n kennengelernt hat").

Die simultan, aber gesondert verlaufenden Begegnungsprozesse münden schließlich darin, daß die schulintern entstandenen Freundeskreise[61] der beiden Protagonistinnen **über die sozialräumlichen Schulgrenzen hinweg** in Beziehung zueinander treten und **sich 'vermischen'**.

Im Vergleich zum äußerst pointiert vorgebrachten Rückblick auf die dyadische Abkapselung (XIII, XIX und XXI) umschreibt die Sprecherin die nachdyadische Entstehung komplexerer Sozialbeziehungen eher **behutsam tastend** (je doppelter Einsatz der Vagheitsvokabeln 'irgendwie' und 'so' sowie Verzicht auf Sprechbetonungen).

Daß sie die **Qualität** dieser neugewonnenen Beziehungen nichtsdestotrotz **außerordentlich hoch einschätzt**, signalisiert neben dem Begriff des 'Kennenlernens', der einmal mehr auf geglückte interpersonale Begegnungen hindeutet (vgl. XIII und XVIII), vor allem die (pluralische) Bezeichnung „**Freunde**", die sie den vertraut gewordenen Mitschüler(inne)n zuweist,

---

[61] Das kollektive Subjekt „wir" (und das koreferente Objekt „uns") wird im Text dahingehend präzisiert, daß es „die Freunde" bezeichnet.

obschon dieser Ausdruck bislang ausschließlich für die (singuläre) beste Freundin reserviert war (IV).[62]

Hatte die Erzählerin kurz zuvor aufgezeigt, daß beide Freundinnen zur **kognitiven Gemeinsamkeit** einer einhelligen Sicht ihrer früheren Absonderung gelangt sind, so wird nun überdies eine **neuartige soziale Verbundenheit** sichtbar, die ebenfalls erst nach der schulischen Trennung heranreifte: An die Stelle der hermetisch abgeschlossenen Zweisamkeit tritt ihre gemeinsame Integration in ein weiteres und offeneres Netz gemeinsamer „Freunde".

also es is' auf jeden Fall viel <u>besser</u> geword'n,	XXIII

Zu Abschluß der Kernerzählung[63] repetiert die Sprecherin ein drittes Mal (nach XVII und XX) die **komparativische Feststellung** „es is' [...] viel <u>besser</u> geword'n", die sie überdies verbal („auf jeden Fall") und prosodisch („<u>besser</u>") bekräftigt.

Diese Feststellung entpuppt sich somit nicht nur als **evaluatives Leitmotiv**, mittels dessen sie ihre rundum positive Einschätzung der nachdyadischen **Teil**handlung bekundet, sondern auch als **resümierendes Fazit** des dargelegten **Gesamt**geschehens.

Zusammenfassend hebt die Erzählerin einzig den **förderlichen wie erfreulichen** Ausgang des dargelegten Ereignisablaufs vor Augen, die bedrängende Erfahrung eigener Bedrohtheit (IXf. und XIV) hingegen bleibt außen vor, wenn sie auch weiterhin als komparativischer Bezugspunkt implizit mitschwingt (vgl. insb. XVII).

---

[62] Dem vormaligen Verhältnis der Freundschaftsdyade zu den Schulkolleg(inn)en wurde die Qualität der 'Freundschaftlichkeit' hingegen ausdrücklich abgesprochen („ha'm wir [...] wirklich überhaupt nichts mit denen so richtig freundschaftlich zu tun g'habt" (XIII)).

[63] Gleich nach dem hiesigen Segment leitet die Sprecherin zu einem anderen selbst erlebten Ereignis über, das sie ebenfalls narrativ entfaltet: „uund dann hab' ich noch 'n ganz kurzes anderes, das war" (Ostern: 2575/24: Cw).

3.4.3 Überblickstabelle

Segment	formale Charakterisierung	inhaltliche Umschreibung	Kernformulierung	retrospektive Deutung(en)	existentieller Kern	sprachliche Spezifika
Gesprächsorganisation						
I	(Aushandlung der) Kommunikationsübernahme					
II	Kategorisierung des Erzählgegenstandes			Vorabklassifizierung „was alltägliches"		
III	Konkretisierung durch räumliche Verortung des Gesamterlebnisses (mit Bildverweis)	Erlebnisort Schule				
Exposition						
IV	soziale Ausgangskonstellation	langjährige Freundschaft mit ein und derselben Mitschülerin	„immer die gleiche Freundin"		Erfahrung dyadischer Beständigkeit und Singularität ↔ dyadische Integration	Ich-Perspektive Durativadverb und Identitätsbezeichnung
V	Veranschaulichung dieser Sozialkonstellation (vgl. XI)	ausnahmslose Zweisamkeit im (schulischen) Alltagshandeln	„eigentlich _immer_ alles zusammen ge_macht_"		aktionale Ausschließlichkeit als Erfahrungsgrund dyadischen Zusammenhalts	Wir-Perspektive Ausschließlichkeitsvokabeln (Indefinitpronomen / zweifaches Durativadverb) Grundsätzlichkeitspartikel Stimmbetonungen
VI	introspektive Plausibilisierung (vgl. XII)	zweisame Geringschätzung der restlichen Mitschüler(innen)	„die ander'n Leute [...] irgendwie nich' so toll"		pauschal ablehnende Einstellung gegenüber Mitschüler(innen) als Kehrseite zur Erfahrung dyadischen Zusammenhalts	'Wir und die'-Polarität Indefinitadverb Sprechbetonung
VII	summarische Überleitung	andauerndes Nebeneinander von dyadischem Zusammenhalt und externer Abgrenzung	„immer so weiter"			registrierende Distanz durative Raffung

Komplikation I

VIII	Fokussierung einer punktuellen Teilhandlung	überraschender Entschluß der Freundin, die gemeinsame Schule zu verlassen	„sich auf einmal entschied'n"		unerwartete Konfrontation mit der Aufkündigung der lebens-räumlichen Dyadenbasis	miterlebende Außen-perspektive deiktisches Temporaladverb Sprechbetonung
IX	Kategorisie-rung dieser Ereigniswende		„ziemlich krass"	retrospektive Identifizierung gravierender Ereignisfolgen		konstatierende Distanz sprechbetonte Bekräftigungs-partikel und Elativadjektiv
X	introspektive Veranschauli-chung dieser Kategorisie-rung (vgl. XIV)	innere Reak-tion auf den angekündigten Weggang der Freundin	„d's kann ich nicht durchsteh'n"		Empfinden nicht bewältigbarer existentieller Bedrohung	Ich-Perspektive negiertes Modal-verb 'können' doppeldeutiges Verb 'durch-stehen' Sprechbetonung

Rekurs

XI	(anaphorische Begründung im) Rekurs auf die ursprüngliche Sozial-konstellation (vgl. V)	ausnahmslose Zweisamkeit im Alltagshandeln	„wirklich alles zusammen gemacht"		aktionale Ausschließ-lichkeit als Erfahrungs-grund dyadischen Zusammenhalts	Wir-Perspektive Nachdrücklich-keitspartikel und sprechbetontes generalisieren-des Indefinitpro-nomen (gegenüber V:) Verzicht auf einschränkende Verortung
XII	(kataphorische Begründung durch) rekurrierende Introspektion (vgl. VI)	zweisame Gering-schätzung der restlichen Mitschüler-(innen)	„die ander'n Leute nich' so toll"		pauschal ableh-nende Einstel-lung gegenüber Mitschüler-(innen) als Kehrseite zur Erfahrung dyadischen Zusammenhalts	'Wir und die'-Polarität
XIII	Entfaltung der zurück-liegenden Sozial-konstellation (vgl. XIX und XXI)	dyadische Verbundenheit verhindert persönliche Beziehung zu den Mit-schüler(inne)n	„voll abgeschottet" - „überhaupt nich' mehr kennengelernt" - „wirklich überhaupt nichts [...] so richtig freund-schaftlich"		Isolation von den Mit-schüler(inne)n als Kehrseite zur Erfahrung dyadischen Zu-sammenhalts	'Wir und die'-Polarität soziale Key-words ('kennen-lernen', 'freund-schaftlich') Häufung von Elativpartikeln / Sprech-betonungen

		Komplikation II			
XIV	introspektive Zurückführung an die fokussierte Ereigniswende (vgl. X)	innere Reaktion auf das künftige alleinige Zurückbleiben im Sozialkontext der bislang ignorierten Mitschüler(innen)	„d's geht überhaupt nich'" - „wie soll ich [...] bei den ander'n Leuten da überleben"		Empfinden nicht bewältigbarer existentieller Bedrohung	innerer Monolog mit Feststellung und Frage Verstärkungspartikel doppeldeutiges Verb 'überleben'
		Retardation			
XV	Darlegung einer überleitenden Handlungssequenz	beabsichtigter Mitvollzug des Schulwechsels scheitert am Einspruch der Eltern	„wollt' ich natürlich mitwechseln" - »ne, du bleibst [...]« - „toll"		Enttäuschung und Ohnmacht angesichts der Verhinderung der eigenen Bewältigungsinitiative	Gegenüberstellung von Ich-Aussage und simulierter Fremdrede ironischer Einwortsatz Sprechbetonungen
		Resolution			
XVI	äußerliche Einführung und zeitliche Verortung des veränderten Ereignisrahmens	Abwesenheit der Freundin	„dann war s'e [...] weg"			distanzierte Außensicht nüchterne Umschreibung
XVII	zusammenfassende Bewertung des weiteren Geschehnisablaufs (vgl. XX und XXIII)		„wider Erwarten viel besser geword'n"	Identifizierung einer ebenso unerwarteten wie positiven Veränderung, die präsentisch fortdauert (Resultatsperfekt)	(überraschende) Diskrepanzerfahrung zwischen negativen Erwartungen und erfreulichem Ereignisverlauf	konstatierende Distanz adversative und komparativische (evaluatives Leitmotiv) Aussage Grundsätzlichkeits- und Gradpartikel Sprechbetonungen
XVIII	(plausibilisierende) Darlegung der äußerlich-sozialen Handlungsentwicklung (vgl. XXII)	gelingende Beziehungsaufnahme zu den Mitschüler(inne)n	„die ganz'n Leute kennengelernt eig'ntlich"		Erfahrung interpersonalen Vertrautwerdens ↔ Kontrasterfahrung zur dyadischen Isolierung	Ich-Perspektive soziales Keyword ('kennenlernen') mit Sprechbetonung Grundsätzlichkeitspartikel
XIX	(plausibilisierende) Darlegung der innerlich-kognitiven Handlungsentwicklung (vgl. XIII und XXI)	individuelles Erkennen der doppelseitigen Struktur des ursprünglichen Dyadenverhaltens	„auf einmal kapiert" - „uns total abgeschottet" „überhaupt nich' mehr mitgekriegt"	[erzählhandlungsimmanente Deutung!]	Heureka-Erlebnis ↔ Isolation von den Mitschüler(inne)n als Kehrseite zur Erfahrung dyadischen Zusammenhalts	Perspektivenabfolge mit 'Ich und die'-Polarität Elativpartikeln und Sprechbetonungen

XX	rekapitulierte Bewertung des weiteren Geschehnisablaufs (vgl. XVII und XXIII)		„viel besser geword'n"	Identifizierung einer positiven Veränderung, die präsentisch fortdauert („jetzt" / Resultatsperfekt)	Diskrepanzerfahrung zwischen negativen Erwartungen und erfreulichem Ereignisverlauf	komparativische Feststellung (evaluatives Leitmotiv) mit Gradpartikel
XXI	(plausibilisierende) Darlegung der innerlich-kognitiven Handlungsentwicklung (vgl. XIII und XIX)	zweisames Erkennen der doppelseitigen Struktur des ursprünglichen Dyadenverhaltens	„erst ma' gemerkt" - „immer nur zusammen [...] zu zweit" - „nichts mit den ander'n"	[erzählhandlungsimmanente Deutung!]	nachträgliche Einsicht ↔ Isolation von den Mitschüler(inne)n als Kehrseite zur Erfahrung dyadischen Zusammenhalts. Erleben neuer, kognitiver Verbundenheit mit der Freundin	Wir-Perspektive und 'Wir und die'-Polarität Ausschließlichkeitsvokabeln (u.a. Durativadverb) Sprechbetonungen
XXII	(plausibilisierende) Darlegung der äußerlich-sozialen Handlungsentwicklung (vgl. XVIII)	aus gesonderter Integration der beiden Freundinnen erwächst (schul)übergreifendes Beziehungsnetz	„sie die ander'n kennengelernt" - „ich [...] meine [...] kennengelernt" - „wir uns [...] die Freunde [...] vermischt"	„jetzt is' es halt so" ↔ präsentische Folge der dargelegten Erzählhandlung!	Erfahrung glückender Integration in einen dyadenübergreifenden Freundeskreis. Erleben neuer, kognitiver Verbundenheit mit der Freundin	komprimierte Perspektivenabfolge Vagheitsvokabeln soziale Keywords ('kennenlernen', „Freunde")

Konklusion

XXIII	positives Resümee des Gesamterlebnisses (vgl. XVII und XX)		„auf jeden Fall viel besser geword'n"	Identifizierung einer positiven Veränderung, die präsentisch fortdauert (Resultatsperfekt) [Ausblendung des bedrohlichen Erfahrungspols]	Diskrepanzerfahrung zwischen negativen Erwartungen und erfreulichem Ereignisverlauf	komparativische Feststellung (evaluatives Leitmotiv) mit Gradpartikel verbale und prosodische Bekräftigung

3.4.4 Erfahrungsprofil

3.4.4.1 Darstellungsprofil

Um eine sukzessive Entwicklung nachzuzeichnen, die sich über einen mehrjährigen Zeitraum erstreckt, bedient sich die Sprecherin zweier Darstellungsmodi[64].

Während sie den **Kern** des dargelegten Geschehens **im strengen Sinne narrativ** entfaltet, so daß eine Abfolge **einmaliger** Ereignisszenen erkennbar wird (vgl. insb. VIII, XV und XIX), verbalisiert sie den **Ausgang und Schluß** der Erzählhandlung **in beschreibender Weise**, wobei sie **typische** Merkmale **beständiger**[65] Ereigniskonstellationen offenlegt.

Ungeachtet der Tatsache, daß in der hiesigen Schlüsselpassage **üblicherweise religiös belegte Begriffe** gänzlich ausbleiben, verfügt die Geschichtenträgerin über einen beträchtlichen Fundus alternativer Sprachmittel, um die Bedeutsamkeit und Dichte des dargelegten Geschehens zu kennzeichnen.[66]

Dabei markiert sie die **formale** Relevanz des Erlebten vorzugsweise durch **Stimmbetonungen**, **Partikeln**, **Ausschließlichkeitstermini** und ein **komparativisches Leitmotiv**, die **inhaltliche** Kontur des Erzählgeschehens kommt besonders in der bestechend konsequenten **Perspektivenabfolge** und markanten **Einzelbegriffen**[67] zur Geltung.

3.4.4.2 Erlebnisprofil

Die **langjährige**, **stabile** wie **exklusive Freundschaft** (IV) zwischen der Geschichtenträgerin und einer Gleichaltrigen, die über Jahre hinweg den Schulalltag (vgl. II-V) dieser beiden Mädchen bestimmt, bildet den Ausgangspunkt der dargelegten Erzählhandlung.

Beide Freundinnen eint nicht nur eine **ausnahmslose Zweisamkeit ihres Handelns** (V und XI), sondern darüberhinaus auch eine ebenso **einhellige wie pauschale Geringschätzung** gegenüber den Mitschüler(inn)en (VI und XII).

Die als fraglos wahrgenommene Konstanz dieser Sozialkonstellation (VII) erfährt aus Sicht der Erlebnisträgerin einen **entscheidenden** (IX) **Einschnitt**, als die Freundin überraschend beschließt, die gemeinsame Schule zu verlassen (VIII), die den Lebensraum der Zweierbeziehung ausgemacht hatte (III-V).

---

[64] Die spezifischen Merkmale der Darstellungsmodi 'Erzählen', 'Beschreiben' und 'Argumentieren' wurden bereits in Kap. 2.2.1 dargelegt.

[65] vgl. insb. das **Durativ**adverb „immer" in IVf., VII und XXI und das leitmotivische **Resultat**perfekt in XVII, XIX und XXIII

[66] Neben den im folgenden angeführten Sprachphänomenen sei beispielhaft hingewiesen auf den inneren Monolog in XIV, der nahezu lehrbuchgemäß (vgl. Flader / Giesecke (1980) 221) den Höhepunkt der Komplikation anzeigt.

[67] vgl. insb. die doppeldeutigen Verba 'durchstehen' bzw. 'überleben' in X bzw. XIV

Die aus dieser unerwarteten Fremdentscheidung sich ergebende **Notwendigkeit,** künftig ohne dyadischen Rückhalt **auf die** bislang ignorierten **Mitschüler(inne)n verwiesen zu sein** (XIV) empfindet die Sprecherin für sich selbst als **höchst beängstigende und bedrohliche Überforderung** (X und XIV).

Als sie schließlich nach einem gescheiterten Anlauf, den Schulwechsel der Freundin mitzuvollziehen (XV), realiter auf sich gestellt (XVI) mit den bisher fremd gebliebenen Schulkamerad(inn)en zusammentrifft, macht sie jedoch die gleichermaßen **überraschende** (XVII) **wie erfreuliche** (XVII, XX und XXIII) **Erfahrung**, daß sich ihre Befürchtungen in keiner Weise bewahrheiten.

Entgegen ihrer negativen Vorurteile gegenüber den Mitschüler(inne)n gelingt es ihr nun einerseits, mit diesen **persönlich vertraut** (XVIII und XXII) zu werden und **freundschaftliche** (XXII) Beziehungen zu knüpfen.

Andererseits gewinnt sie aus dieser neuartigen Sozialintegration heraus eine **veränderte und kritische Einsicht** (XIX und XXI; vgl. a. XIII) in die Struktur des vorangegangenen Dyadenverhaltens.

Die Protagonistin durchlebt das **soziale** Hineinwachsen in einen neuen Freundeskreis ebenso wie die **mentale** Umdeutung des ursprünglichen Dyadenhandelns **nicht losgelöst von ihrer Freundin,** beide Mädchen wissen vielmehr um **übereinstimmende Erfahrungen** (XXIf.).

Nach der äußeren Zäsur des Schulwechsels besteht die Zweierbeziehung somit weder **in der alten Ausschließlichkeit** weiter noch findet sie ihr **Ende,** die Geschichtenträgerin erlebt stattdessen eine **neuartige Verbundenheit** mit ihrer Freundin.

Diese Verbundenheit mündet schließlich darin, daß sich beide **gemeinsam** in ein **dyadenübergreifendes Beziehungsnetz** einbringen, das sich aus den Freundeskreisen zusammensetzt, in die sie sich zunächst unabhängig voneinander eingelebt hatten (XXII).

Betrachten wir die dargelegte Erlebnisfolge als ganze, dann können wir schlüssig ebenjene Stadien identifizieren, die dem klinischen Psychologen *Gerald Caplan* zufolge eine **Krisenerfahrung** ausmachen.

Für *Caplan* ist eine **Krise als Störung** aufzufassen, die in einen dreiphasigen Veränderungsprozeß eingebunden ist: Dieser Prozeß nimmt seinen Anfang in einer **„vertrauten"**[68] **und „ausgewogenen" Situation,** in der die Betroffenen „wohlangepaßt und eingespielt auf die

---

[68] Sofern nicht ausdrücklich vermerkt, beziehen sich die Zitationen im hiesigen Absatz auf Olbrich (1995) 133, wo das Krisenmodell *G. Caplans* knapp und klar zusammengefaßt wird. [Hervorhebungen: B.P.]

jeweiligen Anforderungen reagieren". Die eingespielte Ausgangssituation wird durch die „drastischen Veränderungen" der **eigentlichen Krise** gestört, die einen „**Zustand des Un-gleichgewichts**"[69] darstellt und erlebnismäßig mit Gefühlen „der Unsicherheit, der Bedro-hung und Angst" einhergeht. Aufgehoben wird dieses Ungleichgewicht (bei erfolgreicher Krisenbewältigung) durch eine **neuartig ausbalancierte Situation**, in der die Individuen zu abermaliger Verhaltenssicherheit zurückfinden, nachdem sie sich aktional, kognitiv und affektiv umorientiert haben.

In der vorliegenden Schlüsselpassage läßt sich die **beständige Eingebundenheit** der Erleb-nisträgerin in die dyadische Freundschaftsbeziehung (IV-VII und XI-XIII) als '**vorkri-tischer**' **Gleichgewichtszustand** identifizieren, der durch fraglose soziale Beheimatung gekennzeichnet ist.

Ihr **Erleben einer gefahrvollen Ungewißheit** (IXf und XIV), das durch den Fremdent-schluß zum Schulwechsel (VIII) ausgelöst wird, kann als **eigentliche Krisenerfahrung** eingeordnet werden, die dadurch bedingt ist, daß die Protagonistin die bisherige psycho-soziale Geborgenheit zunächst einmal alternativlos verloren hat.

Indem sie die Ambivalenzen ihres bisherigen Dyadenverhaltens erkennt (XIX und XXI) und sich den fremden Sozialpartnern annähert (XVIII und XXII), unternimmt sie schließlich Schritte der **kognitiven und sozialen Neuorientierung**, die in einen '**nachkritischen**' **Balancezustand** hineinführen, der durch die **Integration in ein neues Beziehungsnetz** gekennzeichnet ist (XXII).

3.4.4.3 Deutungsprofil

Deutungen im Sinne nachträglicher Erlebnisintepretationen finden sich in der vorliegenden Schlüsselpassage auf zwei (Zeit)Ebenen: Einerseits referiert der Text Deutungen, die **bereits innerhalb der erzählten Zeit** vorgenommen wurden, andererseits spiegeln sich auch solche, die **erst in der Sprechsituation selbst** realisiert werden.

Innerhalb des erzählten Geschehens brechen Deutungen auf, als die Geschichtenträgerin in der veränderten Sozialkonstellation, die mit der schulischen Trennung der Freundschafts-dyade eintrat, sowohl für sich (XIX) als auch im Einklang mit der Freundin (XXI) reflexiv durchschaut, daß die vorangegangene **extreme Zweisamkeit** durch ein **Höchstmaß exter-ner Absonderung** kompensiert worden war (XIX und XXI; vgl. a. XIII).

---

[69] Danish / D'Augelli (1995) 159 mit Bezug auf *G. Caplan* [Hervorhebung: B.P.]

Die nachträgliche Einsicht in die isolierende Wirkung eigenen Sozialverhaltens gehört konstitutiv zur dargelegten Intensiverfahrung als solcher, diese läßt sich maßgeblich, wenn auch nicht ausschließlich als **Erfahrung kognitiver Bewußtwerdung** identifizieren.

Abgesehen davon, daß die Sprecherin das entfaltete **Gesamterlebnis** bereits durch den Erzählakt implizit als bedeutsam gewichtet und ihre **Erschütterung** angesichts der fremdbestimmten wie unerwarteten Ereigniswende explizit als einschneidend markiert (IX), bringt sie den **Blickwinkel der aktuellen Erhebungssituation** vor allem zur Geltung, indem sie die **präsentische Folgewirkung des nachdyadischen Geschehens** herausstreicht.

Wiederholt und unzweideutig (XVII, XX, und XXIII; vgl. a. XXII) gibt sie zu erkennen, daß sie den Wandel ihrer Sozialbeziehungen, der zunächst unfreiwillig und schmerzhaft eingesetzt hatte, letztendlich als **außerordentlich positiv für ihre gegenwärtige Lebenssituation** wertet.

3.4.4.4 Existentieller Kern

Das Durchleben eines **krisenhaften Wandels** der eigenen **alltäglich-lebensweltlichen Sozialbeheimatung** bildet den **existentiellen Kern** der aufgezeigten Intensiverfahrung.[70]

Im Zentrum dieser Transformation steht ein als **tiefgreifend und bedrohlich** erlebter **Bruch** (Krise), durch den eine als **fraglos und stabil** wahrgenommene **dyadische Eingebundenheit** ('vorkritische' Balance) beendigt und ein als **beglückend und fruchtbar** erfahrenes **Hineinwachsen in komplexere Beziehungsgefüge** ('nachkritische' Balance) eingeleitet wird.

Die Geschichtenträgerin deutet das Erlebnis, durch eine **radikale psychosoziale Verunsicherung** hindurch zu **neuer mitmenschlicher Beheimatung** gelangt zu sein, für sich selbst als Erfahrung von außergewöhnlichem Gewicht.

---

[70] Wie bereits aufgezeigt wurde, konzentriert sich die angeführte soziale Krisenerfahrung auf den Lebensbereich der **Schule** (vgl. insb. III-V), der für die Protagonistin (wie auch für die anderen Mitglieder der Ostern-Erzählrunde, die allesamt Schülerinnen sind), einen maßgeblichen Ausschnitt des Alltagslebens darstellt.

4 Rekonstruktion jugendlicher Intensiverfahrungen aus der Jungengruppe 'Brunnen'

4.1 Gruppenportrait

Die Brunnen-Erzählrunde umfaßt **vierzehn männliche Probanden.**[1] Sie besteht aus dreizehn Jungen, die **zwischen sechzehn und achtzehn Jahre** alt sind, und einem fünfundzwanzigjährigen Studenten als Verbandsrundenleiter. Neben **zehn Schülern**[2] gehören auch **drei Auszubildende** zum jugendlichen Mitgliederkern. Die Brunnen-Gruppe ist in der **Vorortgemeinde** einer fränkischen Großstadt beheimatet und zählt mit der Katholischen Jungen Gemeinde (**KJG**) zu einem Jugendverband, der gewöhnlich innerhalb pfarreilicher Strukturen agiert.

Während sich einige der Erzählrundenteilnehmer sogar schon aus der Kindergartenzeit[3] kennen, besteht die Verbandsgruppe selbst seit etwa acht Jahren[4], wobei sie seit rund fünf Jahren vom jetzigen Leiter begleitet wird.[5]

Die Mitglieder der Brunnen-Runde treffen sich wöchentlich zu Gruppenstunden, die einem **vorbereiteten „Programm"**[6] gewidmet sind, das unterschiedlichste Inhalte und Aktivitäten einschließt.[7] Der **Wunsch, sowohl gemeinsam** mit den vertrauten Gruppenkameraden[8] **als auch in abwechslungsreicher Weise**[9] einen festen Teil der eigenen **Freizeit zu gestalten und zu verbringen**, bildet das **Kernmotiv**, das die Jungen dazu bewegt, sich über Jahre hinweg kontinuierlich in dieser Verbandsrunde zu engagieren.[10]

Über ihre regelmäßigen Zusammenkünfte hinaus unternimmt die Brunnen-Gruppe ungefähr zweimal jährlich mehrtägige Fahrten und Zeltlager.[11] Die Teilnehmer beschreiben diese Ver-

---

[1] Ein fünfzehntes Gruppenmitglied (*Pm*) stieß erst im fortgeschrittenen Stadium der Präsentationsrunde zur Erzählgruppe hinzu (vgl. Brunnen: S. 35) und beteiligte sich nur sporadisch am Gespräch; einem weiteren Teilnehmer (*Rm*), der offensichtlich noch wesentlich später kam (vgl. Brunnen: S. 46), läßt sich kein einziger Transkriptbeitrag zuordnen.

[2] In der Regel besuchen diese Schüler das Gymnasium.

[3] vgl. Brunnen: 0560/06 (*Dm*)

[4] vgl. Brunnen: 0546/05-0583/06 (*mm*) sowie 0619/06 (*Bm*)

[5] vgl. Brunnen: 0576/06 (*Gm*)

[6] Brunnen: 1064/12 (*Dm*)

[7] vgl. Brunnen: 1087/12 (*Dm*)

[8] vgl. insb. Brunnen: 1106/12-1111/12 (*Km*): „ja man sieht halt die Leute also die ma' am Wochenende vielleicht nicht so sieht weil man mit denen nich' in der Schule zusammen is' also, die jetz' schon arbeiten und so, 's is' halt immer schön, die zu sehen"

[9] vgl. insb. Brunnen: 1031/11-1039/11 (*Em*): „d's is' eben auch ma' was anderes nein anstatt jeden Tag anstatt jeden Tag zu Hause zu sitzen okay?" (vgl. a. Brunnen: 1082/12: *Dm*)

[10] In höchst anschaulicher Weise wird dieses **Gesamt**motiv in Brunnen: 1056/12-1082/12 (*Dm*) ausformuliert: „d's macht ja auch Spaß mit den ganzen was mit den ganz'n Leuten was zu mach'n [...] ich geh' her, weil mir 's Spaß macht mit allen was zu mach'n [...] mit den ganz'n Leuten einfach was zu machen, was ganz anderes mal, was d' normalerweise nich' machst mit de'n"

[11] vgl. Brunnen: 0676/07 (*Em*) und 703/07-704/07 (*Fm*)

anstaltungen als „Highlights"[12] ihres Gruppenlebens, in denen die **Freude an der gemein-schaftlichen Aktivität**, die ihren alltäglichen Zusammenhalt trägt und motiviert, verdichtet erlebt werden kann.[13]

In der gemeinschaftlichen Erzählphase, die auf bedeutsame Kollektiverlebnisse gerichtet ist, legen die Beteiligten außerordentlich engagiert und amüsiert dar, wie sie einen (anwesenden) Gruppenkameraden zu Ende eines gemeinsamen Ausflugs in einen schmutzigen **Brunnen** beförderten.[14] Insofern diese Episode auf 'interaktiv verdichtete'[15] Weise eine **ruppige Herzlichkeit** im Umgang(ston) dokumentiert, die mehrfach auch in der Erhebungssituation aufscheint[16], bildet sie einen prägnanten Anknüpfungspunkt für die Bezeichnung der Jungengruppe.

Die Erzählrundenkommunikation der Brunnen-Gruppe ist dadurch gekennzeichnet, daß eine **begrenzte Anzahl der Mitglieder** eine **Vielzahl überschaubarer Selbstzeugnisse** preisgibt, die **häufig interaktiv kommentiert, ergänzt und korrigiert** werden.

Die auffällig ungleichmäßige Verteilung der Erzählbeiträge mag maßgeblich auf eingespielte Dominanzstrukturen in der Brunnen-Gruppe und auf die verschiedenartigen Temperamente der beteiligten Einzelpersonen zurückzuführen sein. Sie trifft sich zugleich mit dem Sachverhalt, daß sich einige der Teilnehmer den eigenen Worten nach schwerlich mit dem Konstrukt der 'Intensiverfahrung' zu identifizieren vermögen.[17]

Es wird im Verlauf der Erhebung wiederholt deutlich und erscheint angesichts der Größe und des Tätigkeitsprofils der Brunnen-Runde wenig erstaunlich, daß sich die Beteiligten gewöhnlich eher im „engeren Freundeskreis"[18] überschaubarer Subgruppen denn in der

---

[12] Brunnen: 0700/07 (*Cm*); der Begriff 'Highlight' wird an dieser Stelle von einem Probanden ins Gespräch eingeführt, um gemeinsame Erlebnisse zu kennzeichnen, die im kollektiven Gedächtnis der Gruppe haften bleiben (vgl. Brunnen: 0703/07 (*Cm*) sowie 0939/10 (*Dm*)).

[13] vgl. insb. Brunnen: 0781/08-0806/08 (*Dm*): „und dann, dorthin zu laufen un' auch zusamm'n, daß d' halt sagst, du hast es geschafft, jetzt wieviel Kilometer sind d's?, fünfzig, fünfzig sechzig Kilometer na hör' ma' fünzig Kilometer so wie wir gelaufen sin' und nja einfach dann ankommen und zu sagen du bist mit zwölf Mann, zwar auch wenn dir 's schwergefallen is' teilweise, dahin gelauf'n und dann kannst d' sag'n, »ja wir ha'm 's geschafft, d's Erlebnis war toll«"

[14] vgl. Brunnen: 0642/06-0645/07 (*mm*) sowie 0846/09-0944/10 (*mm*)

[15] „Interaktive Dichte" (Bohnsack (1989) 370) meint, daß sich zum angesprochenen Geschehen **viele** Gruppenmitglieder **engagiert** ins Gespräch einbringen, was wiederum auf eine hohe kollektive Bedeutsamkeit dieses Erlebnisses schließen läßt.

[16] vgl. etwa Brunnen: 0467/05-0493/05 (*mm*)

[17] vgl. insb.
 - Brunnen: 2435/59-2445/59 (*Nm*): „für mich is' 's halt nur ziemlich schwer, also so so wichtige Ereignisse herauszustellen also es gibt für mich ziemlich viel ziemlich viel wichtiges im Leben, aber ich kann d's nicht an bestimmten Ereignissen festmach'n also schwer, zumindest jetz' nich' so aus 'm Stegreif"
 - Brunnen: 2457/59-2464/59 (*Om*): „bei dem Thema mit den Fotos hab' ich halt 'n wen'g abgeloost [...] weil ich mein Leb'n einfach nich' so zusammenfass'n kann in wichtige Höhepunkte"

[18] Brunnen: 0985/11 (*Dm*)

186

verbandlichen Gesamtgruppe über sensible Privaterfahrungen austauschen.[19] Die Rückmeldung einiger Probanden, vom hochpersönlichen Inhalt der Erzählrundenbeiträge überrascht zu sein[20], spricht dafür, daß es in der Erhebungssituation gelang, eine **offene** und **vertrauliche** Erfahrungskommunikation in Gang zu setzen, wie sie sich im Realgruppenalltag der Brunnen-Runde wohl selten realisieren läßt.

Abbildung 6: **Gesprächssituation der 'Brunnen'-Erzählrunde**[21]

Cm (17 Jahre / Schüler)	**Bm** (18 Jahre / Auszubil- dender)	**Pm** [war nur partiell anwesend]	**Am** (17 Jahre / Auszubil- dender)	**Om** (17 Jahre / Schüler)
Dm (18 Jahre / Schüler)				**Nm** (16 Jahre / Schüler)
Em (17 Jahre / Schüler)				**Mm** (17 Jahre / Schüler)
Fm (17 Jahre / Schüler)				**Lm** (16 Jahre / Schüler)
Gm (25 Jahre / Student) [Gruppen- leiter]	**GL**	**Hm** (17 Jahre / Schüler)	**Im** (17 Jahre / Auszubil- dender)	**Km** (17 Jahre / Schüler)

---

[19] vgl. insb. Brunnen: 2393/25-2444/26 (*Cm*; in Kap. 4.5 analysiertes Fallbeispiel), 2448/26-2487/26 und 2592/28-2722/30 (*Em* bzw. *Dm*; in Kap. 4.5.4.2 mitbedachte Erlebniserzählungen) sowie 2562/61-2574/62 (*Cm*)

[20] vgl. insb.
- Brunnen: 2357/57 (*Hm*): „es war eig'ntlich schon interessant weil ma' was erfahren hat vom ander'n was man so vielleicht normal <u>nicht</u> erfahren hätte"
- Brunnen: 2675/64-2702/64 (*Gm*): „ich [...] fand 's eigentlich auch [...] witzig <u>mitzuerleben</u> wie [...] die verschiedensten Themen da angesproch'n wer'n, vor allem auch von von Leut'n wo ma' jetz' nich' unbedingt gedacht hätte daß die sich über sowas überhaupt Gedank'n machen [...] weil -äh- ich manch'n Leuten eb'n nich' unbedingt zugetraut hätte daß die sich über d's ein oder andere überhaupt Gedanken mach'n"

[21] Indem die angeführte Abbildung die wesentlichen Teilnehmerdaten und die Sitzordnung während der Erhebungskommunikation widerspiegelt, soll sie dem Leser erleichtern, sich ins Erzählrundengeschehen hineinzuversetzen. Schraffierte Signa verweisen auf Sprecher, denen eigene Fallanalysen gewidmet sind!

4.2 Rekonstruktion der Intensiverfahrung
„du stehst wirklich am Bett und hältst ihm die Hand noch und m' deine Mutter steht nebendran, und er schläft dir praktisch vor dei'n Augen ein, und, du weißt es is' vorbei"
(1476/15-1590/16: Dm)

4.2.1 Transkriptexzerpt

Dm	1476	(wiederholt leise:) so und so
GL	1478	jo
Dm	1480	nja dann fang ich ma' an, dieses Foto hier hat mich
(GL	1483	mmh)
Dm	1484	total dran erinnert, wie mein Opa zweiundneunzig gestorben is', ich stand am Bett dabei mit meiner Mutter, und, d's Gefühl wenn d' davor stehst vor dei'm <u>Großvater</u> und der schläft ja davor ni't er schläft [dir] im Bett ein, d's is' eig'ntlich im erst 'n Gefühl ein <u>Scheiß</u>gefühl, wo d' dir einfach sagst »warum«, ja gut er war zwar alt, aber warum muß jetzt g'rad' <u>dein</u> Opa sterben ja, und da ich mit 'm Opa eig'ntlich ganz gut auskam, ich war damals zwar nur (brummt zögernd), vierzehn Jahre alt,
mm	1515	(lachen)
(?m	1515	(wiederholt den Brummlaut))
Dm	1516	wie er gestorben is', aber trotzdem d's Gefühl, du stehst wirklich am Bett und hältst ihm die Hand noch und m' deine Mutter steht nebendran, und er schläft dir praktisch vor dei'n Augen ein, und, du <u>weißt</u> es is' vorbei, un' dann hab' ich erste'ma' so angefangen zu fl' zu heulen
(GL	1535	mmh)
Dm	1536	bin rausgerannt wollt' einfach meine Ruhe ha'm, konnte, meine Mutter konnte mich die nächsten paar Tage überhaupt nich' ansprechen, ich war hab' total 'n Blackout in der Schule auch g'habt damals und, mein' 's hat zwar nich' all, njaa ich war also wirklich zwei Wochen vielleicht überhaupt nich' mehr ansprechbar damals, vielleicht schon ansprechbar,
(GL	1554	mmh)
Dm	1555	aber ich, ich war einfach neben der Rolle und wußte selber mit mir nich' mehr weiter, zum damaligen Zeitpunkt ja, aber im nachhinein, ich will jetzt nich' sagen daß es -äh- 'n <u>positives</u> Erlebnis war aber im nachhinein bin ich dann doch froh gewes'n -ähm- daß ich dabei war wie mein Opa eingeschlaf'n
(GL	1574	mmh)
Dm	1574	is' weil ich dann, also ich konnt' sagen, ich war d' ganze Zeit wie ich ihn gekannt hab' oder so von Erzählungen her kann ich stolz auf mei'n Opa sein und ich hab' 'hn wirklich <u>geliebt</u> (spricht langsamer:) und ja, d's war 's so eig'ntlich
GL	1588	ja
Em	1589	nja
Dm	1590	zu dem Thema, ja

4.2.2 Syntaktisch-semantische Intensivanalyse

Dm	1476	(wiederholt leise:) so und so	I
GL	1478	jo	
Dm	1480	nja dann fang ich ma' an,	

Im Anschluß an den Erzählimpuls des Gesprächsleiters, dessen abschließende Worte er zunächst leise repetiert hat („so und so"), gibt *Dm* zu erkennen, daß er die Narrationsrunde mit einem eigenen Beitrag eröffnen will („dann fang ich ma' an").

	dieses Foto hier hat mich	II
(GL	1483	mmh)	
Dm	1484	total dran erinnert,	

Unter deiktischer („dieses [...] hier") Bezugnahme auf ein selbst ausgewähltes „Foto" führt der Sprecher an eine Erinnerung heran („hat mich [...] erinnert"), die in der vorhergehenden Besinnungsphase eindrücklich (Elativpartikel „total") in ihm wachgerufen worden war.

| wie mein Opa zweiundneunzig gestorben is', | III |

Kurz und bündig überschreibt der Sprecher sowohl den **Handlungskern** („Opa [...] gestorben is'") als auch den **Zeitpunkt** (Kalenderjahr „zweiundneunzig") des erinnerten Ereignisses, das er im folgenden narrativ entfalten wird, wobei die Koppelung von Possessivartikel und familiärer Verwandtschaftsbezeichnung („mein Opa") eine persönliche Betroffenheit zumindest erahnen läßt.

| ich stand am Bett dabei mit meiner Mutter, | IV |

Von der zusammenfassenden Umschreibung der Erzählhandlung schwenkt der Geschichtenträger zur **konkreten räumlich-sozialen** („am Bett dabei mit meiner Mutter") **Szenerie** des Sterbegeschehens, die er aus subjektiver Darstellungssicht („ich stand") skizziert.

| und, d's Gefühl wenn d' davor stehst vor dei'm Großvater und der schläft ja davor ni't er schläft [dir] im Bett ein, | V |

Durch einen Nominalanakoluth („d's Gefühl") lenkt der Sprecher die Aufmerksamkeit auf die **emotionale** Dimension seines Erlebens, bevor er auf den **äußeren Ablauf** des Sterbeereignisses zu sprechen kommt, in dessen Nachvollzug er die Zuhörer ausdrücklich hineinnimmt (mehrfache Du-Perspektive[22]).

---

[22] Die Mitglieder der Brunnen-Erzählrunde bedienen sich in Erzählabschnitten, in denen das darstellende rr it dem erlebenden Ich zusammenfällt, häufig der **2. Person Singular**. In dieser **Du-Rede** konvergieren prinzipiell folgende drei semantische Momente, die allerdings nur im jeweiligen konkreten Textzusammenhang für sich gewichtet und aufeinander bezogen werden können:
- indirekte „Selbstpräsentation" (Fricke/Zymner (1996) 137) des Erlebnisträgers (subjektive Ausdrucksfunktion), insb. im Rahmen innerer Monologe (ebd. 143);
- ausdrücklicher Einbezug der Zuhörer in den Nachvollzug der dargelegten Handlung (intersubjektive Appellfunktion);

Den Sterbeprozeß als solchen zeichnet er in drei Schritten nach: Ausgehend von seinem bereits in IV angedeuteten eigenen, konkreten Standort in der Abschiedssituation („d' davor stehst vor dei'm <u>Großvater</u>" mit stimmlicher Hervorhebung der verwandschaftlichen Nähe) skizziert er die letzten Momente vor dem Ableben („davor") als Stadium des 'Nicht-Schlafes' („der schläft ja davor ni't"), um schließlich das **Sterben selbst** als '**Einschlafen**' zu paraphrasieren („er schläft [dir] im Bett ein").

d's is' eig'ntlich im erst 'n Gefühl ein <u>Scheiß</u>gefühl,	VI

Wie schon im vorhinein angedeutet („d's Gefühl wenn" (V)) thematisiert der Erzähler nun die **emotionale Gestimmtheit** („Gefühl", „<u>Scheiß</u>gefühl") im unmittelbaren Kontext („im erst 'n") des eben noch äußerlich konturierten Sterbeerlebnisses, die er grundsätzlich („eig'ntlich") feststellend („d's is'") als **negativ** und **belastend** kennzeichnet (sprechbetonte Vorsilbe „<u>Scheiß</u>").

wo d' dir einfach sagst »warum«, ja gut er war zwar alt, aber warum muß jetzt g'rad' <u>dein</u> Opa sterben ja,	VII

In Form eines inneren Monologs, der sich erneut direkt den Hörer zuwendet (Du-Form) und durch einen abwägenden Selbsteinwand unterbrochen wird („ja gut er war zwar alt, aber"), spitzt der Sprecher die spontane innere Reaktion auf das Sterben des Großvaters **inhaltlich** zu.

Die **Warum-Frage** nach Grund und Sinn des erlebten Sterbens bildet den **gedanklichen Dreh- und Angelpunkt**, der mit der **emotionalen Erschütterung** des Erlebnisträgers einhergeht.

Zunächst isoliert gestellt (sowie gesondert intoniert: »warum«), wird diese Frage in einem zweiten Anlauf auf die Problematik hin spezifiziert, daß das als unausweichlich erlebte („muß jetzt") Fatum des Sterbens ausgerechnet (Fokussierungpartikel „g'rad'") einen spezifischen, besonders nahestehenden Menschen (sprechbetontes „<u>dein</u> Opa"!) ereilt hat.

und da ich mit 'm Opa eig'ntlich ganz gut auskam,	VIII

In einem schwerlich zuordenbaren Kausalsatz („da"), der entgegen den vorangegangenen Segmenten aus subjektiver Ich-Perspektive formuliert ist, verläßt der Erzähler den unmittelbaren Kontext des in III-VII dargelegten Sterbeereignisses, um auf sein persönliches Verhältnis zum noch lebenden Großvater („ich mit 'm Opa [...] auskam") **zurückzublicken**, das er vorsichtig („ganz") resümierend („eig'ntlich") als positiv („gut") einschätzt.

- distanzierende bzw. generalisierende Herauslösung des Erzählgegenstands aus seinem individuell-konkreten Kontext (objektive Darstellungsfunktion); das 'du' tritt „an Stelle" (Duden Grammatik (1995) 325) des Indefinitpronomens 'man'.

		ich war damals zwar nur (brummt zögernd), vierzehn Jahre alt,	IX
mm	1515	(lachen)	
(?m	1515	(wiederholt den Brummlaut))	
Dm	1516	wie er gestorben is',	

Im Rahmen eines einschränkenden („zwar") Einschubs, der im folgenden durch eine intensivierte Erzählwiederholung kontrastiert werden wird, gibt der Sprecher zu erkennen, das er sein eigenes Lebensalter („vierzehn Jahre alt") zum Zeitpunkt des referierten Sterbegeschehens („wie er gestorben is'") aus dem Blickwinkel der aktuellen Sprechsituation heraus („damals") für vergleichsweise gering („nur") hält.[23]

aber trotzdem d's Gefühl, du stehst wirklich am Bett und hältst ihm die Hand noch und m' deine Mutter steht nebendran, und er schläft dir praktisch vor dei'n Augen ein,	X

Nachdem er die vorige altersbezogene Relativierung hinter sich gelassen hat (konzessive Wortkoppelung „aber trotzdem") thematisiert der Geschichtenträger erneut den bereits in Textsegment V dargelegten **sequentiellen Ablauf des Sterbeereignisses**.

Mit dem einleitenden Nominalanakoluth „d's Gefühl" und der durchgängigen Du-Perspektive kommen zudem zwei mit der Parallelstelle übereinstimmende Sprachmittel zum Einsatz, die an das **emotionale Mit- bzw. Nacherleben** der Zuhörer appellieren.

Mit dem 'Stehen am Bett', dem 'Dabeisein der Mutter' und dem 'Einschlafen des Großvaters' integriert das vorliegende Textstück die wesentlichen Informationen, die der Erzähler zuvor schon über Szenerie (IV) und Ablauf (V) seines Abschiedserlebnisses mitgeteilt hatte.

Indem er diese Angaben jedoch **unterstreicht** („stehst wirklich"), vor allem aber in ihrer **visuellen** („schläft dir praktisch vor dei'n Augen ein") **wie körperlichen** („hältst ihm die Hand noch") **Unmittelbarkeit** detailliert, bringt er die **Konkretheit des erlebten Geschehens** wie auch die **Direktheit seines ursprünglichen Miterlebens** noch prägnanter zum Ausdruck, als dies bereits in V der Fall war.

und, du weißt es is' vorbei,	XI

Hatte die erstmalige Darstellung des Sterbeerlebnisses mit dem 'Einschlafen' des Großvaters geendet („er schläft [dir] im Bett ein" (V)), so wird die Erlebnisfolge nun um eine Einzelsequenz erweitert, die über das äußerlich beobachtbare Geschehen hinausreicht.

---

[23] Die erheiterte Reaktion einiger Zuhörer bezieht sich offensichtlich auf das brummende Verzögerungssignal (vgl. MLS (1993) 681) des Sprechers.

Erst die **subjektive Einsicht** (sprechbetontes „du weißt"), daß das Leben des anderen Menschen **unumkehrbar abgeschlossen** ist (indikativische Feststellung: „es is' vorbei"), bildet nunmehr den Schlußpunkt, der das Kernerlebnis als solches besiegelt.

	un' dann hab' ich erste'ma' so angefangen zu fl' zu heulen		XII
(GL	1535	mmh)	
Dm	1536	bin rausgerannt wollt' einfach meine Ruhe ha'm,	

Aus subjektiver Darstellungssicht umschreibt der Erlebnisträger die **eigene spontane** („dann [...] erste'ma'") **Reaktion** auf den unmittelbar zuvor eingetretenen (X) und subjektiv realisierten (XI) Tod des Großvaters.

Beide **äußeren** Verhaltensweisen, die er in ingressivem Modus („hab' [...] angefangen [...] zu heulen", „bin rausgerannt") anführt , indizieren eine **massive innere Erschütterung**, die ihn in besagtem Augenblick überwältigt zu haben scheint.

Während die Reaktion des 'Heulens' als Ausdruck von **Schmerz und Traurigkeit** wohl für sich spricht, identifiziert der Sprecher den inneren Impuls, der ihn zum Verlassen des Sterbezimmers veranlaßt hat, aus- und nachdrücklich („einfach") als **Bedürfnis** („wollt'"), **sich ungestört auf sich selbst zurückzuziehen** („meine Ruhe ha'm").

konnte, meine Mutter konnte mich die nächsten paar Tage überhaupt nich' ansprechen, ich war hab' total 'n Blackout in der Schule auch g'habt damals und,	XIII

Hatte er eben noch das eigene, **punktuelle** Reagieren auf den Tod des Großvaters beleuchtet, so weitet sich nun der Blick des Erzählers hin auf zwei **dauerhaftere** Verhaltensweisen ('Nichtansprechbarkeit' und schulischer „Blackout"), die in der Folgezeit des Sterbeereignisses („die nächsten paar Tage", „auch [...] damals") zutage treten.

Obschon diese Reaktionen aus unterschiedlicher Darstellungssicht eingebracht werden („meine Mutter", „ich") und verschiedene Teilbereiche der Alltagswirklichkeit betreffen (Familie, Schule), erscheinen sie nicht nur hinsichtlich der **Dominanz ihres Auftretens** vergleichbar, die durch Elativpartikeln markiert wird („überhaupt", „total"), sondern auch in **struktureller** Hinsicht.

In beiden Fällen verliert der Erlebnisträger letztlich den Kontakt zur lebensweltlichen Umgebung (sprachlich zur Mutter, mental zur Schule), ohne daß er dies auch nur andeutungsweise seiner eigenen Entscheidung zuschreiben würde.

Der mit dieser Abkapselung nach außen korrespondierende **Rückzug auf sich selbst**, der schon als direkte Reaktion auf den Tod des Großvaters erkennbar war (XII), greift somit allem Anschein nach als **prägendes und zugleich unwillentliches Reaktionsmuster** weit über den unmittelbaren Kontext des Sterbeerlebnisses hinaus.

mein' 's hat zwar nich' all, njaa ich war also wirklich zwei Wochen vielleicht überhaupt nich' mehr ansprechbar damals,	XIV

Nach einem restriktiven Anakoluth („'s hat zwar nich'"), der im folgenden Textstück neu aufgenommen werden wird, verweist der Sprecher abermals auf die eigene '**Nichtansprechbarkeit**' in Folge seines Sterbeerlebnisses, wobei er dieses Phänomen nicht mehr allein auf die Interaktion mit seiner Mutter bezieht (vgl. XIII) , sondern in seiner **Wirksamkeit verallgemeinert** („wirklich [...] überhaupt nich' mehr ansprechbar") sowie **zeitlich ausdehnt** („zwei Wochen vielleicht" gegenüber „die nächsten paar Tage" in XIII).

	vielleicht schon ansprechbar,		XV
(GL	1554	mmh)	
Dm	1555	aber ich, ich war einfach neben der Rolle und wußte selber mit mir nich' mehr weiter, zum damaligen Zeitpunkt ja,	

Kaum hat er seine zeitweilige Unzugänglichkeit als ausnahmslos dargelegt („wirklich [...] überhaupt nich' mehr ansprechbar" (XIV)), relativiert der Geschichtenträger diese Aussage in vorsichtiger Weise („vielleicht schon ansprechbar"), um die Nachwirkungen seines Abschiedserlebnisses aus **gänzlich neuem Blickwinkel** zu explizieren.

Dabei bezieht er sich nicht mehr (wie in XII[24]-XIV) auf äußerlich beobachtbare Verhaltensänderungen, sondern reflexiv auf das **eigene Ich**, das er in zusammenfassender Rückschau („ich war") als außerordentlich (Bekräftigungspartikel „einfach") **instabil und desorientiert** („neben der Rolle") charakterisiert, bevor er sich in die Selbstwahrnehmung „zum damaligen Zeitpunkt" zurückversetzt („wußte selber mit mir"), die durch **Ohnmacht** („wußte [...] nich' mehr weiter") **im Umgang mit der eigenen Person** („selber mit mir") geprägt zu sein scheint.

	aber im nachhinein, ich will jetzt nich' sagen daß es -äh- 'n positives Erlebnis war aber im nachhinein bin ich dann doch froh gewes'n -ähm- daß ich dabei war wie mein Opa eingeschlaf'n		XVI
(GL	1574	mmh)	
Dm	1574	is'	

War er bislang darauf konzentriert, ein **erlebnisnahes** Bild vom Sterbeereignis (III-VII und Xf.) und seinen subjektiven Auswirkungen (XII-XV) zu zeichnen, geht der Sprecher nun dazu über, die **retrospektive** (zweimaliges „im nachhinein") **Bedeutung** seines Erlebnisses

---

[24] Wie bereits erwähnt beschreibt der Teilsatz „wollt' einfach meine Ruhe ha'm" (XII) keine extern wahrnehmbare Reaktion, sondern eine innere Motivation.

zum Ausdruck zu bringen, die offensichtlich von den bisher nachvollzogenen Empfindungen, Deutungen und Reaktionen **abweicht** (sich wiederholende Adversativkonjunktion „aber").

Nachdem er bereits angesetzt hat, diese differierende Sichtweise zu entfalten, tritt er jedoch erst einmal aus der aktuellen Sprechsituation heraus („ich will jetzt [...] sagen") dem möglichen Eindruck entgegen, er würde das Sterbeereignis („nich' [...] daß es [...] war") allzu pauschal umdeuten („'n positives Erlebnis").

Ungeachtet der Tatsache (Konzessivadverb „doch"), daß er das Sterben des Großvaters ursprünglich als erschütternd, schmerzvoll und unabwendbar erlebt hat, wertet er schließlich das Faktum, überhaupt bei diesem Widerfahrnis zugegen gewesen zu sein („daß ich dabei war wie mein Opa eingeschlaf'n is'"[25]) aus (nicht näher expliziertem) zeitlichem Abstand als **erfreulich** („bin ich [...] froh gewes'n").

weil ich dann, also ich konnt' sagen, ich war d' ganze Zeit wie ich ihn gekannt hab' oder so von Erzählungen her kann ich stolz auf mei'n Opa sein und ich hab' 'hn wirklich geliebt	XVII

Um seine **im Rückblick positive emotionale Einstellung** zum dargelegten Abschiedserlebnis zu plausibilisieren (Kausalkonjunktion „weil"), zeichnet der Erzähler die **gedankliche Legitimation** nach, angesichts derer sich seine Sichtweise gewandelt hatte („also ich konnt' sagen").

Seine versöhnliche Einschätzung des Sterbeerlebnisses („im nachhinein bin ich [...] froh gewes'n [...] daß ich dabei war" (XVI)) rechtfertigt er nicht etwa, indem er dieses **Ereignis an sich** in seiner Härte und Fraglichkeit umdeuten oder leugnen würde.

Ohne das **Sterbe**geschehen überhaupt noch einmal explizit aufzugreifen, verweist er vielmehr auf die Vielfalt an unmittelbaren („d' ganze Zeit wie ich ihn gekannt hab'") wie vermittelten („so von Erzählungen her") Erfahrungen, die er selbst mit dem **lebenden** Großvater gemacht hat, um zunächst dessen **präsentische Bedeutung für die eigene Person** als **berechtigte** („kann ich [...] sein") **Wertschätzung** („stolz auf mei'n Opa") zu beschreiben.

Hatte er seine Beziehung zum lebendenden Großvater in Textsegment VIII noch eher behutsam umschrieben („ich mit 'm Opa eig'ntlich ganz gut auskam"), verbalisiert er die **Qualität seiner unmittelbaren persönlichen Verbundenheit** nun zu Ende der Gesamter-

---

[25] Das Sterben als solches war bereits in V und X als 'Einschlafen' umschrieben worden.

194

zählung äußerst eindrücklich, indem er pointiert[26] bekennt, diesen Menschen „wirklich

ge<u>liebt</u>" zu haben.

		(spricht langsamer:) und ja, d's war's so eig'ntlich	XVIII
GL	1588	ja	
Em	1589	nja	
Dm	1590	zu dem Thema, ja	

Mit einer formalen Ratifizierungsformel beendet der Sprecher seine Darlegung, wobei sich

bereits ein Sprecherwechsel anbahnt (Übernahmepartikel „nja" (*Em*)), in dessen Folge ein

anderer Gesprächsteilnehmer eine thematisch verwandte Erzählung explizieren wird („kann

ich ja glei' was ähnliches erzähl'n" (1592/16: *Em*)).

4.2.3 Überblickstabelle

Seg-ment	formale Cha-rakterisierung	inhaltliche Umschreibung	Kern-formulierung	retrospektive Deutung(en)	existentieller Kern	sprachliche Spezifika
I	Erzähl-ankündigung					
II	deiktischer Fotobezug					
Explizierung des Kernerlebnisses						
III	Titelzeile und zeitliche Situierung	Tod des Großvaters	„mein Opa [...] gestorben"			referierende Feststellung Possessivartikel und familiäre Bezeichnung
IV	Selbstver-ortung in der (räumlich-sozialen) Sze-nerie des Kern-ereignisses (vgl. X)		„ich stand [...] dabei"			Ich-Perspektive
V	Darlegung des äußeren Ab-laufs des Kern-ereignisses (vgl. X)	(emotionales) Miterleben des Sterbe-prozesses	„d's Gefühl wenn d' davor stehst vor dei'm <u>Großvater</u>" - „er schläft [dir] im Bett ein"		Sterben des Großvaters als emotional bewegendes Widerfahrnis	teilnehmende Du-Perspektive einleitender No-minalanakoluth Sprechbetonung Paraphrasierung des Sterbens als 'Einschlafen'
VI	Explizierung des inneren Erlebens des Kernereig-nisses	(spontane) emotionale Reaktion auf das miterlebte Sterben	„eig'ntlich im erst 'n Gefühl ein <u>Scheiß</u>gefühl"		Sterben des Großvaters als höchst belastendes Erlebnis	konstatierende Distanz Grundsätzlich-keitspartikel Sprechbeto-nung

---

[26] Der Sprecher bekräftigt diese Aussage sowohl verbal (Nachdrücklichkeitspartikel „wirklich") als auch proso-disch („ge<u>liebt</u>").

VII	inhaltliche Zuspitzung dieses inneren Erlebens	(spontane) gedankliche Reaktion auf das miterlebte Sterben	„»warum«" - „warum muß jetzt g'rad' dein Opa sterben"		als unausweichlich erlebtes Fatum des Sterbens Aufbrechen der 'Warum'-Frage nach Grund und Sinn des Sterbens dieses konkreten Menschen	Du-Perspektive (durch Selbsteinwand unterbrochener) innerer Monolog Modalverb 'müssen' Bekräftigungs- und Fokussierungspartikel Sprechbetonung
VIII	evaluativer Rekurs (vgl. XVII)		„eig'ntlich ganz gut auskam"	positives Resümee des eigenen Verhältnisses zum lebenden Großvater		Ich-Perspektive (unklare) Kausalanbindung Grundsätzlichkeits- und Vagheitspartikel sowie Qualitätsadjektiv
IX	(kataphorische) Detaillierung des Kernereignisses			relativierende Bewertung des eigenen Lebensalters zur Zeit des Sterbeerlebnisses		restriktive Konjunktion Einschränkungspartikel
X	(intensivierte) Darlegung des äußeren Ablaufs des Kernereignisses (vgl. insb. V; vgl. a. IV)	(emotionales) Miterleben des Sterbeprozesses	„d's Gefühl, du stehst wirklich am Bett und hältst ihm die Hand noch [...] und er schläft dir praktisch vor dei'n Augen ein"		Sterben des Großvaters als konkret fassbares und emotional bewegendes Widerfahrnis	teilnehmende Du-Perspektive einleitender Nominalanakoluth Nachdrücklichkeitspartikel Veranschaulichung der visuellen und körperlichen Unmittelbarkeit des Erlebten Paraphrasierung: 'Sterben' als 'Einschlafen'
XI	Explizierung des inneren Erlebens des Kernereignisses	subjektive Realisierung des eingetretenen Todes	„du weißt es is' vorbei"		Bewußtwerdung der unumkehrbaren Endgültigkeit des miterlebten Lebensendes	teilnehmende Du-Perspektive und unpersönliche Feststellung / Sprechbetonung

subjektive Auswirkungen des Kernerlebnisses

XII	Umschreibung der direkt anschließenden (punktuellen) Reaktionssequenz	emotionale Erschütterung und spontanes Verhalten angesichts des Todes des Großvaters	„heulen" - „rausgerannt" - „wollt' einfach meine Ruhe ha'm"		Empfinden von Schmerz und Traurigkeit sowie unwillkürliches Bedürfnis nach Rückzug auf sich selbst	Ich-Perspektive ingressiver Aktionsmodus Nachdrücklichkeitspartikel

XIII	exemplarische Entfaltung des nachfolgenden (temporären) Reaktionsmusters	zeitweiliger Verlust externer Sozial- und Realitätsbezüge	„konnte mich [...] überhaupt nich' ansprechen" - „total 'n Blackout"		ausgeprägte sowie unwillentliche lebensweltliche (Selbst)-Isolierung	zweierlei Darstellungssicht Elativpartikeln
XIV	generalisierende Charakterisierung dieses (temporären) Reaktionsmusters	zeitweiliger Verlust externer Sozialbezüge	„wirklich [...] überhaupt nich' mehr ansprechbar"		weitreichende soziale (Selbst)-Isolierung	Ich-Perspektive Nachdrücklichkeits- und Elativpartikel einschränkender Anakoluth
XV	introspektive Untermauerung dieses Reaktionsmusters (bei Relativierung der vorangegangenen Generalisierung)	simultane Selbstwahrnehmung	„einfach neben der Rolle" - „wußte selber mit mir nich' mehr weiter"		Erfahrung intrapersonaler Desintegration und Ohnmacht	Ich-Perspektive Bekräftigungspartikel relativierender Anakoluth

retrospektive Einschätzung des Kernerlebnisses

XVI	retrospektive Einschätzung des Kernereignisses		„doch froh gewes'n [...] daß ich dabei war wie mein Opa eingeschlaf'n is'"	nachträglicher Einstellungswandel (zweifaches „aber im nachhinein") gegenüber dem ursprünglich als belastend wahrgenommenen Sterbeerlebnis, ohne dieses Widerfahrnis als solches zu beschönigen	rückblickendes Empfinden freudiger Dankbarkeit, den Tod des Großvaters persönlich miterlebt haben zu dürfen	Ich-Perspektive Paraphrasierung: 'Sterben' als 'Einschlafen'
XVII	plausibilisierender Rekurs (vgl. VIII)		„kann ich stolz auf mei'n Opa sein" - „ich hab' 'hn wirklich geliebt"	gedankliche Legitimation der retrospektiven Versöhnung mit dem Sterbeereignis durch Erinnerung an die eigene positive Verbundenheit zum lebenden Großvater, die präsentisch („kann ich stolz [...] sein") fortdauert	in die Gegenwart hineinreichende positive Wertschätzung des Lebenden als heilsame Kontrasterfahrung zur (ungeleugneten) Fraglichkeit und Härte des Todes	Ich-Perspektive pointiertes Bekenntnis eigener Achtung ('Stolz') und Zuneigung ('lieben') Nachdrücklichkeitspartikel / Sprechbetonung
XVIII	ratifizierende Abschlußformel					

4.2.4 Erfahrungsprofil

4.2.4.1 Darstellungsprofil

Im Rahmen einer sukzessiven Darstellungslogik, die lediglich durch zwei knappe Rekurse auf die dem Erzählgegenstand vorausliegende Lebenszeit unterbrochen wird (VIII und XVII), entfaltet der Sprecher **schrittweise drei Stadien** seiner fokussierten Intensiverfahrung.

Obgleich im Zuge der Erzählhandlung mit der Frage nach dem Grund und Sinn menschlichen Sterbens (VII) ein Problem aufgeworfen wird, das theologische Lösungsversuche durchaus nahelegt[27], lassen sich im vorliegenden Text keine sprachlichen Wendungen erkennen, die durch religiöse Traditionen oder Gemeinschaften vorgeprägt zu sein scheinen.

Neben dem Einsatz **akzentuierender Partikeln** und **Sprechbetonungen** dient in der vorliegenden Schlüsselpassage der Wechsel in die teilnehmende **Du-Perspektive** (V, VII und Xf.) als bevorzugtes Signal, um die subjektive Bedeutsamkeit bestimmter Wahrnehmungen, Empfindungen oder Gedanken hervorzuheben.[28]

4.2.4.2 Erlebnisprofil

Die **unmittelbare Konfrontation** des Sprechers mit dem **Sterben des eigenen Großvaters** steht gleichermaßen am Anfang wie auch im Mittelpunkt der erzählten Handlung.

Der Geschichtenträger verfolgt diesen Sterbevorgang aus **nächster Nähe** (IVf. und X) und bis hin zum **definitiven Eintreten des Todes** (insb. XI) und nimmt ihn **äußerlich** als einen Prozeß des 'Einschlafens' wahr (V, X und XVI), währenddessen er ihn **innerlich** als zutiefst **erschütternd** und **bedrückend** empfindet (Vf. und X).

Dabei erlebt er den hereinbrechenden Tod als ebenso **unaufhaltsames** wie **unbeeinflußbares** Schicksal, dessen **Sinnhaftigkeit** ihm **rätselhaft** und **fraglich** erscheint (VII).

Als er das Sterbegeschehen schließlich durch die **unwiderrufliche Tatsächlichkeit** des Todes beendet sieht (XI) und seine **Traurigkeit** sichtbar hervorbricht (XII), verläßt der

---

[27] Im Rahmen der repräsentativen Shell-Jugendstudie 1992 wurde die Frage *'Glaubst Du an ein Weiterleben nach dem Tod?'* von immerhin **56%** der **west**deutschen Jugendlichen (zwischen 15 und 24 Jahren) zustimmend beantwortet; dagegen bejahten lediglich 22% der gleichaltrigen Ostdeutschen diese Frage (Zinnecker / Fischer (1992) 237).

[28] Als weitere Darstellungsmittel mit derselben Signalfunktion seien besonders der innere Monolog in VII sowie die (gegenüber V hervorstechende) plastische Veranschaulichung konkreter Erlebnisunmittelbarkeit in X herausgehoben.

Protagonist **fluchtartig** das Sterbezimmer (ebd.), um sich fortan für eine geraume Weile[29] **radikal in sich zu kehren**.

Zwar verbleibt er in der Folgezeit physisch in den gewohnten lebensweltlichen Bezügen, in seinem Verhalten **verschließt** er sich jedoch konsequent gegenüber der Mitwelt (XIIIf.).

Subjektiv erlebt er diesen **Rückzug** nicht als bewußtes und beabsichtigtes Handeln, sondern als **unwillentliches Tun** (vgl. XIIIf.) und als **Ausdruck innerer Spannungen**, im Zuge derer er sich selbst gegenüber als **uneins** und **machtlos** wahrnimmt (XV).

Nachdem er sein inneres Gleichgewicht und seine soziale Zugänglichkeit **zurückgewonnen** hat[30] und offensichtlich eine gewisse **Distanz** zum schmerzvollen Abschiedserlebnis eingekehrt ist[31], gelangt der Geschichtenträger letztendlich zu einer **versöhnlichen Einstellung** gegenüber dem durchlittenen Sterbeereignis, deren inhaltliche Legitimation im Rahmen des Deutungsprofils näher beleuchtet werden soll.

Im dargelegten Gesamterlebnis finden sich typische Strukturelemente gleichermaßen einer **Kontingenz-** wie auch einer **Krisenerfahrung**.

Insofern *Dm* den Tod seines Großvaters im Kern als ein Widerfahrnis erlebt, das sich **unbeeinflußbar** (VII), **unwiderruflich** (XI) und **ohne nachvollziehbaren Grund** (VII) hier und jetzt an einem bestimmten Menschen vollzieht[32], sieht er sich ganz konkret und unmittelbar mit ebenjener **unverfügbaren Zufälligkeit** menschlichen Daseins konfrontiert, die im Sprachgebrauch der Philosophie (und anderer Wissenschaften[33]) als 'Kontingenz' bezeichnet wird.[34]

---

[29] Der Sprecher datiert den Zeitraum dieser Introversion auf „die nächsten paar Tage" (XIII) bzw. auf „zwei Wochen" (XIV).

[30] Die Wiederherstellung intrapersonaler Autonomie und interpersonaler Aufgeschlossenheit kommt in der vorliegenden Schlüsselpassage dadurch zum Ausdruck, daß die Selbstisolierung des Protagonisten unzweideutig als befristet dargestellt wird (XIIIf.).

[31] Dieser Abstand spiegelt sich syntaktisch im zweifachen Gebrauch der Fügung „im nachhinein" in XVI.

[32] Die Frage „warum muß jetzt g'rad' _dein_ Opa sterben" (VII) fokussiert gleichermaßen den besonderen Zeitpunkt wie den spezifischen Adressaten des Sterbefatums.

[33] vgl. etwa A. Müller (1989) 36, nach dessen Auffassung der „religionstheoretische Einsatz beim Begriff der Kontingenz eine fruchtbare Perspektive für **historische**, **soziologische** und **psychologische** Forschungen eröffnet", obschon die funktional-theoretische „Verknüpfung der beiden Begriffe Religion und Kontingenz [...] eine **philosophische** und **theologische** Provokation" darstellt. [Hervorhebungen: B.P.]

[34] vgl. insb.
- van der Ven (1994 A) 22: In 'pragmatisch-biographischer Perspektive' verweist der Kontingenzbegriff darauf, „daß die menschliche Existenz **zufällig** ist und möglicherweise auch anders gelebt werden könnte, daß ein Mensch **zufällig** ‚da' ist und **zufällig** ‚so' ist, wie er ist." [Hervorhebungen: B.P.]
- A. Müller (1989) 44: „In der heutigen religionstheoretischen Diskussion der Kontingenz deckt der Begriff der Kontingenz, vor allem in Verbindung mit dem Prädikator 'unverfügbar', den ganzen Bereich elementarer Grunderfahrungen des Menschen ab, von der **nicht-notwendigen** Geburt über Glück, Leiden und Not bis zum Tod." [Hervorhebungen: B.P.]

An den Reaktionen, die der Geschichtenträger im Gefolge des als kontingent erlebten Todesereignisses an den Tag legt, läßt sich zudem umrißhaft ebenjene Phasenfolge ablesen, die dem Psychiater *J. Cullberg* zufolge für **Krisen**[35] typisch ist, die durch „eine plötzlich aufkommende Situation von allgemein akzeptierter schmerzlicher Natur"[36] ausgelöst werden.

Cullberg zufolge beginnen derartige Krisen mit einer kurzzeitigen, 'desorganisierenden' (vgl. 28) **Schock**phase, die durch das Bemühen gekennzeichnet ist, „die Wirklichkeit von sich fernzuhalten" (27).

Ihr folgt eine länger andauernde, zwiespältige **Reaktion**sphase, während derer die Betroffenen zwar gezwungen sind, „die Augen für das zu öffnen, was geschehen ist oder geschehen soll" (28), zugleich aber auf eigene Abwehrkräfte zurückgreifen, um das Erlebte zu verleugnen oder zu verdrängen.

Erst wenn daraufhin eine **Bearbeitung**sphase durchlaufen werden konnte, im Zuge derer sich die Subjekte tatsächlich der eigenen Zukunft zuwenden, „statt wie in den früheren Phasen von dem Trauma und dem Vergangenen okkupiert zu sein" (28), kann letztlich eine **Neuorientierung** einsetzen, die sich dadurch auszeichnet, „daß neue Personen bzw. Objekte an die Stelle des Verlustes treten, das erschütterte Selbstwertgefühl wieder aufgerichtet ist und enttäuschte Hoffnungen überwunden sind."[37]

Ohne diese einzelnen Krisenstadien innerhalb der hiesigen Schlüsselpassage allzu genau lokalisieren zu wollen, können wir doch feststellen, daß der Erlebnisträger nach Abschluß des eigentlichen Kontingenzereignisses einen 'Ausnahmezustand' durchlebt, der im Einklang mit den *Cullberg'schen* Beobachtungen zunächst schockartig einsetzt (XII), um sich anschließend zu einer anhaltenden Blockierung der **inneren** (insb. XV) wie **äußeren** (XIIIf.) Handlungsfähigkeit zu verfestigen.

Erst als er die verwirrende 'Okkupation' (vgl. 28) durch das schmerzhafte Sterbeerlebnis hinter sich gelassen hat, gelingt es ihm, sich zu stabilisieren und gegenüber der zeitweilig

---

[35] Entgegen einer als „unsinnig" (Cullberg (1978) 27) abgelehnten 'weiten' Krisendefinition, die „beinahe jede psychische Störung umfaßt" (ebd.) begrenzt *J. Cullberg* den **Krisen**begriff ausschließlich auf seelische Verunsicherungen, die durch **äußere** Widerfahrnisse hervorgerufen werden, welche die „durch frühere Erfahrungen gelernten Fähigkeiten, seine Lebenssituation zu meistern, überfordern." (ebd.)

[36] Cullberg (1978) 27; analog zur Differenzierung zwischen non-normativen und normativen Lebensereignissen (vgl. insb. Filipp (1995) 11, 17f. und 27) unterscheidet *Cullberg* zwischen den angeführten 'traumatischen Krisen' auf der einen und 'Lebensveränderungskrisen' auf der anderen Seite, wobei letztere durch Geschehnisse ausgelöst werden, „die im allgemeinen zum Leben gehören und von vielen sogar als etwas Positives angesehen werden" (ders. (1978) 27).
Die im fortlaufenden Text des hiesigen Erlebnisprofils in Klammern notierten (arabischen) Seitenzahlen beziehen sich allesamt auf Cullberg (1978).

[37] Belschner / Kaiser (1995) 187 mit Bezug auf *J. Cullberg*

'ausgeblendeten' (vgl. 28) Wirklichkeit zu öffnen, um den erlittenen Verlust schließlich mit einer Deutung zu versehen, die für sein zukünftiges Leben tragfähig erscheint (XVIf.).

4.2.4.3 Deutungsprofil

Die vorliegende Schlüsselpassage mündet in einer **nachträglichen Interpretation** des Kernereignisses, welche der Geschichtenträger im Rahmen der **vergangenen**[38] Krisenbewältigung entwickelt hat und in der **aktuellen**[39] Gesprächssituation aufrechterhält.

In dieser Deutungssequenz (XVIf.) spiegelt sich ein grundlegender **Sinneswandel**, im Verlauf dessen die **Schmerzhaftigkeit** des ursprünglichen Miterlebens durch eine Haltung **freudiger Dankbarkeit** relativiert wird, beim Tod des eigenen Großvaters überhaupt unmittelbar zugegen gewesen zu sein.

Es erscheint höchst bemerkenswert, daß der Narrator im Zuge seiner **gedanklichen** Bewältigung des durchlittenen Abschieds darauf **verzichtet**, die Schmerzlichkeit und Unbegreiflichkeit des Todesfatums in Zweifel zu ziehen oder in Abrede zu stellen.

Ohne die radikale Fraglichkeit (insb. VII) dieses Fatums durch den Versuch einer 'frontalen' Sinnzuschreibung anzutasten, läßt er das Sterbeereignis als solches **auf sich beruhen**.

Indem der Geschichtenträger aber aufhört, dieses Geschehnis isoliert zu betrachten, und er sich auf seine **beglückende Beziehung zum lebendigen Großvater** zurückbesinnt (VIII und XVII), vermag er, diese **persönliche Verbundenheit**[40] als **positiven Kontrapunkt** zu begreifen, der die ohnmächtige Trauer angesichts des miterlebten Todes in den Schatten stellt.

Die **über den Tod hinausreichende 'Liebe'** (XVII) **zum Lebenden** wird ihm zum **Schlüssel, die Kontingenz des Todes zu ertragen**.

4.2.4.4 Existentieller Kern

Die **subjektive Erschütterung angesichts des unabwendbaren Todes** eines nahen und geliebten Menschen markiert den **existentiellen Kern** der dargestellten Intensiverfahrung.[41]

---

[38] vgl. insb. die (im)perfektischen Formulierungen:
- „im nachhinein bin ich [...] froh gewes'n" (XVI)
- „also ich konnt' sagen" (XVII)

[39] vgl. die präsentischen Wendungen:
- „ich will jetzt nich' sagen daß" (XVI)
- „kann ich stolz auf mei'n Opa sein" (XVII)

[40] Wie im Rahmen der Intensivanalyse aufgedeckt wurde, gründet sich diese Verbundenheit gleichermaßen auf direkte wie indirekte Erfahrungen (vgl. XVII).

[41] Es erscheint beachtenswert und erinnert an das ursprünglich von *William James* herausgearbeitete (ders. (1997) 384; vgl. a. Stace (1961) 44 und 79) Phänomen der „Unbeschreiblichkeit und Unaussprechlichkeit" (Holm (1990) 63) religiöser Erfahrungen, daß der Sprecher an beiden Stellen (V und X), wo er diese Erschütterung unmittelbar zu thematisieren sucht, nicht über den Nominalanakoluth „d's Gefühl" hinausgelangt!

Diese Erschütterung wurzelt und gipfelt darin, daß sich der Geschichtenträger als Augenzeuge des Sterbegeschehen in höchst **schmerzhafter** und **konkreter** Weise mit der **unverfügbaren Zufälligkeit** menschlichen Daseins konfrontiert sieht.

Wenn er nach der Überwindung eines krisenhaften Prozesses äußerer Isolierung und innerer Ohnmacht auch zur **persönlichen Gewißheit** gelangt, daß seine liebende Erinnerung an den Verstorbenen dessen Tod überdauert und relativiert, so bleibt seine eindringliche Frage nach dem 'Warum' des kontingenten Todesfatums als solchem doch gänzlich **unbeantwortet**.

Die Erinnerung, **ganz unmittelbar** mit der unumkehrbaren und unbegreiflichen **Grenze menschlicher Existenz** in Berührung gekommen zu sein, qualifiziert das angeführte Erlebnis für den Erzähler zu einer Erfahrung von herausragender Wichtigkeit.

4.3 Rekonstruktion der Intensiverfahrung
„teilweise war ich einfach nur dortgesess'n und hab' mich überhaupt gefragt,
was ich überhaupt [...] mach' hier und,
warum eig'ntlich die ganze 's ganze Leben so ungerecht is'"

(1589/16-1678/16: *Em*)

4.3.1 Transkriptexzerpt

A) Schlüsselpassage (1589/16-1678/16: *Em*)

Em	1589	nja
Dm	1590	zu dem Thema, ja
Em	1592	kann ich ja glei' was ähnliches erzähl'n, -äh- ich hab' da als erstes d's Bild, -äh- is 'n Friedhof und -ähm- hat mich sehr daran erinnert, wie meine Mutter letzt's Jahr gestorben is', und d's war, also, ähnlich, ich war auch am Bett -ähm-, aber d's, die die Sache wenn jemand stirbt is' glaub' ich immer ähnlich, daß ma' sich einfach ni't klar darüber werd'n kann, ma' fragt sich auch immer, kriegt ja nie die Antwort drauf, warum jemand stirbt, und -ähm- ich damals -ähm- ging 's mir also (zögert:) ich würd' ma' sag'n ähnlich wie 'm Dm -ähm-, ich hab' auch nich' also ich hab', teilweise war ich einfach nur dortgesess'n und hab' mich überhaupt gefragt, was ich überhaupt auf -ähm- mach' hier und, warum eig'ntlich die ganze 's ganze Leben so ungerecht is' und, un', da hab' ich dann -ähm- d's Bild d's is' mir auch
(GL	1655	mmh)
Em	1655	dazu eingefall'n d's is', d's is' jetz' egal ob d's jetzt 'n Mann oder 'ne Frau is' d's -ähm- d's war nämlich dann auf der Beerdigung von meiner Mutter, also da war 's mir ganz wichtig daß die, die Gruppe hier geschlossen da war und daß -ähm-, ja also daß ma' (spricht langsamer:) da seine Freunde erkannt hat
GL	1677	ja
Em	1678	und, ja und dabei hab' ich halt also auch über die ganze Zeit jetz' hinweg jetz' is' jetz' ein Jahr her, un' da hab' ich dann d's Bild jetz' noch am Schluß raus, weil ma' über so 'n Erlebnis dann, dann ma' sich später, d's Positive was ma' daraus seh'n muß is', daß ma' eig'ntlich glücklich sein kann, was das wie wie wir speziell jetz' hier leb'n was wir für 'n Glück ha'm daß wir hier leb'n und daß wir, so frei sin' eigentlich und d's, wie gut 's uns eig'ntlich geht (.) ja (3)

B) Nachfragephase (1713/16-1753/17: *Em*)

GL	1713	d's hast du denn ja, wie wie (2) 'ch überleg' nur g'rad' -äh- diese Kurve mit dem wie gut 's dir eigentlich oder uns geht d's wie wie du d's in Verbindung, du bringst d's in Verbindung mit dem daß -äh- zum letzten Bild, gibt 's da 'ne Verbindung oder ist d's noch mal 'ne ganz andere?
Em	1730	nee d's war eig'ntlich d's war d's war d's war
(GL	1730	so wie mit den Freund'n daß die alle da war'n)
Em	1731	quasi der Schluß -äh- also was heißt der Schluß,
(GL	1733	mmh)

Em	1733	aber ich mein' d's -ähm-,
(GL	1734	mmh)
Em	1734	ich muß mich ja irgendwie, also ma' hat sich ich hab' mich da irgendwie abgelenkt un' -ähm-, ich hab' halt dann in Folge von dem Tod drüber <u>nach</u>gedacht -ähm-
(GL	1742	ja)
Em	1743	daß ma' eig'ntlich jeden Tag jeden Tag <u>neu</u> erlebt und daß also jeden Tag
(GL	1746	ja)
Em	1746	jeder Tag 'n <u>Geschenk</u> ist und so, und d's,
(GL	1748	ja)
Em	1749	weil wenn einer stirbt hat er ja kei'n Tag <u>mehr</u> und desweg'n (.)
GL	1753	d's is' klar (16)

4.3.2 **Syntaktisch-semantische Intensivanalyse**

A) **Schlüsselpassage** (1589/16-1678/16: *Em*)

Em	1589	nja	I
Dm	1590	zu dem Thema, ja	
Em	1592	kann ich ja glei' was ähnliches erzähl'n,	

Unmittelbar nachdem *Dm* dargelegt hat, wie er das Sterben seines Großvaters erlebt und verarbeitet hat, übernimmt *Em* die Sprecherrolle, um eine Erzählung anzukündigen („kann ich ja glei' [...] erzähl'n"), der er vorab **inhaltliche Affinität** zum vorangegangenen Beitrag zuschreibt („was ähnliches").

-äh- ich hab' da als erstes <u>d's</u> Bild, -äh- is 'n Friedhof und -ähm- hat <u>mich</u> sehr daran erinnert,	II

Unter deiktischem Verweis („da [...] <u>d's</u>") auf ein „erstes" Foto[42], dessen Motiv er ausdrücklich benennt („is 'n Friedhof"), bringt der Erzähler eine Erinnerung zur Sprache („hat mich [...] erinnert"), die ihm während der Einstiegsübung eindrücklich (Verstärkungspartikel „sehr") zu Bewußtsein gekommen war.

wie meine Mutter letzt's Jahr gestorben is',	III

Analog zur vorigen Narration mündet der Zweischritt von Bildhinweis und Erinnerungsrekurs (II) darin, daß der Sprecher in knapper Form sowohl den **Handlungskern** („meine Mutter [...] gestorben is'") als auch das **Datum** (Temporaldeixis „letzt's Jahr") des Geschehens umreißt, das nachfolgend dargelegt werden soll.

---

[42] Im weiteren Verlauf der vorliegenden Passage wird der Sprecher noch zwei weitere Erinnerungsfotos heranziehen (vgl. X und XIV).

Insofern erneut das **Sterben eines nahestehenden Menschen** thematisiert wird, entspricht dieses Ereignis seinem Typus nach der vorausgegangenen Erzählhandlung.

Gleichzeitig deutet allerdings sowohl die **maximale verwandschaftliche Nähe** zur verstorbenen Person („meine Mutter" versus „mein Opa" (1484/15: *Dm*)) als auch der **erheblich geringere zeitliche Abstand** zum Sterbegeschehen („letzt's Jahr" versus „zweiundneunzig" (1484/15: *Dm*)) darauf hin, daß der hiesige Geschichtenträger **noch unmittelbarer** vom mitzuteilenden Todesereignis **betroffen** ist als sein Vorredner.

und d's war, also, ähnlich, ich war auch am Bett -ähm-,	IV

Nachdem er von neuem auf die Affinität seines Erlebnisses zum vorigen Erzählthema hingewiesen hat („d's war [...] ähnlich"; vgl. „was ähnliches erzähl'n" (I)), konkretisiert der Sprecher diese Verhältnisbestimmung im Hinblick auf die **räumliche Szenerie** der beiden Abschiedssituationen, indem er aus subjektiver Ich-Perspektive („ich war") andeutet, gleichfalls („auch") direkt am Sterbebett („am Bett") präsent gewesen zu sein.

aber d's, die die Sache wenn jemand stirbt is' glaub' ich immer ähnlich,	V

Hatte er sich eben noch auf eine Gegenüberstellung der beiden **singulären** Sterbeerlebnisse beschränkt, von denen bis dato die Rede war, so abstrahiert er nun von diesen Einzelfällen, um eine **prinzipielle** („immer") **Vergleichbarkeit** („ähnlich") **von Todesereignissen** zu postulieren („is' glaub' ich"), wobei er diesen Ereignistypus objektivierend („Sache") wie generalisierend (Indefinitpronomen „jemand") umschreibt.

daß ma' sich einfach ni't klar darüber werd'n <u>kann</u>, ma' fragt sich auch immer, kriegt ja nie die Antwort drauf, <u>warum</u> jemand stirbt,	VI

In vier Teilsätzen veranschaulicht der Sprecher seine gerade formulierte These, daß alle singulären Sterbegeschehnisse einen gemeinsamen Phänomenkern in sich tragen.

Dabei läßt er den äußeren Ablauf dieser Ereignisse völlig außer acht, um sich einzig der **inneren, gedanklichen Auseinandersetzung** zuzuwenden, die der Tod eines anderen Menschen im (unbestimmt per 'man' umschriebenen) Erlebniszeugen auslöst.

Inhaltlich gipfelt dieses innere Ringen abermals (wie bereits in 1484/15: *Dm*) in der (stimmlich akzentuierten) Frage, „<u>warum</u>" das Fatum des Sterbens den Mitmenschen („jemand") trifft.

Diese **Warum-Frage** nach dem Grund und Sinn des Sterbens stellt sich aus Sicht des Erzählers **unausweichlich** („ma' fragt sich [...] immer").

Wie er gleich doppelt darlegt, hält er sie überdies auch schlechterdings (kategorische Negationen: „einfach ni't", „nie") für **unlösbar** („ma' sich einfach ni't klar darüber werd'n kann") und **unbeantwortbar** („ma' [...] kriegt ja nie die Antwort drauf").

und -ähm- ich damals -ähm- ging 's mir also (zögert:) ich würd' ma' sag'n ähnlich wie 'm Dm -ähm-,	VII

Aus der distanzierten wie verallgemeinernden Betrachtungsweise der letzten beiden Segmente, die sprachlich durch Indefinitpronomina geprägt war, wechselt der Sprecher in die **subjektive Ich-Rede**, womit er zugleich ausdrücklich zum (anaphorisch als „damals" gekennzeichneten) Kontext seines selbst erlebten Sterbeereignisses zurücklenkt.

Nach anfänglichem Stocken (zweifache Interjektion -ähm-) beginnt er, seine **persönliche Befindlichkeit** in jener Situation darzulegen („damals [...] ging 's mir also").

Anstatt diese Befindlichkeit als solche zu verbalisieren, unterbricht er jedoch seinen Gedankengang (Zögern und präsentische Vergewisserungsformel), um sie dann **indirekt** zu charakterisieren, indem er sich mit der Gestimmtheit **identifiziert**, die sein Vorredner im vergleichbaren Erzählzusammenhang zum Ausdruck gebracht hatte („ging 's mir [...] ähnlich wie 'm *Dm*").

ich hab' auch nich' also ich hab', teilweise war ich einfach nur dortgesess'n	VIII

Nach einem Anakoluth („ich hab' auch nich'"), der nochmals parallelisierend an die vorige Narration anknüpft („auch"), skizziert der Geschichtenträger seine **eigene äußere Reaktion** auf den Tod der Mutter am Beispiel einer offenbar typischen, wenn auch nicht durchgängigen („teilweise") Verhaltensweise.

Das ablenkungslose („einfach nur") Verharren an einem Ort („dortgesess'n"), das er nachzeichnet, läßt erkennen, daß er sich in dieser kritischen Situation in analoger Weise **auf sich selbst zurückzieht** respektive **von der Außenwelt abschottet**, wie es schon *Dm* für die eigene Person dargelegt hatte (1536/15).

und hab' mich überhaupt gefragt, was ich überhaupt auf -ähm- mach' hier und, warum eig'ntlich die ganze 's ganze Leben so ungerecht is' und,	IX

Von der äußerlich beobachtbaren Reaktion auf den Tod seiner Mutter wendet sich der Blick des Sprechers hin zur eigenen **inneren Reflexion** dieses Ereignisses, die er als **intrapersonales Fragegeschehen** („hab' mich [...] gefragt") charakterisiert.

In dieser persönlichen Auseinandersetzung sieht er sich inhaltlich mit **zwei Problemstellungen** konfrontiert, die sich gleichermaßen in **radikaler Schärfe** stellen (vgl. die Häufung der Grundsätzlichkeitspartikeln „überhaupt" und „eig'ntlich").

Der erlittene Verlust evoziert in ihm einerseits die existentielle **Was-Frage** nach dem **Sinn seines eigenen, gegenwärtigen Daseins** („was ich überhaupt [...] mach' hier"), die als solche auf sein subjektives Einzelschicksal gemünzt ist.

Ausgehend vom indikativischen Befund, daß das menschliche Leben in seiner Gesamtheit (verdoppelte Attribuierung: „die ganze 's ganze") ausgesprochen (Bekräftigungspartikel „so") „**ungerecht**" sei, stellt er sich überdies die 'ontologische'[43] **Warum-Frage** nach einer **Rechtfertigung für diesen Mißstand**, die über die individuelle Biographie hinaus den prinzipiellen Sinn menschlichen Daseins problematisiert.

Wenn er diese beiden Fragen auch nicht ausdrücklich als unlösbar klassifiziert, wie er dies in Segment VI für die Warum-Frage nach dem Grund und Sinn des erlebten Sterbens („warum jemand stirbt") getan hatte, so läßt er sie nichtsdestoweniger im hiesigen Kontext **unbeantwortet** auf sich beruhen.

un', da hab' ich dann -ähm- d's Bild d's is' mir auch	**X**
(GL 1655 mmh)	
Em 1655 dazu eingefall'n d's is', d's is' jetz' egal ob d's jetzt 'n Mann oder 'ne Frau is' d's -ähm- d's war nämlich dann auf der Beerdigung von meiner Mutter,	

Mittels eines Erinnerungsfotos, das er deiktisch („da [...] d's") wie auch kommentierend[44] ins Gespräch einbringt, rückt der Sprecher die **Situation des Begräbnisses** („d's war [...] auf der Beerdigung") seiner Mutter vor Augen.

Er lenkt somit das Thema auf ein **punktuelles wie konkretes Folgeereignis** des ursprünglich fokussierten Sterbegeschehens (vgl. IIIf.), während er sich in der vorausgehenden Textsequenz (VI-IX) darauf konzentriert hatte, die erste Etappe der subjektiven Verarbeitung dieses Widerfahrnisses zu beleuchten.

also da war 's mir ganz wichtig	**XI**

Ohne auf den Ablauf des angesprochenen Begräbnisses eingegangen zu sein, bekundet der Erzähler, daß er diesem Ereignis im ursprünglichen Erlebniskontext (zum Imperfekt hinzu-

---

[43] Insofern der Sprecher mit der angeführten Warum-Frage einen überindividuellen „Mangel an Vollkommenheit (Gutheit, Seinsfülle)" (Müller / Halder (1985) 287) problematisiert, der jenseits des ethischen Entscheidungsspielraums verortet ist, bezeichnen wir sie im hiesigen Zusammenhang als 'ontologisch'.

[44] Durch die Bemerkung „d's is' jetz' egal ob d's jetzt 'n Mann oder 'ne Frau is'" verdeutlicht der Sprecher, daß er die gewählte Abbildung zweier sich haltender Hände nicht im engen Sinne zwischengeschlechtlicher Liebe, sondern im weiten Sinne zwischenmenschlicher Feundschaft (vgl. XIII) verstanden haben will.

tretendes anaphorisches Adverb „da") **außerordentliche** (Elativpartikel „ganz") **subjektive** (reflexives „mir") **Bedeutsamkeit** („wichtig") zugemessen hat.

daß die, die Gruppe hier geschlossen da war	XII

Der Erlebnisträger bezieht die eben dargelegte persönliche Relevanz des Begräbnisereignisses auf den partikularen Sachverhalt, daß die mit der aktuellen Gesprächsrunde identische („die [...] hier") **Jugendgruppe vollständig** („geschlossen") beim rituellen Abschied von seiner Mutter **zugegen** war.

und daß -ähm-, ja also daß ma' (spricht langsamer:) da seine Freunde erkannt hat	XIII
GL 1677 ja	

Nach einem doppelten Artikulationsanlauf („daß -ähm-, ja also daß") entfaltet der Sprecher aus indefiniter Darstellungssicht („ma'"), in welchem **(gedanklichen) Sinne** er das äußere Faktum der vollzähligen Anwesenheit der anderen Gruppenmitglieder (XII) für sich selbst im damaligen Kontext (Koppelung von Perfekt und rückweisendem Adverb „da") als bedeutsam (vgl. XI) „erkannt" hat.

In bedächtiger Form resümiert er, daß er die Gruppengefährten in der Begräbnissituation als **„seine Freunde"** identifizieren konnte; ihr Verhalten erweist sich aus seiner Sicht als Manifestation **engster persönlicher Verbundenheit.**

Die aktuelle Textsequenz (X-XIII) läßt deutlich erkennen, daß inmitten der belastenden Erfahrungen von Schmerz und Sinnlosigkeit (VI-IX), die der Geschichtenträger unmittelbar mit dem Tod und Sterben seiner Mutter macht, eine **synchrone und zugleich disparate Erfahrung** aufscheint, die durch **zwischenmenschliche Verläßlichkeit und Solidarität** geprägt ist.

Em 1678 und, ja und dabei hab' ich halt also auch über die ganze Zeit jetz' hinweg jetz' is' jetz' ein Jahr her, un' da hab' ich dann d's Bild jetz' noch am Schluß raus,	XIV

Aus subjektiver Darstellungsperspektive („hab' ich") beginnt der Erzähler, einen Tatbestand darzulegen, der im Zeitraum („über die ganze Zeit [...] hinweg") zwischen seinem deiktisch datierten („jetz' ein Jahr her") Abschiedserlebnis und der Gegenwart (viermaliges „jetzt"!) angesiedelt ist.

Noch ehe diese Aussage abgeschlossen ist (Aussparung des Vollverbs), geht er jedoch dazu über, den Zuhörern ein drittes Erinnerungsfoto zu präsentieren („da [...] d's Bild"), das er zu Ende der Einstiegsübung ausgewählt hatte („hab' ich [...] noch am Schluß raus").

> weil ma' über so 'n Erlebnis dann, dann ma' sich später, d's
> Positive was ma' daraus seh'n muß is', | XV

Um seine Entscheidung für das eben eingebrachte Bildmotiv[45] zu erläutern (Kausalkonjunktion „weil"), legt der Sprecher generalisierend (durchgängige Man-Perspektive) dar, daß er es für **zwingend** („ma' [...] muß") hält, Widerfahrnisse, die seinem eigenen Abschieds„Erlebnis" entsprechen („so 'n"), **im nachhinein** („später") **positiv** („d's Positive") **zu deuten** („daraus seh'n").

> daß ma' eig'ntlich glücklich sein kann, | XVI

Unter Beibehaltung der generalisierenden Darstellungssicht („ma'") benennt der Erzähler die **positive Folgerung**, die **aus negativen Grenzerlebnissen** wie dem dargelegten Verlust der eigenen Mutter zu ziehen ist.

Werden solche Widerfahrnisse auch zunächst als lähmend und sinnlos erfahren, so verhelfen sie den Betroffenen doch retrospektiv zur Einsicht, daß es grundsätzlich („eig'ntlich") **berechtigt** („ma' [...] kann") ist, dem eigenen Leben mit **freudiger Zufriedenheit** gegenüberzustehen („glücklich sein").

> was das wie wie <u>wir</u> speziell jetz' hier leb'n was wir für 'n Glück | XVII
> ha'm daß wir <u>hier</u> leb'n

Der Sprecher präzisiert die eben umrissene positive Grundhaltung („was [...] für 'n Glück ha'm"; vgl. „eig'ntlich glücklich sein" (XVI)), indem er sie ausschließlich wie ausdrücklich auf die **lebensweltliche** (erst verbal[46], dann stimmlich hervorgehobenes Ortsadverb 'hier') **und zeitliche** (durchgängiges Präsens) **Teilrealität** bezieht, in der sich die Anwesenden **gemeinschaftlich** (Wechsel in die Wir-Perspektive) wiederfinden können.[47]

> und daß wir, so frei sin' eigentlich und d's, wie gut 's uns | XVIII
> eig'ntlich geht (.) ja (3)

Bevor die Kernerzählung mit einer knappen Ratifizierung (Antwortpartikel „ja") sowie einer Abschlußpause ausklingt, spezifiziert der Sprecher (abermals aus kollektiver Darstellungssicht) die zuvor durch den Wortstamm 'Glück' bezeichnete (XVIf.) **positive Qualität der gegenwärtigen, gemeinsamen Lebenswirklichkeit.**

---

[45] Bedauerlicherweise läßt sich nicht mehr rekonstruieren, auf welches konkrete Foto sich der Erzähler an dieser Stelle bezieht; seine Ausführungen legen jedoch nahe, daß dieses Bild positive Assoziationen wachruft.

[46] Die Wortkombination „speziell jetz'" dient unserer Auslegung nach der Heraushebung des Lokaldeiktikums 'hier'.

[47] Im vorliegenden Textzusammenhang bleibt unklar, inwieweit sich der Geschichtenträger einer negativ konnotierten Gegenfolie (z.B. historischer, politischer oder geographischer Prägung) bewußt ist, die der positiv eingeschätzten Teilwirklichkeit des 'Wir, Hier und Jetzt' entgegensteht.

Als deren wesentliche Komponenten (zweimaliges „eig'ntlich") identifiziert er eine ausgeprägte (unterstreichendes „so") **Freiheit** („daß wir, so frei sin'") sowie einen ebenso hervorstechenden (bekräftigendes „wie") Zustand **subjektiven Wohlergehens** („wie gut 's uns [...] geht").

Betrachten wir die abschließende Textsequenz (XIV-XVIII) als Ganze, dann fällt auf, daß der Geschichtenträger **zwar formal reklamiert**, es bestünde ein **gedanklicher Zusammenhang** („d's Positive was ma' daraus seh'n muß is'" (XV)) zwischen der soeben vorgebrachten rundum erfreulichen Sicht seiner aktuellen Lebenswirklichkeit und dem zuvor dargelegten Abschied von der eigenen Mutter, daß sich aber auf Basis unseres Textes **keinerlei inhaltlicher Konnex** zwischen diesen beiden Erlebnispolen nachvollziehen läßt.

Das Bild einer **harmonischen Gegenwart** erscheint als **thetisches und unvermitteltes** Gegenüber zur **Antwort- und Auswegslosigkeit**, die der Protagonist im Zuge der Darstellung seines Sterbeerlebnisses überaus deutlich zum Ausdruck gebracht hatte (vgl. insb. VI und VIIIf.).

B) Nachfragephase (1713/16-1753/17: *Em*)

GL	1713	d's hast du denn ja, wie wie (2) 'ch überleg' nur g'rad' -äh- diese Kurve mit dem wie gut 's dir eigentlich oder uns geht d's wie wie du d's in Verbindung, du bringst d's in Verbindung mit dem daß -äh- zum letzten Bild, gibt 's da 'ne Verbindung oder ist d's noch mal 'ne ganz andere?	XIX
Em	1730	nee d's war eig'ntlich d's war d's war d's war	
(GL	1730	so wie mit den Freund'n daß die alle da war'n)	
Em	1731	quasi der Schluß -äh- also was heißt der Schluß,	
(GL	1733	mmh)	
Em	1733	aber ich mein' d's -ähm-,	
(GL	1734	mmh)	

Der Gesprächsleiter referiert die unerwartet positive wie gegenwartsbezogene Resolution, mit der die Kernerzählung abgeschlossen worden war („wie gut 's dir eigentlich oder uns geht"), um sich nach der „Kurve" bzw. „Verbindung" zwischen diesem versöhnlichen Fazit und dem vorangegangenen Erzählstrang zu erkundigen.

Seiner Vermutung, daß der positive Erzählabschluß in inhaltlichem Zusammenhang zum letztgenannten Erinnerungsfoto stünde (vgl. X-XIII), das die tröstliche Erfahrung freundschaftlicher Verläßlichkeit symbolisiert hatte, widerspricht der Geschichtenträger jedoch kategorisch.

Noch ehe der Gesprächsleiter die Nachfrage ausformuliert hat, beginnt sein Gegenüber, den unklar gebliebenen Konnex zwischen schmerzlichem Kernerlebnis und optimistischer Resolution verständlich zu machen.

Em	1734	ich muß mich ja irgendwie, also ma' hat sich ich hab' mich da irgendwie abgelenkt un' -ähm-,	XX

Hatte er die in XVI-XVIII dargelegte Gegenwartssicht eben noch **abstrakt** zu erläutern versucht, indem er sie als „**Schluß**" (XIX) einer nicht näher entfalteten Entwicklung bezeichnete , versetzt sich der Sprecher nun in die **konkrete Situation nach dem Tod seiner Mutter** zurück, die durch das Temporaladverb „da" gekennzeichnet wird.

Angesichts des schmerzlichen wie aporetischen Todesereignisses (vgl. insb. VI-IX) empfindet er es in ebenjener Situation als **naheliegende** (Konsenspartikel „ja") **Notwendigkeit** (Modalverb 'müssen'), der Auseinandersetzung mit dem erlittenen Verlust **auszuweichen** („abgelenkt"), wobei die Art und Weise dieser Zerstreuung irrelevant erscheint (zweifaches Indefinitadverb „irgendwie").

		ich hab' halt dann in Folge von dem Tod drüber <u>nach</u>gedacht - ähm-	XXI
(GL	1742	ja)	

Im unmittelbarem Anschluß an die Mitteilung, das für notwendig erachtete Tätigkeitsziel des '**Ablenkens**' in die Tat umgesetzt zu haben („ich hab' mich [...] abgelenkt"), verweist der Erlebnisträger auf die **eigene gedankliche Reflexion**, mit der er sich im selben Zeit- bzw. Kausalzusammenhang („in Folge von dem Tod") beschäftigt hat.

Em	1743	daß ma' eig'ntlich jeden Tag jeden Tag <u>neu</u> erlebt und daß also jeden Tag	XXII
(GL	1746	ja)	
Em	1746	jeder Tag 'n <u>Geschenk</u> ist und so, und d's,	
(GL	1748	ja)	

In zwei Teilsätzen, die jeweils mit feststellender Bestimmtheit (Indikativ) vorgetragen werden, dokumentiert der Sprecher das **Resultat** (zweifacher „daß"-Anschluß) seines angesprochenen Denkprozesses.

Dieses Ergebnis besteht nicht etwa in einer neuen oder erweiterten Interpretation des problematischen Todesereignisses, das ja im Mittelpunkt der Kernerzählung gestanden hatte, sondern vielmehr in einer **grundsätzlichen** („eig'ntlich") **Deutung der stetigen Alltagswirklichkeit**, die gleich vierfach mit der Nominalphrase '**jeder Tag**' umschrieben wird.

Entgegen der naheliegenden Assoziation, wonach 'Alltag' ein gleichförmiges und langweiliges Geschehen darstellt, beschreibt der Sprecher diese gewöhnliche Realität zunächst als nicht abreißende Kette (Indefinitpronomen 'jeder') **intensiver** (stimmbetontes „neu"[48]) **Selbst- und Weltbegegnungen** („erlebt").

Hat er die alltägliche Wirklichkeit somit aus dem Blickwinkel der unmittelbar betroffenen 'Erlebnis'-Subjekte beleuchtet, so identifiziert er sie in einem weiteren Gedankenschritt objektivierend (Ist-Aussage mit Gleichsetzungsnominativ) als **verdankte Gabe** („Geschenk"), die nicht in der Verfügungsmacht ihrer Empfänger steht, wobei er die Herkunft dieser Gabe nicht in den Blick nimmt.

Als Ganzes gesehen hinterläßt das vorliegende Textsegment den Eindruck einer sprachlich knappen wie einprägsamen '**Maxime**'[49], die den individuellen Ertrag eines länger andauernden Erfahrungsprozesses inhaltlich zusammenfaßt, wobei jedoch die Thematik der Kernerzählung erstaunlicherweise keinerlei Erwähnung findet.

Em	1749	weil wenn einer stirbt hat er ja kei'n Tag mehr und desweg'n (.)	XXIII
GL	1753	d's is' klar (16)	

In einer abschließenden **Plausibilisierung** („weil", „desweg'n") seiner gerade formulierten Aussagen zum Erlebnis- wie Geschenkcharakter menschlichen Alltags bezieht sich der Erzähler ausdrücklich auf die **Todesthematik**, die eben noch ausgespart blieb.

Gerade dadurch, daß das **Sterben** eines Menschen („wenn einer stirbt") dem alltäglichen Leben eine **unwiderrufliche** (stimmbetonte Negationsspezifizierung „mehr") **Grenze** setzt („kei'n Tag" als Antonym zu „jeden Tag" in XXII!), kann es den **hohen Wert** ebendieses Alltages **verdeutlichen**.

Läßt der Geschichtenträger auch die Frage nach dem '**Warum' des Todes** als solchem, die er schon in VI als unlösbar eingestuft hatte, in der vorliegenden Nachfragephase **unerörtert** auf sich beruhen, so wagt er nun zumindest eine Antwort auf die ebenfalls im Kontext seiner Erlebnisdarstellung aufgeworfene Frage nach dem **Sinn der eigenen Existenz angesichts des miterlebten Sterbens** („was ich überhaupt [...] mach' hier" (IX)): Indem der **Tod des anderen Menschen** die Endlichkeit wie Bedrohtheit des Daseins vor Augen führt („wenn einer stirbt hat er ja kei'n Tag mehr"), wird er zum **Hinweis, das eigene Leben bewußt** („jeden Tag neu" (XXII)) **und dankbar** („jeder Tag 'n Geschenk" (ebd.)) **auszuschöpfen**.

---

[48] Insofern das Adjektiv 'neu' im hiesigen Kontext neben dem *iterativen* Aspekt ('erneut') auch ein Moment des *Unerwarteten* ('anders als bisher') und *Ursprünglichen* ('von neuem') zu umfassen scheint, läßt es sich plausibel als Bezeichnung für eine *ausgeprägte Erlebnisqualität* interpretieren.

[49] vgl. insb. Flader / Giesecke (1980) 221 sowie Wilpert (1989) 560

4.3.3 Überblickstabelle

Segment	formale Charakterisierung	inhaltliche Umschreibung	Kern-formulierung	retrospektive Deutung(en)	existentieller Kern	sprachliche Spezifika
I	Erzählankündigung			retrospektive Parallelisierung des eigenen mit dem zuvor dargelegten Fremderlebnis („was ähnliches")		
II	deiktischer Verweis auf Bildmotiv					
Widerfahrnis						
III	Titelzeile und zeitliche Situierung	Tod der eigenen Mutter	„meine Mutter [...] gestorben"			referierende Feststellung
IV	Selbstverortung in der räumlichen Szenerie des Kernereignisses		„ich war [...] am Bett"	retrospektive Parallelisierung des eigenen mit dem zuvor dargelegten Fremderlebnis („ähnlich"; „auch")	Unmittelbarkeit des Miterlebens	Ich-Perspektive
generalisierende Einordnung						
V	abstrahierende Einordnung des Kernereignisses			nachträgliche Subsumierung des eigenen Erlebens unter einen transindividuellen („immer ähnlich") Ereignistypus		konstatierende Distanz Typisierung des Todesereignisses („die Sache wenn jemand stirbt")
ereignisnahe Reaktionen						
VI	(generalisierende) Darlegung der inneren Reaktion auf das Kernereignis (vgl. insb. IX)	gedankliche Auseinandersetzung mit dem Sterben der Mutter	„ma' sich einfach ni't klar darüber werd'n <u>kann</u>, ma' fragt sich auch immer, kriegt ja nie die Antwort drauf, <u>warum</u> jemand stirbt"		als unausweichlich erlebtes inneres Ringen um das 'Warum' des Sterbefatums Erfahrung, daß die Frage nach Grund und Sinn des Sterbefatums definitiv unlösbar und unbeantwortet bleibt	Man-Perspektive variierende Wiederholung der Kernaussage Typisierung des Todesereignisses („jemand stirbt") kategorische Negationen (mit Nachdrücklichkeitspartikel) Sprechbetonungen

VII	(indirekte Fortführung)	emotionale Befindlichkeit im Kontext des Sterbe-ereignisses		retrospektive Identifizierung mit der Gefühlslage des Vorredners („damals [...] ging 's mir [...] ähnlich")		Ich-Perspektive deutliche Ver-zögerungssig-nale (Interjek-tionen, Zögern, präsentische Selbstverge-wisserung) anaphorisches Adverb
VIII	Einblick in äußere Verhaltens-konsequenzen	ablenkungs-loses Verharren	„teilweise war ich einfach nur dortgesess'n"	retrospektive Parallelisierung der eigenen mit der zuvor dargelegten Fremdreaktion („auch")	Rückzug auf sich selbst (Introversion)	Ich-Perspektive Nachdrücklich-keitspartikel
IX	Explizierung innerer Ereignis-konsequenzen (vgl. insb. VI; vgl. a. XXIIf.)	gedankliche Reaktion auf den Tod der Mutter	„hab' mich überhaupt gefragt, was ich überhaupt [...] mach' hier und, warum eig'ntlich die ganze 's ganze Leben so ungerecht is'"		intuitives Fol-gern vom mit-erlebten Todes-ereignis auf eine grundsätzliche Unvollkommen-heit ('Unge-rechtigkeit') menschlichen Daseins antwortloses Aufbrechen der 'ontologischen' **'Warum'**-Frage nach einer Rechtfertigung für diesen prin-zipiellen Miß-stand und der existentiellen **'Was'**-Frage nach dem Sinn des eigenen Daseins	Ich-Perspektive und indikativische Feststellung Häufung von Grundsätzlich-keitspartikeln Geminatio Bekräftigungs-partikel Sprech-betonung

Folgeereignis

X	Einführung eines punktuel-len Folgeereig-nisses durch deiktisch-kom-mentierenden Bildverweis		„auf der Beerdigung von meiner Mutter"			
XI	rekonstruierte Relevanz-zumessung	subjektive Bedeutsamkeit des Begräbnis-ereignisses	„da war 's mir ganz wichtig"			Ich-Perspektive anaphorisches Adverb Elativpartikel und Qualitäts-adjektiv

XII	präzisierende Fokussierung eines Teilaspekts der äußeren Handlung	vollzählige Anwesenheit der Gruppenkameraden	„daß [...] die Gruppe hier geschlossen da war"			referierende Feststellung
XIII	Nachvollzug der subjektiven Bedeutsamkeit dieses Ereignisaspekts	die Gruppenkameraden erweisen sich als „Freunde"	„daß ma' da seine Freunde erkannt hat"		Erfahrung zwischenmenschlicher Verbundenheit und Treue als subjektiv bedeutsamer (vgl. XI) Kontrast zum individuell durchlebten, aporetischen Leid	Man-Perspektive soziales Keyword („Freunde") anaphorisches Adverb gedrosseltes Sprechtempo
nachträgliche Ereignisbewältigung / gegenwartsbezogene Erlebniskonklusion						
XIV	Andeutung eines lebensgeschichtlichen Sachverhaltes aus der jüngeren Vergangenheit und deiktischer Bildverweis			wiederholtes Anklingen der aktuellen Betrachtzeit (viermaliges 'jetzt')		Ich-Perspektive Anakoluth
XV	abstrahierende Einordnung des nachträglichen Bewältigungsprozesses		„d's Positive was ma' daraus seh'n muß"	alltagstheoretische Generalisierung einer retrospektiven („später [...] daraus seh'n") Erlebniskonklusion	als zwingend erfahrene positive Umwendung des schmerzhaften Sterbeerlebnisses	Man-Perspektive Präsens Modalverb 'müssen' Typisierung des Sterbeerlebnisses („so 'n Erlebnis")
XVI	inhaltliche Komprimierung des nachträglichen Bewältigungsprozesses		„daß ma' eig'ntlich glücklich sein kann"	gegenwartsbezogene Erlebniskonklusion	freudige Zufriedenheit über das eigene Dasein ('Glück') als Gegenpol zum negativen Grenzerlebnis des fremden Todes	Man-Perspektive Präsens Grundsätzlichkeitspartikel
XVII	inhaltliche Präzisierung des nachträglichen Bewältigungsprozesses		„was wir für 'n Glück ha'm daß wir <u>hier</u> leb'n"	gegenwartsbezogene Erlebniskonklusion: Teilwirklichkeit des 'Wir, Hier und Jetzt' als positive Gegenfolie zum aporetischen Todesfatum	freudige Zufriedenheit über das eigene Dasein („Glück") als Gegenpol zum negativen Grenzerlebnis des fremden Todes	Wir-Perspektive Präsens Fokussierungsvokabeln Sprechbetonungen

XVIII	positiv-präsentischer Erzählabschluß		„so frei [...] eigentlich" - „wie gut [...] eig'ntlich"	gegenwartsbezogene Erlebniskonklusion: Freiheit und Wohlergehen im 'Wir, Hier und Jetzt' als positive Gegenfolie zum aporetischen Todesfatum		Wir-Perspektive Präsens Bekräftigungs- und zweimalige Grundsätzlichkeitspartikel

Eröffnung der Nachfragephase

XIX	thematische Verständigung mit dem Gesprächsleiter					

nachträgliche Ereignisbewältigung (Rekurs)

XX	Rekurs: Verhaltenskonsequenzen des Kernereignisses	(zeitweises) Abwehrverhalten im Gefolge des Todesereignisses	„ich muß [...] hab' mich da irgendwie abgelenkt"	retrospektives Erfassen einer mehr oder minder intuitiven Krisenreaktion	als notwendig erfahrene Verdrängung des aporetischen Todesfatums	dominierende Ich-Perspektive Modalverb 'müssen' anaphorisches Adverb
XXI	(Fortführung)	gedankliche Reflexion im Gefolge des Todesereignisses	„in Folge von dem Tod [...] nachgedacht"			Ich-Perspektive Sprechbetonung

Erfahrungsmaxime

XXII	Erfahrungsmaxime (vgl. IX: existentielle 'Was'-Frage)		„jeden Tag neu erlebt" - „jeder Tag 'n Geschenk"	alltags- und gegenwartsbezogene 'Moral' aus dem Todeserlebnis, ohne dieses als solches zu interpretieren	das Grenzerlebnis des fremden Todes sensibilisiert für den 'Erlebnis'-Wert und „Geschenk"-Charakter des eigenen Alltags	Man-Perspektive / konstatierter Gleichsetzungsnominativ viermalige (!) Nominalphrase 'jeder Tag' Grundsätzlichkeitspartikel Sprechbetonungen
XXIII	Plausibilisierung der Erfahrungsmaxime (vgl. IX: existentielle 'Was'-Frage)		„wenn einer stirbt hat er ja kei'n Tag mehr"	reflexive Rückbindung dieser alltags- und gegenwartsbezogenen 'Moral' an die Todesthematik	Grenzerlebnis des fremden Todes als Hinweis auf die Endlichkeit und den Wert des eigenen, alltäglichen Daseins und als Impuls, das eigene, alltägliche Dasein bewußt und dankbar auszukosten	konstatierende Distanz Antonym zu XII: „kei'n Tag" Typisierung des Todesereignisses („wenn einer stirbt") Sprechbetonung

In drei Etappen, die jeweils durch deiktische Bildverweise eingeleitet werden (II, X und XIV), expliziert der Sprecher eine Gesamterfahrung, die durch ein einschneidendes Widerfahrnis ausgelöst wurde.

Während dieses Ereignis **als solches** nur knapp skizziert wird (IIIf.), liegt das thematische Schwergewicht der Schlüsselpassage auf den **nachfolgenden** Reaktionen und Reflexionen des Erlebnisträgers (insb. VI-IX und XIV-XVIII), wobei ein Aspekt seiner persönlichen Auseinandersetzung durch zweimalige, ausdrucksstarke Verbalisierung besonders in den Vordergrund gerückt wird (VI und IX).

Der sprachliche Duktus der Schlüsselpassage 'pendelt' zwischen zwei Extremen: Dominiert anfänglich der **individuell-konkrete** (und damit im engeren Sinne **narrative**) **Nachvollzug eigenen Erlebens**[50], so verlagert sich die Darstellung zunehmend in Richtung **alltagstheoretischer Generalisierungen und Typisierungen**[51].

Obwohl der Erzähler angesichts des Kernereignisses drei theologisch höchst brisante Fragen aufwirft (VI und IX) und in der Nachfragephase eine transsubjektive Verdanktheit menschlichen Daseins andeutet (XXIIf.), greift er doch **zu keiner Zeit** auf **explizit religiöse** Termini und Deutungsmuster zurück.

Im vorliegenden Text können **Partikeln**, **Sprechbetonungen** und **Wiederholungsfiguren** (VI, IX; vgl. a. XXII) als durchaus gängige Bedeutsamkeitsindikatoren identifiziert werden. Dagegen erscheint es konventionswidrig, daß der Sprecher ausgerechnet an einigen Schlüsselstellen (VI, XIII; vgl. a. XXII), die ein hohes Maß subjektiver Betroffenheit implizieren, in die **Man-Perspektive** wechselt, die vordergründig als Ausdruck persönlicher Distanzierung angesehen werden könnte.

Die **innere Auseinandersetzung mit dem Tod der eigenen Mutter**, deren Sterben der Erzähler unmittelbar miterlebt hat (IV), bildet die thematische Mitte der vorliegenden Schlüsselpassage.

Im Erleben des Geschichtenträgers bewirkt dieses Widerfahrnis nicht allein **emotionale Erschütterung** (vgl. VII) und einen unwillkürlichen **Rückzug auf sich selbst** (VIII), der

---

[50] vgl. insb. IIIf. und VIII-XIII
[51] vgl. insb. V und XV-XVIII

„Tod des Nächsten, des geliebtesten Menschen, mit dem ich in Kommunikation stehe" (*Karl Jaspers*[52]) bringt auch die Gewißheit seiner bisherigen Selbst- und Weltdeutung ins Wanken (VI und IX).

Während er auf der einen Seite **auf sich gestellt** erfahren muß, daß die **existentiellen Fragen**, die in Folge des Sterbeereignisses in ihm aufbrechen, **allesamt unbeantwortet** bleiben und er dem Tod seiner Mutter **keinerlei plausiblen Sinngehalt** abringen kann (VI und IX), eröffnet sich ihm die Tatsache, daß ihm all seine Gruppenkameraden beim Begräbnis zur Seite stehen (XII), als **tröstliche Gegenerfahrung mitmenschlicher Treue und 'Freundschaft'** (XIII).

Nachdem er auf das Todesereignis hin zunächst auch den **Sinn seines eigenen Lebensweges** in Frage gestellt hatte („was ich überhaupt [...] mach' hier" (IX)), gelingt es ihm letztendlich im Zuge eines länger währenden und bis in die Gegenwart der Sprechsituation hineinreichenden Bewältigungsprozesses (vgl. XIV), sich ungeachtet der aporetischen Härte des zurückliegenden Verlustes auf die **erfüllenden** und **beglückenden** Aspekte seines **gegenwärtigen** Daseins zurückzubesinnen (XVI-XVIII; vgl. a. XXIIf.).

Lesen wir die infolge des Sterbegeschehens aufgeworfenen Fragen (VI und IX) des Protagonisten als verdichteten Ausdruck seines inneren Erlebens[53], so läßt sich dessen **unmittelbare Auseinandersetzung** mit dem Tod der Mutter zweifelsohne als **Kontingenz**erfahrung identifizieren, die sich zu einer **Biodizee**erfahrung ausweitet.

Sein spontanes, eindringliches und ergebnisloses Fragen nach dem Grund und Sinn des mitverfolgten, individuellen Todes („warum jemand stirbt" (VI)) dokumentiert, daß er diesen als ebenso **unverfügbares** wie **unergründliches** (und damit **kontingentes**) Fatum[54] wahrnimmt.

Intuitiv schließt er von diesem **Einzel**fatum auf einen **prinzipiellen** Mißstand menschlichen Daseins, um abermals energisch und erfolglos nach einer **Rechtfertigung für diese grundlegende Unvollkommenheit** zu ringen („warum [...] 's ganze Leben so ungerecht is'" (IX)).

---

[52] Jaspers (1983) 24
[53] Wir verstehen diese Fragen eher als **intuitiv-spontane** Reaktionen denn als retrospektiv-reflexive Interpretationen und erörtern sie demzufolge im Kontext des **Erlebnis**profils.
[54] Die **zweischneidige** Erfahrbarkeit menschlicher Kontingenz als beglückende '**Fortuna**' oder bedrängendes '**Fatum**' wird eindrucksvoll skizziert in van der Ven (1994 A) 23.

Insofern sich dieses Bemühen auf „das Leben überhaupt"[55] richtet, statt sich - wie im Falle der Theodizee[56] - auf einen transzendenten Gott zu beziehen, kann es als **Biodizeefrage**[57] identifiziert werden.

Ohne eine metaphysische Bezugsgröße zu benennen, drängt der Erlebnisträger angesichts des erzwungenen Abschieds von seiner Mutter auf eine Rechtfertigung für die willkürlich erscheinende Schicksalhaftigkeit menschlichen Daseins.[58]

Setzen wir voraus, daß seine spätere Rückbesinnung auf positive Lebensaspekte (XVI-XVIII; vgl. a. XXIIf.) nicht allein in gedanklichen Operationen (vgl. Deutungsprofil), sondern auch in konkreten, wenn auch unbenannten Erlebnissen gründet, dann spiegelt die **nachträgliche Bewältigung** des erlittenen Verlustes typische Züge einer **Gratuität**serfahrung[59].

Diese zeichnet sich dadurch aus, daß der Geschichtenträger in 'beglückender' (XVIf.) Weise der 'geschenkhaften' (XXII) **Verdanktheit** seines eigenen (Über)Lebens gewahr wird, ohne diese umsonst erhaltene Gabe ausdrücklich einem transzendenten Ursprung zuzuschreiben.[60]

---

[55] van der Ven (1994) 193

[56] Wir definieren 'Theodizee' übereinstimmend mit van der Ven (1989) 6 als „the understanding of suffering from the **transcendent perspective** of belief in God." [Hervorhebung: B.P.]

[57] Unter 'Biodizee' verstehen wir ein spezifisches Leidensverständnis „from an **immanent perspective**" (van der Ven (1989) 6 [Hervorhebung: B.P.]), das dadurch gekennzeichnet ist, daß „das Leben überhaupt" (ders. (1994) 193) als Sinnträger fungiert, von dem her „dem Leiden eine Bedeutung zugeschrieben werden kann" (ebd.). Wenn *Johannes A. van der Ven* schon für das Konzept der 'Kosmodizee' beklagt, daß „keine theoretisch-inhaltliche" (ders. (1994) 194) Literatur existiert, sondern allenfalls „suggestions, allusions and general references" (ders. (1989) 12), dann gilt dieses Theoriedefizit umso mehr für das weit weniger gängige Konstrukt der 'Biodizee'.

[58] Wenn wir aufgrund dieser Einzelbeobachtung davon ausgehen, daß eine **unspezifische und immanente** (Anthropo-, Kosmo- oder) **Biodizeefrage** den **anthropologischen 'Bodensatz' für die (alltags)theologische Theodizeefrage** darstellen kann und daß zwischen immanenz- und transzendenzbezogenen 'Dizee-Fragen' kein unvereinbarer Widerspruch bestehen muß (van der Ven (1989) 24), dann stellt sich die Frage, inwieweit Systematische Theologie und Religionsdidaktik das Problem der Rechtfertigung von Übel und Leid **vorschnell** auf die Bezugsgröße 'Gott' zuspitzen!

[59] Ich übernehme den Begriff der 'Gratuität' von *Alexandre Ganoczy*, der ihn im Rahmen seiner Würzburger Vorlesung zur Gnadenlehre (Sommersemester 1989) heranzog, um die Grunderfahrung einer **anthropologischen** 'gratia gratis data' zu umschreiben, während er diesen Terminus in der entsprechenden Buchpublikation (ders. (1989) 245) in ausdrücklich **theologischem** Sinne verwendet, um „den Charakter des Spielerischen, Erfinderischen, Überraschenden, umsonst Geschenkten" des göttlichen Handelns zu bezeichnen.

[60] Es erscheint prüfenswert, ob und inwieweit die sowohl in Biesinger / Schreijäck (1986) 366 als auch in van der Ven (1994 A) 23 anklingende Klage über ein neuzeitliches Defizit an elementarer Dankbarkeit dem Fehlschluß unterliegt, die schwindende Adressierung des Dankes an eine transzendente Bezugsgröße mit einem Verlust der Dankbarkeit als solcher gleichzusetzen.

4.3.4.3 Deutungsprofil

Mit der **identifizierenden Anknüpfung** an die vorangegangene Geschichte (I, IV und VIIf.), der **Generalisierung** individuell-konkreter Erlebnisgehalte (V und XV) und der **gegenwartsbezogenen Schlußfolgerung** (XV-XVIII; vgl. a. XXIIf.) fördert die Analyse des vorliegenden Transkriptauszuges drei wesentliche Strategien zutage, die allesamt dazu dienen, die erinnerte Ereignisfolge im nachhinein einzuordnen und auszulegen.

Während die parallelisierenden und verallgemeinernden Deutungsanteile textlich und inhaltlich eng mit der Vergegenwärtigung des vergangenen Geschehens verwoben sind, wird die **präsentische Konklusion** nicht nur gesondert ausgesprochen, wenn wir von einem nachträglichen Hinweis außerhalb der selbstinitiierten Schlüsselpassage absehen (XXIII), steht sie dem fokussierten Erzählgegenstand **zusammenhanglos** gegenüber.

Ohne dem schmerzlichen und unbeeinflußbaren Verlust der Mutter als solchem irgendeinen Sinn abgewinnen zu können und ohne eine Antwort auf die bedrängenden Fragen nach dem Grund und Ziel dieses kontingenten Todesfatums und der daraus abgeleiteten Daseinsdefizienz erlangt zu haben[61], **wendet sich der Blick** des Geschichtenträgers **auf die als beglückend erlebte** (XVIf.) **Wirklichkeit im 'Wir, Hier und Jetzt'** (XVIIf.).

Diese Rückbesinnung auf das eigene, gegenwärtige Dasein, die in einer '**carpe diem**'-Maxime gipfelt (XXII), erscheint ihm umso plausibler, als er das sinnlose und unergründliche Todesereignis letztlich als **Menetekel**[62] **eigener Vergänglichkeit** zu interpretieren vermag (XXIII).

Angesichts dieser eigenen Sterblichkeit begreift er den aktuellen Alltag als gleichermaßen unkalkulierbares wie wertvolles Gut, das es dankbar und aufmerksam auszukosten gilt (XXII), bevor es unwiderruflich zerronnen sein wird (XXIII).

4.3.4.4 Existentieller Kern

Das ebenso **energische** wie **fruchtlose Ringen um einen Sinn des als willkürlich erlebten Todes der eigenen Mutter** bildet den **existentiellen Kern** der verbalisierten Intensiverfahrung.

Da ihm eine befriedigende Antwort auf die Frage nach dem Grund und Ziel dieses **kontingenten Einzelfatums** und der sich darin offenbarenden **'Ungerechtigkeit' menschlichen Daseins** (Biodizee) verwehrt bleibt, begreift der Geschichtenträger den erlittenen Verlust

---

[61] Wie im Rahmen der Intensivanalyse aufgedeckt wurde, klassifiziert der Erzähler die Kontingenzfrage ausdrücklich als unbeantwortbar (VI), wohingegen er die Biodizeefrage stillschweigend auf sich beruhen läßt (IX).

[62] vgl. Dan 5,25

schließlich als **MeneTekel eigener Sterblichkeit** und als **Appell, sich auf die vergängliche Gegenwärtigkeit** seines Lebens **zu konzentrieren**.

Wenn ihm diese Interpretation auch ermöglicht, zu einer bejahenden Einstellung gegenüber dem eigenen Schicksal zurückzufinden, so kommt er doch nicht umhin, das **Erlebnis der schmerzlichen Unergründlichkeit, den geliebten Menschen verloren zu haben**, als Erfahrung von einschneidender Bedeutsamkeit in Erinnerung zu behalten.

4.4.1 Transkriptexzerpt

Fm	2492	ja, dann mach' ich ma' weiter, also ich hab' vor ich weiß jetz' ni't zwo oder drei Wochen also 'ne Heißluftballonfahrt gemacht, und ich vers' überleg' g'rad' die ganze Zeit, wie ich d's so rüberbringen soll damit ma' mich ver<u>steht</u> (schmunzelt)
mm	2503	(lachen)
(Dm	2504	in Wort'n ...)
Fm	2504	nee halt newe, ich will klarmach'n halt, <u>was</u> mir d's
(GL	2508	ja)
Fm	2508	bedeutet hat eben, also hier wenn ich wenn ich jetzt hier <u>auf</u> der Erde bin, dann -ähm- hab' ich, wenn ich vor dem Alltag entfliehen will d's, <u>geht</u> eig'ntlich immer gar nich', also wenn ich d's will versuch' dann d's <u>geht</u> einfach nich' un' auch wenn ich irgendwo hinlauf' oder so 's <u>geht</u> einfach nich'
mm	2523	(lachen)
Fm	2524	nee halt einfach weil d's d's, d's Blickfeld irgendwie eingeengt is'
(GL	2527	ja)
Fm	2528	oder so, und dann eb'n vor zwei Woch'n, also je höher ma' mit dem Ballon irgendwie gestieg'n is' im, desto einfacher war d's einfach an nichts anderes an nichts anderes zu denk'n
Cm	2537	d's liegt daran, weil der Sauerstoff dünner wurde
Fm	2538	nein es <u>ging</u> einfach
mm	2538	(lachen)
Fm	2539	es <u>ging</u> einfach nich', du <u>konntest</u> an nichts (schmunzelt) anderes denk'n
(Em	2542	Luft)
Fm	2542	sondern du hast einfach nur diesen diesen <u>Moment</u> g'habt, an mit dem du dich beschäftigen mu' <u>mußtest</u> einfach
GL	2547	ja
Fm	2548	jaa (schmunzelt) okay d's war eh einfach <u>geil</u> näml'ch d's, nee wenn d' jetz' <u>hier</u> unt'n auf der Erde bist unten sag' ich jetz' extra, weil, naja d's war einfach,
(Km	2560	geil)
Fm	2560	ich weiß ni't, ich hab' jetzt Schwierigkeit'n d's irgendwie rüberzubringen, un' zum Beispiel da hast d' dann runterg'schaut, die ander'n sind jetzt da unten mit ihren Problemen zum Beispiel die, manche schreib'n Schulaufgab'n, die andern ha'm halt andere Probleme, sexuelle (schmunzelt)
(mm	2572	(lachen))
Fm	2573	oder sonstiger Art,
(?m	2573	(wiederholt:) sexuelle)
(?m	2573	nie)
Fm	2574	un' du warst einfach da oben un' hast den

(Gm	2574	d's <u>mußte</u> kommen)
mm	2574	(lachen)
Fm	2576	du hast den <u>Moment</u> einfach genossen da oben und hast an einfach an <u>nichts</u> gedacht
(GL	2578	ja)
Fm	2579	nur runterg'schaut und gegrinst
Em	2582	(leise:) Mister Memphis ... (.)
GL	2584	hat jemand von euch schon ma' so was gemacht?
Dm	2587	so mi' m' Heißluftballon rumgeflog'n?
Fm	2587	da ha'm m'r zwar am Anfang hast d' hast d'
(GL	2587	ja oder überhaupt in die Luft geh'n ich weiß ja ni't)
Fm	2589	'n bißchen <u>Angst</u>
(GL	2590	ja)
Fm	2590	aber dann wenn d' dann
(Km	2590	Fliegen halt)
Fm	2591	da oben bist is' d's einfach geil

4.4.2 Syntaktisch-semantische Intensivanalyse

Fm	2492	ja, dann mach' ich ma' weiter,	I

Nach Aufforderung durch einen Gruppengefährten hatte *Fm* bereits in 2375/24 zur Entfaltung eines Erinnerungsfotos angesetzt („ja, ich hab' 'n Bild"), zugleich aber eingeräumt, die Vorstrukturierung seines Beitrags noch nicht abgeschlossen zu haben („ich überleg' noch wie ich d's [hier] zusammenbring'").

Nachdem er zu jenem Zeitpunkt wegen eines anderweitigen Erlebnisnachtrags nicht zum Zuge gekommen war, meldet er sich nun **von selbst** zu Wort, um eine eigene Erzählung anzukündigen („ja, dann mach' ich ma' weiter").

also ich hab' vor ich weiß jetz' ni't zwo oder drei Wochen also 'ne Heißluftballonfahrt gemacht,	II

Der Geschichtenträger eröffnet die angekündigte Narration (zweifaches Rahmenschaltelement „also"), indem er das darzulegende Erlebnis seinem **äußeren Geschehniskern** nach umreißt („ich hab' [...] 'ne Heißluftballonfahrt gemacht") sowie mittels einer überschlägigen („ich weiß jetz' ni't") Temporaldeixis („vor [...] zwo oder drei Wochen") in der **jüngsten Vergangenheit** verortet.

und ich vers' überleg' g'rad' die ganze Zeit, wie ich d's so rüberbringen soll damit ma' mich ver<u>steht</u> (schmunzelt)	III

Der Sprecher unterbricht den eben erst aufgenommenen Erzählfaden, um in die aktuelle Gesprächssituation („g'rad' die ganze Zeit") überzublenden, in der er sich unverändert (Präsens: „ich [...] überleg'") mit der bereits in 2375/24 angedeuteten **Schwierigkeit** konfrontiert sieht, sein Erleben (Demonstrativum „d's") in einer Form (Modaladverbien „wie" und „so") mitzuteilen („rüberbringen"), die es den Hörern ermöglicht („damit ma'"), sich in seine Person (reflexives „mich") hineinzuversetzen („versteht").

mm	2503	(lachen)	IV
(Dm	2504	in Wort'n ...)	
Fm	2504	nee halt newe, ich will klarmach'n halt, was mir d's	
(GL	2508	ja)	
Fm	2508	bedeutet hat eben,	

Wurde sein eigenes Schmunzeln und die mißverständlich interpretierbare Formulierung „damit ma' mich versteht" (III) seitens der Zuhörer mit Lachen und einer ironischen, weil buchstabengetreu umdeutenden („in Wort'n") Erwiderung quittiert, so begegnet („nee halt newe") der Sprecher diesen Reaktionen, indem er seine **Erzählmotivation** („ich will") genauer bestimmt.

Diese richtet sich darauf, die **zurückliegende** (Perfektform) **Relevanz** („bedeutet") **des erlebten Geschehens** („d's") **für die eigene Person** (reflexives „mir") inhaltlich (sprechbetontes „was") begreifbar zu machen („klarmach'n").

	also hier wenn ich wenn ich jetzt hier auf der Erde bin, dann -ähm- hab' ich,	V

Ohne Umschweife wechselt der Erzähler von der metakommunikativen Offenlegung seiner **Darstellungsabsicht** („klarmach'n [...], was mir d's bedeutet hat" (IV)) in deren **konkrete Umsetzung**, wobei er sich zunächst anschickt, einen Sachverhalt zu entfalten, der im **Gegensatz zur darzulegenden Ballonfahrt** „hier [...] jetzt hier auf der Erde" zutage tritt.

	wenn ich vor dem Alltag entfliehen will d's, geht eig'ntlich immer gar nich', also wenn ich d's will versuch' dann d's geht einfach nich' un' auch wenn ich irgendwo hinlauf' oder so 's geht einfach nich'	VI

Mittels einer einprägsamen Hintereinanderschaltung dreier konditionaler Satzverbindungen, die ein und dieselbe Grundaussage variiert zum Ausdruck bringen, **charakterisiert** der Sprecher jene Wirklichkeit „hier auf der Erde" (V), die gerade angesprochen, jedoch nicht weiter veranschaulicht worden war.

Aus seiner Sicht ist diese 'erdgebundene' **Realität** dadurch geprägt, daß jedwede Bemühung („wenn ich [...] will", „wenn ich d's will versuch'"), sich ihrer Gewöhnlichkeit zu entziehen („dem Alltag entfliehen", „irgendwo hinlauf'") zum Scheitern verurteilt ist.

Sprachlich wird diese **Unmöglichkeit einer Abwendung vom Alltag** dadurch als **ausnahmslos** gekennzeichnet, daß jedes der Satzgefüge gleichermaßen in die unzweideutige

224

(und sprechbetonte) Feststellung „geht [...] nich'" mündet, die zudem durch negationsverstärkende Vokabeln („eig'ntlich immer gar", zweimaliges „einfach") untermauert wird.

mm	2523	(lachen)	VII
Fm	2524	nee halt einfach weil d's d's, d's Blickfeld irgendwie eingeengt is'	
(GL	2527	ja)	
Fm	2528	oder so,	

Auf die erheiterte Reaktion der Zuhörer hin[63] stützt der Erzähler die Behauptung, es sei „hier auf der Erde" (V) ausgeschlossen, „dem Alltag" zu „entfliehen" (VI), mit dem zunächst entschieden eingeleiteten (Zuspitzungspartikel „einfach"), dann aber vorsichtig („irgendwie", „oder so") zur Geltung gebrachten **Argument** (Kausalkonjunktion „weil"), daß der erdbezogene Standort eine **beschränkte** („eingeengt") **Wahrnehmungsperspektive** („Blickfeld") impliziere.

und dann eb'n vor zwei Woch'n,	VIII

Hatte er zuvor (in V-VII) ganz **allgemein** auf die Enge und Begrenztheit des gewöhnlichen, erdbezogenen Daseins reflektiert, so wendet sich der Sprecher nun mit Hilfe einer rekurrierenden („eb'n") Zeitangabe („vor zwei Woch'n"; vgl. II) ebenjenem **konkreten Einzelerlebnis** zu, das der anfänglichen Themenangabe (II) zufolge im Mittelpunkt seiner Narration stehen soll.

also je höher ma' mit dem Ballon irgendwie gestieg'n is' im, desto einfacher war d's einfach an nichts anderes an nichts anderes zu denk'n	IX

Ohne auf Einzelheiten seiner Ballonfahrt einzugehen, umreißt der Erzähler, was er bei diesem Geschehnis **äußerlich** („gestieg'n") wie **innerlich** („denk'n") erlebt hat, wobei er sich jeweils einer distanzierten Darstellungsperspektive („ma' [...] is'", „war d's") bedient.

Anstatt diese beiden Erlebnisaspekte isoliert voneinander abzuhandeln, setzt er sie mittels einer proportionalen Satzkonstruktion („je [...] desto") in eine **positive Beziehung** zueinander.

Die **räumliche Distanzierung vom Erdboden** („je höher [...] gestieg'n") ermöglicht und erleichtert („desto einfacher") demnach die **gedankliche Konzentration auf das aktuelle Geschehen**, so daß schließlich jegliche („nichts") Beschäftigung mit situationsfremden („anderes") Gedanken („denk'n") erlischt.

---

[63] Inwieweit das Lachen der Gruppenmitglieder ursprünglich auf die Ausführungen des Narrators oder auf ein simultanes Vorkommnis innerhalb der Zuhörerschaft gemünzt ist, läßt sich anhand der Tonbandaufnahme nicht eindeutig zurückverfolgen.

Mit der **vollkommenen Ausblendung des Alltagsbewußtseins**, die der Geschichtenträger als eigenerlebte Realität darstellt (indikativisches „war d's") sowie sprachlich heraushebt (Partikel „einfach" und duplizierte Wendung „an nichts anderes"), erfährt er allem Anschein nach im Rahmen seines Fluges ebenjenen Zustand, den er zuvor noch (in V-VII) für das gewöhnliche Dasein „auf der Erde" (V) als unerreichbar klassifiziert hatte: Es gelingt ihm, „dem Alltag" zu „entfliehen" (VI).

Cm	2537	d's liegt daran, weil der Sauerstoff dünner wurde	X
Fm	2538	nein es ging einfach	
mm	2538	(lachen)	
Fm	2539	es ging einfach nich', du konntest an nichts (schmunzelt) anderes denk'n	
(Em	2542	Luft)	

Dem ironischen Einwand, das eben dargelegte Erleben sei physiologisch begründet („weil der Sauerstoff dünner wurde"), tritt der Narrator entgegen (Satzäquivalent „nein"), indem er die Unmöglichkeit, sich über die Erlebnissituation hinaus anderen Gedanken zuzuwenden, energisch[64] als **objektiv zwingend** (Feststellung: „es ging einfach nich'") und **subjektiv unausweichlich** (Du-Aussage: „du konntest an nichts anderes denk'n") qualifiziert.

Fm	2542	sondern du hast einfach nur diesen diesen Moment g'habt, an mit dem du dich beschäftigen mu' mußtest einfach	XI
GL	2547	ja	
Fm	2548	jaa (schmunzelt)	

Hatte er sein Flugerlebnis bislang ausschließlich negativ abgrenzend umschrieben (vgl. die dreimalige Verneinung „nichts anderes" in IXf.), so geht der Sprecher nun dazu über (Adversativkonjunktion „sondern"), es affirmativ darzustellen.

Sein Erleben der Ballonfahrt, das aus der Du-Perspektive zur Geltung gebracht wird, erscheint geprägt durch ein **spezifisches Zeitempfinden**. Dieses ist dadurch gekennzeichnet, daß die **vollständige** (bekräftigte Ausschließlichkeitspartikel „einfach nur") **Aufmerksamkeit** durch den je **aktuellen** (dupliziertes Demonstrativum: „diesen") **Augenblick** (sprechbetont: „Moment") absorbiert wird.

Analog zu Segment X („es ging einfach nich', du konntest an nichts anderes denk'n"), rekonstruiert (Imperfektform) der Geschichtenträger dieses subjektives **Aufgehen im 'Hier und Jetzt' der Erlebnissituation** nicht als selbstgewählt oder -bewirkt, sondern dezidiert

---

[64] Abgesehen davon daß der Sprecher seinen Kerngedanken gleich dreifach artikuliert, unterstreicht er ihn auch verbal (zweimalige Bekräftigunspartikel „einfach") und prosodisch („ging", „ging", „konntest").

226

(Hervorhebung durch Prosodie und Partikel) als **unbeeinflußbar** respektive **unausweich-**
lich („du [...] mußtest einfach“).

| okay d's war eh einfach geil | XII |

Nachdem der Geschichtenträger sein inneres Erleben der Ballonfahrt als solches veranschaulicht hat (IX-XI), klassifiziert er dieses nun mittels einer **bewertenden Stellungnahme**
(indikativisches „d's war“), die **unmißverständlich** (Partikelnkombination „eh einfach“)
begeistert (stimmbetontes „geil“) ausfällt.

näml'ch d's, nee wenn d' jetz' hier unt'n auf der Erde bist unten	XIII
sag' ich jetz' extra, weil, naja d's war einfach,	
(Km 2560 geil)	

In mehreren Artikulationsanläufen versucht sich der Erzähler an einer Mitteilung zu ebenjener Wirklichkeit „jetz' hier unt'n auf der Erde“, die er bereits vor der Schilderung seines
'Höhenerlebnisses' (vgl. insb. IX) als beengend charakterisiert (V-VII) sowie beinahe wortgleich benannt („jetzt hier auf der Erde“ (V)) hatte, wobei er die jetzige Hinzufügung des
Lokaladverbs „unten“ ausdrücklich rechtfertigt („unten sag' ich jetz' extra“).

Wenn er die erdbezogene 'Gegenrealität' zur dargelegten Ballonfahrt auch nicht näher zu
beleuchten vermag, so signalisiert er zumindest, daß er sie anspricht, um die Hochschätzung
seines Flugerlebnisses (XII) zu plausibilisieren (Kausalanbindung „näml'ch“).

| Fm   2560   ich weiß ni't, ich hab' jetzt Schwierigkeit'n d's irgendwie | XIV |
| rüberzubringen, | |

Angesichts der Erfolglosigkeit seiner Formulierungsbemühungen unterbricht („ich weiß
ni't“) der Erzähler seine Ausführungen zum Dasein „jetz' hier unt'n auf der Erde“ (XIII),
um die **akute Sprechsituation** (Zeitdeiktikum: „jetzt“) in den Blick zu rücken.

Indem er seine subjektiven („ich hab'“) „Schwierigkeit'n“ eingesteht, sein Erleben („d's“[65])
in geeigneter Weise („irgendwie“) mitzuteilen („rüberzubringen“), artikuliert er noch deutlicher als bereits zu Eingang seiner Erzählung („ich [...] überleg' [...] wie ich d's so rüberbringen soll damit ma' mich versteht“ (II)), daß er es als **problematisch** empfindet, **die**
persönliche Bedeutsamkeit (vgl. IV) **seines Flugerlebnisses in Worte zu fassen**.

un' zum Beispiel da hast d' dann runterg'schaut, die ander'n sind	XV
jetzt da unten mit ihren Problemen zum Beispiel die, manche	
schreib'n Schulaufgab'n, die andern ha'm halt andere Probleme,	
sexuelle (schmunzelt)	
(mm 2572 (lachen))	
Fm 2573 oder sonstiger Art,	

---

[65] Durch das 'exophorische' (MLS (1993) 487) Demonstrativum „d's“ verweist der Geschichtenträger in der
hiesigen Schlüsselpassage ausnahmslos auf sein referiertes Kernerlebnis (vgl. IIIf., XIIf. und XVII).

| (?m | 2573 | (wiederholt:) sexuelle) |
| (?m | 2573 | nie) |

Nach seiner metakommunikativen Zwischenbemerkung (XIV) beginnt der Sprecher mit einer eingehenderen Umschreibung der **erdbezogenen Realität**, die er zuvor (in XIII) zur Veranschaulichung seines Flugerlebnisses angesprochen hatte, ohne sie inhaltlich zu charakterisieren.

Die gewöhnliche Wirklichkeit „unt'n auf der Erde" (XIII; vgl. a. V), die er bislang nur **losgelöst** von seinem konkreten Eigenerlebnis dargestellt hatte (in V-VII sowie XIII), beschreibt er nun perspektivisch (nachvollziehende Du-Rede: „hast d'") wie szenisch („da [...] runterg'schaut", „da unten") **aus der Geschehnissituation** seiner Ballonfahrt.

Er zeichnet nach, daß er den Alltag, dem er normalerweise ja selbst unlösbar verhaftet ist (vgl. insb. VI), aus dem damaligen räumlichen Abstand heraus in **distanzierter Außensicht** als synchrone („jetzt") und doch entfernte („die ander'n [...] da unten") Lebenswirklichkeit wahrgenommen hat, die für die unmittelbar Betroffenen **durch Sorgen und Nöte geprägt** ist („mit ihren Problemen").

In Form eines (zweifach angekündigten) Beispielkatalogs illustriert er die **Vielfalt dieser subjektiven Belastungen**, wobei er neben zwei summarischen Hinweisen („halt andere Probleme", „sonstiger Art") mit der **Schule** („manche schreib'n Schulaufgab'n") und dem **Geschlechtsleben** („sexuelle") zwei Existenzbereiche ausdrücklich als problembehaftet heraushebt.

Fm	2574	un' du warst einfach da oben un' hast den	XVI
(Gm	2574	d's mußte kommen)	
mm	2574	(lachen)	
Fm	2576	du hast den Moment einfach genossen da oben und hast an einfach an nichts gedacht	
(GL	2578	ja)	
Fm	2579	nur runterg'schaut und gegrinst	
Em	2582	(leise:) Mister Memphis ... (.)	

Ungeachtet der lebhaften Reaktionen auf seine Erwähnung sexueller Schwierigkeiten[66] fährt der Geschichtenträger fort, sein Erlebnis der Luftreise aus der Du-Perspektive zu rekonstruieren.

---

[66] Sowohl die Bemerkung „d's mußte kommen" (*Gm*) als auch die Nennung des andernorts (in Brunnen: 0371/04-0375/04 und 2823/31) im Umfeld sexueller Anspielungen („er kann 's zwoeinhalb Stunden" (Brunnen: 0375/04: *Em*), „du meinst, seitdem geht die Fickerei los" (Brunnen: 2816/31: *Cm*)) vorgebrachten Spitznamens „Mister Memphis" (*Em*) lassen vermuten, daß sich die Hörer durch den hiesigen Hinweis auf sexuelle Alltagsprobleme in einem **vorgefaßten Persönlichkeitsklischee** gegenüber dem Narrator bestätigt sehen.

Hatte er jedoch soeben die damalige **Außen**wahrnehmung der Normalität alltäglichen Lebens nachgezeichnet, die er von seinem Beobachtungsstandpunkt aus als „da unten" (XV) lokalisierte, so richtet sich sein Blick nun auf die eigene **Selbst**wahrnehmung während des Fluges, die er im „da oben" verortet und in drei Schritten umschreibt.

Nachdem er sein Erleben des Fluges als solchem zunächst **allgemein eingeführt** und vom zuvor betrachteten Alltag abgegrenzt hat („du warst [...] da oben"), veranschaulicht er sein **inneres Reagieren** („den Moment [...] genossen", „an nichts gedacht"), um abschließend zwei **äußerlich sichtbare Verhaltensweisen** anzuführen („runterg'schaut und gegrinst"), die gleichwohl Rückschlüsse auf die intrapersonale Befindlichkeit zulassen.

Als grundlegende Erlebnisstruktur arbeitet der Narrator wie bereits in IX-XI heraus, daß seine **Aufmerksamkeit durch die Augenblicklichkeit der Ereignissituation absorbiert** („den Moment einfach genossen"; vgl. „einfach nur diesen diesen Moment g'habt" in XI) und umgekehrt **durch keine Ablenkung beeinträchtigt** wurde („einfach an nichts gedacht"; vgl. „einfach an nichts anderes an nichts anderes zu denk'n" in IX).

Indem er sämtliche Charakterisierungen seines Erlebens mit Absolutheitstermini (dreimaliges „einfach" sowie „nichts" und „nur") versieht, gibt er deutlich zu erkennen, daß er die Konzentration auf die Ereignisgegenwart ihrem Grad nach als **vollkommen und ausnahmslos** empfunden hat.

Mittels der Vollverben „genossen" sowie „gegrinst" bringt er zudem zum Ausdruck, das dargelegte Aufgehen im 'Hier und Jetzt' der Erlebnissituation samt der damit verbundenen Distanzierung vom gewöhnlichen Alltagsleben („runterg'schaut"; vgl. insb. XV) qualitativ als **beglückend und befreiend** erfahren zu haben.

GL	2584	hat jemand von euch schon ma' so was gemacht?	XVII
Dm	2587	so mi' m' Heißluftballon rumgeflog'n?	
Fm	2587	da ha'm m'r zwar am Anfang hast d' hast d'	
(GL	2587	ja oder überhaupt in die Luft geh'n ich weiß ja ni't)	
Fm	2589	'n bißchen Angst	
(GL	2590	ja)	
Fm	2590	aber dann wenn d' dann	
(Km	2590	Fliegen halt)	
Fm	2591	da oben bist is' d's einfach geil	

In der Annahme, daß die zuletzt dargelegte Komprimierung des Kernerlebnisses und die daran anschließende Artikulationspause des Narrators einen Erzählabschluß markieren, wendet sich der Gesprächsleiter an die anderen Gruppenmitglieder, um sich nach vergleichbaren Eigenerlebnissen zu erkundigen („hat jemand von euch schon ma' so was gemacht?").

Den sich aus dieser Frage entwickelnden Dialog unterbricht allerdings der Geschichten-träger, indem er nochmals auf sein Flugerlebnis rekurriert und präsentisch[67] aufzeigt, daß dessen Gesamtverlauf durch einen deutlichen **Gefühlsumschwung** geprägt war.

Unter Beibehaltung der Du-Perspektive, die schon bisher bevorzugt der Rekonstruktion unmittelbarer Wahrnehmungen diente (vgl. insb. Xf. und XVI), räumt er zunächst ein (Kon-zessivkonjunktion „zwar"), „am Anfang" der Ballonfahrt **furchtsam** gewesen zu sein, wobei er das Ausmaß dieser Emotion gleichzeitig verbal einschränkt („'n bißchen") und stimmlich hervorhebt („<u>Angst</u>").

Mit dem physischen Abheben (vgl. IX) wechselt jedoch auch seine psychische Befindlich-keit, so daß schließlich ab einem gewissen Punkt, der wie in XVI als „da oben" bezeichnet wird, eine **gegensätzliche** (Adversativkonjunktion „aber") **Gestimmtheit** einkehrt.

Diesen gewandelten Gefühlszustand kennzeichnet der Sprecher zu Abschluß seiner Erzäh-lung[68], indem er sein Höhenerlebnis analog zu XII („d's war eh einfach <u>geil</u>") **konstativ** („is' d's") und **dezidiert** („einfach") als **positiv** („geil") bewertet.

4.4.3 Überblickstabelle

Seg-ment	formale Cha-rakterisierung	inhaltliche Umschreibung	Kern-formulierung	retrospektive Deutung(en)	existentieller Kern	sprachliche Spezifika
I	selbstinitiierte Erzähl-ankündigung					
II	Erzähleröff-nung: Titelzeile und zeitliche Situierung (vgl. VIII)		„Heißluft-ballonfahrt"			Ich-Perspektive Vergangen-heitstempus
metakommunikative Zwischenbemerkung I						
III	metakom-munikative Problemati-sierung (vgl. XIV)	Schwierigkeit nachvollzieh-barer Erleb-nismitteilung			('Unaussprech-lichkeit')	Ich-Perspektive (metakommuni-katives) Präsens Sprechbetonung

---

[67] Bei diesem Darstellungstempus handelt es sich im Hinblick auf das referierte **Einzel**erlebnis zweifellos um ein **historisches Präsens**, mittels dessen ein vergangener Sachverhalt verbalisiert wird. Es erscheint aber möglich, die Gegenwartsform im vorliegenden, konklusiven Kontext **zusätzlich** im Sinne eines **generellen Präsens** zu verstehen, das eine über das referierte Einzelereignis hinausreichende Erlebnis**typik** zum Aus-druck bringt. Die hiesige Du-Rede wäre nach dieser Lesart nicht nur ein Mittel indirekter Selbstdarstellung des Erlebnisträgers, sie diente überdies der Abstrahierung vom einmaligen Erzählgegenstand.

[68] Im unmittelbarem Anschluß an das vorliegende Textsegment beginnt ein anderer Gesprächsteilnehmer (*Dm*) mit der Entfaltung eines anderweitigen Eigenerlebnisses.

IV	metakommunikative Zielformulierung	Erzählfokus: ehemalige Ereignisrelevanz	„was mir d's bedeutet hat"		Ich-Perspektive (metakommunikatives) Präsens und (referierendes) Vergangenheitstempus Sprechbetonung
alltagstheoretischer Prolog					
V	Fokussierung der Ausgangs- und Kontrastrealität zum (nachfolgend explizierten) Kernerlebnis (vgl. XIII)	erdgebundene Normalität	„jetzt hier auf der Erde"		Ich-Perspektive (generelles) Präsens Anakoluth Sprechbetonung
VI	Charakterisierung dieser Ausgangs- und Kontrastrealität (vs. IX-XI und XVf.)	Unmöglichkeit persönlicher Distanzierung vom Alltag	„d's, geht eig'ntlich immer gar nich'" -„d's geht einfach nich'" - „'s geht einfach nich'"	Induzierung einer alltagsweltlichen Gesetzmäßigkeit	Ich-Perspektive vs. konstatierende Distanz (generelles) Präsens Aufeinanderfolge dreier beinahe inhaltsgleicher Konditionalsatzgefüge mit Epipher kategorische Negationen (mit Grundsätzlichkeits- und zweimaliger Leitpartikel) Sprechbetonungen
VII	anaphorische Untermauerung	Begrenztheit des erdbezogenen Wahrnehmungsradius		alltagstheoretisches Argument	konstatierende Distanz (generelles) Präsens Leitpartikel
Vergegenwärtigung des normalitätswidrigen Kernerlebnisses I					
VIII	Rekurs: zeitliche Situierung des Kernerlebnisses (vgl. II)				
IX	äußeres und inneres Erleben des Kernereignisses (vgl. insb. XVI; vs. VI)		„je höher [...] gestieg'n" - „desto einfacher [...] einfach an nichts anderes an nichts anderes zu denk'n"	räumliche Distanzierung ermöglicht × mentales **Aufgehen** im 'Hier und Jetzt' der Erlebnissituation × **Ausblendung** des Alltagsbewußtseins	Man-Perspektive und unpersönliche Feststellung Vergangenheitstempus Proportionalsatzgefüge Leitpartikel Geminatio

X	Veranschaulichung des inneren Erlebnismodus (vgl. insb. XVI; vs. VI)		„es ging einfach es ging einfach nich', du konntest an nichts anderes denk'n"	als **unausweichlich** empfundene **Absolutheit** der dargelegten Konzentration	unpersönliche Feststellung und teilnehmende Du-Perspektive Vergangenheitstempus variierende Wiederholung der Kernaussage mit Geminatio kategorische Negationen (mit zweimaliger Leitpartikel) Sprechbetonungen
XI	(Fortführung) (vgl. insb. XVI; vs. VI)		„einfach nur diesen diesen Moment [...] mit dem du dich beschäftigen [...] mußtest einfach"	die eigene Aufmerksamkeit richtet sich mit als **zwingend** empfundener **Exklusivität** auf die **punktuelle Gegenwart**	Du-Perspektive Vergangenheitstempus Modalverb 'müssen' Ausschließlichkeits- und zweimalige Leitpartikel Sprechbetonungen
XII	positive Bewertung des inneren Erlebens (vgl. XVII)		„eh einfach geil"	Glücks- bzw. Erfüllungserfahrung	konstatierende Distanz Vergangenheitstempus Bekräftigungs- sowie Leitpartikel, Sprechbetonung und Qualitätsadjektiv
metakommunikative Zwischenbemerkung II					
XIII	fragmentarische Thematisierung der Ausgangs- und Kontrastrealität (vgl. V)		„jetz' hier unt'n auf der Erde"		Anakoluthenhäufung Leitpartikel Sprechbetonung
XIV	metakommunikative Problematisierung (vgl. III)	'Schwierigkeit' nachvollziehbarer Erlebnismitteilung (vgl. Unaussprechlichkeit)		('Unaussprechlichkeit')	Ich-Perspektive (metakommunikatives) Präsens

232

		Vergegenwärtigung des normalitätswidrigen Kernerlebnisses II				
XV	rekonstruierte Außenwahrnehmung der Alltagsrealität aus der Perspektive der Erlebnissituation (vs. VI)	Alltag „da unten" als entfernte Wirklichkeit, die durch Sorgen und Nöte geprägt ist	„die ander'n sind jetzt da unten mit ihren Problemen"		räumlicher und mentaler **Alltagsabstand** ↔ doppelte **Transzendie-rung**serfahrung	Du-Rede im Vergangenheitstempus, dann präsentischer 'stream of consciousness' illustrierender Problemkatalog
XVI	komprimierte Rekonstruktion der Selbstwahrnehmung während des Kernereignisses (vgl. IX-XI; vs. VI)		„einfach da oben" - „den Moment einfach genossen da oben" - „einfach an nichts gedacht nur runterg'-schaut und gegrinst"		**absolute Gegenwärtigkeit** im 'Hier und Jetzt', die als **beglückend** empfunden wird ↔ Glücks- bzw. Erfüllungserfahrung	Du-Perspektive Vergangenheitstempus Ausschließlichkeitsadverb dreimalige Leitpartikel Sprechbetonungen
		Erlebnisresümee				
XVII	Kurzfassung des inneren Erlebens samt positiver Bewertung (vgl. XII)	deutlicher Gefühlsumschwung im Verlauf der Ballonfahrt	„am Anfang [...] 'n bißchen Angst" - „aber dann [...] da oben [...] is' d's einfach geil"	Erlebnisrekapitulation mit generalisierenden Anklängen	Glücks- bzw. Erfüllungserfahrung	Du-Perspektive und konstatierende Distanz (historisches bzw. generelles) Präsens lexikalische Abschwächung vs. Sprechbetonung („'n bißchen Angst") Leitpartikel und Qualitätsadjektiv

4.4.4 Erfahrungsprofil

4.4.4.1 Darstellungsprofil

Anstatt auf den konventionellen Erzählmodus als Nachvollzug einer „Ereignis**kette**"[69] zurückzugreifen, vergegenwärtigt der Sprecher die fokussierte Intensiverfahrung durch eine **szenische Darstellung**. Dieses Ausdrucksmittel konzentriert sich auf die **punktuelle Rekonstruktion eines einzelnen Geschehnisses**, dessen Vor- und Nachgeschichte bleibt indes außer Acht.[70]

Die szenischen Sequenzen, die das konkrete Kernerlebnis ins Wort fassen, werden durch einen knappen **alltagstheoretischen Exkurs** (V-VII) **kontrastiert**, darüberhinaus finden sich noch **metakommunikative Äußerungen**, die die aktuelle Darlegungsabsicht benennen (IV) und deren Einlösbarkeit problematisieren (III und XIV).

Die gesamte Schlüsselpassage ist darauf ausgerichtet, **innere Erlebnisprozesse** zu veranschaulichen[71], äußere Ereignisdaten werden nur insoweit in den Blick genommen, als dies für das Verständnis dieser inneren Handlung vonnöten ist.

Ungeachtet der Tatsache, daß sich (abermals) **keinerlei religiös geprägte Sprachmuster** ausmachen lassen, beeindruckt der vorliegende Textauszug dadurch, daß sich der Geschichtenträger **beinahe durchgängig expressiver Redeelemente** bedient, wobei neben dem vielfachen Einsatz stimmlicher Betonungen und der Nachdrücklichkeitspartikel „einfach"[72] auch einzelne prägnante Wiederholungsfiguren (VI und IXf.) hervorstechen.

---

[69] Schülein / Stückrath (1992) 59 [Hervorhebungen: B.P.]

[70] Wir definieren 'szenische Darstellungen' nicht allein über diesen **raumzeitlich begrenzten Gegenstand**, sondern auch über die **Form der Erlebnisschilderung**, die dadurch charakterisiert ist, daß „**unvermittelt** ein Bild gezeichnet [wird], das meist auch ebenso **abrupt** beendet wird" (Wodak-Leodolter (1980) 194 [Hervorhebungen: B.P.]). Die der Dramentheorie entliehenen 'narrativen Basiseinheiten' (MLS (1993) 410) der Exposition, Komplikation, Peripetie, der eventuellen Retardation sowie der Resolution lassen sich in solchen Darstellungen nicht ausmachen (vgl. Wodak-Leodolter (1980) 198).
Ohne dessen auf literarisch-künstlerische Texte gemünzte Erzähltheorie übereilt und pauschal auf alltägliche Narrationen übertragen zu wollen, läßt sich das Gesagte im Rekurs auf *Franz K. Stanzel* treffend zusammenfassen: In summa zeichnen sich '**szenische Darstellungen**' dadurch aus, daß „ein Sektor aus der [...] Wirklichkeit **herausgelöst** und in der Darstellung so **ausgeleuchtet** [wird], daß alle für die Reflektorfigur wichtigen Einzelheiten erkennbar werden. Außerhalb dieses Sektors aber herrscht Dunkelheit, Ungewißheit" (ders. (1979) 203 [Hervorhebungen: B.P.]).

[71] vgl. insb. die unmittelbare Vergegenwärtigung des intrapersonalen 'stream of consciousness' in XV

[72] Insofern diese Partikel auch in anderweitigen Redebeiträgen von *Fm* gehäuft vorkommt (jeweils sieben Nennungen in den beiden anderen Erlebnisdarstellungen Brunnen: 2766/30-0325/32 und 1605/45-1725/46 zzgl. 1761/47-1785/47), erscheint ihre Verwendung an sich schon **sprechertypisch**, im vorliegenden Textauszug wird die Wortfrequenz der Vergleichspassagen nichtsdestotrotz **klar übertroffen** (vierzehn Nennungen).

4.4.4.2 Erlebnisprofil

Das äußere Widerfahrnis einer **Heißluftballonfahrt** (II), die er zunächst furchtsam antritt (XVII), wird für den Geschichtenträger zum Anlaß und Ort einer **ihn fesselnden inneren Bewegtheit**.

Indem er sich im Verlauf dieses Fluges räumlich vom Erdboden wegbewegt (IX), gewinnt er eine **ungeahnte** (vgl. VI) **mentale Distanz** zum gewohnten **Alltagsleben**, das ihm nur mehr als **entferntes Szenario** erscheint, dessen Beteiligte in vielfältige Sorgen verstrickt sind (XV).

Diese distanzierte Sichtweise bildet allerdings nicht den **subjektiven Gipfelpunkt** des dargelegten Höhenerlebnisses.

Der Protagonist erfährt vielmehr die eigene Abwendung von der erdgebundenen Normalität (vgl. V und XIII) dadurch **ausgelöst und überboten**, daß **seine Aufmerksamkeit** ebenso **ausnahmslos** (IX-XI und XVI) wie **unausweichlich** (Xf.) durch die **Augenblicklichkeit** (XI und XVI) **der Geschehnissituation** absorbiert wird.

Diese **vollkommene Konzentration** auf das 'Hier und Jetzt' des Fluges, die er jenseits seines eigenen Bemühens begründet sieht, empfindet er als **zutiefst beglückenden** (XII und XVIf.) Vorgang.

Mit Bezug auf *Thomas Luckmann* können wir das angeführte Gesamterlebnis stichhaltig als 'konkrete subjektive'[73] **Erfahrung 'diesseitiger' Transzendenz** klassifizieren.

Als solche läßt sie sich daran ausmachen, daß der Geschichtenträger eine **zeitweilige „Abkehr vom alltäglichen Leben"**[74] durchlebt (insb. IX), während derer sich seine „alltäglichen Sorgen" verflüchtigen (insb. XV) und „das tägliche Leben seinen Wirklichkeitsanspruch zugunsten eines anderen Zustands" verliert (insb. XI und XVI).

---

[73] Luckmann (1996) 173; *Thomas Luckmann* beläßt es nicht beim Befund solcher individueller und 'vorgesellschaftlicher' (ebd. 171) Transzendenzerfahrungen, aus soziologischem Blickwinkel betrachtet er diese auch und maßgeblich als „'Rohmaterial' gesellschaftlicher Bearbeitung" (ders. (1995) 21).
Nach seiner Auffassung vollzieht sich die soziale Bearbeitung ursprünglicher Transzendenzerfahrungen auf zweierlei Weise, nämlich einerseits durch deren **„intersubjektive** kommunikative" (ders. (1996) 173) Versprachlichung und Mitteilung (vgl. ebd. 171), andererseits durch **gesellschaftliche** „Auswahl, Kanonisierung und Institutionalisierung" (ebd. 173) bestimmter Erfahrungsdeutungen. **Intersubjektive** Rekonstruktion von Transzendenzerlebnissen und „systematische **gesellschaftliche** Verfestigung" (ebd. 176) bestimmter Transzendenzdeutungen stehen für ihn in dialektischem Verhältnis (ebd. 173). [Hervorhebungen: B.P.]
[74] Alle Zitate im hiesigen Absatz entstammen der Charakteristisierung '**großer**' Transzendenzen in Luckmann (1996) 169 [Hervorhebungen: B.P.]. Gemäß der *Luckmannschen* „Typologie von 'Transzendenz'-Erfahrungen" (ebd. 167) sind solche '**großen**' Transzendenzen nur alltags**extern** erfahrbar (insb. in Schlaf, Traum und ekstatischen Ausnahmezuständen), während '**kleine**' und '**mittlere**' Transzendenzen unmittelbar bzw. mittelbar alltags**intern** wahrgenommen werden können (vgl. a. ders. (1995) 21).

Der Transzendenzcharakter des dargelegten Erlebens offenbart sich somit in einer **doppel-poligen Grundbewegung**:

Einesteils **verläßt** der Protagonist räumlich wie vor allem mental seine eigene, an sich frag-lose Eingebundenheit in den gewohnten Alltag, den er von einem externen Standpunkt aus in den Blick zu nehmen vermag.

Im Gegenzug **berührt** er eine „andere Wirklichkeit als die des täglichen Lebens"[75], wobei diese außeralltägliche Realität subjektiv durch die **intrinsische Faszination des augen-blicklichen Höhenfluges** bestimmt wird.

4.4.4.3 Deutungsprofil

Die rekonstruktive Vergegenwärtigung des Kernerlebnisses bildet den Darstellungsschwer-punkt der hiesigen Schlüsselpassage, diese enthält keine Hinweise darauf, daß das Flug-erlebnis „nach der Rückkehr in den 'Alltag'"[76] umgedeutet oder auf die Gegenwart bezogen worden wäre.

Indem der Sprecher der eigentlichen Ereignisdarstellung die alltagstheoretische These vorausschickt, es sei gewöhnlich ausgeschlossen, sich vom eigenen Alltag zu distanzieren (V-VII), umreißt er jedoch eine Normalität , an der sich die „**Ungewöhnlichkeit**"[77] des Erzählgegenstands ermißt, und gibt so zu erkennen, daß er die **Außeralltäglichkeit** seines Erlebnisses im nachhinein **gedanklich realisiert und entschlüsselt** hat.

Konnte aus den bisherigen Schlüsselpassagen allenfalls implizit erschlossen werden, inwie-weit die sprachliche Vergegenwärtigung von Intensiverfahrungen als schwer einlösbares Unterfangen empfunden wird, bringt *Fm* klar zum Ausdruck, daß es ihm schwerfällt, die ursprüngliche **subjektive** Bedeutsamkeit (IV) des erinnerten Erlebnisses **intersubjektiv** verständlich zu machen (III und XIV).

Diese metakommunikative Aussage trifft ein Phänomen, das schon der Klassiker der Reli-gionspsychologie, *William James*, als „**Unaussprechbarkeit**"[78] bestimmter tiefgreifender Erfahrungen bezeichnet hatte, wobei auch er von der Beobachtung ausging, daß vielfach

---

[75] Luckmann (1996) 169
[76] Luckmann (1996) 170
[77] Quasthoff (1980) 112; vgl. a. Koller (1993) 37
[78] James (1997) 384 [Hervorhebungen: B.P.]; Bei *William James* dient der Begriff der 'ineffability' zur Kenn-zeichnung '**mystischer**' Erfahrungen. Angesichts der Tatsache, daß die betroffenen Erlebnisträger ungeachtet aller Verbalisationsprobleme faktisch **doch** Worte für derartige Erfahrung finden (Stace (1961) 79 und 305), verneint der Religionsphilosoph *Walter T. Stace* die *Jamessche* Kategorie der 'ineffability' und spricht stattdessen konsequent von „alleged by mystics to be ineffable" (ebd. 79 et passim). Die 'Mysticism Scale' *Ralph W. Hood*s (ders. (1975)) beruft sich zwar ausdrücklich auf die *Stacesche* Begrifflichkeit, nichtsdesto-weniger kehrt sie stillschweigend zur undifferenzierten Kategorie der 'ineffability' zurück.

gerade solche Erlebnisse, die als besonders ergreifend empfunden wurden, das Gefühl hervorrufen, „verbal nicht angemessen"[79] ausgedrückt werden zu können.

4.4.4.4 Existentieller Kern

Die **unwillkürliche, ablenkungslose** und **beglückende Konzentration** auf die **punktuelle Ereignissituation** einer Ballonfahrt konstituiert den **existentiellen Kern** der dargelegten Intensiverfahrung.

Indem er diese **absolute Aufmerksamkeit** aufzubringen vermag, gelingt es dem Geschichtenträger zugleich, **sich** in bislang ungeahnter Radikalität **von der Wirklichkeit zu lösen**, der er sich gewöhnlich unentrinnbar verhaftet weiß.

Die Erinnerung, das eigene, begrenzte **Alltagsbewußtsein** in lebensgeschichtlich einmaliger Weise **transzendiert** zu haben, macht das dargestellte Flugerlebnis aus seiner Sicht zu einer Erfahrung von signifikanter Bedeutsamkeit.

---

[79] James (1997) 384

4.5 Rekonstruktion der Intensiverfahrung
„d's war einfach gemütlich da so rumzusitz'n [...]
da hat keiner gelacht, wenn d' was blödes erzählt hast"

(2393/25-2444/26: *Cm*)

4.5.1 Transkriptexzerpt

A) Aushandlung der Diskursorganisation (2369/24-2393/25: *Cm*)

Em	2369	Fm
Cm	2369	-ähm-
Em	2370	noch was?
Cm	2371	nee, d's erzähl' ich ni't
mm	2373	(lachen)
Cm	2374	[ja], fertig
Em	2375	Fm, Fm hat 'n Bild
Fm	2375	ja, ich hab' 'n Bild, ich überleg' noch wie ich d's [hier] zusammenbring'
GL	2378	nee nur ganz kurz, (zu Cm:) ja -äh- d's paßt?, erzählst d' ni't?, oder war d's jetzt weil er weil er e' bissle Hektik schiebt?
Em	2383	nee, nee ... aber
mm	2384	(lachen)
Cm	2384	nee 's kannst d' weitermach'n
GL	2385	ja (.)
Cm	2388	nein nein nein, doch nich'
mm	2389	(lachen)
Cm	2391	-ähm-
Gm	2392	<u>was</u> jetzt?
Cm	2393	ja Moment,

B) Schlüsselpassage (2393/25-2444/26: *Cm*)

		d's also was m'r auch noch total -ähm- also 'n Erlebnis noch d's war beim Em ma', da war'n m'r auf der Terrasse gesessen, ha'm so 'n
(?m	2399	[war super])
Cm	2399	bissel philosophiert un' so und ha'm uns halt irgendwelche blöden Sachen erzählt
?m	2403	(schmunzelt)
Cm	2403	also ha'm über Freundschaft geredet
(GL	2404	mmh)
Cm	2404	und über also über 's Allerblödste eig'ntlich
mm	2407	(lachen)
Cm	2407	aber hauptsächlich ging 's um Freundschaft
mm	2409	(lachen)
(Fm	2409	(wiederholt schmunzelnd:) um 's Allerblödste)
Em	2410	weil wie meinst du d's jetzt?
mm	2411	(lachen)
Cm	2412	naa wir ha'm doch über jed'n <u>Quatsch</u> geredet oder?, also wirklich <u>alles</u>

(Em	2414	ja)
Dm	2415	..., meinst du d's, ne?
Cm	2415	ja und dann ha'm m'r ... da so, so so d's is' so Kinderspiele eig'ntlich so, wer mit wem in Urlaub fahren würde und wer mit wem nich'
Fm	2423	ach so, ja
(GL	2423	mmh)
Cm	2423	aber irgendwie ist halt doch 'n bissel rausgekomm'n so die Sympathien
(GL	2426	ja)
Cm	2426	und so was (.) ja und d's d's fand ich sehr interessant auch noch (.) (leise:) ja
GL	2431	war einfach interessant was rausgekommen is' oder auch so d's Zusammensein irgendwie?
Cm	2433	ja, und d's war einfach gemütlich da so rumzusitz'n
(GL	2434	ja)
Cm	2436	sich zu verz also da, da hat keiner gelacht, wenn d' was (schmunzelt:) blödes erzählt hast,
(GL	2438	ja)
Cm	2438	außer bei mir
mm	2439	(lachen laut)
Cm	2442	ja also ja, d's d's war halt gut
GL	2444	ja (4)

4.5.2 Syntaktisch-semantische Intensivanalyse

A) Aushandlung der Diskursorganisation (2369/24-2393/25: *Cm*)[80]

Nachdem er bereits drei Eigenerlebnisse[81] dargelegt hat, wird *Cm* damit konfrontiert, daß nun auch ein anderes Gruppenmitglied (*Fm*) bereit sei, eine Erzählung vorzustellen.

Auf die Frage, ob er trotzdem mit seiner Rede fortfahren will („noch was?" (*Em*)), gibt er zu erkennen, daß er zwar um eine weitere erzählbare Begebenheit weiß, diese jedoch nicht preiszugeben bereit ist („nee, d's erzähl' ich ni't").

Kaum hat er aber seinen Beitrag für beendet erklärt („[ja], fertig") und auf Rückfrage des Gesprächsleiters hin das Rederecht übergeben („nee 's kannst d' weitermach'n"), widerruft er beide Sprechhandlungen („nein nein nein, doch nich'"), um sich zur Verwunderung der Zuhörer („was jetzt?" (*Gm*)) doch noch einmal zu Wort zu melden.

---

[80] Der Wortlaut der angeführten 'Aushandlungssequenz' findet sich im vorangegangenen Teilkapitel.
[81] vgl. Brunnen: 2053/19-2162/21 (*Cm*), 2164/21-2213/21 (*Cm*) zuzüglich 2219/22-2295/23 (*Cm/Em*) sowie 2299/23-2367/24 (*Cm*)

B) Schlüsselpassage (2393/25-2444/26: *Cm*)

Cm	2393	[...] d's also was m'r auch noch total -ähm- also 'n Erlebnis noch	**I**

Bevor der Sprecher den Erzählgegenstand **konkret** in den Blick nimmt, der ihn dazu bewegt hat, seinen Redeabschluß zu revidieren, mißt er diesem zunächst eine **unbestimmte** (Anakoluth) **subjektive** („m'r") **Bedeutsamkeit** („total"), um ihn schließlich als „**Erlebnis**" zu typisieren.

d's war beim Em ma', da war'n m'r auf der Terrasse gesessen,	**II**

Der Narrator verortet das eben angekündigte „Erlebnis" gleichermaßen in temporaler, lokaler wie sozialer Hinsicht.

Während die **zeitliche Einordnung** der Erzählhandlung **äußerst vage** bleibt (Temporaladverb „ma'"), wird ihr **räumlicher Rahmen exakter abgesteckt**, wobei der Geschichtenträger von einer groben Lokalisierung im Elternhaus eines Gruppengefährten („beim Em") zur genauen Bezeichnung des unmittelbaren Schauplatzes („auf der Terrasse") voranschreitet.

Läßt der aus neutraler Außensicht („d's war") formulierte Verweis auf das Zuhause des Gruppenkollegen vermuten, daß sich das zu entfaltende Ereignis im **sozialen Nahbereich** alltäglicher Freunde und Kameraden zugetragen hat, so markiert der Sprung in die kollektive Wir-Sicht („war'n m'r [...] gesessen") den Darstellungsgegenstand unzweifelhaft als **gemeinschaftliches Handeln**.

		ha'm so 'n	**III**
(?m	2399	[war super])	
Cm	2399	bissel philosophiert un' so	

Das gemeinsame Tun des in der Wir-Perspektive zum Ausdruck kommenden Kollektivs überschreibt der Sprecher mit Hilfe des Verbums '**philosophieren**', das - obschon es in quantitativer Beziehung abgeschwächt wird („'n bissel") - auf eine **anspruchsvolle gedankliche Auseinandersetzung mit grundlegenden Lebensfragen** hindeutet.

Die synchrone Kommentierung eines Mitglieds der aktuellen Erzählrunde läßt erkennen, daß dieses das bislang nur knapp eingeführte Einzelereignis wiedererkennt und für sich selbst als außerordentlich positiv erlebt hat („[war super]").

240

und ha'm uns halt irgendwelche blöden Sachen erzählt			IV
?m	2403	(schmunzelt)	
Cm	2403	also ha'm über Freundschaft geredet	
(GL	2404	mmh)	
Cm	2404	und über also über 's Allerblödste eig'ntlich	
mm	2407	(lachen)	
Cm	2407	aber hauptsächlich ging 's um Freundschaft	
mm	2409	(lachen)	
(Fm	2409	(wiederholt schmunzelnd:) um 's Allerblödste)	

Mittels zweier Satzpaare, die jeweils durch die Spannung zwischen den **Kernbegriffen** **'blöd' und „Freundschaft"** geprägt sind, umschreibt der Narrator den **Inhalt** des vergegenwärtigten Gruppengesprächs („uns [...] erzählt", „über [...] geredet und über also über", „ging 's um").

Obwohl diese Leitworte **ein und dasselbe Konversationsthema** bezeichnen, **widersprechen** sie **sich ihrem wörtlichen Sinne nach in diametraler Weise**. Während nämlich das Qualitätsadjektiv **'blöd'**, das im vorliegenden Segment zunächst attributiv („irgendwelche blöden Sachen") und dann substantivisch („'s Allerblödste") gebraucht wird, höchst **abwertend konnotiert** ist und einen für **unsinnig oder geistlos**[82] gehaltenen Sachverhalt kennzeichnet, ist das Abstraktum „**Freundschaft**" als Bezeichnung für **vertrauensvolle und subjektiv bedeutsame** interpersonale Beziehungen üblicherweise äußerst **positiv besetzt**.

Die Subsumierung des als „hauptsächlich" festgestellten Themas „**Freundschaft**" unter den Oberbegriff 'irgendwelche **blöden** Sachen', die im zweiten Formulierungsgang sprachlich noch zugespitzt wird[83], löst bei den Zuhörern **belustigte Reaktionen** aus, die sich - zumindest hypothetisch - als Ausdruck von **Irritation** deuten lassen.

Em	2410	weil wie meinst du d's jetzt?		V
mm	2411	(lachen)		
Cm	2412	naa wir ha'm doch über jed'n Quatsch geredet oder?, also wirklich alles		
(Em	2414	ja)		
Dm	2415	..., meinst du d's, ne?		

Auf die eben vorgebrachte **widersprüchliche** Charakterisierung des Gesprächsinhalts hin erkundigt sich der damalige Gastgeber (vgl. II) nach der **Aussageabsicht des Erzählers**, die dessen unklarer Klassifizierung zugrundeliegt („wie meinst du d's jetzt?" (*Em*)).

[82] vgl. Duden Universalwörterbuch (1996) 269
[83] Besagte Pointierung erfolgt durch den präfixverstärkten Elativ „'s Allerblödste" und die Grundsätzlichkeitspartikel „eig'ntlich".

Unter Wiederaufnahme der zuvor kurz unterbrochenen Wir-Perspektive und ohne Bezug auf die vorausgehenden Kernbegriffe gibt dieser daraufhin zu erkennen, daß das dargelegte Konversationsgeschehen durch eine **unbeschränkte thematische Weite** gekennzeichnet war, welche er durch zwei auf Ausnahmslosigkeit verweisende Pronomina („jed'n", „alles") zum Ausdruck bringt.

Die Vehemenz, mit der er seine Aussage durch Rückversicherungs- bzw. Nachdrücklichkeitspartikeln („doch", „oder", „wirklich") wie Stimmbetonungen („Quatsch", „alles") hervorhebt, läßt dieses große Themenspektrum als **außergewöhnlich** und für andere Gesprächskonstellationen **untypisch** erscheinen.

Analog zum vorhergehenden Textabschnitt **durchbricht** der Sprecher die nachvollziehende Herausarbeitung von (bislang im positiven Sinne) erzählenswerten Einzelzügen des erinnerten Ereignisses, indem er einen konventionell zumindest als **flapsig**, wenn nicht gar als **abwertend** konnotierten Begriff („Quatsch") zur Umschreibung dieses Geschehens mitheranzieht.

Cm	2415	ja und dann ha'm m'r ... da so, so so d's is' so Kinderspiele eig'ntlich so, wer mit wem in Urlaub fahren würde und wer mit wem nich'	VI
Fm	2423	ach so, ja	
(GL	2423	mmh)	

Hatte der Erzähler in den vorigen Segmenten einen **zusammenfassenden Überblick** über Hauptinhalt („hauptsächlich ging 's um Freundschaft" (IV)) und thematische Bandbreite („über jed'n Quatsch geredet [...] also wirklich alles" (V)) des dargelegten Gesprächs gegeben, so eröffnet er nun einen **konkreten Einblick** in den Verlauf (VI) und das Ergebnis (VII) dieser Konversation.

Nach einem abgebrochenen Anlauf sequentiellen Erzählens („und dann ha'm m'r"), tastet er sich stockend („da so, so so d's is' so") an eine knappe Metapher heran („Kinderspiele"), die das damalige Geschehen konstativ („d's is'") wie dezidiert (Sprechbetonung und Grundsätzlichkeitspartikel) als **wenig ernsthaft und bedeutungsvoll**, zugleich aber auch als **spontan und unbekümmert** erscheinen läßt.

Dem abwertenden Eindruck, der mit dieser Klassifizierung verbunden werden kann, steht entgegen, daß der Sprecher eine **konkrete Fragestellung** referiert, aus der erkennbar wird, daß die Teilnehmer ein **Gedankenexperiment** durchgeführt haben, im Rahmen dessen sie sich in die fiktive (Konjunktivform „würde") Situation hineinversetzten, willkommene („mit wem [...] fahren") und unerwünschte („mit wem nich'") Begleiter für einen „Urlaub" zu benennen.

Insofern nämlich diese Vorgehensweise beinhaltet, sich der eigenen **Zu- und Abneigungen gegenüber anderen Personen** bewußt zu werden und diese mitzuteilen, beschäftigte sich die Gesprächsgruppe offensichtlich mit einem **sehr persönlichen wie sensiblen Gegenstand**, der nicht ohne weiteres mit der vorgängigen Bezeichnung als „Kinderspiele" vereinbar zu sein scheint.

Cm	2423	aber irgendwie ist halt doch 'n bissel rausgekomm'n so die Sympathien	VII
(GL	2426	ja)	
Cm	2431	und so was (.)	

In adversativer („aber", „doch") Abgrenzung zum vorigen Abschnitt, der durch das Bild der „Kinderspiele" geprägt war, stellt der Erzähler nun konstativ („ist [...] rausgekomm'n") heraus, daß das eben skizzierte Gedankenexperiment (VI) **tatsächlich** dazu führte, die **persönliche Einstellung** der Teilnehmer zu einigen (nicht näher angeführten) Mitmenschen **offenzulegen**.

Wenn auch das Verbum „rausgekomm'n" an diesem **Gesprächsresultat** als solchem keinen Zweifel läßt, so umschreibt er doch sowohl das Zustandekommen („irgendwie") als auch die Tragweite („'n bissel"; vgl. III) dieses Ergebnisses auf überaus vorsichtige Weise.

Während die in VI rekapitulierte Fragestellung erkennen ließ, daß sich die Konversationsteilnehmer **gleichermaßen** über Zuneigungen („wer mit wem [...] fahren würde") wie Antipathien („wer mit wem nich'") zu anderen Personen ausgetauscht haben, benennt die vorliegende Bilanzierung **einzig** den positiven Aspekt der „Sympathien", wohingegen der heiklere Aspekt gegenseitiger Abneigungen in einer summarischen Formulierung („und so was") **verborgen** bleibt.

ja und d's d's fand ich sehr interessant auch noch (.) (leise:) ja	VIII

Bevor er mit einer knappen Sprechpause und einer verhaltenen Ratifizierung („ja") das (vorläufige) Ende seiner Erzählung markiert, würdigt der Geschichtenträger das dargelegte Gesprächsereignis für sich selbst (Ich-Perspektive) als außerordentlich (Verstärkungspartikel „sehr") **anregend und bereichernd** („interessant").

Inwieweit sich diese Evaluation auf das Gesamt oder auf einen Teil(aspekt) des erzählten Erlebnisses bezieht, kann angesichts des unklaren Vokabulars[84] letztlich nicht entschieden werden.

GL	2431	war einfach interessant was <u>rausgekommen</u> is' oder auch so d's Zusammensein irgendwie?	IX
Cm	2433	ja, und d's war einfach gemütlich da so rumzusitz'n	
(GL	2434	ja)	
Cm	2436	sich zu verz also da,	

Der Gesprächsleiter greift das Qualitätsadjektiv „interessant" auf, in dem die Einschätzung des Erzählers verdichtet zum Ausdruck kam (VIII), um sich zu erkundigen, ob dessen positive Bewertung eher auf den **inhaltlichen Erkenntnisgewinn** („was <u>rausgekommen</u> is'"; vgl. VII) oder die **soziale Begegnungsqualität** („d's Zusammensein irgendwie") der dargelegten Konversation abhebt.

Ohne die erstgenannte Fragealternative, die auf das inhaltliche Gesprächs**resultat** abzielte, auch nur zu streifen, beginnt der Erzähler, sich der zweiten Antwortmöglichkeit zuzuwenden, nach der das soziale Konversations**klima** für die in VIII geäußerte Hochschätzung entscheidend ist.

Indem er diese Atmosphäre[85] feststellend („d's war") wie nachdrücklich (Bekräftigungspartikel „einfach") als „**gemütlich**" klassifiziert, schreibt er dem äußeren Gesprächsgeschehen („da so rumzusitz'n"; vgl. II) eine **Begegnungsqualität** zu, die von den Beteiligten als **entspannt und wohltuend** erlebt wird.[86]

| Cm | 2436 | da hat keiner gelacht, wenn d' was (schmunzelt:) blödes erzählt hast, | X |
| (GL | 2438 | ja) | |

Die Beschreibung eines Merkmals der dargestellten Kommunikation, das durch das Negationspronomen „keiner" als **einschränkungslos** gekennzeichnet wird, **konkretisiert** die eben erfolgte Qualitätszuschreibung („d's war [...] gemütlich" (IX)).

---

[84] Aus dem vorliegenden Textzusammenhang läßt sich nicht eindeutig erschließen, auf welchen Sachverhalt sich das duplizierte Demonstrativum „d's" bezieht und ob die Nachtragungspartikel „noch" auf die Sprechsituation oder die besprochene Situation gemünzt ist.

[85] Unter dem ausdrücklichen Blickwinkel der 'Atmosphäre' („so Atmosphären wie m'r 's beim Em ma' hatt'n" (Brunnen: 2562/61)) reflektiert Cm in Brunnen: 2562/61-2574/62 erneut auf das hier dargelegte Gesprächsereignis, um dieses analog zum vorliegenden Textsegment summarisch als „**d's Gemütliche**" (Brunnen: 2565/62) zu umschreiben.

[86] Über das hiesige Segment und die in der vorigen Fußnote erwähnte Parallelsequenz hinaus gebrauchen Mitglieder der Brunnen-Erzählrunde das Qualitätsadjektiv 'gemütlich' auch andernorts zur **Markierung intensiver Gemeinschaftserfahrung(en)** (2621/28 (*?m*), 2638/28 (*Am*) sowie 2702/29 (*Cm*)).

Im Rahmen eines konditionalen Satzgefüges arbeitet der Sprecher heraus, daß die **Äuße-rung** („erzählt") **abwegiger oder unsinniger Gedanken** („was blödes") seitens der damaligen Zuhörer **keineswegs mit Belustigung oder Spott sanktioniert** wurde („hat keiner gelacht").

Das Ausbleiben derartiger Reaktionen läßt das dargelegte Gespräch als **untypisch** erscheinen, insofern dabei ein Verhaltensmuster außer Kraft tritt, das in vergleichbaren Situationen wie der aktuellen Erzählrunde (vgl. IV) selbstverständlich ist.

Der aufgezeigte Wegfall verunsichernder oder gar abwertender Antwortsignale spricht dafür, daß das erzählte Kommunikationsereignis im positiven Sinne durch die **wechselseitige Achtung und Aufgeschlossenheit** der Teilnehmer dominiert wurde.

Hatte das Adjektiv „blöd" in IV zur (kontrastierenden) Umschreibung des **kompletten** Gesprächsinhaltes gedient, so münzt der Erzähler diesen Begriff nun lediglich auf **spezifische** Äußerungen, die den (kommunikativen) Erwartungen der damaligen Runde **zuwiderliefen**.

Daß solche Beiträge im erinnerten Kontext maßgeblich darin bestanden, daß die Beteiligten **persönliche Empfindungen und Einstellungen** mitteilten, die in analogen Situationen für allzu privat erachtet werden[87], während sie im dargelegten Gespräch zugelassen wurden, scheint angesichts der vorgenannten Themenangaben, die allesamt den **interpersonalen Bereich** anführten[88], als naheliegende Vermutung.

Cm	2438	außer bei mir	XI
mm	2439	(lachen laut)	

Indem er sich selbst („bei mir") vom respektvollen Umgang ausnimmt („außer"), den er soeben als signifikant für das erzählte Gesprächsereignis dargestellt hatte, **kontrastiert** der Sprecher die vorangegangene (IXf.) Beschreibung des damaligen Konversationsklimas.

Die spontane wie lautstarke Reaktion der Zuhörer läßt erkennen, daß sie diese Aussage nicht als vergegenwärtigende Erinnerung (miß)verstehen, sondern unzweifelhaft als **Selbstironisierung** des Narrators identifizieren.

---

[87] Auch die aktuelle Erzählrunde, die sich ja personell mit der vergegenwärtigten Gesprächsgruppe überschneidet (vgl. II und III), quittiert gelegentlich persönliche Selbstmitteilungen mit Lachen; allerdings konzentriert sich diese Reaktionsweise auf Äußerungen, in denen die Freundschaft zum anderen Geschlecht thematisiert wird (vgl. insb. Brunnen: 1822/17, 2309/23, 2769/30 und 2860/31).

[88] vgl. IV („hauptsächlich ging 's um Freundschaft"), VI („wer mit wem in Urlaub fahren würde und wer mit wem nich'") sowie VII („so die Sympathien und so was")

| Cm | 2442 | ja also ja, d's d's war halt gut | XII |
| GL | 2444 | ja (4) | |

Mit einer knappen **Evaluation** des dargelegten Gesprächsereignisses, die **positiv** ausfällt (Qualitätsadjektiv „gut") und durch eine deutliche Sprechpause abgelöst wird, beschließt der Sprecher die Erzählung.

Sowohl die feststellende Präsentation („d's war") als auch der Einsatz bündelnder Partikeln („also", „halt") kennzeichnen diese Bewertung als **eindeutiges Erlebnisfazit.**

4.5.3 Überblickstabelle

Seg-ment	formale Charakterisierung	inhaltliche Umschreibung	Kern-formulierung	retrospektive Deutung(en)	existentieller Kern	sprachliche Spezifika
I	Kategorisierung und fragmentarische Relevanzzumessung			Vorab-klassifizierung 'Erlebnis'		Anakoluth Elativpartikel
Exposition						
II	sozialer, räumlicher und zeitlicher Ereignisrahmen	Zusammensein vertrauter Peers	„war'n m'r [...] gesessen"		(gemeinsames Handeln)	unpersönliche Feststellung, dann Wir-Perspektive vage Temporalbestimmung
III	zusammenfassende Umschreibung der äußeren Handlung (mit synchroner Kommentierung)	diskursive Auseinandersetzung mit grundlegenden Lebensfragen	„'n bissel philosophiert"		(tiefgründiges Gespräch)	Wir-Perspektive **gehobene** Einzelvokabel, die graduell **abgeschwächt** wird
Fokussierung des inhaltlichen Gesprächsverlaufs						
IV	inhaltliche Charakterisierung dieser Handlung (und irritierte Zuhörerreaktionen) (vgl. VI)	Gesprächsthema: „Freundschaft"	„irgendwelche blöden Sachen" - „Freundschaft" - „'s Allerblödste eig'ntlich" - „hauptsächlich ging 's um Freundschaft"		(Austausch über das persönliche Thema subjektiv bedeutsamer Beziehungen)	Wir-Perspektive und unpersönliche Feststellung **antiphrasische** Umschreibung vs. referierende Information Aufeinanderfolge zweier Satzpaare, innerhalb derer sich jeweils die gleichen, **gegensätzlich konnotierten** Leitbegriffe gegenüberstehen präfixverstärkter Elativ und Grundsätzlichkeitspartikel

V	verdeutlichende Fortführung (auf Nachfrage eines Gruppenkameraden)	uneingeschränktes Themenspektrum	„über jed'n Quatsch" - „also wirklich alles"		(außergewöhnlich offenes Gesprächsklima)	Wir-Perspektive **antiphrasische** Umschreibung Rückversicherungspartikeln Ausnahmslosigkeitspronomina Nachdrücklichkeitspartikel Sprechbetonungen
VI	inhaltliche Konkretisierung (vgl. IV)	Thematisierung zwischenmenschlicher Zu- und Abneigungen im Rahmen eines gemeinsamen Gedankenexperiments	„so Kinderspiele eig'ntlich" - „wer mit wem in Urlaub fahren würde und wer mit wem nich'"		(Kommunikation über sensibles 'Ich-Thema' in unbeschwerter Gesprächsatmosphäre)	**metaphorische** Klassifizierung vs. referierende Exemplifizierung Anakoluth (Wir-Perspektive / Erzählmodus) Grundsätzlichkeitspartikel Sprechbetonung
VII	inhaltliche Bilanzierung	gelungene Selbstoffenbarung dieser Sympathien und Antipathien	„irgendwie [...] 'n bissel rausgekomm'n so die Sympathien und so was"		Erlebnis glückender Kommunikation über sensibles 'Ich-Thema'	unpersönliche Feststellung **Relativierung** der Hauptaussage durch Indefinitadverb und graduelle Abschwächung nur mehr **implizite** Erwähnung eines (lt. VI) konstitutiven Themenaspektes
VIII	positive Einschätzung des Kernereignisses		„sehr interessant"		als anregend und bereichernd empfundene Kommunikation über sensibles 'Ich-Thema'	Ich-Perspektive Verstärkungspartikel und Qualitätsadjektiv unklarer anaphorischer Bezugspunkt des Demonstrativums / kurze Sprechpause und knappe Ratifizierung
Fokussierung der sozialen Begegnungsqualität						
IX	positives Resümee: soziale Erlebnisqualität des Kernereignisses (auf Nachfrage des Gesprächsleiters)		„einfach gemütlich da so rumzusitz'n"		als gelöst und wohltuend erlebte Interaktionsatmosphäre	unpersönliche Feststellung Bekräftigungspartikel und Qualitätsadjektiv / **Ausbleiben** uneigentlicher Ausdrucksmittel

X	konkretisierende Veranschaulichung	Ausbleiben negativer Sanktionen auf normwidrige Gesprächsbeiträge	„da hat keiner gelacht, wenn d' was blödes erzählt hast"	Erleben uneingeschränkter Akzeptanz persönlicher Empfindungen und Einstellungen [↔ nicht-alltägliche Interaktionsqualität]	generalisierende Darstellungssicht (Negationspronomen) und Du-Perspektive konditionales Satzgefüge **Ausbleiben** uneigentlicher Ausdrucksmittel
XI	ironische Kontrastierung (und belustigte Zuhörerreaktion)				**ironische** Selbstaussage
XII	positive Bewertung des Gesamterlebnisses		„d's war halt gut"	soziale Gipfelerfahrung	unpersönliche Feststellung bündelnde Partikeln Qualitätsadjektiv deutliche Sprechpause

248

4.5.4 Erfahrungsprofil

4.5.4.1 Darstellungsprofil

Im Modus einer **szenischer Darstellung**[89], die im wesentlichen beschreibend[90] ausfällt und allenfalls Bruchstücke einer sukzessiven Handlung erkennen läßt[91], beleuchtet der Sprecher eine als bedeutsam erlebte Kommunikationssituation.

Nachdem er zunächst deren äußeres 'Setting'[92] umrissen hat (IIf.), fokussiert er diese Situation zunächst unter dem Blickwinkel ihres **inhaltlichen** Verlaufes und Ertrages (IV-VIII), um sie auf einen Impuls des Gesprächsleiters hin (IX) abschließend unter ihrem '**Beziehung**saspekt'[93] zu charakterisieren (IX-XII).

Stilistisch fällt an der vorliegenden Schlüsselpassage auf, daß affirmativen Mitteilungen zum dargelegten Erlebnis regelmäßig **intuitive Sprechfiguren** gegenüberstehen, die ebendas **abschwächen** (III und VII), **kontrastieren** (IVf. und XI) oder **verhüllen** (VI), was im unmittelbaren Kotext positiv ausgesagt wird.

Die Tatsache, daß **indirekte und uneigentliche** Redeformen eine solch maßgebliche Rolle spielen, läßt umgekehrt die Aussagekraft ebenjener Textstellen hervortreten, in denen der Sprecher seine Wahrnehmungen und Empfindungen **ungeschützt und direkt** entfaltet (insb. IXf.).

Läßt sich diese '**Unverhülltheit**' als stilistischer Bedeutsamkeitsindikator werten, so wird die Relevanz des Erlebten auf Ebene der Einzelwörter bevorzugt durch Partikeln und Qualitätsadjektive zum Ausdruck gebracht.

Der vorliegende Textauszug birgt **keine Vokabeln oder Formulierungen**, die sich einem vorgeprägten **religiösen Sprachfundus** zuordnen lassen.

---

[89] Wie bereits auf S. 233 dargelegt wurde, dient uns der Terminus '**szenische Darstellung**' zur Bezeichnung von Erlebnisschilderungen, die ein '**sektorales**' (vgl. Stanzel (1979) 203 und 205) **Einzel**geschehnis fokussieren, statt - wie im Falle der **Narration** - den „Entwicklungs**prozeß**" (Hermanns (1995) 184) einer „Ereigniskette" (Schülein / Stückrath (1992) 59) zu rekonstruieren. Dem literaturwissenschaftlichen Definiens, daß szenische Darstellungen darüberhinaus „die Illusion der Unmittelbarkeit auszulösen vermögen" (Stanzel (1979) 192), indem sie Bewußtseinsvorgänge der Handelnden spiegeln (ebd. et passim), wird der vorliegende Text (im Gegensatz zur andernorts analysierten '*Cm*-Passage') nicht gerecht. [Hervorhebungen: B.P.]

[90] Die Klassifizierung als 'Beschreibung' erscheint insofern gerechtfertigt, als sich der Sprecher weitgehend darauf beschränkt, aus **unpersönlicher Außen**perspektive **charakteristische** Züge des Einzelereignisses zu veranschaulichen.

[91] vgl. den Anakoluth „ja und dann ha'm m'r" in VI

[92] Ein 'Setting' konstituiert sich aus den Eckdaten „zum räumlich-zeitlichen Ereignisrahmen, den Personen und Dingen" (Schülein / Stückrath (1992) 58 mit Bezug auf *David E. Rumelhart*).

[93] Die kommunikationstheoretische Unterscheidung zwischen 'Inhalts- und Beziehungsaspekt' geht zurück auf Watzlawick / Beavin / Jackson (1982) 53-56, 64 und 71.

4.5.4.2 Erlebnisprofil

Mit dem **Gespräch einer vertrauten Gleichaltrigengruppe** (IIf.) stellt der Sprecher ein **konkretes Kommunikationsereignis** in den Mittelpunkt seiner Erlebnisdarstellung.

Inhaltlich konzentriert sich die referierte Zusammenkunft auf das Thema „**Freundschaft**" (IV), das die Teilnehmenden nicht lediglich abstrakt diskutieren, sondern im Verlauf ihres Gesprächs **konkret** werden lassen, indem sie **sich gegenseitig anvertrauen**, zu welchen Menschen ihres Umfelds sie **persönliche Sympathien und Antipathien** verspüren (VIf.).

Nun empfindet der Geschichtenträger diesen Austausch zwar inhaltlich als bereichend (VIII), zum signifikanten Erlebnis wird ihm die dargelegte Konversation jedoch primär aufgrund ihrer **besonderen Beziehungsqualität**.

Diese zeichnet sich durch das **Ausbleiben negativer Sanktionen** (X) und ein **Höchstmaß gegenseitiger Akzeptanz** (vgl. ebd.) aus, so daß eine **offene** (vgl. V) und **unbeschwerte** (vgl. VI) **Gesprächsatmosphäre** entstehen kann, in der sich die Teilnehmenden **geborgen** erfahren (IX) und **ermutigt** sehen, persönliche Empfindungen und Einstellungen preiszugeben (VIf.), deren Äußerung andernorts tabuisiert ist.

Indem *Cm* eine solche Kommunikation, in der die Beteiligten **sich wohlfühlen, gegenseitig ernstnehmen** und **nahezu unbegrenzt artikulieren können**, für sich selbst als bedeutsam erfährt, steht er in seiner Erzählrunde keineswegs allein.

Abgesehen davon, daß Anhaltspunkte einer solchen Begegnungsqualität bisweilen in anderen Erzählungen anklingen[94], präsentieren nämlich zwei Gruppenkameraden ganz ausdrücklich **analoge Kommunikationserlebnisse als eigene Intensiverfahrungen**.

Unmittelbar nach der hiesigen Schlüsselpassage umschreibt *Em* ein Gespräch Gleichaltriger[95], dessen Modus („<u>wie</u> wir uns unterhalten ha'm") er mit der momentan erörterten Konversation identifiziert („genau d's gleiche eig'ntlich"[96]) und ebenfalls positiv bewertet. Er subsumiert die von ihm angeführte Begegnung unter die Kategorie von „richtigen <u>ernsthaften</u> Unterhaltung'n", welche in seinen Augen durch **thematische Offenheit** („wo d' [...] dich über alles unterhalten kannst") und **mitfühlendes Verständnis** („wo du [...] genau

---

[94] vgl. insb. Brunnen: 1787/17 (*Bm*): „die Situation daß ma' so im Kreis war und 'ne Gemeinschaft war, die war damals so gut also d's, also die Gemeinschaft dort"
[95] Brunnen: 2448/26-2487/26 (*Em*); die folgenden Zitate beziehen sich - sofern nicht anders vermerkt - auf Brunnen: 2463/26 (*Em*).
[96] vgl. a. Brunnen: 2448/26 (*Em*)

weißt daß der dich versteht und daß du auf der gleichen Wellenlänge [...] bist"[97]) geprägt sind.

In einer späteren Narration[98] entfaltet **Dm** einen Ausflug von drei Mitgliedern der aktuellen Erzählrunde, als dessen Höhepunkt er abermals eine Konversation heraushebt („d's is' einfach 'n Erlebnis für sich d's is' [...] überhaupt nicht vergleichbar"[99]). Mit Verweis auf beide vorgenannten Begegnungsschilderungen („wie auch der Em schon gesagt hat und der Cm"[100]) schreibt er auch dieser Unterredung **thematische Unbegrenztheit** zu („kannst dich wirklich [...] über alles unterhalt'n"[101]). Indem seine damaligen Begleiter[102] das erinnerte Gesprächsereignis eindeutig und einhellig als „gemütlich"[103] klassifizieren, dokumentieren sie, daß sie dessen **Atmosphäre** als außerordentlich **wohltuend** empfunden haben.

Der Befund, daß gleich mehrere Erzählrundenmitglieder beim Thema 'Intensiverfahrungen' auf **Peer-Interaktionen** zu sprechen kommen, in denen die Beteiligten sich ein solches Maß an **Vertrauen**, **Achtung** und **Offenheit** entgegenbringen, daß es möglich wird, '**über alles zu reden**'[104], konvergiert mit den Ergebnissen zweier Gruppendiskussionen, die ich in anderem Zusammenhang mit jugendlichen Ehrenamtlichen aus kirchlichen Jugendverbänden durchgeführt habe.[105]

Als Hauptmotiv ihrer Mitgliedschaft und Mitarbeit identifizierten jene Jugendlichen nämlich weder inhaltliche noch weltanschauliche Interessen, sondern eine als '**Gemeinschaft**' bezeichnete **Qualität der Peer-Kommunikation**, die durch **ehrliche Offenheit** und **gegenseitiges Verständnis** dominiert wird und somit **vergleichbare** Strukturmerkmale aufweist, wie sie unter dem Vorzeichen individueller Gipfelerfahrungen in der hiesigen Erzählrunde genannt werden.

4.5.4.3 Deutungsprofil

Indem der Geschichtenträger die angeführte Begegnung unter den inhaltlichen Vorgaben der Erhebungssituation **überhaupt aus eigenem Antrieb mitteilt** und seine Darlegung zudem mit einer (fragmentarischen) **Relevanzzumessung** einleitet (I) und mit einer eindeutig

---

[97] Brunnen: 2463/26-2487/26 (*Em*)
[98] Brunnen: 2592/28-2722/30 (*Dm*)
[99] Brunnen: 2661/29-2681/29 (*Dm*)
[100] Brunnen: 2661/29 (*Dm*)
[101] Brunnen: 2661/29 (*Dm*)
[102] vgl. Brunnen: 2595/28 (*Dm*)
[103] Brunnen: 2638/28 (*Am*) und 2702/29 (*Cm*); vgl. a. 2621/28 (*?m*)
[104] Wie aufgezeigt wurde, verweisen alle drei betrachteten Kommunikationsdarstellungen auf eine **potentielle** (Brunnen: 2463/26 (*Em*) und (2661/29 (*Dm*)) oder **faktische** (V (*Cm*)) Unbeschränktheit des Gesprächsgegenstands.
[105] vgl. insb. Porzelt (1991) 56-98 und 110-137 sowie ders. (1992) 59-68

positiven Konklusion ausklingen läßt (XII), signalisiert er deutlich, daß er diesem Ereignis nicht nur im ursprünglichen Erlebnis-, sondern auch im rückblickenden Erinnerungskontext **Bedeutsamkeit** zumißt.[106]

In der Schlüsselpassage finden sich aber **keinerlei** Aussagen, die den Prozeß oder das Ergebnis einer **nachträglichen gedanklichen Verarbeitung** des dargelegten Geschehens explizieren würden.

4.5.4.4 Existentieller Kern

Die **beglückende Teilhabe** an einer **akzeptierenden** Peer-Kommunikation, in der es gelingt, auch **verletzliche Seiten der eigenen Person offenzulegen**, markiert den **existentiellen Kern** der angeführten Intensiverfahrung.

Zeichnet sich das dargelegte Gesprächsereignis aus Sicht des Sprechers auch dadurch aus, daß sich die Beteiligten **gegenseitig ernstnehmen** und **unzensiert zu äußern vermögen**, so empfindet er die Atmosphäre dieser Unterredung doch keinesfalls als schwer und getragen, sondern als außerordentlich **gelöst** und **wohltuend**.

Da sich im angeführten, punktuellen Erlebnis offensichtlich **in einzigartiger Weise** ein elementarer Wunsch nach **personenzentrierter, authentischer und angstfreier Begegnung** erfüllt hat, erscheint es ihm gerechtfertigt, dieses Ereignis aus dem Strom lebensgeschichtlicher Geschehnisse herauszuheben und als Erfahrung von hoher subjektiver Bedeutsamkeit zu rekapitulieren.

---

[106] Wie im Rahmen der Intensivanalyse aufgezeigt wurde, läßt sich anhand der beobachtbaren Textmerkmale nicht entscheiden, inwieweit sich die in VIII vorgebrachte Erlebnisprädikation auf die vergegenwärtigte Ereignisbeteiligung oder auf die aktuelle Ereignisvergegenwärtigung (vgl. Flader / Giesecke (1980) 215f.) bezieht.

5 Religionspädagogischer Ausblick

Die qualitativ-empirische Erkundung jugendlicher Intensiverfahrungen, die in den vorangegangenen Kapiteln expliziert wurde, erfolgte in **religionspädagogischem** Interesse. Die Frage, ob und in welcher Form sich existentiell bedeutsame Erfahrungen heutiger Jugendlicher **korrelativ** mit der jüdisch-christlichen Glaubenstradition vermitteln lassen, kennzeichnet den Entdeckungszusammenhang, in dem diese Erkundung verankert ist, und den Verwendungszusammenhang, auf den hin ihre Ergebnisse interpretiert werden sollen.

Die fallübergreifende Relecture der Einzelfallstudien (Kap. 5.1) und die Markierung didaktischer Konsequenzen (Kap. 5.2) zielt darauf, **Grundlinien eines theoretisch legitimierbaren und praktisch realisierbaren Korrelationskonzeptes** sichtbar zu machen.

5.1 Fallübergreifende Bündelung

Jugendliche Intensiverfahrungen sprechen für sich. Wer sie in angemessener Weise in ihrer Eigenart verstehen und interpretieren will, muß die **Anstrengung** in Kauf nehmen, **sich nachvollziehend auf Artikulationen einzulassen**, mittels derer die Betroffenen ihr eigenes Erleben vergegenwärtigend und deutend ins Wort setzen.

Die Fallstudien aus Kap. 3 und 4 zielten darauf, über eine differenzierte und methodisch kontrollierte Analyse ausgewählter Selbstzeugnisse zu einer sorgsamen Rekonstruktion **einzelner** Intensiverfahrungen zu gelangen. Die nachfolgende 'empirische Bündelung' bezieht sich dagegen auf die **Gesamtheit** der ausgewerteten Schlüsselpassagen. Sie kann und soll die konkreten und detaillierten Einzelstudien als solche weder ersetzen noch inhaltlich zusammenfassen. Ihre Aufgabe liegt vielmehr darin, **markante fallübergreifende Untersuchungsbefunde** herauszustellen, die **religionspädagogisch bedenkenswert** erscheinen.

Das qualitativ-empirische Erkundungsprojekt, das im Mittelpunkt der vorliegenden Studie steht, motiviert und legitimiert sich aus der religionspädagogischen Fragestellung, ob und in welcher Weise es gelingen kann, religiös tradierte und heutige **Relevanz**erfahrungen über das 'gemeinsame Dritte' menschlicher **Grund**erfahrungen **korrelativ** ins Gespräch zu bringen.[1] Zur sinnvollen Bearbeitung dieser **transempirischen**[2] Fragestellung bedarf es fundierter **empirischer** Kenntnisse heutiger Relevanzerfahrungen.

---

[1] vgl. insb. Kap. 1.5
[2] In kaum übertreffbarer Klarheit arbeitet *Herbert Zdarzil* (1982) 176f. heraus, „daß empirische Forschung auf einem (selbst nicht wieder empirisch ausweisbaren) Vorverständnis ihres Gegenstandes aufbaut und ihre Ergebnisse einer (nicht nur empirisch abstützbaren) Auslegung bedürfen." (vgl. a. ebd. 174 und 185)

Um die Realisierbarkeit und Legitimität einer korrelativen Didaktik zu ermessen, die lebens-bedeutsame Erfahrungen aus Überlieferung und Gegenwart auf Basis anthropologischer Gemeinsamkeiten zu vermitteln sucht, galt es prinzipiell zu erkunden, ob Jugendliche überhaupt existentiell bedeutsame Eigenerlebnisse in den korrelativen Dialog einzubringen vermögen, in welchen Sprachformen diese Erfahrungen zum Ausdruck kommen und durch welche charakteristischen und möglicherweise auch allgemein menschlichen Muster, Modi und Themen des Widerfahrens, Erlebens und Deutens solche Relevanzerfahrung gekenn-zeichnet sind.[3]

Unterziehen wir die vorangegangenen Fallbeispiele einer vergleichenden **Relecture**, die auf **fallübergreifende** Beobachtungen zielt, so lassen sich einige **Strukturaussagen** zur Fakti-zität, Gestalt und Inhaltlichkeit jugendlicher Intensiverfahrung formulieren, die korrelations-didaktisch aufschlußreich erscheinen. Selbstredend erheben diese Feststellungen keinen Anspruch auf Repräsentativität.[4] Ihre unmittelbare empirische Gültigkeit beschränkt sich auf eine begrenzte Zahl von Probanden aus einer vergleichbaren Jugendkultur. Darüber hinaus verstehe ich diese Strukturaussagen jedoch als **gegenstandsbezogenen Anknüpfungspunkt einer allgemeinen Theorie jugendlicher Intensiverfahrungen**, welche freilich durch weitere empirische Befunde korrigiert, modifiziert und vervollständigt werden muß, um als bewährt gelten zu können.[5]

Grundtendenzen existentiell bedeutsamen Erlebens und Deutens, die sich aus den zuvor aus-gewerteten Schlüsselpassagen ablesen lassen, werden im folgenden skizziert und in knapper Weise auf den korrelationsdidaktischen Problemhorizont hin reflektiert.

5.1.1 Faktizität und Verbalisierbarkeit jugendlicher Intensiverfahrungen

Ungeachtet ihrer fallspezifischen Individualität und Verschiedenartigkeit belegen die sieben Transkriptauszüge, die in der vorliegenden Forschungsstudie zitiert, analysiert und interpre-tiert werden, einhellig und eindeutig die **Faktizität und Verbalisierbarkeit** jugendlicher Intensiverfahrungen.

In den Fallbeispielen kommen zwar unterschiedliche raumzeitliche Wirklichkeiten, psychi-sche Befindlichkeiten und gedankliche Konstruktionen zur Sprache. Diese partikularen Erfahrungszüge konstituieren jedoch jeweils den Typus einer **unmittelbaren** Erfahrung, die

---

[3] Das angeführte Erkundungsinteresse wurde in Kap. 1.6.1 noch präziser gefaßt und in acht 'Suchrichtungen' ausdifferenziert.
[4] vgl. insb. Fußnote 266 in Kap. 2.8
[5] vgl. insb. Fußnote 273 in Kap. 2.8 mit Bezug auf die grounded theory nach *Barney G. Glaser* und *Anselm L. Strauss*; vgl. a. van der Ven (1993) 156

als **emotional nahegehend** erlebt wurde und als **subjektiv bedeutsam** und **biographisch einzigartig** gedeutet wird. Die Probanden explizieren durchweg selbst erlebte Geschehnisse, die sich gemäß den in Kap. 1.6.5 entfalteten Kriterien als 'Intensiverfahrungen' identifizieren lassen.

Wie in den Intensivanalysen detailliert herausgearbeitet und in den Darstellungsprofilen zusammenfassend beschrieben wurde, manifestiert sich in den Selbstzeugnissen, die den Fallstudien zugrunde liegen, eine **originäre Syntax**, mit der die betroffenen Jugendlichen existentiell bedeutsame Eigenerfahrungen zu verbalisieren vermögen. Die Probanden verfügen über eine **genuine und hochkomplexe Eigensprache**, die sie befähigt, die mitgeteilten Ereignisse vergegenwärtigend und deutend zu durchdringen. Diese Sprache umfaßt ein vielfältiges Repertoire lexikalischer, perspektivischer, stilistischer und prosodischer Mittel, die einzelne Aspekte des Darstellungsgegenstands in ihrer subjektiven Relevanz hervortreten lassen. Im sprechenden Erinnern, Bedenken und Gewichten wandeln sich situativ beeindruckende Erlebnisse zu lebensgeschichtlich bedeutsamen Erfahrungen.

Die Jugendlichen, die in der vorliegenden Studie zu Wort kommen, wissen im Setting der Erzählrunde aus dem Stegreif selbst erlebte Widerfahrnisse zu nennen, die sie für sich selbst als 'wirklich wichtig'[6] erfahren haben (**Faktizität** jugendlicher Intensiverfahrungen). Zugleich legen sie eine originäre Sprachfähigkeit an den Tag, solcherart Erlebnisse erinnernd und auslegend ins Wort zu setzen (**Verbalisierbarkeit** jugendlicher Intensiverfahrungen).

Für *Jürgen Werbicks* Klage, daß „die Heranwachsenden verlernt zu haben scheinen, sich auf Erfahrungen einzulassen"[7], liefern unsere Fallanalysen keinen Anhaltspunkt. Vielmehr ist grundsätzlich damit zu rechnen, daß die Schüler, die in korrelative Lernprozesse verwickelt werden sollen, einen **Fundus biographischer Relevanzerfahrungen** ihr eigen nennen und imstande sind, diese **in genuiner und schlüssiger Weise zu versprachlichen**.

5.1.2 Disparität jugendlicher Intensiverfahrungen

Die erinnerten und gedeuteten Erlebnisse, die in den Schlüsselpassagen zum Ausdruck kommen, lassen sich zwar durchgängig als Intensiverfahrungen klassifizieren. Sie weisen aber weder ein einheitliches Thema noch eine vergleichbare Verlaufslogik auf und unterscheiden sich in ihrer zeitlichen Erstreckung, (sozial)räumlichen Verortung und reflexiven Durchdringung gravierend. Auch berühren sie unterschiedliche Lebensbezüge und Phänomenbereiche.

---

[6] Der Erinnerungsimpuls, der in der Erhebungsphase zum Einsatz kam, lautete bekanntlich 'Das war *ein konkretes Erlebnis, das mir wirklich wichtig war.*' (vgl. Abb. 2.2 in Kap. 2.4.3.1).
[7] Werbick (1989) 116; vgl. a. ebd. 117

Schon die wenigen Einzelzeugnisse, die ich analysiert habe, lassen deutlich erkennen, daß jugendliche Intensiverfahrungen **äußerst vielgestaltig** sind und nur schwerlich auf einen inhaltlichen Nenner gebracht oder über einen theoretischen Leisten geschlagen werden können.

Eine Korrelationsdidaktik, die gegenwärtigen Relevanzerfahrungen konzeptionelles Gewicht beimißt, wird sich auf diese **Disparität existentieller Themen und Erfahrungsmodi** einrichten müssen. Zugleich hat sie **sich vor vorschnellen Verallgemeinerungen** zu **hüten**, wie sie etwa *Albert Biesinger* vornimmt, indem er dezidiert theologische Themen pauschal als „die 'großen Fragen' der Jugendlichen"[8] etikettiert, ohne die originäre Vielfalt jugendlicher Relevanzerfahrungen auch nur andeutungsweise zur Kenntnis zu nehmen.

5.1.3 Fremdheit der jugendlichen Erfahrungsartikulation

Erfahrung ist in ihrer Genese „auf **Sprache** angewiesen und kommt ohne sie im eigentlichen Sinne nicht zustande"[9], zugleich ist sie „nur sprachlich mitteilbar, die Fähigkeit des sprachlichen Ausdrucks markiert folgerichtig die Grenze des Erfahrungsaustausches."[10] Ist aber die existentielle 'Innenseite' einer Erfahrung unabhängig von ihrer sprachlichen 'Außenseite' weder verstehbar noch kommunizierbar, dann bildet die **fundierte Kenntnis jugendlicher Sprechweisen**[11] eine notwendige Voraussetzung, um jugendliche Erfahrungen korrelationsdidaktisch auf- und ernstnehmen zu können.

Die Fallanalysen, die in der vorliegenden Publikation dokumentiert sind, geben zu erkennen, daß sich die Syntax, in der Jugendliche existentiell bedeutsames Erfahren ausformen und mitteilen, eine **eigenständige und in sich stimmige Struktur** aufweist[12], die sich sowohl

---

[8] Biesinger (1997) 19; im einzelnen schreibt *Albert Biesinger* 'den' (!) Jugendlichen die folgenden „'großen Fragen'" zu, die sich dem Inhalt nach bereits in Nipkow (1987) finden (vgl. Fußnote 188 in Kap. 1.4.2.2), v o sie jedoch realistischer als „*'Einbruchsstellen' des Gottesglaubens*" (ebd. 254) firmieren: „- *woher komme ich? (Schöpfungstheologie) - gibt es Gott überhaupt? - liebt mich Gott im Alltag, begleitet er mich in meinem Leben? (Gotteslehre) - kann Gott widersinnigem Leid einen Sinn geben? (Theodizeefrage) - was wird aus mir, wenn ich sterbe und - was wird aus dieser Erde, die eines Tages zerstört wird (Eschatologie).*" (Biesinger (1997) 19)

[9] Zirker (1986) 639 [Hervorhebung: B.P.]

[10] Giesecke (1996) 123

[11] Die nachfolgenden Ausführungen zur 'Sprache Jugendlicher' implizieren nicht etwa die populäre „Fiktion" (Schlobinski / Kohl /Ludewigt (1993) 207) einer einförmigen Ausdrucksweise, die dieser Altersgruppe pauschal zugeschrieben werden könnte, gemeint sind vielmehr „situativ gebundene jugendliche Sprechweisen, die in Abhängigkeit vom gruppenspezifischen und sozialen Kontext besondere Funktionen einnehmen." (ebd. 208)

[12] In ähnlichem Sinne zieht auch *Hans Schmid* (1989) 13 die persönliche Bilanz, er habe die Alltagssprache Jugendlicher im Laufe seiner empirischen Studien als „Tor zu ihrem spezifischen Denken und Empfinden kennengelernt und auf vielfältige Weise erfahren, mit welcher Virtuosität und Sprachmacht die Jugendlichen oft in der Lage sind, auch sehr komplexe Zusammenhänge 'ihrer Welt' zur Darstellung zu bringen."

von der synchronen Standard- oder „Erwachsenensprache"[13] als auch von der diachronen Sprache der jüdisch-christlichen Erfahrungtradition erheblich unterscheidet. Jugendliche Intensiverfahrung manifestieren sich in einer 'Fremdsprache', die sich dem Pädagogen oder Theologen keineswegs selbstläufig erschließt, sondern sorgfältig nachvollzogen und übersetzt werden will, um adäquat verstanden und interpretiert werden zu können.

Korrelative Didaktik gestaltet sich somit im wörtlichen Sinne als **dreisprachiger Vermittlungsprozeß**: Wer tradierte Glaubenserfahrungen mit heutigen Lebenserfahrungen wechselseitig kritisch und produktiv ins Gespräch bringen will, muß zuzüglich zur eigenen Sprache eines professionellen Erwachsenen sowohl mit der Fremdsprache der religiösen Erfahrungtradition als auch mit der Fremdsprache der Schüler vertraut sein. Insoweit sich das Theologiestudium darauf beschränkt, das 'Sprachspiel'[14] der christlichen Überlieferung nahezubringen, vermag es diese korrelative Basiskompetenz nicht zu vermitteln.[15]

5.1.4 Absolutes Ausbleiben explizit religiöser Deutungen

Als selbstinitiierte[16] Erzählungen, die im Raum einer vertrauten Gleichaltrigengruppe und in der Diktion alltäglicher Eigensprache mitgeteilt wurden, gewähren die Texte, die in den vorangegangenen Fallstudien ausgewertet wurden, einen **authentischen** Einblick, in welcher Weise Jugendliche subjektive Intensiverfahrungen vergegenwärtigen und deuten.

Als Ergebnis der gründlichen Verbalanalyse, der diese Texte unterzogen wurden und die in den Darstellungsprofilen zusammengefaßt ist, läßt sich eindeutig feststellen, daß **kein einziger** der Probanden, die in den Schlüsselpassagen zu Wort kamen, auf Einzelvokabeln, Wendungen oder Vorstellungen zurückgreift, die sich einer religiösen Sprach- und Erfahrungtradition zuordnen lassen. Insofern sich die 'Sprache der Bedeutsamkeit', in der die Jugendlichen persönliche Intensiverfahrungen verbalisieren, in keiner Weise mit charakteristischen Sprachformen einer religiösen Überlieferung überschneidet, können deren Intensiverfahrungen im Sinne des expliziten (und zugleich empirisch faßbaren) Verständnisses von Religion, das in Kap. 1.6.2 entfaltet wurde, **nicht** als *religiöse* **Erfahrungen** klassifiziert werden.

---

[13] Kaiser (1997) 13 mit Bezug auf *Jannis Androutsopoulos*

[14] Der Begriff 'Sprachspiel', der auf *Ludwig Wittgenstein* zurückgeht, kennzeichnet die Sprache als „Handlung in Lebenskontexten" (MLS (1993) 584), welche jeweils spezifische Sprechregeln implizieren.

[15] Pointierte Hinweise auf ein grundlegendes Defizit des Theologiestudiums, einen **korrelativen** Umgang mit der christlichen Tradition einzuüben, finden sich in DKV (1992) 614f., Englert (1993) 101 und Bitter (1996) 5 (vgl. a. Fußnote 212 in Kap. 1.5).

[16] Wie in Kap. 2.7.2.2 (Abb. 4 und Fußnote 234) dargelegt wurde, bildet der Tatbestand, daß sich der jeweilige Sprecher erkennbar aus freien Stücken zu Wort meldet, eine notwendige Bedingung, um einen Redebeitrag als auswertungsrelevante Schlüsselpassage einzustufen.

Wie ich in Kap. 2.1 aufgezeigt habe, ist davon auszugehen, daß die Jugendlichen, die sich an der Erhebungskommunikation beteiligt haben, dank ihrer Mitgliedschaft und Mitwirkung in einer kirchlichen Verbandsgruppe verschiedentlich mit christlichen Vorstellungen und kirchlichen Vollzügen in Berührung kommen. Lassen sich schon in diesem vergleichsweise **kirchen*nahen*** Klientel keine Spuren einer existentiellen Aneignung der jüdisch-christlicher Sprachtradition vorfinden, so kann dies erst recht für das Gros der **kirchen*ferneren*** Schüler, die am Religionsunterricht teilnehmen, angenommen werden. Eine realistische Korrelationsdidaktik muß von der Prämisse ausgehen, daß zwischen jugendlichen Lebenserfahrungen und christlichen Glaubenserfahrungen **keinerlei sprachliche Berührungspunkte** bestehen, die über anthropologisch nachvollziehbare Vokabeln und Formulierungen hinausgehen. Mögen religiös geprägte Worte und Wendungen den Jugendlichen auch kognitiv bekannt sein, so erlangen sie doch in dem Sinne keine biographische Relevanz, daß sie zur vergegenwärtigenden Deutung eigener Intensiverfahrungen herangezogen werden.

Um weltliche Erfahrungen im Horizont einer religiösen Erfahrungstradition deuten zu können, bedarf es bestimmter Sprachformen wie des Wortes 'Gott'[17], die für diese religiöse Überlieferung kennzeichnend sind. Eine korrelative Didaktik, die anzielt, eine religiöse Erfahrungstradition den Schülern gegenüber als fremden Deutungshorizont verständlich zu machen, der sich in sinnvoller Weise mit eigenen Erfahrungen ins Gespräch bringen läßt, ist zwangsläufig darauf angewiesen, den besonderen Sprachschatz dieser religiösen Überlieferung dar- und auszulegen. Impliziert somit korrelative Religionsdidaktik notwendigerweise eine „**Sprachschule des Glaubens**"[18], welche die spezifische Begrifflichkeit der religiösen Tradition nahezubringen sucht, so darf sie doch auf Seiten der Schüler **keine** auch nur anfanghafte **existentielle Vertrautheit mit der religiösen Sondersprache voraussetzen**. Als 'verbindendes Drittes', das eine verstehende Annäherung zwischen aktuellen Lebens- und tradierten Glaubenserfahrungen ermöglicht, kommen religiös geprägte Worte und Wendungen nicht in Frage.

Der Begriff des '**Heiligen**', der dem religiösen Vokabular entstammt und im originären Sprachgebrauch Jugendlicher kaum vorkommt[19], erwies sich zwar wiederholt als brillanter

---

[17] vgl. insb. Fußnote 257 in Kap. 1.6.2
[18] Feifel (1995) 100 [Hervorhebung: B.P.]
[19] In den Transkripten der beiden Erzählrunden, die im Rahmen des hiesigen Forschungsprojekts realisiert wurden, und in den Protokollen der beiden Gruppendiskussionen, die ich in anderem Zusammenhang durchgeführt habe (Porzelt (1991)), findet sich **jeweils kein einziger Beleg** dafür, daß sich Jugendliche eines Ausdrucks bedienen, der den Wortstamm '**heilig**' beinhaltet. Auf die Wortwurzel 'heil' greifen die Teilnehmer der vorliegenden Erzählrunden lediglich dreimal zurück, wobei durchgängig auf fremde Sprachbe-

Anknüpfungspunkt, um Jugendliche dazu zu motivieren, ihr eigenes Leben aus einer bislang ungewohnten Perspektive[20] auf subjektiv bedeutsame Personen, Gedanken, Erfahrungen oder Gegenstände hin zu reflektieren.[21] Von diesem Terminus zu erwarten, er könne die fundamentale Differenz zwischen Glaubens- und Jugendsprache überbrücken und eine tragfähige Vermittlung zwischen dem Reichtum jüdisch-christlicher Glaubenserfahrungen und der Vielfalt existentiell bedeutsamer Gegenwartserfahrungen begründen, hieße jedoch, die Möglichkeiten eines **isolierten Sprachimports aus der religiösen Tradition** heillos zu überfrachten.[22]

5.1.5 Grundformen und -themen jugendlicher Intensiverfahrungen

Gegenwärtige Lebenserfahrung und tradierte Glaubenserfahrung „klaffen auseinander."[23] Sie sprechen **verschiedene Sprachen**, die wiederum in unterschiedlichen lebensweltlichen, kulturellen, geschichtlichen und gesellschaftlichen Kontexten verwurzelt sind. Sollen sie sich in ihrer widerständigen Eigenart gegenseitig erhellen und befragen, müssen sie miteinander ins Gespräch kommen. Um aber ins Gespräch zu kommen und nicht aneinander vorbeizureden, bedarf es eines **gemeinsamen Dritten**, auf das sich die Dialogpartner in ihrer Unterschiedlichkeit sinnvoll beziehen können und von dem aus sie zu wachsendem Verständnis des anderen fortschreiten können.[24]

---

stände rekurriert wird (Rezitation eines Sprichwortes in Brunnen: 2828/31 (*Em*) und 2829/31 (*Fm*) sowie Kurzcharakterisierung Jesu in Brunnen: 2240/55 (*Om*)).

[20] Insofern das Nachdenken über den Impuls 'Heilig ist mir' bewirkt, daß „von Jugendlichen etwas als heilig' betrachtet wird, was **vorher vielleicht noch nie** von ihnen in diese thematische Bezüglichkeit gebracht worden ist" (Hilger (1998) 252), zeigt sich der Begriff des 'Heiligen' als geeignet, eine „*Verfremdung des Alltäglichen*" (Werbick (1989) 122; vgl. a. Biehl (1991) 36) in Gang zu setzen, „die das Alltäglich-Selbstverständliche 'mit anderen Augen', 'von einem anderen Ort her' anschauen [...] läßt." (Werbick (1989) 123) [Hervorhebungen: B.P.]

[21] vgl. insb. den eindrucksvollen Katalog der Ausstellung jugendlicher 'Heiligtümer', die 1986 in Aachen gezeigt wurde (BDKJ Aachen (1986)), sich als Initialzündung für zahlreiche Nachfolgeprojekte erwies und eine lebhafte religionspädagogische Reflexion auslöste.

[22] Die **Ambivalenz** der religionspädagogischen Bezugnahme auf den Begriff des 'Heiligen' spiegelt sich deutlich in Hilger (1998). Fördert *Georg Hilger* einerseits wiederholt behutsam zu Tage, wie Jugendliche welchen Aspekten ihres Lebens Bedeutsamkeit zuschreiben (insb. 255f.), so subsumiert er deren Äußerungen letztendlich doch unter einen undifferenzierten Religiosität- und Religionsbegriff (insb. 249 und 260). Wie eine solche religiöse Fremdattribuierung mit dem geforderten „nicht vereinnahmenden" (246; vgl. a. 260) Respekt gegenüber jugendlichen Lebenserfahrungen vereinbar sein soll und welcher heuristische Gewinn für eine kritische und erhellende Korrelation mit der christlichen Erfahrungstradition erzielt wird, indem jugendliche Selbstmitteilungen pauschal als 'religiös' etikettiert werden, bleibt rätselhaft.

[23] Hemmerle (1994) 307 [Hervorhebung: B.P.]; mit bemerkenswerter Nüchternheit umschrieb *Klaus Hemmerle* die religionspädagogischen Implikationen, die sich aus diesem 'Auseinanderklaffen' ergeben: „Die Korrelation ist herzustellen - sie ist unselbstverständlich. Sie muß mühsam expliziert werden. Daß im Glauben eine Antwort und daß in der Erfahrung eine Frage, daß im Glauben eine Frage und in der Erfahrung eine Antwort drinnensteckt, dies festzustellen ist mühsam, und weil es nicht mehr selbstverständlich ist, braucht es auch eine methodische Ausarbeitung, wie dies denn eigentlich gehen könne." (ebd.)

[24] vgl. insb. Kap. 1.5

Ich gehe prinzipiell davon aus, daß in den Erfahrungen bestimmter Personen, Kulturen und Epochen **allgemein menschliche Grundstrukturen und -themen** aufweisbar sind, die über individuelle, soziale und historische Differenzen hinweg **konstant** bleiben[25] und ein **adäquates Medium** darstellen, um religiös überlieferte und heutige Relevanzerfahrungen korrelativ ins Gespräch zu bringen, ohne deren Eigenständigkeit anzutasten.[26] Sollten sich aus jugendlichen Erfahrungszeugnissen solcherart **elementare Strukturen und Themen** herauslesen lassen, die in analoger Weise in Erfahrungsdokumenten der Glaubenstradition auffindbar sind, so schält sich damit ein **konkret faßbares Tertium Comparationis** heraus, in dem überlieferte Glaubens- und heutige Lebenserfahrungen ungeachtet ihrer fundamentalen sprachlichen Differenz sinnvoll und bedeutsam vermittelt werden können. Korrelativer Didaktik kommt dann die Aufgabe zu, religiös tradierte und aktuelle Erfahrungen als **unterschiedlich gedeutete Ausprägungen vergleichbarer Grunderfahrungen** je für sich verständlich zu machen und aufeinander zu beziehen.[27]

Wenn die sieben Fallstudien, die in Kap. 3f. vorgestellt wurden, auch nur einen begrenzten Ausschnitt aus dem vielfältigen Spektrum jugendlicher Intensiverfahrungen in den Blick rücken, so **demonstrieren** sie doch **durchgängig**, daß und auf welche Weise sich in konkreten Relevanzerfahrungen tatsächlich **Grunderfahrungen** freilegen lassen, die nicht nur den jeweils **analysierten Einzelfall in seinem besonderen Kontext** durchwirken, sondern darüber hinaus mit hoher Wahrscheinlichkeit auch in **fremden Erfahrungen** vorfindbar sind, die **in differenten Kontexten** verankert sind. In der vorliegenden Studie ist es nicht angezielt und leistbar, Glaubenszeugnisse zu identifizieren, in denen ebenjene Grundformen und -themen existentiell bedeutsamen Erlebens und Erfahrens zum Tragen kommen, die sich

---

[25] vgl. Kap. 1.3.5 mit Bezug auf *Edward Schillebeeckx*, Kap. 1.5 sowie Pollack (1995) 173 im kritischen Rekurs auf *Gerardus van der Leeuw, Jacques Waardenburg* und *Ulrich Mann*: „Die anthropologische Voraussetzung, die die Religionsphänomenologie [...] macht, besteht in der Annahme, daß alle Menschen, unabhängig von ihrer kulturell-geschichtlichen Bedingtheit, einen Kern haben, der letztendlich gleichartig ist. Dieser ermögliche es, daß Menschen einander auch über große geschichtliche und kulturelle Differenzen hinweg verstehen."

[26] vgl. insb. Kap. 1.5 sowie Nipkow (1986) 605: „Korrelationsdidaktisches Denken beruht auf der hermeneutischen Annahme der **Analogie**- bzw. Gleichnisfähigkeit der menschlichen Alltags- und Grunderfahrungen im Blick auf Glaubenserfahrungen." Wenn *Karl Ernst Nipkow* die Begriffe 'Grunderfahrung' und 'elementare Erfahrung' auch für das Denotat konkreter Relevanzerfahrungen reserviert (vgl. a. Fußnote 237 in Kap. 1.6), läßt er in der Sache doch keinen Zweifel daran, daß eine Korrelation zwischen Überlieferung und Gegenwart der Prämisse bedarf, daß beide Korrelate durch epochenübergreifende Erfahrungsanalogien verschränkt sind. [Hervorhebung: B.P.]

[27] vgl. insb. Ott (1995) 301: „Auf dem Weg der *Analogie* verknüpft bzw. konfrontiert die didaktische Reflexion Erfahrungen und Modelle des Handelns mit Bibeltexten, die eine **ähnliche Erfahrung** und/oder Lebenssituation thematisieren. Aber auch die umgekehrte Bewegung ist möglich: die Textstruktur 'sucht' ein **Analogon** in der Erfahrungswelt des Lernenden, um das Gewicht der biblischen Botschaft für die heutige Erfahrung aufzuschließen." [Hervorhebungen: B.P.]

in unseren Fallbeispielen zeigen. Ist dem Unterfangen, solche **analogen Grunderfahrungen** in der jüdisch-christlichen Tradition aufzuspüren, auch keine durchgängige Erfolgsgarantie beschieden, so erscheint es doch religionsdidaktisch als unabdingbar und prinzipiell als aussichtsreich.

Mit dem **Verlaufsschema** der Krise (1), des Übergangsritus (2) und der punktuellen Erlebnisaufgipfelung (3) auf der einen[28] und den **existentiellen Kernthemen** von Heimat und Fremde (1), psychosozialer Integration und Isolation (2), Tod, Kontingenz und Vergänglichkeit (3), akzeptierender Kommunikation (4) und präsentischer Alltagstranszendenz (5) auf der anderen Seite[29], vermochte die qualitativ-empirische Untersuchung ausgewählter Erfahrungszeugnisse ein vorläufiges Inventar **elementarer Strukturen und Themen** zu identifizieren, die für jugendliche Relevanzerfahrungen kennzeichnend sind. Daß dieser Fundus durch weitere empirische Studien ergänzt und gegebenenfalls auch korrigiert werden muß und daß es einer sorgfältigen religionsdidaktischen Reflexion bedarf, um die angeführten Grundformen und -inhalte existentiell bedeutsamen Erlebens und Erfahrens in sach- und adressatengemäßer Weise auf eine korrelative Unterrichtspraxis umzumünzen, liegt auf der Hand.

Es wäre jedoch fatal und stünde im diametralen Gegensatz zur Intention meines Erkundungsprojekts, jugendliche Erfahrungen sowohl in der theoretischen Reflexion als auch in der unterrichtlichen Realität in ihrer konkreten und komplexen Eigenstruktur und Eigensprache zu Wort kommen zu lassen, sollte sich die Rezeption der dargelegten Fallstudien darauf beschränken, die rekonstruierten Intensiverfahrung in ihrem emotionalen und kognitiven Facettenreichtum auf den abstrakten Nenner einiger Schlagworte zu bringen.

---

[28] Die angeführten Verlaufsschemata lassen sich den folgenden Fallstudien zuordnen:
    (1) 'Krise': Kap. 3.4 (*Cw*) und 4.2 (*Dm*); vgl. a. Kap. 3.3 (*Dw*) und 4.3 (*Em*)
    (2) 'Übergangsritus': Kap. 3.2 (*Aw*) und 3.3 (*Dw*)
    (3) 'punktuelle Erlebnisaufgipfelung': Kap. 4.4 (*Fm*) und 4.5 (*Cm*)
[29] Die genannten Kernthemen finden sich (in variierenden Ausprägungen!) in den folgenden Fallanalysen:
    (1) 'Heimat und Fremde': Kap. 3.2 (*Aw*) und 3.3 (*Dw*)
    (2) 'psychosoziale Integration und Isolation': Kap. 3.2 (*Aw*), 3.3 (*Dw*) und 3.4 (*Cw*)
    (3) 'Tod, Kontingenz und Vergänglichkeit': Kap. 4.2 (*Dm*) und 4.3 (*Em*)
    (4) 'akzeptierende Kommunikation': Kap. 4.5 (*Cm*)
    (5) 'präsentische Alltagstranszendenz': Kap. 4.4 (*Fm*)

5.2 Religionspädagogische Konsequenzen

5.2.1 'Indirektes Korrelieren' statt direkter Kommunikation des Privaten

Das Plädoyer, jugendliche Relevanzerfahrungen in ihrer eigenen und einzigartigen Sprache, Struktur und Inhaltlichkeit als ebenbürtiges Korrelat religiöser Glaubenserfahrungen wahr- und ernstzunehmen, könnte den **gravierenden Fehlschluß** provozieren, den Religionsunterricht selbst als Raum zu definieren, wo Schüler **eigene** Intensiverfahrungen offenlegen sollten.

Sicherlich ist es nicht auszuschließen, daß es im real existierenden Religionsunterricht zur authentischen Mitteilung persönlicher Erlebnisse kommen kann. Wird eine solche unmittelbare Erfahrungskommunikation jedoch (religions)didaktisch **intendiert** und methodisch zu **inszenieren** versucht, so **überschreitet** der (Religions)Unterricht damit die Grenze dessen, was ihm aufgetragen und realistischerweise möglich ist. Er bemächtigt sich in unzulässiger Weise der Privatsphäre seiner Schüler.[30]

Jugendliche betrachten den schulischen Unterricht **kaum** als genuinen Ort, um Eindrücke, Gefühle und Gedanken zu besprechen, die sie für sich selbst als vertraulich und intim werten. Kommunizieren sie Erlebnisse und Erfahrungen, die ihnen emotional nahegehen und subjektiv bedeutsam sind, so geschieht dies - abgesehen von familiären Bezügen - in der Regel nicht im „Zwangsgebilde"[31] der Schulklasse, sondern in der **informellen Interaktion mit Gleichaltrigen**, die sich ebenso in der Peer-Group[32] wie in einer dyadischen Freundschaft[33] ereignen kann.

---

[30] In polemischer, doch nichtsdestoweniger erhellender Schärfe markiert *Alfred Schirlbauer* (1996) die Gefahren einer sich als erfahrungs- und schülerorientierten gebärdenden Didaktik, die methodisch kunstvoll eine unterrichtliche „**Diskursivierung des Privaten**" (66 [Hervorhebung: B.P.]; vgl. insb. *Friedrich Thiemann* nach 65) zu inszenieren sucht. Solchen didaktischen Bemühungen mangelt es einerseits an elementarem Respekt gegenüber der Intimsphäre des Schülers, sie tendieren andererseits dazu, die ungebrochene Sanktions-, Selektions- und Allokationsmacht der Institution 'Schule' in kaum erwehrbarer Weise zu operationalisieren: „Die unverzichtbare Gewalt des Lehr-Herren, seine Lehr-Herrschaft [...] erscheint nun in der Gestalt des Therapeuten: helfend, tröstend, entwickelnd, animierend, das Klima präparierend, in welchem sich die Subjekte gleichsam von selber öffnen. Die Lehrerpersönlichkeit taucht nun als Therapeutenautorität hinter den Linien der Subjekte auf, und der strategische Rückzug des [...] Schülers - bislang allemal das tauglichste aller Schüler-Ausweichmanöver und kunstvoll geübt durch Generationen hindurch - wird unmöglich. Der Herr macht sich plötzlich gemein mit den Seinen, [...] um eine Position zu besetzen, der gegenüber Renitenz und Widersetzlichkeit schlechthin unangebracht erscheinen." (66f. [ein orthographischer Fehler im Originalzitat wurde berichtigt; B.P.]; vgl. a. 100f. mit Bezug auf *Stefan Blankertz* sowie Giesecke (1996) 81 und 148f.)

[31] *Rudolf Weiss* nach Mietzel (1986) 280

[32] vgl. insb. Kap. 4.5 (Einzelfallstudie: *Cm*) sowie Brunnen: 2448/26-2487/26 (*Em*), 2592/28-2722/30 (*Dm*) und 2562/61-2574/62 (*Cm*)

[33] vgl. insb. Kap. 3.4 (Einzelfallstudie: *Cw*) sowie Ostern: 1049/30-1165/31 (*Dw*); bezeichnenderweise charakterisiert die Protagonistin im letztgenannten Textstück die dyadische Beziehung zu ihrer gleichaltrigen 'besten Freundin', indem sie nachdrücklich darauf verweist, daß sich diese Freundschaft durch eine Erfahrungskommunikation von **nahezu unbegrenzter Offenheit** auszeichnet:

Didaktische Theorie und Praxis kommt nicht umhin, die Rahmenbedingungen zu akzeptieren, unter denen sich schulischer Unterricht vollzieht. Dieser ist per se dadurch gekennzeichnet, daß Heranwachsende in einer Gruppe mit anderen, die sie **nicht frei gewählt** haben, **obligatorisch**[34] an einem Lehr- und Lerngeschehen teilnehmen, das von einem professionellen Erwachsenen gelenkt und moderiert wird, der dazu berechtigt und verpflichtet ist, erbrachte Schülerleistungen zu **zensieren**.

Auch eine Didaktik, die sich als schüler- und erfahrungsorientiert begreift, muß zugestehen und berücksichtigen, daß der unterrichtlichen Kommunikation durch die Institution der Schule eine **fremdbestimmte, verpflichtende, asymmetrische** und **sanktionierende** Grundstruktur vorgegeben und aufgeprägt ist, die einem offenen und vertrauensvollen Erfahrungsaustausch **enge Grenzen** setzt. Sie hat zu beachten und zu respektieren, daß sich Jugendliche **mit gutem Recht** und **aus guten Gründen** auf den **selbstbestimmten, freiwilligen, egalitären** und **sanktionsarmen** Sozialraum der Gleichaltrigen konzentrieren, wenn sie sensible Aspekte des eigenen Lebens und Erlebens preisgeben.

Daß es im Rahmen des vorliegenden Erkundungsprojekts gelang, die jugendlichen Probanden zur bemerkenswert offenen und authentischen Darlegung eigener Intensiverfahrungen zu bewegen, verdankt sich maßgeblich dem kommunikativen Setting der **verbandlichen Realgruppe**.[35] Als **freiwillige**[36] Sozialgebilde, die durch **Eigenverantwortlichkeit** und **Gleichberechtigung** geprägt und eher auf die beteiligten **Personen** denn auf Sachziele ausgerichtet sind[37] sowie dank ihrer zeitlichen und personellen Beständigkeit ein hohes Maß

- „d's is' einfach die Freundschaft d', wir kennen uns seit der siebt'n Klasse, ha'm jeden Tag in der Schule zusammengehang'n und, alles erzählt, ich weiß wirklich alles von ihr und sie alles von mir" (Ostern: 1077/30-1089/30 (*Dw*))
- „also d's is' jetzt, einfach so 'ne Freundschaft, ich weiß nich', in mancher Hinsicht weiß sie dann auch mehr als meine Eltern oder so, d's is' ganz 's ganz anders halt und d's is' halt auch voll schön also, Freundschaft ist mir schon recht viel wert (wird leise:) muß ich halt sagen" (Ostern: 1137/31-1148/31 (*Dw*))

[34] „Der Schüler ist Angehöriger eines besonderen sozialen Systems, seiner Schule. Seine System-Mitgliedschaft beruht prinzipiell auf rechtlichem Zwang (Schulpflicht); im Falle weiterführenden Schulbesuches steht er zumindest starken *sozialen* Zwängen (Elternabhängigkeit, benötigte Schulabschlüsse und Zeugnisse) gegenüber." (Hartfiel (1973) 58)

[35] vgl. insb. Kap. 2.1 und Kap. 2.2.2

[36] vgl. Porzelt (1992) 23f.

[37] *Wolfgang Schefold* und *Diethelm Damm* (1984) 617 charakterisieren Jugendverbände treffend „als eine Form **institutionell abgesicherter**, gleichwohl zumindest teilweise **selbstbestimmter, personenbezogener, egalitärer** Interaktion mit Gleichaltrigen", die sich in ihrer Kommunikationsstruktur grundlegend von Schule und Arbeitswelt unterscheidet, „die primär **hierarchisch, zweckbezogen** und **fremdbestimmt** organisiert sind". Die angeführten Kommunikationsmerkmale der 'institutionellen Absicherung', 'Selbstbestimmung', 'Egalität' und des 'Personenbezuges' verbandlicher Jugendarbeit werden in Porzelt (1992) 71-82 eingehend erörtert. [Hervorhebungen: B.P.]

gegenseitiger **Vertrautheit** entstehen lassen[38], erweisen sich solche Verbandsrunden ähnlich wie informelle Gleichaltrigenbezüge als willkommener und geeigneter Ort, wo sich Jugendliche aus freien Stücken über Erfahrungen austauschen, die sie im Schulunterricht für sich behalten.[39]

Eine Religionsdidaktik, die die Grenzen schulischen Unterrichts ernstnimmt und die originären Begegnungsräume der Jugendlichen achtet, wird sich nicht daran aufreiben, sondern vielmehr akzeptieren, daß in der Schule ebendas „vielfach mißlingt [...], was im ungezwungeneren Rahmen außerschulischer Meetings sehr wohl möglich ist."[40] Um aktuelle Lebenserfahrungen als korrelativen Gegenpol zu tradierten Glaubenserfahrungen ins Spiel zu bringen, wird sie darauf **verzichten** müssen, die **direkte** Erfahrungskommunikation kopieren zu wollen, die in freiwilligen Sozialbezügen gang und gäbe ist.[41]

Schüler sollten im Religionsunterricht eigene Relevanzerfahrungen identifizieren, besprechen und bedenken können, **ohne** (mehr oder minder sublim) dazu gedrängt zu werden, sich persönlich zu offenbaren! Das unaufgebbare Ziel, existentiell bedeutsame Schülererfahrungen in ein wechselseitiges kritisches und produktives Gespräch mit analogen Glaubenserfahrungen zu verwickeln, erfordert eine **behutsame Kommunikationskultur.**

Schließt eine solche Gesprächskultur auch nicht generell aus, daß die Schüler im ein oder anderen Fall unmittelbar auf persönliche Wahrnehmungen, Gefühle und Gedanken zu sprechen kommen[42], so legt sie doch gerade bei sensiblen Themenbereichen (z.B. Spiritualität,

---

[38] Daß und inwiefern verbandliche Jugendgruppen dank ihrer **kontinuierlichen** Struktur in besonderer Weise in der Lage sind, sowohl sozial-emotionalen Rückhalt zu gewährleisten als auch subjektiv wie biographisch bedeutsame, alltagsorientierte sowie personenbezogene Lernprozesse anzustoßen, wird in Porzelt (1994) und ders. (1996) herausgearbeitet.

[39] Wie *Peter Schlobinski, Gaby Kohl* und *Irmgard Ludewigt* (1993) als Resultat einer vergleichenden Sprachanalyse zwischen einer kirchlichen Jugendgruppe und einem schulischen Wahlpflichtkurs ermittelt haben, schlägt sich die strukturelle Differenz zwischen Schule und Jugendarbeit auch in **differierenden Sprechweisen** nieder: Während sich die **Jugendgruppe** angesichts (1) des hohen Intimitätsgrades der Mitglieder, (2) ihrer vergleichsweise unstrukturierten und selbstbestimmten Gesprächssituation und (3) ihrer lebhaften emotionalen Atmosphäre als **nahezu idealer Nährboden** „**für die Entwicklung kreativer Stilbasteleien und Sprachspiele**" (211 [Hervorhebung: B.P.]) erweist, bedienen sich die Jugendlichen im **schulischen** Kontext, der „durch Erwachsene mitstrukturiert wird" (146 und 210) und „bestimmte Verhaltens- und Sprachanforderungen" (ebd.) auferlegt, bevorzugt der **konventionellen Umgangssprache.**

[40] Englert (1993) 102

[41] vgl. insb. die eindringliche Mahnung von *Hermann Giesecke* (1996), daß sich der schulische Unterricht davor zu hüten habe, Themen und Kommunikationsformen außerschulischer Peer-Bezüge okkupieren zu wollen: „Weder die Familie noch die Schule ist eine therapeutische Institution. Zu den Persönlichkeitsrechten der Schüler gehört auch ihre unterhalb der formellen Unterrichtssituation verlaufende 'Subkultur', mit ihrem eigenen Jargon und mit eigenen Ritualen; der Lehrer sollte sie weder durch psychologische Tricks in die Hand zu bekommen versuchen noch sich ihr anbiedern." (149) „Die Schule nimmt die Schüler nicht zuletzt dadurch ernst, daß sie auch die kulturelle Distanz deutlich macht, die zwischen der Subkultur und ihren eigenen Ansprüchen besteht." (ebd.)

[42] Je persönlicher die Thematik solcher Artikulationen, desto sorgfältiger ist darauf zu achten, daß sie wirklich freiwillig erfolgen. Der Respekt vor den Personen und die Ernsthaftigkeit der Sache gebieten es meines Er-

Freundschaft, Sexualität, Tod), die zum existentiellen Proprium des Religionsunterrichts gehören, Vorgehensweisen nahe, die es ermöglichen, eigene Erlebnisse und Erfahrungen **indirekt** zur Sprache zu bringen.

Statt unmittelbare Selbstmitteilungen zu evozieren, setzt **indirektes Korrelieren** darauf, existentiell bedeutsame Gegenwartserfahrungen **mittelbar zu repräsentieren**, mit denen sich die Schüler **identifizierend auseinandersetzen** und anhand derer sie eigene Erlebnisse und Deutungen **behutsam thematisieren** können, ohne sich genötigt zu sehen, Details und Aspekte kundtun zu müssen, die sie für sich selbst als sensibel und privat einstufen.

Zeitgenössische Erfahrungszeugnisse Dritter, die sprachlich, symbolisch, bildlich, musikalisch oder filmisch gefaßt sein können und zu denen auch jugendliche Selbstaussagen zählen, dienen dabei als Medium, das heutigen Lebenserfahrungen im Unterricht Geltung verschafft. Sind solche Dokumente auch niemals imstande, jugendliche Lebenssituationen und -erfahrungen in ihrer konkreten Vielfältigkeit umfassend und vollgültig widerzuspiegeln, so müssen sie den Schülern doch prinzipiell die Möglichkeit bieten, sich selbst **wiederzuerkennen**, sollen sie ihrem **genuinen Zweck** gerecht werden, **vertraute** Erfahrungen zu repräsentieren, die mit dem **fremden** Erfahrungsschatz der religiösen Überlieferung zu korrelieren sind.

Wie sich **Gegenwart**serfahrungen im Unterricht sach- und schülergerecht repräsentieren lassen, erscheint mir als ein Problem, das von einer Religionsdidaktik, die sich vorrangig um die Präsentation der Glaubens**tradition** sorgte, bislang kaum reflektiert wurde und zumeist der Intuition von Schulbuchautoren und Religionslehrern überlassen blieb.

Um Unterrichtsmedien auszuwählen, die nicht lediglich die Ängste[43] und Idealisierungen[44] der Erwachsenen projizieren, sondern die Lebens-, Ausdrucks- und Erfahrungswelt der Schüler in authentischer Weise repräsentieren, müßten Religionslehrer imstande sein, charakteristische Formen, Themen und Artikulationen jugendlichen Erlebens und Erfahrens **empirisch begründet zu antizipieren**.[45] Angesichts der Schülerreaktionen, die aus der

---

achtens, daß unterrichtliche Selbstmitteilungen dem Maßstab der '**selektiven Authentizität**' genügen sollten, der auf die Themenzentrierte Interaktion (TZI) nach *Ruth C. Cohn* zurückgeht (vgl. dies. (1983) 125 sowie dies. in Farau / Cohn (1984) 363f. und 371). Die Gesprächteilnehmer sind zu befähigen, ermutigen und aufzufordern, ausschließlich das mitzuteilen, was sie nach bewußter Entscheidung von sich selbst preiszugeben bereit sind (Selektivität) sich andererseits darum zu bemühen, das, was sie von sich selbst preiszugeben bereit sind, wahrhaftig kundzutun (Authentizität).

[43] vgl. Schweitzer (1995) 74

[44] vgl. Mette (1991) 696

[45] Damit der Lehrende nicht im „Synkretismus seines Ichs mit der Jugend stecken bleibt und damit er die Jugend wahr- und ernstnimmt, wie sie sich in ihren verschiedenen Erscheinungsformen zeigt und sich darin unterschiedlich selbst erfährt, damit also seine Wahrnehmung nicht zum Zerrbild seiner eigenen Sehnsüchte und Frustrationen wird, gilt es, **sich selbst zu transzendieren, um über die beziehungsweise von den Ju-**

Begegnung mit dem Unterrichtsmedium hervorgehen, sind die vorgängigen Annahmen zur Gestalt und Inhaltlichkeit jugendlicher Erfahrungen je neu zu überprüfen und auf zukünftige, realitätsnähere Antizipationen hin weiterzuentwickeln.

5.2.2 'Respektierende Konfrontation' als realistische Perspektive korrelativer Didaktik

Erinnerte und erzählte Lebensgeschichte birgt Ereignisse, die als subjektiv bedeutsam erlebt und gedeutet werden. Jugendliche wissen um solche Gipfel- und Knotenpunkte der eigenen Biographie und sie vermögen diese in genuiner Weise zu verbalisieren. Die Eigengestalt und Eigenlogik ihres Sprechens spiegelt eine konkrete Vielschichtigkeit und Vielgestalt existentieller Erlebnismodi und Erfahrungsthemen. Im Vernehmen der jugendlichen Fremdsprache erschließen sich subjektive Wirklichkeiten, die einen „**eigentümlichen Sinn**"[46] in sich tragen, der sich von außen her nicht letztgültig entschlüsseln läßt. Die empirische Erkundung authentischer Selbstzeugnisse stößt auf eine **Ernsthaftigkeit** und **Unableitbarkeit** des dargelegten Erlebens und Deutens, welche es nahelegt und berechtigt erscheinen läßt, jugendlichen Intensiverfahrungen eine eigene **Würde** oder **Dignität** zuzumessen und somit auf eine Kategorie zurückzugreifen, die den Rahmen des empirisch Meß- und Begründbaren überschreitet.

Korrelative Religionsdidaktik strebt danach, die Lebenserfahrungen der Schüler mit der jüdisch-christlichen Erfahrungstradition in ein fruchtbares Gespräch zu verwickeln. Sollen sich beide Dialogpartner in ihrer Eigenart und Eigenständigkeit gegenseitig erhellen und korrigieren können, müssen sie im Unterrichtsgeschehen in ihrer **jeweiligen Besonderheit** zur Geltung kommen.[47] Werden jugendliche Intensiverfahrungen **didaktisch instrumenta-**

---

gendlichen etwas zu erfahren." (O. Fuchs (1986) 24) Da sich dieser grundlegende „Perspektivenwechsel" (Nipkow (1995) 364) nicht allein mit gutem Willen herstellen läßt, verlangt nicht nur die „religionspädagogische Theoriearbeit" (Englert (1995) 158), sondern auch die „Praxis des Religionsunterrichts" (EKD (1995) 28) nach einer „**empirischen Kompetenz**" (Schmid (1997) 248f.), die solide Kenntnisse der Ergebnisse psychologischer, sozialwissenschaftlicher und empirisch-theologischer Kinder- und Jugendforschung einschließt (vgl. bereits *Eugen Paul* (1973) 703). [Hervorhebungen: B.P.]

[46] Giesecke (1996) 63 [Hervorhebung: B.P.]

[47] In präziser Weise bringt *Rolf Zerfaß* (1987) 32 diesen '**normativen Kern kommunikativen Handelns**' (*Helmut Peukert* nach ebd.) zum Ausdruck: „Sprachliches Handeln unterscheidet sich gerade darin von vorsprachlichem Verhalten, daß ich, wenn ich wirklich mit dem anderen reden will, implizit seine **Freiheit**, seine **Unabhängigkeit** und **Ebenbürtigkeit** wollen muß. Würde ich nämlich nur so mit ihm reden wollen, daß er nicht ebenbürtig zum Zuge kommen kann, so schädige ich nicht nur ihn, sondern auch mich selber; denn ich bringe mich um jenen Partner, den ich doch suche, wenn ich überhaupt kommuniziere. Jede Kommunikation ist in sich ja bereits das Eingeständnis, daß ich ein Gegenüber brauche, um mich selber zu verwirklichen. Manipulativer Umgang mit dem anderen bringt mich daher in einen Widerspruch zu mir, zu meinen elementarsten Bedürfnissen." [Hervorhebungen: B.P.]

lisiert und als „Anknüpfungspunkte"[48]; „Aufhänger"[49] oder „Gleitmittel"[50] benutzt, um den Schülern letztlich doch die vermeintlich „ein für allemal begriffene, fertige Wahrheit"[51] der religiösen Offenbarung in Form 'schon bereit liegender Glaubensinhalte'[52] nahebringen zu wollen, werden letztlich **beide** Dialogpartner um die Möglichkeit gebracht, 'sich etwas zu sagen, sich zu befragen und gegenseitig anzuregen'[53]. Wer die Erfahrungswelt der Schüler **in ihrer sperrigen Eigenart** aus dem Unterrichtsprozeß **verbannt**, nimmt der religiösen Überlieferung den Ansprechpartner, dem sie sich als plausible Deutungshilfe anbieten will und von dem sie umgekehrt Impulse empfangen kann, um sich unter den gewandelten Bedingungen der Gegenwart als 'sinnerschließende und befreiende Kraft'[54] zu bewähren.

Korrelative Didaktik steht vor der elementaren Aufgabe, „das **Recht** unterschiedlicher Erfahrungen **real** aufeinander zu beziehen."[55] Insofern es im Unterricht gelingt, lebensbedeutsame Glaubens- und Lebenserfahrungen „je in ihrem **Eigenwert** und ihrer **Eigenständigkeit** zu sehen und zu belassen"[56] - was nichts anderes bedeutet, als sie zu **respektieren** -, wird es möglich, beide Erfahrungspole in ein wahrhaftiges Gespräch zu bringen, das per se „nicht spannungs- und widerspruchsfrei sein"[57] kann.

Der **Respekt** vor dem Anderssein des anderen bildet die Möglichkeitsbedingung, um sich gegenseitig verstehen und verständigen zu können.[58] Sollen jugendliche Relevanzerfahrungen im Unterricht als ebenbürtiges Korrelat der Glaubensüberlieferung zur Geltung kommen, sind sie notwendigerweise in ihrer konkreten Einmaligkeit und Besonderheit **wahr- und ernstzunehmen**: „Die Wertschätzung der Erfahrungen und Ansichten junger Menschen"[59] im allgemeinen und ihrer existentiell bedeutsamen Erfahrungen im besonderen

---

[48] Feifel (1995) 91; vgl. insb. Bitter (1996) 4: „Das allzu spärliche (empirisch gesicherte) humanwissenschaftliche Fundament treibt nur zu oft die angeblich korrelative Unterrichtspraxis in die alten Bahnen der 'Münchner Methode': die alltägliche Erfahrung heute wird mißbraucht zur 'Anknüpfung'."
[49] Zentralstelle Bildung (1977) 15
[50] Englert (1996) 6
[51] Zentralstelle Bildung (1977) 15
[52] Englert (1996) 6
[53] Zentralstelle Bildung (1985) 243
[54] Schillebeeckx (1990) 59f.
[55] Halbfas (1991) 753 [Hervorhebungen: B.P.]
[56] Baudler (1976) 330 [Hervorhebungen: B.P.]; vgl. insb. Zentralstelle Bildung (1977) 16 und 18
[57] Ott (1995) 301; vgl. a. ebd. 303
[58] vgl. insb. Halbfas (1991) 753: „Die Kraft zur Glaubensvermittlung endet dort, wo der andere nicht mehr in seinem Anderssein wahrgenommen und verstanden wird." Die sprachphilosophische These, daß „im Vorgang der Verständigung [...] eine unaufhebbare Differenz gesetzt ist" (Peukert (1994) 6), angesichts derer „Verstehen überhaupt" als „Anerkennen der Andersheit des anderen" (*Tilman Borsche* nach ebd.) zu fassen ist, findet sich bereits bei *Wilhelm von Humboldt*.
[59] DKV (1992) 618

bildet eine zwingende Vorbedingung, damit sich korrelative Begegnung mit der religiösen Erfahrungstradition ereignen kann.

Mit Blick auf den Gehalt und die Gestalt der Einzelerfahrungen, die in den Fallstudien in Kap. 3f. analysiert und rekonstruiert wurden, läßt sich zumindest andeutungsweise ermessen, daß eine korrelative Vermittlung zwischen Lebens- und Glaubenserfahrungen, die „*beide* in ihrem Eigenwert und ihrer Eigenständigkeit belassen"[60] will, **erhebliche Konsequenzen** für den **konkreten Alltag** des Religionsunterricht impliziert. Ist es im Rahmen der vorliegenden, empirisch akzentuierten Forschungsstudie auch nicht möglich, das inhaltliche, methodische und kommunikative Profil einer **respektierenden Korrelationsdidaktik** zu umreißen (geschweige denn auszubuchstabieren), so will ich doch zumindest eine **Zielrichtung** skizzieren, die das legitime Anliegen korrelativer Theologie und Religionspädagogik mit den **realen** Möglichkeiten und Grenzen unterrichtlicher Alltagspraxis zu vereinen sucht. Betrachten wir die Erfahrungszeugnisse, die im Rahmen meines Erkundungsprojektes in den Blick genommen wurden, in fallübergreifender Perspektive[61], so lassen sich drei Grundtendenzen ausmachen, die für eine realistische Zielformulierung korrelativer Religionsdidaktik bedenkenswert erscheinen.

(1) Die existentiellen Grundthemen und -strukturen, die in den erkundeten Einzelerfahrungen aufgespürt wurden[62], geben ein **anthropologisches 'Drittes'** zu erkennen, auf das sich religiös tradierte und aktuelle Daseinszeugnisse gemeinschaftlich beziehen können. Der **Rekurs auf Grunderfahrungen**, die sich gleichermaßen in der Erfahrungswelt der Schüler wie der jüdisch-christlichen Überlieferung aufspüren lassen, erscheint als **realisierbare Möglichkeit**, um im Unterricht eine **verstehende Verknüpfung** zwischen Lebens- und Glaubenserfahrungen anzubahnen.

(2) Die 'Sprache der Bedeutsamkeit', in der die Probanden selbst erlebte Widerfahrnisse von existentiellem Gewicht verbalisieren, überschneidet sich in keiner Weise mit den charakteristischen Sprach- und Deutungsmustern der jüdisch-christlichen Tradition. Will der Unterricht einen Zugang zur Erfahrungswelt des Glaubens ermöglichen, der über eine anthropologische Lesart religiöser Dokumente und Praktiken hinausgeht, steht er vor der **Aufgabe, das Interpretament 'Gott'** als Spezifikum der religiösen Wirklich-

---

[60] Baudler (1976) 331
[61] vgl. Kap. 5.1
[62] vgl. insb. Fußnote 28f. in Kap. 5.1.5

keitsdeutung[63] **verständlich zu machen**, das den Schülern mit hoher Wahrscheinlichkeit **existentiell fremd** ist.

(3) Aus den analysierten Selbstmitteilungen wird deutlich, daß jugendliche Intensiverfahrungen in sich äußerst vielschichtig und voneinander sehr verschieden sind. Der Religionsunterricht soll zwar beständig Möglichkeiten eröffnen, eigene Daseinsdeutungen in der Auseinandersetzung mit der religiösen Erfahrungstradition reflektieren, befragen und gegebenenfalls auch modifizieren zu können. Angesichts der **Disparität und Komplexität existentieller Themen und Erfahrungsmodi**, mit der auf Seiten Jugendlicher zu rechnen ist, erscheint es jedoch **kaum vorhersehbar und planbar**, in welchen Fällen Schüler für sich selbst einen aussagekräftigen Zusammenhang zwischen eigenen und überlieferten Erfahrungsgehalten und -formen herzustellen vermögen. Die **kritische und produktive Rückwendung der fremden Erfahrungstradition auf das eigene Ich** läßt sich didaktisch zwar begünstigen, nicht aber steuern oder erzwingen.

Jugendliche Relevanzerfahrungen und religiös überlieferte Offenbarungserfahrungen stehen in sprachlicher, struktureller und inhaltlicher **Spannung** zueinander. Ihre gegenseitige **Fremdheit** und jeweilige **widerständige Eigenart** bildet ein Grunddatum korrelativer Didaktik.

Klassischen Kurzformeln korrelativer Religionsdidaktik zufolge gilt die korrelative Begegnung zwischen überlieferter Glaubens- und heutiger Lebenserfahrung letztendlich dann als **geglückt**, wenn sich beide Erfahrungspole „schöpferisch in Bewegung bringen"[64] und „sich gegenseitig etwas zu sagen haben, sich befragen, sich anregen"[65]: „Ziel der Korrelationsdidaktik war es, Glaubensaussagen und Erfahrungen heutiger Kinder und Jugendlicher so aufeinander zu beziehen, daß sie sich **wechselseitig erhellen** sollten"[66].

Zweifellos birgt jeder ernsthafte Dialog die Perspektive, daß beide Gesprächspartner ihre ursprünglich eingebrachte Position am Standpunkt des Gegenüber **kritisch** prüfen und läutern sowie **produktiv** auf eine neue, angemessenere Sicht der Wirklichkeit hin weiterentwickeln. Als Ziel**perspektive** gilt eine solche **gegenseitige Bereicherung** beider Dialogpartner unverzichtbar auch für die unterrichtliche Begegnung zwischen der jüdisch-christlichen

---

[63] vgl. insb. Kap. 1.3.1 mit Bezug auf *Edward Schillebeeckx* sowie Kap. 1.6.2
[64] Zentralstelle Bildung (1977) 18
[65] Zentralstelle Bildung (1985) 243
[66] Zentralstelle Bildung (1998) 7 [Hervorhebung: B.P.]; die imperfektische Formulierung, der sich der aktuelle *Grundlagenplan für die Grundschule* an dieser Stelle bedient, entspricht der Strategie dieses Dokuments, sich terminologisch vom Begriff der 'Korrelation' abzusetzen, ohne das Korrelationskonzept in der Sache fallen zu lassen (vgl. insb. Fußnote 153 in Kap. 1.4.1.3).

Überlieferung und der Erfahrungswelt der Schüler. Die gelungene wechselseitige Erhellung beider Korrelate jedoch zur **regulären Norm** des Religionsunterrichts zu machen, hieße, die Möglichkeiten dieses Praxisfeldes zu überfordern und den zweiten Schritt vor dem ersten zu tun.

Wechselseitige Erhellung setzt **gegenseitiges Verstehen** voraus. Um das Fremde kritisch und produktiv auf das Eigene beziehen zu können, muß es zunächst in seinem Anderssein wahrgenommen und begriffen werden.

Eine wirklichkeitsnahe Religionsdidaktik, die um die gegenseitige Fremdheit der ihr anvertrauten Sprach- und Erfahrungswelten weiß und deren jeweilige Besonderheit zu achten sucht, wird die **primäre** und **naheliegende Aufgabe** des Religionsunterricht darin sehen, vertraute und fremde Wirklichkeitsdeutungen **je für sich** sorgsam wahrnehmen und verstehen zu lehren, um sie in ihrer Unterschiedlichkeit **respektvoll** miteinander zu **konfrontieren**. Erst insoweit es gelingt, aus einer vertieften Sicht der **eigenen** Lebenswelt heraus Erfahrungszeugnisse des Glaubens in ihrem **Anderssein** verstehend anzuerkennen, wird es prinzipiell möglich, dieses Andere kritisch und produktiv mit dem Eigenen zu verknüpfen. Indem solcher Religionsunterricht als **Anwalt des fremden Glaubens unter Respektierung des eigenen Lebens** auftritt, vermag er die **Bedingung zu schaffen, daß sich** wechselseitige kritische und produktive **Korrelation** zwischen Glaubens- und Lebenserfahrungen **ereignen kann**.

Ob sich eine solche 'wechselseitige Durchdringung'[67] dann tatsächlich ereignen wird und die Schüler den Erfahrungsschatz des Glaubens für sich selbst als „Lebens-Mittel"[68] entdecken oder aber Glaube und Leben letztlich unkorrelierbar nebeneinander verharren[69], bleibt als offene Frage.

---

[67] Zentralstelle Bildung (1985) 243

[68] Englert (1995) 167

[69] vgl. insb. *Klaus Hemmerle* (1994) 307: „Die Grenze des Korrelationsprinzips [...] besteht nicht darin daß die theologisch fundamentalen Dinge nicht mehr stimmen. Und es ist auch nicht der Fall, daß die Gegenseitigkeit der Korrelation nicht mehr stimmt. Aber während bislang die Hoffnung im Hintergrund stand, daß die 'anima naturaliter christiana', die menschliche Seele, die von Natur aus eine Christin ist, das auf die Dauer schon gepackt bekommt, ist nun das Neue die Frage: Sind die beiden Bereiche 'menschliche Grunderfahrung' [nach meiner Lesart im Sinne konkreter Lebenserfahrungen: B.P.] und 'Glaube' überhaupt korrelierbar? Wir machen oftmals die Erfahrung, daß sie zumindest biographisch nicht korrelierbar sind."

Literaturverzeichnis

Adam, Gottfried (1993), Arbeiten mit Fotos, Folien, Comics, in: Adam, Gottfried / Lachmann, Rainer (Hrsg.), Methodisches Kompendium für den Religionsunterricht, Göttingen (Vandenhoeck & Ruprecht) 1993, S. 269-283

Allerbeck, Klaus / **Hoag**, Wendy J. (1986), Jugend ohne Zukunft? Einstellungen, Umwelt, Lebensperspektiven, München - Zürich (Piper) [4]1986

Anzenbacher, Arno (1986), Erfahrung [philosophisch], in: EKL[3] I, 1986, Sp. 1065f.

Anzenbacher, Arno (1992), Einführung in die Philosophie, Freiburg im Breisgau - Basel - Wien (Herder) 1992

Arnold, Heinz Ludwig / **Sinemus**, Volker (Hrsg.) (1976), Grundzüge der Literatur- und Sprachwissenschaft. Band 1: Literaturwissenschaft, München (dtv) [4]1976

Baudler, Georg (1975), 'Rückkehr' zur Bibel im Religionsunterricht. Überlegungen zur Didaktik eines erfahrungs- und problemorientierten Bibelunterrichts - Das 'bibeldidaktische Viereck', in: Kat.Bl. 100 (6/1975), S. 331-343

Baudler, Georg (1975 A), Sind biblische Texte 'ersetzbar'? Zur Diskussion um das bibeldidaktische Viereck, in: Kat.Bl. 100 (8/1975), S. 468-475

Baudler, Georg (1976), Die didaktische Funktion der Theologie als Bezugswissenschaft des Religionsunterrichts. Vorschläge zu einer Revision des Strukturgitters zum Zielfelderplan, in: Ott, Rudi / Miller, Gabriele (Hrsg.), Zielfelderplan. Dialog mit den Wissenschaften, München (Kösel) 1976, S. 324-347

Baudler, Georg (1984), Korrelationsdidaktik: Leben durch Glauben erschließen. Theorie und Praxis der Korrelation von Glaubensüberlieferung und Lebenserfahrung auf der Grundlage von Symbolen und Sakramenten (Uni-Taschenbücher; Bd. 1306), Paderborn - München - Wien - Zürich (Schöningh) 1984

Baudler, Georg (1987), Der Christ der Zukunft - ein Mystiker. Zur symmetrischen Gegenseitigkeit von Offenbarung und Erfahrung, in: Diakonia 18 (6/1987), S. 414-419

Baudler, Georg (1987 A), Abschließende Stellungnahme, in: Diakonia 18 (6/1987), S. 421f.

Bund der Deutschen Katholischen Jugend [**BDKJ**] im Bistum **Aachen** / Abteilung für kirchliche Jugendarbeit in der Hauptabteilung Gemeindearbeit des Bischöflichen Generalvikariats Aachen (Hrsg.) (1986), 'Das ist mir heilig'. Ausstellung Heiligtümer Jugendlicher [in der Neuen Galerie der Sammlung Ludwig anläßlich der Aachener Heiligtumsfahrt 1986 und des 89. Deutschen Katholikentages vom 10.-14. September 1986 in Aachen], Düsseldorf (Haus Altenberg) 1986

Beckmann, Hans-Karl / **Mangold**, Werner (1989), Vorwort, in: Schmid, Hans, Religiosität der Schüler und Religionsunterricht. Empirischer Zugang und religionspädagogische Konsequenzen für die Berufsschule (Beiträge zur Fachdidaktik und Schulpädagogik; Bd. 2), Bad Heilbrunn/ Obb. (Klinkhardt) 1989, S. 7-12

Behnken, Imbke et al. (1991), Schülerstudie '90. Jugendliche im Prozeß der Vereinigung (Kindheiten; Bd. 1), Weinheim - München (Juventa) 1991

Belschner, Wilfried / **Kaiser**, Peter (1995), Darstellung eines Mehrebenenmodells primärer Prävention, in: Filipp, Sigrun-Heide (Hrsg.), Kritische Lebensereignisse, Weinheim (Psychologie Verlags Union) [3]1995, S. 174-195

Berg, Dieter / **Niehl**, Franz-Wendel (1993), Das Leben suchen - Gott suchen. Überlegungen zur Gottesfrage in der Klassenstufe 9/10, in: Kat.Bl. 118 (5/1993), S. 324-329

Berger, Peter L. / **Luckmann**, Thomas (1984), Die gesellschaftliche Konstruktion der Wirklichkeit. Eine Theorie der Wissenssoziologie, Frankfurt am Main (Fischer Taschenbuch) 1984

Biehl, Peter (1991), Was ist Erfahrung? Erfahrung als hermeneutische, theologische und religionspädagogische Kategorie [erstmals erschienen 1983], in: Biehl, Peter, Erfahrung, Glaube, Bildung. Studien zu einer erfahrungsbezogenen Religionspädagogik, Gütersloh (Gütersloher Verl.-Haus) 1991, S. 15-52

Biemer, Günter (1977), Menschliche Grunderfahrungen und ihre religionspädagogische Vermittlung, in: Feifel, Erich (Hrsg.), Welterfahrung und christliche Hoffnung, Donauwörth (Auer) 1977, S. 44-74

Biemer, Günter (1985), Erfahrung (religiöse), in: Bleistein, Roman / Casel, Gertrud (Hrsg.), Lexikon der kirchlichen Jugendarbeit, München (Kösel) - Düsseldorf (Haus Altenberg) 1985, S. 50f.

Biemer, Günter (1987), Ist die Offenbarung in religiösen Lernprozessen gleichrangig mit der Erfahrung? Für und gegen Georg Baudlers Auffassung von Korrelationsdidaktik, in: Diakonia 18 (6/1987), S. 419-421

Biesinger, Albert / **Schreijäck**, Thomas (1986), danken, in: H.r.G., 1986, S. 364-368

Biesinger, Albert (1997), Religionsdidaktische Ansprüche an den Religionsunterricht in der sich wandelnden Schule aus der Sicht des Theologen und Pädagogen, in: Biesinger, Albert / Hänle, Joachim (Hrsg.), Gott - mehr als Ethik. Der Streit um LER und Religionsunterricht (Quaestiones disputatae; Bd. 167), Freiburg im Breisgau - Basel - Wien (Herder) 1997, S. 11-21

Bitter, Gottfried (1984), Glaube und Symbol. Überlegungen zum religionspädagogischen Alltag, in: Kat.Bl. 109 (1/1984), S. 7-19

Bitter, Gottfried (1987), Glauben-Lernen als Leben-Lernen. Einsichten und Möglichkeiten alltäglicher Glaubensvermittlung, in: Kat.Bl. 112 (12/1987), S. 917-930

Bitter, Gottfried (1996), Plädoyer für eine zeitgemäße Korrelationsdidaktik. Sieben friedfertige Thesen, in: Lebendige Katechese 18 (1/1996), S. 1-8

Bitter, Gottfried / Miller, Gabriele (Hrsg.) (1986), Handbuch religionspädagogischer Grundbegriffe (2 Bände [mit durchgängiger Seitenzählung]), München (Kösel) 1986 [abgekürzt als **H.r.G.**]

Bliesener, Thomas (1980), Erzählen unerwünscht. Erzählversuche von Patienten in der Visite, in: Ehlich, Konrad (Hrsg.), Erzählen im Alltag, Frankfurt am Main (stw) 1980, S. 143-178

Böhnisch, Lothar / Gängler, Hans / Rauschenbach, Thomas (Hrsg.) (1991), Handbuch Jugendverbände. Eine Ortsbestimmung der Jugendverbandsarbeit in Analysen und Selbstdarstellungen, Weinheim - München (Juventa) 1991 [abgekürzt als **H.Jv.**]

Bohnsack, Ralf (1989), Generation, Milieu und Geschlecht. Ergebnisse aus Gruppendiskussionen mit Jugendlichen (Biographie und Gesellschaft; Bd. 8), Opladen (Leske + Budrich) 1989

Bohnsack, Ralf (1993), Rekonstruktive Sozialforschung. Einführung in Methodologie und Praxis qualitativer Forschung, Opladen (Leske + Budrich) ^{2}1993

Bohnsack, Ralf (1993 A), Dokumentsinn, intendierter Ausdruckssinn und Objektsinn, in: Ethik und Sozialwissenschaften 4 (4/1993), S. 518-521

Brenner, Gerd (1997), Kindheits- und Jugendstudien, in: d.j. 45 (7-8/1997), S. 346-354

Brinker, Klaus (1992), Linguistische Textanalyse. Eine Einführung in Grundbegriffe und Methoden (Grundlagen der Germanistik; Bd. 29), Berlin (E. Schmidt) ^{3}1992

Brinker, Klaus / **Sager**, Sven F. (1996), Linguistische Gesprächsanalyse. Eine Einführung (Grundlagen der Germanistik; Bd. 30), Berlin (E. Schmidt) ^{2}1996

Bruder-Bezzel, Almuth / **Bruder**, Klaus-Jürgen (1984), Jugend. Psychologie einer Kultur, München - Wien - Baltimore (Urban & Schwarzenberg) 1984

Bucher, Anton A. (1990), Literaturbericht zur empirischen Religionspädagogik, in: Kat.Bl. 115 (3/1990), S. 218-222

Bucher, Anton A. (1996), Religionsunterricht: Besser als sein Ruf? Empirische Einblicke in ein umstrittenes Fach (Salzburger Theologische Studien; Bd. 3), Innsbruck - Wien (Tyrolia) 1996

Bude, Heinz (1985), Der Sozialforscher als Narrationsanimateur. Kritische Anmerkungen zu einer erzähltheoretischen Fundierung der interpretativen Sozialforschung, in: KZSS 37 (2/1985), S. 327-336

Bureau of Applied Social Research, Columbia University (1969), Das qualitative Interview, in: König, René (Hrsg.), Das Interview. Form, Technik, Auswertung (Praktische Sozialforschung; Bd. 1), Köln - Berlin (Kiepenheuer & Witsch) ^{7}1969, S. 143-160

Der **Bundesminister für Jugend**, Familie, Frauen und Gesundheit (Hrsg.) (1990), Achter Jugendbericht. Bericht über Bestrebungen und Leistungen der Jugendhilfe, Bonn (Eigenverlag) 1990

Cohn, Ruth C. (1983), Von der Psychoanalyse zur themenzentrierten Interaktion. Von der Behandlung einzelner zu einer Pädagogik für alle (Konzepte der Humanwissenschaften), Stuttgart (Klett-Cotta) ^{6}1983

Cullberg, J. (1978), Krisen und Krisentherapie, in: Psychiatrische Praxis 5 (1978), S. 25-34

Danish, Steven J. / **D'Augelli**, Anthony R. (1995), Kompetenzerhöhung als Ziel der Intervention in Entwicklungsverläufe über die Lebensspanne, in: Filipp, Sigrun-Heide (Hrsg.), Kritische Lebensereignisse, Weinheim (Psychologie Verlags Union) ^{3}1995, S. 156-173

Sekretariat der **Deutschen Bischofskonferenz** (Hrsg.) (1996), Die bildende Kraft des Religionsunterrichts. Zur Konfessionalität des katholischen Religionsunterrichts (Die deutschen Bischöfe; Bd. 56), Bonn (Eigenverlag) 1996

Dijk, Teun A. van (1980), Textwissenschaft. Eine interdisziplinäre Einführung, München (dtv) 1980

Vorstand des Deutschen Katecheten-Vereins **[DKV]** (Hrsg.) (1992), Religionsunterricht in der Schule. Ein Plädoyer des Deutschen Katecheten-Vereins, in: Kat.Bl. 117 (9/1992), S. 611-627

Duden. **Grammatik** der deutschen Gegenwartssprache (1995) [hrsg. von Drosdowski, Günther] (Der Duden; Bd. 4), Mannheim - Leipzig - Wien - Zürich (Dudenverlag) ^{5}1995

Duden. **Rechtschreibung** der deutschen Sprache und der Fremdwörter (1986) [hrsg. von der Dudenredaktion] (Der Duden; Bd. 1), Mannheim - Wien - Zürich (Bibliographisches Institut) ^{19}1986

Duden. Deutsches **Universalwörterbuch** (1996) [hrsg. vom Wissenschaftlichen Rat der Dudenredaktion], Mannheim - Leipzig - Wien - Zürich (Dudenverlag) ^{3}1996

Ebeling, Gerhard (1975), Die Klage über das Erfahrungsdefizit in der Theologie als Frage nach ihrer Sache, in: Ebeling, Gerhard, Wort und Glaube. Dritter Band. Beiträge zur Fundamentaltheologie, Soteriologie und Ekklesiologie, Tübingen (J.C.B. Mohr) 1975, S. 3-28

Eiben, Jürgen (1992), Kirche und Religion - Säkularisierung als sozialistisches Erbe?, in: Jugendwerk der Deutschen Shell (Hrsg.), Jugend '92. Lebenslagen, Orientierungen und Entwicklungsperspektiven im vereinigten Deutschland. Band 2. Im Spiegel der Wissenschaften, Opladen (Leske + Budrich) 1992, S. 91-104

Eicher, Peter (Hrsg.) (1984/1985), Neues Handbuch theologischer Grundbegriffe (4 Bände), München (Kösel) 1984 (Bd. I und II) bzw. 1985 (Bd. III und IV) [abgekürzt als **NHthG**]

Einheitsübersetzung der Heiligen Schrift (1983). Das Alte Testament, Stuttgart (Katholische Bibelanstalt) ^{2}1983

Eisenberg, Peter (1994) Grundriß der deutschen Grammatik, Stuttgart - Weimar (Metzler) ^{3}1994

Kirchenamt der **EKD** (Hrsg.) (1995), Identität und Verständigung. Standort und Perspektiven des Religionsunterrichts in der Pluralität. Eine Denkschrift der Evangelischen Kirche in Deutschland, Gütersloh (Gütersloher Verl.-Haus) ^{3}1995 [Beschlußfassung: 1994]

Emeis, Dieter (1986), Katechese, in: H.r.G., 1986, S. 175-183

Emeis, Dieter / **Schmitt**, Karl Heinz (1986), Handbuch der Gemeindekatechese, Freiburg im Breisgau - Basel - Wien (Herder) 1986

Englert, Rudolf (1993), Die Korrelationsdidaktik am Ausgang ihrer Epoche. Plädoyer für einen ehrenhaften Abgang, in: Hilger, Georg / Reilly, George (Hrsg.), Religionsunterricht im Abseits? Das Spannungsfeld Jugend - Schule - Religion, München (Kösel) 1993, S. 97-110

Englert, Rudolf (1995), Wissenschaftstheorie der Religionspädagogik, in: Ziebertz, Hans-Georg / Simon, Werner (Hrsg.), Bilanz der Religionspädagogik, Düsseldorf (Patmos) 1995, S. 147-174

Englert, Rudolf (1995 A), Annäherungen an das Geheimnis. Zur Rede von Gott im Religionsunterricht, in: rhs 38 (1/1995), S. 49-58

Englert, Rudolf (1996), Korrelation(sdidaktik). Bilanz und Perspektiven, in: Religionspädagogische Beiträge 38/1996, S. 3-18

Erikson, Erik Homburger (1993), Identität und Lebenszyklus. Drei Aufsätze, Frankfurt am Main (stw) ^{13}1993

Evangelischer Mediendienst (Hrsg.) (1992), innehalten... 50 Bilder für die Arbeit mit Jugendlichen und Erwachsenen, Bern - Zürich (Evangelischer Mediendienst) 1992

Evangelischer Mediendienst (Hrsg.) (1993), weitergehen... 50 Bilder für die Arbeit mit Jugendlichen und Erwachsenen, Bern - Zürich (Evangelischer Mediendienst) - München (DKV) 1993

Evangelischer Mediendienst (Hrsg.) (1995), sich begegnen... 50 Bilder für die Arbeit mit Jugendlichen und Erwachsenen, Bern - Zürich (Evangelischer Mediendienst) - München (DKV) 1995

Farau, Alfred / **Cohn**, Ruth C. (1984), Gelebte Geschichte der Psychotherapie. Zwei Perspektiven, Stuttgart (Klett-Cotta) 1984

Fatke, Reinhard (1997), Fallstudien in der Erziehungswissenschaft, in: HQFE, 1997, S. 56-68

Feifel, Erich (1973), Grundlegung der Religionspädagogik im Religionsbegriff, in: HRP I, 1973, S. 34-48

Feifel, Erich (1973 A), Die Bedeutung der Erfahrung für religiöse Bildung und Erziehung, in: HRP I, 1973, S. 86-107

Feifel, Erich (1995), Didaktische Ansätze in der Religionspädagogik, in: Ziebertz, Hans-Georg / Simon, Werner (Hrsg.), Bilanz der Religionspädagogik, Düsseldorf (Patmos) 1995, S. 86-110

Feifel, Erich (1997), Zukunftsweisendes Weggeleit? Kritische Würdigung der Erklärung 'Die bildende Kraft des Religionsunterrichts', in: Kat.Bl. 122 (1/1997), S. 31-37

Feifel, Erich / Leuenberger, Robert / Stachel, Günter / Wegenast, Klaus (Hrsg.) (1973-1975), Handbuch der Religionspädagogik (3 Bände), Gütersloh (Gütersloher Verl.-Haus) - Zürich - Einsiedeln - Köln (Benziger) 1973 (Bd. I) / 1974 (Bd. II) / 1975 (Bd. III) [abgekürzt als **HRP**]

Feige, Andreas (1992), Was kann eine qualitative Studie leisten? Religionssoziologische Überlegungen zum Forschungsansatz der Studie 'Jugend und Religion', in: Arbeitsgemeinschaft der evangelischen Jugend in der Bundesrepublik Deutschland e.V. (Hrsg.), Studientexte. Zeitschrift für Konzeption und Geschichte evangelischer Jugendarbeit 2/1992 [Themenheft: Jugend und Religion. 'Wer glaubt denn heute noch an die sieben Gebote?'], S. 63-75

Filipp, Sigrun-Heide (1995), Ein allgemeines Modell für die Analyse kritischer Lebensereignisse, in: Filipp, Sigrun-Heide (Hrsg.), Kritische Lebensereignisse, Weinheim (Psychologie Verlags Union) [3]1995, S. 3-52

Filipp, Sigrun-Heide (1995 A), Lebensereignisforschung - eine Bilanz, in: Filipp, Sigrun-Heide (Hrsg.), Kritische Lebensereignisse, Weinheim (Psychologie Verlags Union) [3]1995, S. 293-326

Flader, Dieter / **Giesecke**, Michael (1980), Erzählen im psychoanalytischen Erstinterview - eine Fallstudie, in: Ehlich, Konrad (Hrsg.), Erzählen im Alltag, Frankfurt am Main (stw) 1980, S. 209-262

Flick, Uwe (1995), Qualitative Forschung. Theorien, Methoden, Anwendung in Psychologie und Sozialwissenschaften (rowohlts enzyklopädie), Reinbek bei Hamburg (Rowohlt Taschenbuch) 1995

Flick, Uwe (1995 A), Stationen des qualitativen Forschungsprozesses, in: HQS[2], 1995, S. 147-173

Flick, Uwe / Kardorff, Ernst von / Keupp, Heiner / Rosenstiel, Lutz von / Wolff, Stephan (Hrsg.) (1995), Handbuch Qualitative Sozialforschung. Grundlagen, Konzepte, Methoden und Anwendungen, Weinheim (Beltz: Psychologie Verlags Union) [2]1995 [abgekürzt als **HQS[2]**]

Fontana, Andrea / **Frey**, James H. (1994), Interviewing. The Art of Science, in: Denzin, Norman K. / Lincoln, Yvonna S. (Hrsg.), Handbook of Qualitative Research, Thousand Oaks - London - New Dehli (Sage) 1994, S. 361-376

Fox, Helmut (1979), Überlegungen zum Religionsbegriff des Religionsunterrichts, in: Trierer Theologische Zeitschrift 88 (4/1979), S. 291-305

Fricke, Harald / **Zymner**, Rüdiger (1996), Einübung in die Literaturwissenschaft. Parodieren geht über Studieren (Uni-Taschenbücher; Bd. 1616), Paderborn - München - Wien - Zürich (Schöningh) [3]1996

Friebertshäuser, Barbara / Prengel, Annedore (Hrsg.) (1997), Handbuch Qualitative Forschungsmethoden in der Erziehungswissenschaft, Weinheim - München (Juventa) 1997 [abgekürzt als **HQFE**]

Fuchs, Gotthard (1985), Einweisung ins Unglaubliche und Selbstverständliche. Zur theologischen Kunst des Korrelierens, in: rhs 28 (2/1985), S. 84-91

Fuchs, Ottmar (1986), Prophetische Kraft der Jugend? Zum theologischen und ekklesiologischen Ort einer Altersgruppe im Horizont des Evangeliums, Freiburg im Breisgau (Lambertus) 1986

Fuchs, Ottmar (1996), Gotteserfahrungen und Gottesfinsternis. Herausforderungen an uns PastoraltheologInnen, in: Pastoraltheologische Informationen 16 (1/1996), S. 13-35

Gabriel, Karl (1996), Wandel des Religiösen im Umbruch der Moderne, in: Tzscheetzsch, Werner / Ziebertz, Hans-Georg (Hrsg.), Religionsstile Jugendlicher und moderne Lebenswelt (Studien zur Jugendpastoral; Bd. 2), München (Don Bosco) 1996, S. 47-63

Gadamer, Hans-Georg (1974), Hermeneutik, in: Ritter, Joachim (Hrsg.), Historisches Wörterbuch der Philosophie. Band 3, Basel - Stuttgart (Schwabe) 1974, Sp. 1061-1073

Ganoczy, Alexandre (1989), Aus seiner Fülle haben wir alle empfangen. Grundriß der Gnadenlehre, Düsseldorf (Patmos) 1989

Gemeinsame Synode der Bistümer in der Bundesrepublik Deutschland (1976). Beschlüsse der Vollversammlung. Offizielle Gesamtausgabe I [hrsg. von Bertsch, Ludwig et al.], Freiburg im Breisgau - Basel - Wien (Herder) 1976. Darin:
- Beschluß: Der Religionsunterricht in der Schule, S. 123-152 [Beschlußfassung: 1974]
- Beschluß: Ziele und Aufgaben kirchlicher Jugendarbeit, S. 288-311 [Beschlußfassung: 1975]

Gennep, Arnold van (1986), Übergangsriten (Les rites de passage), Frankfurt am Main - New York (Campus) - Paris (Edition de la Maison des Sciences de l' Homme) 1986 [erstmals erschienen 1909 (französische Originalausgabe)]

Gibellini, Rosino (1994), Redlich gegenüber der Welt: Die Theologie der Grenze von Edward Schillebeeckx, in: Schillebeeckx, Edward, Edward Schillebeeckx im Gespräch [hrsg. von Strazzari, Francesco], Luzern (Edition Exodus) 1994, S. 11-20

Giesecke, Hermann (1996), Das Ende der Erziehung. Neue Chancen für Familie und Schule, Stuttgart (Klett-Cotta) 1996

Girtler, Roland (1984), Methoden der qualitativen Sozialforschung. Anleitung zur Feldarbeit, Wien - Köln - Graz (Böhlau) 1984

Glück, Helmut (Hrsg.) (1993), Metzler Lexikon Sprache, Stuttgart - Weimar (Metzler) 1993 [abgekürzt als **MLS**]
Darin insb. die Stichworte '*Adverbial*' (Clemént, Danièle, S. 11f.), '*Begriff*' (Burkhard, Armin, S. 88), '*Bezeichnendes*' (ders., S. 96), '*Bezeichnetes*' (ders., S. 96), '*Intensivierung*' (Rehbock, Helmut, S. 273), '*Narrativ 2*' (Pätzold, Jörg, S. 410), '*Pronomen*' (Schaeder, Burkhard, S. 487), '*Semiotik*' (Burkhard, Armin, S. 546f.), '*Sprache*' (Glück, Helmut, S. 570f.), '*Sprachspiel*' (Prechtl, Peter, S. 584f.), '*Text*' (Glück, Helmut, S. 636), '*Textlinguistik*' (Pätzold, Jörg, S. 637), '*Verzögerungsphänomene*' (Schoenthal, Gisela, S. 681), '*Zeichen*' (Burkhard, Armin, S. 702-704).

Greenstone, James L. / **Leviton**, Sharon B. (1987), Krisenmanagement, in: Corsini, Raymond J. (Hrsg.), Handbuch der Psychotherapie. Band 1, München - Weinheim (Psychologie Verlags Union) 1987, S. 587-600

Grimm, Hannelore (1987), Sprachentwicklung: Voraussetzungen, Phasen und theoretische Interpretationen, in: Oerter, Rolf / Montada, Leo et al., Entwicklungspsychologie. Ein Lehrbuch, München - Weinheim (Psychologie Verlags Union) [2]1987, S. 578-636

Grözinger, Albrecht (1991), Die Sprache des Menschen. Ein Handbuch. Grundwissen für Theologinnen und Theologen, München (Kaiser) 1991

Halbfas, Hubertus (1968), Fundamentalkatechetik. Sprache und Erfahrung im Religionsunterricht, Düsseldorf (Patmos) 1968

Halbfas, Hubertus (1982), Das dritte Auge. Religionsdidaktische Anstöße (Schriften Zur Religionspädagogik; Bd. 1), Düsseldorf (Patmos) 1982

Halbfas, Hubertus (1989), Wurzelwerk. Geschichtliche Dimensionen der Religionsdidaktik (Schriften Zur Religionspädagogik; Bd. 2), Düsseldorf (Patmos) 1989

Halbfas, Hubertus (1991), Wer sind unsere Schülerinnen und Schüler? Wie religiös sind sie?, in: Kat.Bl. 116 (11/1991), S. 744-753

Hannappel, Hans / **Melenk**, Hartmut (1990), Alltagssprache. Semantische Grundbegriffe und Analysebeispiele (Uni-Taschenbücher; Bd. 800), München (W. Fink) 1990 [unveränderter Nachdruck von [2]1984]

Hartfiel, Günter (1973), Einführung in Hauptprobleme der pädagogischen Soziologie, in: Hartfiel, Günter / Holm, Kurt, Bildung und Erziehung in der Industriegesellschaft, Opladen (Westdeutscher Verlag) 1973, S. 9-61

Hartfiel, Günter (1976), Wörterbuch der Soziologie, Stuttgart (Kröner) [2]1976

Hasenhüttl, Gotthold (1974), Erfahrung als Ort der Theologie, in: Klostermann, Ferdinand / Zerfaß, Rolf (Hrsg.), Praktische Theologie heute, München (Kaiser) - Mainz (Grünewald) 1974, S. 624-637

Haug, Walter (1992), Grundformen religiöser Erfahrung als epochale Positionen: Vom frühmittelalterlichen Analogiemodell zum hoch- und spätmittelalterlichen Differenzmodell, in: Haug, Walter / Mieth, Dietmar (Hrsg.), Religiöse Erfahrung. Historische Modelle in christlicher Tradition, München (W. Fink) 1992, S. 75-108

Haug, Walter / **Mieth**, Dietmar (Hrsg.) (1992), Religiöse Erfahrung. Historische Modelle in christlicher Tradition, München (W. Fink) 1992

Helbig, Gerhard (1994), Lexikon deutscher Partikeln, Leipzig - Berlin - München (Langenscheidt - Verlag Enzyklopädie) ^{3}1994

Helbig, Gerhard / **Buscha**, Joachim (1996), Deutsche Grammatik. Ein Handbuch für den Ausländerunterricht, Leipzig - Berlin - München (Langenscheidt - Verlag Enzyklopädie) ^{17}1996

Hemel, Ulrich (1986), Religionspädagogik im Kontext von Theologie und Kirche, Düsseldorf (Patmos) 1986

Hemmerle, Klaus (1994), Der Religionsunterricht als Vermittlungsgeschehen. Überlegungen zum Korrelationsprinzip, in: Kat.Bl. 119 (5/1994), S. 304-311

Hermanns, Harry (1984), Interview, narratives, in: Haft, Henning / Kordes, Hagen (Hrsg.), Methoden der Erziehungs- und Bildungsforschung (Enzyklopädie Erziehungswissenschaft; Bd. 2), Stuttgart (Klett-Cotta) 1984, S. 421-426

Hermanns, Harry (1995), Narratives Interview, in: HQS^2, 1995, S. 182-186

Hildenbrand, Bruno (1995), Fallrekonstruktive Forschung, in: HQS^2, 1995, S. 256-260

Hildenbrand, Bruno / **Jahn**, Walther (1988), 'Gemeinsames Erzählen' und Prozesse der Wirklichkeitskonstruktion in familiengeschichtlichen Gesprächen, in: Zeitschrift für Soziologie 17 (3/1988), S. 203-217

Hilger, Georg (1986), Lehrplan / Curriculum, in: H.r.G., 1986, S. 482-488

Hilger, Georg (1998), Wahrnehmungsschulung für die Religiosität Jugendlicher. Ein religionsdidaktisches Projekt im Horizont der enzyklopädischen Frage, in: Ritter, Werner / Rothgangel, Martin (Hrsg.), Religionspädagogik und Theologie. Enzyklopädische Aspekte. Festschrift zum 65. Geburtstag für Professur Dr. Wilhelm Sturm, Stuttgart - Berlin - Köln (Kohlhammer) 1998, S. 246-263

Hoffmann, Heinz / **Schröder**, Achim (1996), Zum gesellschaftlichen und pädagogischen Umgang mit jugendlichen Ritualen, in: Brenner, Gerd / Hafeneger, Benno (Hrsg.), Pädagogik mit Jugendlichen. Bildungsansprüche, Wertevermittlung und Individualisierung (Praxishilfen für die Jugendarbeit), Weinheim - München (Juventa) 1996, S. 130-140

Holm, Nils G. (1990), Einführung in die Religionspsychologie (Uni-Taschenbücher; Bd. 1592), München - Basel (E. Reinhardt) 1990

Hood, Ralph W. (1975), The Construction and Preliminary Validation of a Measure of Reported Mystical Experience, in: Journal for the Scientific Study of Religion 14 (1975), S. 29-41

Hopf, Christel (1995), Qualitative Interviews in der Sozialforschung. Ein Überblick, in: HQS^2, 1995, S. 177-182

James, William (1997), Die Vielfalt religiöser Erfahrung. Eine Studie über die menschliche Natur, Frankfurt am Main (Insel) 1997 [erstmals erschienen 1902 (amerikanische Originalausgabe)]

Jaspers, Karl (1983), Einführung in die Philosophie, München - Zürich (Piper) ^{23}1983 [erstmals erschienen 1950]

Jaspers, Karl (1983 A), Denkwege. Ein Lesebuch [hrsg. von Saner, Hans], München - Zürich (Piper) 1983

Jesse, Peter (1993), Mit Fotos arbeiten, Bern - Zürich (Evangelischer Mediendienst) 1993

Jolles, André (1974), Einfache Formen. Legende, Sage, Mythe, Rätsel, Spruch, Kasus, Memorabile, Märchen, Witz (Konzepte der Sprach- und Literaturwissenschaft; Bd. 15), Tübingen (Niemeyer) ^{5}1974 [erstmals erschienen 1930]

KAB - CAJ 2000. Projektbericht (1994), [Interdisziplinäre Studie über Situation und Zukunft von KAB (Katholische Arbeitnehmerbewegung), CAJ (Christliche Arbeiterjugend) und 'Junge KAB'; hrsg. durch die Wissenschaftliche Arbeitsstelle des Oswald-von-Nell-Breuning-Hauses Herzogenrath in Kooperation mit dem Bundesverband der CAJ und dem Westdeutscher Verband der KAB], Paderborn - Herzogenrath (Eigenverlag) ^{2}1994

Kaempfert, Manfred (1974), Lexikologie der religiösen Sprache, in: Fischer, Helmut (Hrsg.), Sprachwissen für Theologen, Hamburg (Furche) 1974, S. 62-81

Kaiser, Alfons (1997), Und ich so: Cool! Und er so: Hä? Produktive Wortbildung und grammatische Selbständigkeit: Wie die Jugend die Sprache erobert. Eine linguistische Untersuchung, in: Frankfurter Allgemeine Zeitung Nr. 294 vom 18.12.1997, S. 13

Kennedy, Philip (1994), Edward Schillebeeckx. Die Geschichte von der Menschlichkeit Gottes (Theologische Profile), Mainz (Grünewald) 1994

King, Winston L. (1987), Religion, in: EncRel XII, 1987, S. 282-293

Klinger, Elmar (1990), Armut. Eine Herausforderung Gottes. Der Glaube des Konzils und die Befreiung des Menschen, Zürich (Benziger) 1990

Landesstelle der Katholischen Landjugend **[KLJB] Bayern**s e.V. (1996), Anfrage. Eine Studie zur Situation der KLJB-Ortsgruppen in Bayern, München (Eigenverlag) 1996

Klosinski, Gunther (1991), Pubertätsriten - Äquivalente und Defizite in unserer Gesellschaft. Einführende Anmerkungen des Jugendpsychiaters, in: Klosinski, Gunther (Hrsg.), Pubertätsriten - Äquivalente und Defizite in unserer Gesellschaft, Bern - Stuttgart - Toronto (Huber) 1991, S. 11-22

Knobling, Cornelia (1985), Konfliktsituation im Altenheim. Eine Bewährungsprobe für das Pflegepersonal, Freiburg im Breisgau (Lambertus) 1985

Köcher, Renate (1988), Die Entwicklung von Religiosität und Kirchlichkeit seit dem Zweiten Weltkrieg bis heute, in: Diakonia 19 (1/1988), S. 35-39

Kötz, Werner (1984), Übungen zu den Partikeln, Leipzig (VEB Verlag Enzyklopädie) 1984

Koller, Hans-Christoph (1993), Biographie als rhetorisches Konstrukt, in: BIOS 6 (1/1993), S. 33-45

Krüger, Heidi (1983), Gruppendiskussionen. Überlegungen zur Rekonstruktion sozialer Wirklichkeit aus der Sicht der Betroffenen, in: Soziale Welt 34 (1/1983), S. 90-109

Kurowski, Ulrich (1972), Lexikon Film. 100 x Geschichte / Technik / Theorie / Namen / Daten / Fakten, München (Hanser) 1972

Lamnek, Siegfried (1988), Qualitative Sozialforschung. Band 1. Methodologie, München - Weinheim (Psychologie Verlags Union) 1988

Lamnek, Siegfried (1989), Qualitative Sozialforschung. Band 2. Methoden und Techniken, München (Psychologie Verlags Union) 1989

Lange, Günter (1974), Religion und Glaube. Erwägungen zum Gegenstand des Religionsunterrichts, in: Kat.Bl. 99 (12/1974), S. 733-750

Lange, Günter (1980), Zwischenbilanz zum Korrelationsprinzip, in: Kat.Bl. 105 (2/1980), S. 151-155

Lange, Günter (1988), Religionsunterricht auf dem Prüfstand - in Naurod und in Allensbach, in: Kat.Bl. 113 (7/1988), S. 489-492

Langer, Wolfgang (1985), Religionsunterricht, in: NHthG IV, 1985, S. 58-67

Lefrancois, Guy R. (1986), Psychologie des Lernens, Berlin - Heidelberg - New York - Tokio (Springer) ^{2}1986

Legewie, Heiner (1987), Interpretation und Validierung biographischer Interviews, in: Jüttemann, Gerd / Thomae, Hans (Hrsg.), Biographie und Psychologie, Berlin - Heidelberg - New York - London - Paris - Tokio (Springer) 1987, S. 138-150

Lenz, Karl (1986), Alltagswelten von Jugendlichen. Eine empirische Studie über jugendliche Handlungstypen (Campus Forschung; Bd. 475), Frankfurt am Main - New York (Campus) 1986

Ley, Katharina (1984), Von der Normal- zur Wahlbiographie? Interpretationen erzählter Lebensgeschichten von Frauen, in: Kohli, Martin / Robert, Günther (Hrsg.), Biographie und soziale Wirklichkeit. Neue Beiträge und Forschungsperspektiven, Stuttgart (Metzler) 1984, S. 239-260

Leyh, Günther (1994), Mit der Jugend von Gott sprechen. Gottesbilder kirchlich orientierter Jugendlicher im Horizont korrelativer Theologie (Praktische Theologie heute; Bd. 17), Stuttgart - Berlin - Köln (Kohlhammer) 1994

Lotz, Johannes B. (1964), Sinn, Sinnlichkeit, in: LThK^2 IX, 1964, Sp. 784-786

Luckmann, Thomas (1995), Transzendenz in der Moderne, in: Deutscher Gewerkschaftsbund - Bundesvorstand (Hrsg.), Solidarität. Zeitschrift für gewerkschaftliche Jugendarbeit 44 (1-2/1995), S. 20-22

Luckmann, Thomas (1996), Die unsichtbare Religion, Frankfurt am Main (stw) ^{3}1996 [durch einen Nachtrag (S. 164-183) ergänzte Übersetzung der amerikanischen Originalausgabe von 1967]

Luther, Henning (1992), Religion und Alltag. Bausteine zu einer Praktischen Theologie des Subjekts, Stuttgart (Radius) 1992

Marcuse, Herbert (1970), Der eindimensionale Mensch. Studien zur Ideologie der fortgeschrittenen Industriegesellschaft, Neuwied - Berlin (Luchterhand) 1970 [erstmals erschienen 1964 (amerikanische Originalausgabe)]

Mayer, Dieter (Hrsg.) (1989), Verstehen und Gestalten 12/13. Deutsches Sprachbuch für Gymnasien. Sprache und Literatur. Band 12/13 (12./13. Schuljahr), München (Oldenbourg) 1989

Mayring, Philipp (1990), Einführung in die qualitative Sozialforschung. Eine Anleitung zu qualitativem Denken, München (Psychologie Verlags Union) 1990

Mayring, Philipp (1995), Psychologie, in: HQS^2, 1995, S. 33-35

Mette, Norbert (1991), 'Jugend begreifen' - religionspädagogische Anmerkungen, in: Kat.Bl. 116 (10/1991), S. 696-703

Mette, Norbert (1994), Religionspädagogik (Leitfaden Theologie; Bd. 24), Düsseldorf (Patmos) 1994

Mette, Norbert / **Steinkamp**, Hermann (1983), Sozialwissenschaften und Praktische Theologie (Leitfaden Theologie; Bd. 11), Düsseldorf (Patmos) 1983

Meulemann, Heiner (1992), Älter werden und sich erwachsen fühlen. Über die Möglichkeiten, das Ziel der Jugend zu verstehen, in: Jugendwerk der Deutschen Shell (Hrsg.), Jugend '92. Lebenslagen, Orientierungen und Entwicklungsperspektiven im vereinigten Deutschland. Band 2. Im Spiegel der Wissenschaften, Opladen (Leske + Budrich) 1992, S. 107-125

Mieth, Dietmar (1992), Annäherung an Erfahrung - Modelle religiöser Erfahrung im Christentum, in: Haug, Walter / Mieth, Dietmar (Hrsg.), Religiöse Erfahrung. Historische Modelle in christlicher Tradition, München (W. Fink) 1992, S. 1-16

Mietzel, Gerd (1986), Psychologie in Unterricht und Erziehung. Einführung in die Pädagogische Psychologie für Pädagogen und Psychologen, Göttingen - Toronto - Zürich (Hogrefe) ^{3}1986

Miller, Gabriele (1997), Korrelation [praktisch-theologisch], in: LThK^3 VI, 1997, Sp. 389

Mühlfeld, Claus / Windolf, Paul / Lampert, Norbert / Krüger, Heidi (1981), Auswertungsprobleme offener Interviews, in: Soziale Welt 32 (3/1981), S. 325-352

Müller, Alois (1989), Überlegungen zum Verhältnis von Religion und Kontingenz, in: Bucher, Anton A. / Reich, K. Helmut (Hrsg.), Entwicklung von Religiosität. Grundlagen, Theorieprobleme, praktische Anwendung, Freiburg / Schweiz (Universitätsverlag) 1989, S. 35-50

Müller, Karlheinz (1984), Exegese / Bibelwissenschaft, in: NHthG I, 1984, S. 332-353

Müller, Max / **Halder**, Alois (Hrsg.) (1985), Kleines Philosophisches Wörterbuch, Freiburg im Breisgau (Herder) ^{12}1985

Nastainczyk, Wolfgang (1993), Der Synodenbeschluß zum Religionsunterricht - Geschichte und Zukunft, in: Sekretariat der Deutschen Bischofskonferenz (Hrsg.), Religionsunterricht 20 Jahre nach dem Synodenbeschluß. Dokumentation des Symposions vom 23.-25. März 1993 in Bergisch Gladbach / Bensberg (Arbeitshilfen; Bd. 111), Bonn (Eigenverlag) 1993, S. 13-28

Niehl, Franz Wendel (1986), Korrelation, in: H.r.G., 1986, S. 750-754

Niehl, Franz Wendel (1986 A) Sprache / Hermeneutik, in: H.r.G., 1986, S. 450-459

Niehl, Franz Wendel (1992), Gottes Suche. Christlicher Glaube und das Handwerk des Lebens, in: Kat.Bl. 117 (1/1992), S. 14-25

Nießen, Manfred (1977), Gruppendiskussion. Interpretative Methodologie - Methodenbegründung - Anwendung, München (W. Fink) 1977

278

Nipkow, Karl Ernst (1982), Grundfragen der Religionspädagogik. Band 3. Gemeinsam leben und glauben lernen, Gütersloh (GTB) 1982

Nipkow, Karl Ernst (1986), Elementarisierung als Kern der Unterrichtsvorbereitung, in: Kat.Bl. 111 (8/1986), S. 600-608

Nipkow, Karl Ernst (1987), Die Gottesfrage bei Jugendlichen - Auswertung einer empirischen Umfrage, in: Nembach, Ulrich (Hrsg.), Jugend und Religion in Europa, Frankfurt am Main - Bern - New York - Paris (Lang) 1987, S. 233-259

Nipkow, Karl Ernst (1994), Jugendliche und junge Erwachsene vor der religiösen Frage. Religionssoziologische, entwicklungspsychologische und religionspädagogische Perspektiven. Vortrag auf dem 6. Tübinger Kinder- und Jugendpsychiatrischen Symposion am 26.6.1992, in: Klosinski, Gunther (Hrsg.), Religion als Chance oder Risiko. Entwicklungsfördernde und entwicklungshemmende Aspekte religiöser Erziehung, Bern - Göttingen - Toronto - Seattle (Huber) 1994, S. 111-136

Nipkow, Karl Ernst (1995), Religionsunterricht im künftigen Europa, in: Informationes Theologiae Europae 4 (1995), S. 357-374

Olbrich, Erhard (1995), Normative Übergänge im menschlichen Lebenslauf: Entwicklungskrisen oder Herausforderungen?, in: Filipp, Sigrun-Heide (Hrsg.), Kritische Lebensereignisse, Weinheim (Psychologie Verlags Union) [3]1995, S. 123-138

Ott, Rudi (1995), Lernen in der Begegnung mit der Bibel, in: Ziebertz, Hans-Georg / Simon, Werner (Hrsg.), Bilanz der Religionspädagogik, Düsseldorf (Patmos) 1995, S. 291-309

Paul, Eugen (1973), Wie ist Glaube auf Erfahrung beziehbar?, in: Kat.Bl. 98 (11/1973), S. 699-703

Peukert, Helmut (1981), Pädagogik - Ethik - Politik. Normative Implikationen pädagogischer Interaktion, in: Z.f.P. 17. Beiheft (1981), S. 61-70

Peukert, Helmut (1994), Bildung als Wahrnehmung des Anderen. Der Dialog im Bildungsdenken der Moderne, in: Lohmann, Ingrid / Weiße, Wolfram (Hrsg.), Dialog zwischen den Kulturen. Erziehungshistorische und religionspädagogische Gesichtspunkte interkultureller Bildung, Münster - New York (Waxmann) 1994, S. 1-14

Pollack, Detlef (1995), Was ist Religion? Probleme der Definition, in: Zeitschrift für Religionswissenschaft 3 (2/1995), S. 163-190

Postman, Neil (1988), Wir amüsieren uns zu Tode. Urteilsbildung im Zeitalter der Unterhaltungsindustrie, Frankfurt am Main (Fischer Taschenbuch Verlag) 1988 [erstmals erschienen 1985 (amerikanische Originalausgabe)]

Porzelt, Burkard (1991), Profil und Zukunft real existierender katholischer Schülerinnen- und Schülerverbandsarbeit. Gruppendiskussionen in LeiterInnenrunden der Katholischen Studierenden Jugend (KSJ), Würzburg (unveröffentlichte theologische Diplomarbeit) 1991

Porzelt, Burkard (1992), Zur pädagogischen Problematik der Jugendverbandsarbeit, Würzburg (unveröffentlichte pädagogische Diplomarbeit) 1992

Porzelt, Burkard (1993), Was soll werden aus der Jugendverbandsarbeit?, in: d.j. 41 (9/1993), S. 387-393

Porzelt, Burkard (1994), Kontinuität und Verbindlichkeit in der verbandlichen Jugendarbeit, in: d.j. 42 (2/1994), S. 80-88

Porzelt, Burkard (1996), Kontinuität als pädagogische Chance, in: Brenner, Gerd / Hafeneger, Benno (Hrsg.), Pädagogik mit Jugendlichen. Bildungsansprüche, Wertevermittlung und Individualisierung (Praxishilfen für die Jugendarbeit), Weinheim - München (Juventa) 1996, S. 105-112

Quasthoff, Uta M. (1980), Gemeinsames Erzählen als Form und Mittel im sozialen Konflikt oder Ein Ehepaar erzählt eine Geschichte, in: Ehlich, Konrad (Hrsg.), Erzählen im Alltag, Frankfurt am Main (stw) 1980, S. 109-141

Rahner, Karl (1970), Gotteserfahrung heute, in: Rahner, Karl, Schriften zur Theologie. Band IX, Einsiedeln - Zürich - Köln (Benziger) 1970, S. 161-176

Rahner, Karl (1978), Erfahrung des Heiligen Geistes, in: Rahner, Karl, Schriften zur Theologie. Band XIII, Zürich - Einsiedeln - Köln (Benziger) 1978, S. 226-251

Rahner, Karl / **Vorgrimler**, Herbert (1985), Kleines Theologisches Wörterbuch, Freiburg im Breisgau (Herder) [15]1985

Rahner, Karl / **Vorgrimler**, Herbert (Hrsg.), Kleines Konzilskompendium. Sämtliche Texte des Zweiten Vatikanums, Freiburg im Breisgau (Herder) [19]1986

Reilly, George (1993), Süß, aber bitter. Ist die Korrelationsdidaktik noch praxisfähig?, in: Hilger, Georg / Reilly, George (Hrsg.), Religionsunterricht im Abseits? Das Spannungsfeld Jugend - Schule - Religion, München (Kösel) 1993, S. 16-27

Richter, Frank (1995), Fremdsprache Religion. Wie im Osten Deutschlands von Jesus Christus sprechen? - unbeantwortete Fragen, in: Diakonia 26 (5/1995), S. 341f.

Ritter, Werner H. (1989), Glaube und Erfahrung im religionspädagogischen Kontext. Die Bedeutung von Erfahrung für den christlichen Glauben im religionspädagogischen Verwendungszusammenhang. Eine grundlegende Studie (Arbeiten zur Religionspädagogik; Bd. 4), Göttingen (Vandenhoeck & Ruprecht) 1989

Rogers, Carl R. (1974), Encounter-Gruppen. Das Erlebnis der menschlichen Begegnung [erstmals erschienen 1970 (amerikanische Originalausgabe)], München (Kindler) [5]1974

Rogers, Carl R. (1991), Klientenzentrierte Psychotherapie [erstmals erschienen 1975 (amerikanische Originalausgabe)], in: Rogers, Carl R., Therapeut und Klient. Grundlagen der Gesprächspsychotherapie, Frankfurt am Main (Fischer Taschenbuch Verlag) 1991, S. 17-61

Rolff, Hans-Günter (1982), Kindheit im Wandel - Veränderte Bedingungen des Aufwachsens seit 1945, in: Rolff, Hans-Günter / Klemm, Klaus / Tillmann, Klaus-Jürgen (Hrsg.), Jahrbuch der Schulentwicklung. Daten, Beispiele und Perspektiven. Band 2, Weinheim-Basel (Beltz) 1982, S. 207-235

Rolff, Hans-Günter (1983), Massenmedien und Massenkultur - Über den Wandel kindlicher Aneignungsweisen, in: Preuss-Lausitz, Ulf et al., Kriegskinder, Konsumkinder, Krisenkinder. Zur Sozialisationsgeschichte seit dem Zweiten Weltkrieg, Weinheim - Basel (Beltz) 1983, S. 153-167

Rolinck, Eberhard (1986), Offenbarung / Erfahrung, in: H.r.G., 1986, S. 654-661

Rubner, Angelika / **Rubner**, Eike (1991), Entwicklungsphasen einer Gruppe, in: Themenzentrierte Interaktion 5 (2/1991), S. 34-48

Saldern, Matthias von (1989), Kommunikationstheoretische Grundlagen der Inhaltsanalyse, in: Bos, Wilfried / Tarnai, Christian (Hrsg.), Angewandte Inhaltsanalyse in Empirischer Pädagogik und Psychologie, Münster - New York (Waxmann) 1989, S. 14-31

Sauer, Ralph (1994), Wo begegnen Schülerinnen und Schüler der Frage nach Gott?, in: Lebendige Katechese 16 (2/1994), S. 98-104

Scharer, Matthias (1995), Begegnungen Raum geben. Kommunikatives Lernen als Dienst in Gemeinde, Schule und Erwachsenenbildung, Mainz (Grünewald) 1995

Schefold, Werner / **Damm**, Diethelm (1984), Jugendverbände, in: Eyferth, Hanns / Otto, Hans-Uwe / Thiersch, Hans (Hrsg.), Handbuch zur Sozialarbeit/Sozialpädagogik, Neuwied - Darmstadt (Luchterhand) 1984, S. 611-623

Schillebeeckx, Edward (1971), Das Korrelationskriterium. Christliche Antwort auf eine menschliche Frage?, in: Schillebeeckx, Edward, Glaubensinterpretation. Beiträge zu einer hermeneutischen und kritischen Theologie, Mainz (Grünewald) 1971, S. 83-109

Schillebeeckx, Edward (1980), Erfahrung und Glaube, in: CGG XXV, 1980, S. 73-116

Schillebeeckx, Edward (1989), Offenbarung, Glaube und Erfahrung [erstmals erschienen 1980], in: Nacke, Bernhard (Hrsg), Glaubenshorizonte erweitern. Antworten auf die Tradierungskrise, München (J. Pfeiffer) 1989, S. 87-103

Schillebeeckx, Edward (1990), Menschen. Die Geschichte von Gott, Freiburg im Breisgau - Basel - Wien (Herder) 1990 [erstmals erschienen 1989 (niederländische Originalausgabe)]

Schillebeeckx, Edward (1994), Tradition und Erfahrung: Von der Korrelation zur kritischen Interrelation. Hans-Georg Ziebertz im Gespräch mit Edward Schillebeeckx anläßlich dessen 80. Geburtstag am 12. November, in: Kat.Bl. 119 (11/1994), S. 756-762

Schillebeeckx, Edward (1994 A), Edward Schillebeeckx im Gespräch [hrsg. von Strazzari, Francesco], Luzern (Edition Exodus) 1994

Schirlbauer, Alfred (1996), Im Schatten des pädagogischen Eros. Destruktive Beiträge zur Pädagogik und Bildungspolitik, Wien (Sonderzahl) 1996

Schlette, Heinz Robert (1963), Religion, in: LThK[2] VIII, 1963, Sp. 1164-1168

Schlette, Heinz Robert (1973), Kosmodizee und Theodizee. Ein historischer und hermeneutischer Struktur-Vergleich, in: Kairos 15 (1973), S. 188-200

Schlobinski, Peter / **Kohl**, Gaby / **Ludewigt**, Irmgard (1993), Jugendsprache. Fiktion und Wirklichkeit, Opladen (Westdeutscher Verlag) 1993

Schmid, Hans (1988), Die Weisheit von Berufs- und Hauptschülern, in: Kat.Bl. 113 (8/1988), S. 549-555

Schmid, Hans (1989), Religiosität der Schüler und Religionsunterricht. Empirischer Zugang und religionspädagogische Konsequenzen für die Berufsschule (Beiträge zur Fachdidaktik und Schulpädagogik, Bd. 2) Bad Heilbrunn/Obb. (Klinkhardt) 1989

Schmid, Hans (1995), Religionsunterricht mit HauptschülerInnen. Ein religiöses Lernen, das die Lebenswelt der Menschen ernstnimmt, in: Kat.Bl. 120 (2/1995), S. 100-112

Schmid, Hans (1997), Die Kunst des Unterrichtens. Ein praktischer Leitfaden für den Religionsunterricht, München (Kösel) 1997

Schnell, Monika / **Wetzel**, Helmut (1988), Krisenintervention und -therapie, in: Asanger, Roland / Wenninger, Gerd (Hrsg.), Handwörterbuch der Psychologie, München - Weinheim (Psychologie Verlags Union) [4]1988, S. 371-376

Schöll, Albrecht (1992), Zwischen religiöser Revolte und frommer Anpassung. Die Rolle der Religion in der Adoleszenzkrise, Gütersloh (Gütersloher Verl.-Haus) 1992

Schomburg-Scherff, Sylvia M. (1986), Nachwort, in: Gennep, Arnold van, Übergangsriten (Les rites de passage), Frankfurt am Main - New York (Campus) - Paris (Edition de la Maison des Sciences de l' Homme) 1986, S. 233-255

Schülein, Frieder / **Stückrath**, Jörn (1992), Erzählen, in: Brackert, Helmut / Stückrath, Jörn (Hrsg.), Literaturwissenschaft. Ein Grundkurs (rowohlts enzyklopädie), Reinbek bei Hamburg (Rowohlt Taschenbuch Verlag) 1992, S. 54-71

Schütz, Alfred (1993), Der sinnhafte Aufbau der sozialen Welt. Eine Einleitung in die verstehende Soziologie, Frankfurt am Main (stw) [6]1993 [erstmals erschienen 1932]

Schütz, Alfred / **Luckmann**, Thomas (1979), Strukturen der Lebenswelt. Band 1, Frankfurt am Main (stw) 1979

Schütze, Fritz (1983), Biographieforschung und narratives Interview, in: Neue Praxis 13 (3/1983), S. 283-293

Schütze, Fritz (1987), Das narrative Interview in Interaktionsfeldstudien: erzähltheoretische Grundlagen. Teil I: Merkmale von Alltagserzählungen und was wir mit ihrer Hilfe erkennen können, Hagen (Studienbrief der Fernuniversität Hagen) 1987

Schulze, Theodor (1997), Interpretation von autobiographischen Texten, in: HQFE, 1997, S. 323-340

Schumann, Michael (1995), Biographische Kommunikation und Ethnographie in der Jugendarbeit, in: d.j. 43 (7-8/1995), S. 309-315

Schwäbisch, Lutz / **Siems**, Martin (1985), Anleitung zum sozialen Lernen für Paare, Gruppen und Erzieher. Kommunikations- und Verhaltenstraining, Reinbek bei Hamburg (Rowohlt Taschenbuch Verlag) 1985

Schweikle, Günther / **Schweikle**, Irmgard (Hrsg.) (1990), Metzler Literatur Lexikon. Begriffe und Definitionen, Stuttgart (Metzler) [2]1990

Schweitzer, Friedrich (1995), Der Wandel des Jugendalters und die Religionspädagogik. Perspektiven für Religionsunterricht, Konfirmanden- und Jugendarbeit, in: Jahrbuch für Religionspädagogik (JRP). Band 10. 1993, Neukirchen-Vluyn (Neukirchener) 1995, S. 71-88

Sill, Oliver (1995), 'Über den Zaun geblickt'. Literaturwissenschaftliche Anmerkungen zur soziologischen Biographieforschung, in: BIOS 8 (1/1995), S. 28-42

Sill, Oliver (1996), [Rezension zu:] Gabriele Rosenthal, Erlebte und erzählte Lebensgeschichte. Gestalt und Struktur biographischer Selbstbeschreibungen, in: BIOS 9 (2/1996), S. 275-280

Simon, Josef (1995), Der Abbruch des Turmbaus, in: Krüssmann, Ingrid et al. (Hrsg.), Der Abbruch des Turmbaus. Studien zum Geist in China und im Abendland. Festschrift für Rolf Trauzettel (Monumenta Serica Monograph Series; Bd. 34), Nettetal (Steyler) 1995, S. 164-184

Simon, Werner (1978), Religiöse Erfahrung - ihre Genese und Erfaßbarkeit, in: Religionspädagogische Beiträge 2/1978, S. 3-30

Simon, Werner (1983), Inhaltsstrukturen des Religionsunterrichts. Eine Untersuchung zum Problem der Inhalte religiösen Lehrens und Lernens (Studien zur Praktischen Theologie; Bd. 27), Zürich - Einsiedeln - Köln (Benziger) 1983

Stace, W. T. (1961), Mysticism and Philosophy, London (Macmillan) 1961 [erstmals erschienen 1960 (amerikanische Originalausgabe)]

Stanzel, Franz K. (1979), Theorie des Erzählens (Uni-Taschenbücher; Bd. 904), Göttingen (Vandenhoeck & Ruprecht) 1979

Streib, Heinz (1998), Alltagsreligion oder: Wie religiös ist der Alltag? Zur lebensweltlichen Verortung von Religion in praktisch-theologischem Interesse, in: IJPT 2 (1/1998), S. 23-51

Tillich, Paul (1988), Dynamics of Faith, in: Tillich, Paul, Writings on Religion = Religiöse Schriften (Main Works; V 5 = Hauptwerke; Bd. 5), Berlin - New York (de Gruyter) Frankfurt am Main (Evangelisches Verlagswerk) 1988, S. 231-290 [erstmals erschienen 1957]

Veit, Marie (1985), Alltagserfahrungen von Jugendlichen, theologisch interpretiert, in: Jahrbuch für Religionspädagogik (JRP). Band 1. 1984, Neukirchen-Vluyn (Neukirchener) 1985, S. 3-28

Ven, Johannes A. van der (1989), Theodicy or cosmodicy: a false dilemma?, in: JET 2 (2/1989), S. 5-27

Ven, Johannes A. van der (1993), Die qualitative Inhaltsanalyse, in: Ven, Johannes A. van der / Ziebertz, Hans-Georg (Hrsg.), Paradigmenentwicklung in der Praktischen Theologie (Theologie & Empirie; Bd. 13), Kampen (Kok) - Weinheim (Deutscher Studien Verlag) 1993, S. 113-164

Ven, Johannes A. van der (1994), Entwurf einer empirischen Theologie (Theologie & Empirie; Bd. 10), Kampen (Kok) - Weinheim (Deutscher Studien Verlag) [2]1994

Ven, Johannes A. van der (1994 A), Kontingenz und Religion in einer säkularisierten und multikulturellen Gesellschaft, in: Ven, Johannes A. van der / Ziebertz, Hans-Georg (Hrsg.), Religiöser Pluralismus und interreligiöses Lernen (Theologie & Empirie; Bd. 22), Kampen (Kok) - Weinheim (Deutscher Studien Verlag) 1994, S. 15-37

Vogt, Jochen (1976), Bauelemente erzählender Texte, in: Arnold, Heinz Ludwig / Sinemus, Volker (Hrsg.), Grundzüge der Literatur- und Sprachwissenschaft. Band 1: Literaturwissenschaft, München (dtv) [4]1976, S. 227-242.525f.

Volmerg, Ute (1984), Gruppendiskussion - Gruppenexperiment, in: Haft, Henning / Kordes, Hagen (Hrsg.), Methoden der Erziehungs- und Bildungsforschung (Enzyklopädie Erziehungswissenschaft; Bd. 2), Stuttgart (Klett-Cotta) 1984, S. 400-403

Vorgrimler, Herbert (1994), Gotteserfahrung im Alltag. Der Beitrag Karl Rahners zu Spiritualität und Mystik [erstmals erschienen 1984], in: Raffelt, Albert (Hrsg.), Karl Rahner in Erinnerung (Freiburger Akademieschriften; Bd. 8), Düsseldorf (Patmos) 1994, S. 100-117

Watzlawick, Paul / **Beavin**, Janet H. / **Jackson**, Don D. (1982), Menschliche Kommunikation. Formen, Störungen, Paradoxien, Bern - Stuttgart - Wien (Huber) [6]1982

Weger, Karl-Heinz (1986), Karl Rahner. Eine Einführung in sein theologisches Denken, Freiburg im Breisgau - Basel - Wien (Herder) 1986 [erstmals erschienen 1978]

Werbick, Jürgen (1989), Glaubenlernen aus Erfahrung. Grundbegriffe einer Didaktik des Glaubens, München (Kösel) 1989

Werbick, Jürgen (1997), Korrelation [systematisch-theologisch], in: LThK[3] VI, 1997, Sp. 387-389

Wiedemann, Peter (1995), Gegenstandsnahe Theoriebildung, in: HQS[2], 1995, S. 440-445

Wilpert, Gero von (1989), Sachwörterbuch der Literatur, Stuttgart (Kröner) [7]1989

Witzel, Andreas (1985), Das problemzentrierte Interview, in: Jüttemann, Gerd (Hrsg.), Qualitative Forschung in der Psychologie. Grundfragen, Verfahren, Anwendungsfelder, Weinheim (Beltz) 1985, S. 227-255

Wodak-Leodolter, Ruth (1980), Problemdarstellungen in gruppentherapeutischen Situationen, in: Ehlich, Konrad (Hrsg.), Erzählen im Alltag, Frankfurt am Main (stw) 1980, S. 179-208

Zdarzil, Herbert (1982), Für eine Restitution der historischen und philosophischen Pädagogik, in: Rassegna di Pedagogia / Pädagogische Umschau 40 (2-3-4/1982), S. 170-187

Zentralstelle für **Bildung** der Deutschen Bischofskonferenz (Hrsg.) (1977), Zielfelderplan für den katholischen Religionsunterricht in der Grundschule. Teil I: Grundlegung [hrsg. im Auftrag der Bischöflichen Kommission für Erziehung und Schule], München (DKV) 1977

Zentralstelle Bildung der Deutschen Bischofskonferenz (Hrsg.) (1985), Lernfelder des Glaubens. Grundlagenplan für den katholischen Religionsunterricht im 5.-10. Schuljahr. Revidierter Zielfelderplan, München (DKV) [2]1985 [[1]1984]

Zentralstelle Bildung der Deutschen Bischofskonferenz (Hrsg.) (1998), Grundlagenplan für den katholischen Religionsunterricht in der Grundschule, München (DKV) 1998

Zerfaß, Rolf (1987), Grundkurs Predigt 1. Spruchpredigt, Düsseldorf (Patmos) 1987

Zinnecker, Jürgen / **Fischer**, Arthur (1992), Ist die Verweltlichung von Jugend im Sozialismus gelungen?, in: Jugendwerk der Deutschen Shell (Hrsg.), Jugend '92. Lebenslagen, Orientierungen und Entwicklungsperspektiven im vereinigten Deutschland. Band 1. Gesamtdarstellung und biografische Porträts, Opladen (Leske + Budrich) 1992, S. 237-243.305

Zirker, Hans (1980), Bibel-Lesen. Zur Methode, in: Zirker, Hans et al., Zugänge zu biblischen Texten. Eine Lesehilfe zur Bibel für die Grundschule. Neues Testament, Düsseldorf (Patmos) 1980, S. 17-28

Zirker, Hans (1986), Religion, in: H.r.G., 1986, S. 635-643

Abkürzungsverzeichnis

BDKJ	Bund der Deutschen Katholischen Jugend
BIOS	BIOS. Zeitschrift für Biographieforschung und Oral History, Opladen (Leske + Budrich)
d.j.	deutsche jugend. Zeitschrift für die Jugendarbeit, Weinheim - München (Juventa)
CGG	Böckle, Franz / Kaufmann, Franz-Xaver / Rahner, Karl / Welte, Bernhard (Hrsg.), Christlicher Glaube in moderner Gesellschaft. Enzyklopädische Bibliothek in 30 Teilbänden und 7 Quellenbänden, Freiburg im Breisgau - Basel - Wien (Herder) 1980-1984
EncRel	Eliade, Mircea (Hrsg.), The Encyclopedia of Religion (16 Bände), New York (Macmillan) 1987
EKL[3]	Evangelisches Kirchenlexikon. Internationale theologische Enzyklopädie, hrsg. von Erwin Fahlbusch / Jan Milic Lochman / John Mbiti / Jaroslav Pelikan / Lukas Vischer, Göttingen (Vandenhoeck & Ruprecht) [3]1986-1997 [Bd. I: 1986 / Bd. II: 1989 / Bd. III: 1992 / Bd. IV: 1996 / Bd. V: 1997]
GS	'Gaudium et spes'. Pastoralkonstitution des II. Vatikanums über die Kirche in der Welt von heute, zit. nach Rahner, Karl / Vorgrimler, Herbert (Hrsg.), Kleines Konzilskompendium. Sämtliche Texte des Zweiten Vatikanums, Freiburg im Breisgau (Herder) [19]1986
H.Jv.	Böhnisch, Lothar / Gängler, Hans / Rauschenbach, Thomas (Hrsg.), Handbuch Jugendverbände. Eine Ortsbestimmung der Jugendverbandsarbeit in Analysen und Selbstdarstellungen, Weinheim - München (Juventa) 1991
HQFE	Friebertshäuser, Barbara / Prengel, Annedore (Hrsg.), Handbuch Qualitative Forschungsmethoden in der Erziehungswissenschaft, Weinheim - München (Juventa) 1997

HQS[2]	Flick, Uwe / Kardorff, Ernst von / Keupp, Heiner / Rosenstiel, Lutz von / Wolff, Stephan (Hrsg.), Handbuch Qualitative Sozialforschung. Grundlagen, Konzepte, Methoden und Anwendungen, Weinheim (Beltz: Psychologie Verlags Union) [2]1995
H.r.G.	Bitter, Gottfried / Miller, Gabriele (Hrsg.), Handbuch religionspädagogischer Grundbegriffe (2 Bände [mit durchgängiger Seitenzählung]), München (Kösel) 1986
HRP	Feifel, Erich / Leuenberger, Robert / Stachel, Günter / Wegenast, Klaus (Hrsg.), Handbuch der Religionspädagogik (3 Bände), Gütersloh (Gütersloher Verl.-Haus Mohn) - Zürich - Einsiedeln - Köln (Benziger) 1973 (Bd. I) / 1974 (Bd. II) / 1975 (Bd. III)
IJPT	International Journal of Practical Theology, Berlin - New York (de Gruyter)
JET	Journal of Empirical Theology, Kampen (Kok)
Kat.Bl.	Katechetische Blätter. Zeitschrift für Religionsunterricht, Gemeindekatechese, Kirchliche Jugendarbeit, München (Kösel)
KJG	Katholische Junge Gemeinde
KSJ	Katholische Studierende Jugend
KZSS	Kölner Zeitschrift für Soziologie und Sozialpsychologie, Köln (Westdeutscher Verlag)
LG	'Lumen Gentium'. Dogmatische Konstitution des II. Vatikanums über die Kirche, zit. nach Rahner, Karl / Vorgrimler, Herbert (Hrsg.), Kleines Konzilskompendium. Sämtliche Texte des Zweiten Vatikanums, Freiburg im Breisgau (Herder) [19]1986
LThK[2]	Lexikon für Theologie und Kirche, hrsg. von Josef Höfer und Karl Rahner, Freiburg im Breisgau (Herder) [2]1957ff.
LThK[3]	Lexikon für Theologie und Kirche, hrsg. von Walter Kasper / Konrad Baumgartner / Horst Bürkle / Klaus Ganzer / Karl Kertelge / Wilhelm Korff / Peter Walter, Freiburg im Breisgau (Herder) [3]1993ff.
MLS	Glück, Helmut (Hrsg.), Metzler Lexikon Sprache, Stuttgart - Weimar (Metzler) 1993
NHthG	Eicher, Peter (Hrsg.), Neues Handbuch theologischer Grundbegriffe (4 Bände), München (Kösel) 1984 (Bd. I und II) bzw. 1985 (Bd. III und IV)
rhs	Religionsunterricht an höheren Schulen, Düsseldorf (Patmos)
Z.f.P.	Zeitschrift für Pädagogik, Weinheim - Basel (Beltz)

Abbildungsverzeichnis

Personenregister